SONG HONGBING

WÄHRUNGSKRIEGE I
Währungskrieg

Song Hongbing

Song Hongbing ist ein junger Wirtschaftsforscher, der in die Vereinigten Staaten ausgewandert ist. Dort arbeitet er als Berater für die amerikanischen Pensionsfonds Freddie Mac und Fanny Mae, Pensionsfonds, die während der Finanzkrise 2008 verschwinden werden.

货幣戰爭 - *Huòbì zhànzhēng*

WÄHRUNGSKRIEGE I
Währungskrieg

Aus dem Chinesischen übersetzt und veröffentlicht von Omnia Veritas Limited

www.omnia-veritas.com

© Omnia Veritas Ltd - 2022

Alle Rechte vorbehalten. Kein Teil dieser Veröffentlichung darf ohne vorherige Genehmigung des Herausgebers in irgendeiner Form vervielfältigt werden. Das Gesetz zum Schutz des geistigen Eigentums verbietet Kopien oder Vervielfältigungen zur gemeinsamen Nutzung. Jede Wiedergabe oder Reproduktion, ganz oder teilweise, mit welchen Mitteln auch immer, ist ohne die Zustimmung des Herausgebers rechtswidrig und stellt einen Verstoß dar, der nach dem Urheberrechtsgesetz geahndet wird.

VORWORT **13**

Wird die Fahrt von Chinas wirtschaftlichem Flugzeugträger reibungslos verlaufen? 17

KAPITEL 1 .... **21**

DIE ROTHSCHILDS: DIE REICHSTE "STRAßE DER UNSICHTBAREN" DER WELT 21

Napoleons Waterloo und Rothschilds Arc de Triomphe 22
Rothschilds Anfänge in der Ära 27
Der erste Eimer Gold des alten Rothschild 30
Nathan dominiert die Londoner Finanzmetropole 34
Jakobus erobert Frankreich 37
Salomos Suche nach Österreich 40
Deutschland und Italien unter dem Rothschild-Wappen 42
Rothschild-Finanzimperium 43
Zusammenfassung 46

KAPITEL 2 .... **48**

DER HUNDERTJÄHRIGE KRIEG ZWISCHEN DEN INTERNATIONALEN BANKIERS UND DEM AMERIKANISCHEN PRÄSIDENTEN 48

Ermordung von Präsident Lincoln 49
Das Recht zur Geldausgabe und der amerikanische Unabhängigkeitskrieg. 52
Die erste Schlacht der internationalen Bankiers: Die First Bank of the United States (1791-1811) 56
Internationale Bankiers feiern ein Comeback: Die Zweite Bank der Vereinigten Staaten (1816-1832) 60
"Die Bank will mich töten, aber ich werde die Bank töten." 62
Neue Front: unabhängiges Finanzsystem 64
Die internationalen Bankiers schlagen wieder zu: "Die Panik von 1857" ... 67
Die Ursachen des Amerikanischen Bürgerkriegs: Die internationale Finanzmacht Europa 69
Lincolns monetärer New Deal 72
Lincolns russische Verbündete 75
Wer hat Lincoln wirklich getötet? 78
Der tödliche Kompromiss: Das Nationalbankgesetz von 1863 79
Zusammenfassung 84

KAPITEL 3 .... **86**

DIE FEDERAL RESERVE: EINE ZENTRALBANK IN PRIVATBESITZ 86

Die geheimnisvolle Insel Jekyll: der Ursprung der Federal Reserve 87
Wall Street 7: Der Förderer der Federal Reserve hinter den Kulissen 90
Der Aufstieg der Familie Morgan 91
Rockefeller: Der Ölkönig 93

Jacob Schiff: Rothschilds Finanzstratege 95
James Hill: Der Eisenbahnkönig 96
Gebrüder Warburg 97
Der Außenposten der Fed: Die Bankenkrise von 1907 98
Vom Goldstandard zum gesetzlichen Zahlungsmittel: Der große Wandel in der Weltanschauung der Banker 102
Das Wahlfeuer von 1912 103
Plan B 106
Der Federal Reserve Act wird verabschiedet, die Träume der Banker werden wahr 107
Wem gehört die Federal Reserve? 111
Erstes Direktorium der Federal Reserve 114
Der wenig bekannte Bundesbeirat 115
Wo liegt die Wahrheit? 117
Zusammenfassung 119

KAPITEL 4 121

"DER ERSTE WELTKRIEG" UND DIE GROßE REZESSION: "ERNTEZEIT" FÜR INTERNATIONALE BANKER 121

Ohne die Federal Reserve gäbe es keinen Ersten Weltkrieg 123
Strangs Manipulation der Federal Reserve zu Kriegszeiten 128
"Um der Demokratie und der moralischen Grundsätze willen" zog Wilson in den Krieg 131
Bankiers des Kriegsgeldes 133
Wieder die Gebrüder Warburg! 133
Bernard Baruch: der Zar der amerikanischen Industrie während des Krieges 134
Eugene Meyers Finanzgesellschaft für Kriegszeiten 135
Edward Stettinius: der Gründervater des amerikanischen militärisch-industriellen Komplexes 136
Davidson: Morgans enger Freund 137
Der Frieden von Versailles: Ein 20-jähriger Waffenstillstand 137
Die "Schur" und der Niedergang der Landwirtschaft in den Vereinigten Staaten 1921 138
Das Komplott der internationalen Bankiers von 1927 141
Das Platzen der Blase im Jahr 1929: eine weitere "Scherungsoperation" 144
Der wahre Grund für die Große Rezession 147
Zusammenfassung 152

KAPITEL 5 154

DER "NEW DEAL" DES BILLIGEN GELDES 154

Keynesianisches "billiges Geld" 156
Präsidentschaftswahlen 1932 160

  Wer war Franklin Delano Roosevelt? 163
  Die Abschaffung des Goldstandards: der historische Auftrag der Bankiers an
  Roosevelt 166
  Risikokapital nahm Hitler 172
  Nazi-Deutschland finanziert von der Wall Street 176
  Teurer Krieg und billiges Geld 180
  Zusammenfassung 183

KAPITEL 6 ....**184**

 Der elitäre Club, der die Welt regiert 184

  Colonel House, der "geistige Pate" 186
  Bank für Internationalen Zahlungsausgleich: eine Bank für Zentralbanker 192
  Internationaler Währungsfonds und Weltbank 200
  Die elitäre Gruppe, die die Welt regiert 207
  Der Bilderberg Club 209
  Trilaterale Kommission 212
  Zusammenfassung 214

KAPITEL 7 ....**216**

 Das letzte Gefecht um ehrliches Geld 216

  Präsidialerlass 11110: Die Sterbeurkunde von JFK 217
  Der historische Status des Silberdollars 222
  Das Ende des Silberstandards 224
  Gold-Investmentfonds 229
  Sonderziehungsrechte 236
  Der Generalangriff auf die Abschaffung der Goldwährung 238
  "Wirtschaftskiller" und die Rückkehr der Petrodollars 240
  Das Reagan-Attentat: Die Vernichtung der letzten Hoffnung auf den
  Goldstandard 243
  Zusammenfassung 245

KAPITEL 8 ....**247**

 Der unerklärte Währungskrieg 247

  1973 Krieg im Nahen Osten: Der Dollar kämpft zurück 248
  Paul Volcker: Die "kontrollierte Desintegration" der Weltwirtschaft 252
  Die Weltnaturschutzbank: 30% der Landfläche der Erde umkreisen 257
  Finanzielle Atombombe: Tokio im Visier 263
  Soros: Der Finanzhacker des internationalen Bankiers 269
  Den "Krisenbogen" der europäischen Währung spannen 273
  Asiatische Währung im Würgegriff 278
  Die Fabel von Chinas Zukunft 287
  Zusammenfassung 287

KAPITEL 9 .... **289**

DER TOTE PUNKT DES DOLLARS UND DER GOLD ONE YANG INDEX 289

Das fraktionierte Reservesystem: eine Quelle der Inflation 291
Wie der Debt Dollar hergestellt wird 295
Der "Schuldenfluss" der Vereinigten Staaten und die "weißen Flecken" der Asiaten 299
Das "Hegemoniegeschäft" des Finanzderivatemarktes 303
Staatlich gefördertes Unternehmen: "Zweite Federal Reserve" 307
Der König des Geldes unter Hausarrest 313
Alarmstufe 1: Rothschild zieht sich 2004 aus der Goldpreisgestaltung zurück] 323
Die Totenglocke der Dollar-Blasenwirtschaft 326
Zusammenfassung 329

KAPITEL 10 .... **331**

DIE SUCHER DER WELT 331

Geld: ein Maßstab für die Wirtschaftswelt 332
Gold und Silber: Preisturbulenzen sind die Nadel im Heuhaufen 336
Schulden Geld Fett und BIP Gewichtsverlust 340
Finanzindustrie: Chinas "strategische Luftwaffe" für die wirtschaftliche Entwicklung 344
Chinas finanzielle Zukunftsstrategie: "Eine Mauer bauen, Nahrungsmittel anhäufen und König sein" 349
Der Weg zu einer Weltreservewährung 353
Zusammenfassung 358

POSTSCRIPT **359**

EINIGE GEDANKEN ZU CHINAS FINANZIELLER OFFENHEIT 359

Das größte Risiko für Chinas finanzielle Öffnung ist das fehlende "Kriegs"-Bewusstsein. 359
Währungssouveränität oder Währungsstabilität? 362
Währungsaufwertung und "endokrine Störung" des Finanzsystems 363
Kampf unter freiem Himmel 365
Es ist besser, Geld vor dem Volk zu verstecken als Gold vor dem Volk 367
Die Schuldenimplosion der Vereinigten Staaten und die weltweite Liquiditätsknappheit 368
Wiederholung der Krise 369
Verbriefung von Vermögenswerten und Überschussliquidität 372
Subprime- und ALT-A-Hypotheken: Giftmüll für Vermögenswerte 377
Subprime CDO: Konzentrierte Vermögenswerte - toxischer Schrott 381
Synthetisches CDO": hochreiner konzentrierter Giftmüll 386
Asset-Rating-Unternehmen: Mitschuld am Betrug 389

Schuldenimplosion und Liquiditätsengpass *394*
So sieht die Zukunft der weltweiten Finanzmärkte aus *397*
CHRONIK DER WICHTIGSTEN EREIGNISSE **399**
ANDERE TITEL **407**

VORWORT

Im Sommer 2006, als die US-Immobilienblase gerade ihren Höhepunkt erreichte, war ich bereits zutiefst besorgt über den drohenden Finanz-Tsunami, und aus diesem Unbehagen und dieser Angst heraus wurde das Buch Currency Wars geboren. Meiner Ansicht nach liegt die Ursache der globalen Finanzkrise von 2008 in dem fatalen Fehler, den das Dollarsystem seit 1971 aufweist, nämlich dass das Währungsgebäude der Welt auf dem Schuldenstrand der Vereinigten Staaten aufgebaut ist und dass die Schuldenposition des Dollars weder stabil noch nachhaltig ist.

Geld ist seinem Wesen nach ein Anspruch auf Reichtum, und die Menschen halten Geld, das einer Quittung für den Besitz von Reichtum entspricht. Was ist Reichtum? Die Art des Vermögens, das als Sicherheit für die Ausgabe von Geld verwendet wird, bestimmt die Beschaffenheit der Währung. Die am weitesten verbreitete Form des Reichtums ist die Währung. Reichtum, aber auch Geld, ist die Frucht der menschlichen Arbeit. Das Gütereigentum der Allmende ist im Wesentlichen das Eigentum an der Arbeit. In den 5.000 Jahren menschlicher Zivilisation haben mehr als 2.000 Waren die Rolle des Geldes übernommen, und der Markt hat sich so entwickelt, dass er andere Währungen verdrängt und schließlich Gold und Silber als ultimative Repräsentanten des Reichtums ausgewählt hat. Unabhängig von der Region, der Zivilisation und der Religion bildeten Gold und Silber die am weitesten akzeptierte Form des Reichtums. Gold und Silber sind in dieser Zeit sowohl der Anspruch auf Reichtum als auch der Reichtum selbst.

Das Papiergeld, das ursprünglich als Quittung für Gold und Silber diente, wurde hauptsächlich zur Erleichterung von Transaktionen geschaffen. Der eigentliche Zweck der Menschen, die das Papiergeld besaßen, bestand nicht darin, die Quittung zu besitzen, sondern das Gold und Silber, das die Quittung beanspruchen konnte, und schließlich den anderen Reichtum, den Gold und Silber frei und gleichwertig tauschen konnten. Ein solches Geldsystem war bis 1971 in Betrieb, und der Dollar der Vereinigten Staaten war sein Vertreter. Früher fühlten sich die Menschen mit dem Dollar in der Hand vor allem deshalb sicher, weil Dollarscheine schließlich in Gold umgetauscht werden konnten. Im Laufe der Zeit vergaßen die Menschen sogar, dass der Dollar nur eine Quittung für Reichtum war und niemals Reichtum selbst, und der Dollar wurde allmählich als der ultimative Reichtum dargestellt, der so gut wie Gold war.

Auch wenn die Menschen in dem langen Prozess der Gehirnwäsche allmählich das Gold hinter den Papiergeldquittungen vergessen haben, schränkt Gold doch die übermäßige Ausgabe von Quittungen ein, denn wenn es zu viele Quittungen gibt, werden sich die Menschen früher oder später für das Gold interessieren, das diese Quittungen beanspruchen können. Die Banker, die die Regeln des Geldspiels bestimmen, mochten Gold als Sicherheit für Papiergeld nicht, entweder weil es nicht ausreichte, um die Inflationswünsche des Papiergeldes zu befriedigen, oder weil es keine Zinseinnahmen brachte. Der Gedanke, dass die Banker es vorziehen würden, Gold durch einen Vermögenswert zu ersetzen, der niemals ablaufen und lebensfähig sein würde, ist verlockend, und nach 1971 war die Demonetarisierung von Gold in der Tat ein ungleicher Vertrag, der anderen einseitig von den Machern des Geldspiels auferlegt wurde. Damit wurde eine völlig neue Form des Geldes eingeführt - das staatliche Kreditgeld.

Es ist ein Versuch, Geld mit den Schulden eines Staates als Sicherheit zu emittieren, und der ultimative Reichtum, den Papiergeld, eine Quittung, beanspruchen kann, ist nicht mehr Gold, sondern Staatsschulden! Ist die Staatsverschuldung ein Reichtum mit Arbeitsattributen? Vielleicht. Denn die Staatsverschuldung ist eine zukünftige Verpflichtung des Steuerzahlers, Steuern zu zahlen, aber diese zukünftige Zeitform führt ein Element der Unsicherheit ein, und das ist die Zeit. Gold ist die Frucht vollendeter Arbeit, und es ist alles da, ob man es ansieht oder nicht. Die Staatsverschuldung hingegen ist die Frucht unvollendeter Arbeit, der Reichtum der Zukunft, der immer vom Ausfall bedroht ist. Wenn eine Staatsschuld zur ultimativen Forderung auf eine Geldeinnahme wird, kommt sie einer Überziehung des zukünftigen Reichtums gleich. Ein weiterer schwerwiegender Nebeneffekt des umlaufenden Schuldgeldes sind die doppelten Zinskosten, denn die Menschen müssen nicht nur Zinsen für das geliehene Geld zahlen, sondern auch noch einmal Zinsen für die Sicherheiten des Geldes. Unter dem Schuldgeldsystem wird das Geld zu einer Belastung für die wirtschaftliche Entwicklung.

Die Zahlung von Zinskosten an einige wenige für die Verwendung von öffentlichem Geld, die Bindung der Staatsverschuldung an die Währung, ist eine Konstruktion, die logisch nicht überzeugend sein kann, und ein Geldsystem, das eine "krebsartige" Botschaft in seiner DNA hat. Je größer die Währungsemission, desto größer die Schulden, desto höher die Zinskosten und desto größer der Druck auf die Bevölkerung, sich zu "verschulden". Da die Zinsen nur zeitabhängig sind, stellt die Geldmengenausweitung eine endogene, starre Nachfrage dar, mit der natürlichen Tendenz, die Währung abzuwerten, und die Inflation wird die ultimative Folge sein. Die "unsichtbare Hand" der Inflation, die zu einer Umverteilung des Reichtums in der Gesellschaft führt, ist für die weltweite Polarisierung zwischen Arm und Reich verantwortlich.

Wenn die Geld- und Kreditexpansion und die damit verbundenen Zinskosten weiterhin schneller steigen als das Wirtschaftswachstum, führt dies unweigerlich zu einem "Lagunen"-Effekt der Schuldenakkumulation in der gesamten Wirtschaft, d. h. zu einem zunehmenden Verhältnis zwischen der Gesamtverschuldung und dem BIP (Bruttoinlandsprodukt). Wenn dieses Verhältnis einen bestimmten Schweregrad erreicht, werden die Volkswirtschaften mit Schulden überlastet sein und in großem Umfang ausfallen. Hier liegen die Wurzeln der Finanzkrise, die die Welt im Jahr 2008 erschütterte.

Der Weltwährungsstatus des Dollars hat das Ausmaß und die Intensität der Krise vergrößert. Die Emission von Welthandels- und Reservewährungen, die durch US-Staatsanleihen besichert sind, wird unweigerlich zu einem gravierenden Missverhältnis zwischen dem Umfang der US-Staatsverschuldung und den Steuereinnahmen sowie zu einer Verschlechterung des Verhältnisses zwischen Gesamtverschuldung und BIP der US-Wirtschaft führen, was unweigerlich eine Krise der Kreditwürdigkeit des Dollars zur Folge hat.

Auf der Grundlage dieser Einschätzung habe ich 2006 in "Currency War" die folgenden Schlussfolgerungen gezogen: 1, der Ausbruch der Finanzkrise wird unvermeidlich sein, sie wird von den Vereinigten Staaten ausgehen, aber die ganze Welt betreffen; 2, die Subprime-Hypothekenkrise in den Vereinigten Staaten ist keineswegs ein isoliertes, kontrollierbares und sich nicht ausbreitendes kleines Problem, sondern der erste Dominostein, der fallen wird; 3, Fannie Mae und Freddie Mac, die Finanzzentren der Immobilienbranche, die schlimmste Vermögensblase in den Vereinigten Staaten, werden der Auslöser der Finanzkrise werden; 4, um die Finanzinstitute zu retten, werden die Vereinigten Staaten eine große Menge zusätzlicher Devisen ausgeben müssen, was die Krise der Kreditwürdigkeit des Dollars auslösen wird; 5, während sich die Dollarkrise verschlimmert, wird der Goldpreis stark ansteigen, weshalb vorgeschlagen wird, dass China seine Goldreserven in großem Umfang aufstocken sollte.

Die plötzlichen Veränderungen der Weltwirtschaftslage in den letzten fünf Jahren haben diese Schlussfolgerungen bestätigt und bestätigen sie.

Die Subprime-Hypothekenkrise von 2007 verschärfte sich und führte zum Finanz-Tsunami von 2008.

> *(a)* Die aufeinander folgenden Insolvenzen von Two Houses und Lehman Brothers im September 2008.

> *(b)* In den Jahren 2009 und 2010 begannen die Vereinigten Staaten zweimal mit dem Drucken von Geld und der sogenannten quantitativen Lockerung der Geldmenge.

> *(c)* Die europäische Schuldenkrise und die Eurokrise, die 2010 in den fünf südeuropäischen Ländern begann, verschärfen sich weiter.

> *(d)* Im Juli 2011 stieg der Goldpreis auf $ 1.600 pro Unze und damit auf das Dreifache des Wertes von Anfang 2006.

Am 19. Juli 2011 debattierte der US-Kongress heftig über die Notwendigkeit, die Obergrenze für US-Staatsanleihen anzuheben, und wenn bis zum 2. August kein Kompromiss erzielt wird, werden die USA in eine noch nie dagewesene Krise der Staatsverschuldung geraten. Auch wenn die Obergrenze für die Staatsverschuldung schließlich wieder angehoben wird, ist die verborgene Krise der Staatsverschuldung, die durch die Gefahr der schweren Haushalts- und Zahlungsbilanzdefizite der Vereinigten Staaten verursacht wird, für die Welt sichtbar geworden.

Warum in aller Welt haben die Vereinigten Staaten, ja die ganze Welt, ein solches Schuldgeldsystem eingeführt, das zwangsläufig zu einer Krise führen musste? Warum hat sich die Währung nicht für institutionelle Regelungen entschieden, die keine Zinskosten verursachen und der breiten Bevölkerung dienen? Welche speziellen Interessengruppen haben wirklich Einfluss auf die Einrichtung und Entwicklung des Geldsystems? Und wie haben sie der Regierung die Befugnis zur Ausgabe von Geld entrissen?

Im Zuge dieser höchst fragwürdigen Erkundungen beginnt langsam die Suche nach "The Currency War". Von den Vereinigten Staaten über Europa bis hin zu China hat die Serie "Währungskriege" allmählich einen Forschungsstil entwickelt, der darin besteht, große historische Ereignisse zu interpretieren und wiederherzustellen und mit einer monetären Vision, einer globalen Perspektive und einer historischen Sichtweise in die Zukunft zu blicken.

Als ich 2006 mein Buch "Währungskrieg" schrieb, hätte ich nicht erwartet, dass nur wenige Jahre später "Währungskrieg", ein Begriff, der als "Unsinn" verspottet worden war, ein internationales Thema werden würde, das Würdenträger und Wissenschaftler in aller Welt mit großer Sorge erfüllt.

Die Geschichte hat die immense Macht des Geldes bewiesen. Das Schicksal der Währung wird letztendlich auch das Schicksal der Nation sein. Auch die künftige Entwicklung Chinas wird eng mit der Währung verknüpft sein.

Autor: Juli 19, 2011 in Duftender Hügel

Wird die Fahrt von Chinas wirtschaftlichem Flugzeugträger reibungslos verlaufen?

Geschrieben am fünften Jahrestag des Beitritts Chinas zur WTO (Welthandelsorganisation), der vollständigen Öffnung des Finanzsektors für ausländische Investitionen

Cho Yuk-kun

Im Jahr 2006 stellte US-Finanzminister Paulson in einem Interview mit CNBC (Consumer News & Business Channel) am Vorabend seines Besuchs in China fest, dass "sie als Wirtschaftsmacht bereits eine führende Rolle in der Weltwirtschaft einnehmen und der Rest der Welt ihnen nicht mehr viel Zeit geben wird. "Es besteht kein Zweifel, dass dieses "sie" China ist.

Es liegt auf der Hand, dass sich China heute in einem alarmierenden Tempo zu einem bedeutenden Teil der Weltwirtschaft entwickelt. Eine Reihe von Wirtschaftsdaten und Anzeichen deuten darauf hin, dass der riesige chinesische Wirtschaftsträger in Fahrt gekommen ist.

Wenn das Politbüro vor drei Jahren einige Wissenschaftler nach Peking einlud, um über die Geschichte des Aufstiegs der Großmächte zu referieren, dann nur, um sich auf die absehbare Entwicklung Chinas vorzubereiten. Der Wechsel von "Aufstieg" zu "Entwicklung" reicht aus, um die Anpassung des chinesischen Selbstbewusstseins und die Geschwindigkeit der wirtschaftlichen Entwicklung Chinas zu erkennen, sogar schneller als die Dreharbeiten zu der CCTV-Dokumentation "Aufstieg der Großmächte".

Die Welt hat China ins Visier genommen: "Das 21 Jahrhundert wird das Jahrhundert der Chinesen", "Um 2040 wird Chinas Wirtschaftskraft mit der der Vereinigten Staaten gleichziehen", und die Liste lässt sich beliebig fortsetzen, so als ob China sich anschickt, die führende Wirtschaftsmacht der Welt zu werden.

Aber wird der chinesische Wirtschaftsflugzeugträger, der in See gestochen ist, reibungslos segeln? Wird Chinas Wirtschaft in der Lage sein, ihre derzeitige "Geschwindigkeit" beizubehalten und in den entscheidenden nächsten 50 Jahren voranzukommen? Welches sind die unvorhersehbaren Faktoren, die den Kurs und die Reise beeinflussen können?

Konventionellen Analysen zufolge wird die größte Herausforderung für Chinas riesigen Flugzeugträger in den kommenden Jahrzehnten die sichere Durchfahrt durch die "Straße von Taiwan" und die Übernahme der Seekontrolle in den betreffenden ostasiatischen Gewässern sein wichtigste versteckte Gefahr von einem unsichtbaren Schlachtfeld ausgeht, nämlich der potenziellen Bedrohung durch einen "Finanzkrieg". Die Gefahr dieser Bedrohung wächst mit dem Ablauf von fünf Jahren der WTO-Mitgliedschaft Chinas und der vollständigen Öffnung des Finanzsektors für ausländische Investitionen.

Die chinesische Finanzindustrie, die bald vollständig für ausländische Investitionen geöffnet sein wird, verfügt über eine ausreichende Widerstandsfähigkeit, einschließlich praktischer Erfahrung, um "Präzisionsschläge mit großer Reichweite" auf eine Reihe von Finanzinstrumenten wie Finanzderivate zu verhindern?

Nehmen wir die Seeschlacht: Vor zehn Jahren drängten chinesische U-Boote den Flugzeugträger USS Nimitz zurück, und Ende Oktober 2006 näherten sich chinesische U-Boote der Song-Klasse erneut der USS Kitty Hawk-Kampfgruppe bis auf fünf Meilen. China hat eine entsprechende Strategie entwickelt, um die US-Flugzeugträgergruppe aufgrund der taktischen Eigenschaften seiner U-Boote einzudämmen, da seine militärische Macht vorübergehend nicht mit der des US-Militärs konkurrieren kann. Ebenso gibt es heute, angesichts der rasanten Entwicklung Chinas, keine Garantie dafür, dass einige Länder, die glauben, dass China zum Nachteil ihrer eigenen Interessen stark ist, nicht das "Atom-U-Boot" der finanziellen Kriegsführung einsetzen werden, um China, einen wirtschaftlichen Träger, der bereits in See gestochen ist, anzugreifen, um den Kurs und die Richtung seiner wirtschaftlichen Entwicklung zu ändern. Chinas Aufstieg zur Weltmacht in der Mitte des 21 Jahrhunderts ist derzeit eine Routineprognose, die keine Einschätzung der möglichen Störungen und Behinderungen durch unerwartete Großereignisse wie Finanzkriege enthält.

Um eine unpassende Analogie zu ziehen: Die Risiken einer Öffnung des Finanzsektors für ausländische Investitionen könnten sogar größer sein als die Risiken, die damit verbunden sind, dass alle US-Flugzeugträgerverbände in Chinas angrenzende Gewässer eindringen. Da militärische Angriffe höchstens Bauwerke zerstören und Menschenleben auslöschen, ist es angesichts der riesigen Grenzen Chinas fast unmöglich, mit konventioneller Kriegsführung den wirtschaftlichen Lebensnerv des Landes vollständig zu zerstören. Die Heimlichkeit der finanziellen Kriegsführung und die Brutalität, mit der keine Kriegsfälle und keine Live-Übungen durchgeführt werden können, stellen eine große Herausforderung für Chinas nationale Verteidigung dar. Wenn die Wirtschaftsordnung des Landes als Ganzes von einem Finanzkrieg betroffen ist, kann dies schnell zu interner Instabilität führen, wobei "interne Unruhen" durch "externe Probleme" ausgelöst werden.

Die Geschichte und die Realität sind gleichermaßen düster: der Zerfall der Sowjetunion, die Abwertung des Rubels, die asiatischen Finanzturbulenzen, die "vier kleinen Drachen" haben aufgehört zu existieren; die japanische Wirtschaft war wie mit Ecstasy übergossen. Haben wir genau nachgedacht: Ist das alles nur Zufall oder Fügung? Wenn nicht, wer sind dann die wahren Drahtzieher hinter den Kulissen? Wer könnte das nächste Ziel eines Attentats sein? Hat die Ermordung eines ehemaligen sowjetischen Agenten, eines Energiemoguls und eines europäischen Bankiers nach dem anderen in den letzten Monaten etwas mit dem Zusammenbruch der ehemaligen Sowjetunion zu tun? War der wichtigste Faktor für den Zusammenbruch der Sowjetunion eine politische Reform oder ein finanzieller Schlag?

Dies kann nicht darüber hinwegtäuschen, dass man sich Sorgen um die Verteidigungsfähigkeit des chinesischen Finanzsystems und damit auch um die Zukunft der wirtschaftlichen Entwicklung des Landes macht. Selbst wenn wir den RMB-Wechselkurs und die 1 Billionen Devisenreserven vorerst beiseite lassen, muss die wichtigste Sorge sein, in welcher Situation sich China befindet, wenn es um das Spiel des politischen heißen Geldes auf nationaler Ebene und zwischen den Ländern geht, das außerhalb der normalen Finanzordnung liegt. Können die Güte und Geduld der chinesischen Zivilisation und das von China immer wieder geäußerte Konzept der "friedlichen Entwicklung" der finanziellen Invasion des "neuen Römischen Reiches", das stets subversiv und aggressiv ist, standhalten? Verfügt China auf praktischer Ebene derzeit über einen solchen Pool an Fachleuten, dass es sich sowohl theoretisch als auch praktisch wirksam gegen potenzielle finanzielle Angriffe schützen kann? Wird es im Falle einer unsichtbaren finanziellen "nuklearen Erpressung" oder gar eines "nuklearen Angriffs" unter den auf dem Weltfinanzmarkt verteilten chinesischen "Schildkröten" solche nationalen Säulen wie Qian Xuesen und Deng Xiaoxian geben?

Paulson wird zu einem "strategischen Wirtschaftsdialog" nach China reisen und Bernanke wird ihn begleiten. Was verbirgt sich hinter diesem ungewöhnlichen Schritt, dass der US-Finanzminister und der Fed-Vorsitzende zur gleichen Zeit in Peking eintreffen? Gibt es außer dem Wechselkurs des RMB noch andere "Wettbewerbe" zwischen Ländern, die der Außenwelt nicht bekannt sind? In einem Interview mit CNBC betonte Paulson, dass sich der zweitägige Dialog auf die langfristigen Herausforderungen konzentrieren wird, die sich aus Chinas rasantem wirtschaftlichen Aufstieg ergeben.

Beinhaltet diese so genannte "langfristige Herausforderung" also einen möglichen "Finanzkrieg"?

Das Ziel dieses Buches ist es, die Drahtzieher hinter den großen Finanzereignissen der Welt seit dem 18 Jahrhundert zu entlarven, die strategischen Ziele und Taktiken dieser Leute nachzuspielen, zu beobachten, zu erfahren, zu vergleichen und zusammenzufassen, ihre zukünftigen Großangriffe auf China vorherzusagen und Chinas Gegenmaßnahmen zu erkunden.

Der Krieg hat begonnen, doch der Rauch ist unsichtbar!

KAPITEL I

Die Rothschilds: Die reichste "Straße der Unsichtbaren" der Welt

"Gebt mir die Kontrolle über die Geldmenge einer Nation, und es ist mir egal, wer ihre Gesetze macht".[1]

Mayer Rothschild.

Während die internationalen Medien darüber spekulieren, dass Bill Gates, der 50 Milliarden Dollar schwer ist, zum reichsten Mann der Welt gekrönt wurde, sind Sie, wenn Sie die Wahrheit glauben, darauf hereingefallen. Sie werden die "unsichtbaren" Superreichen nicht auf der bekannten Liste der so genannten Milliardäre finden, denn sie haben die großen westlichen Medien bereits fest im Griff.

Wie man so schön sagt, leiten die Rothschilds auch heute noch das Bankgeschäft, aber wenn wir 100 zufällige Chinesen auf den Straßen von Peking oder Schanghai fragen, kennen vielleicht 99 von ihnen die Citibank und kein einziger die Rothschild Bank.

Wer genau ist Rothschild? Ein Finanzfachmann, der den Namen "Rothschild" noch nie gehört hat, ist genauso unglaubwürdig wie ein Soldat, der Napoleon nicht kennt, oder ein Physikstudent, der Einstein nicht kennt. Seltsamerweise, aber nicht überraschend, ist der Name der überwiegenden Mehrheit der Chinesen sehr fremd, und doch ist sein Einfluss auf die Vergangenheit, Gegenwart und Zukunft des chinesischen Volkes und der Welt insgesamt so groß, und doch ist seine Popularität so gering, dass seine Fähigkeit, unsichtbar zu bleiben, atemberaubend ist.

---

[1] G. Edward Griffin, *The Creature from Jekyll Island* (American Media, Westlake Village, CA 2002), S. 218.

Wie viel Vermögen hat die Familie Rothschild tatsächlich? Es ist eine Welt voller Faszination. Die konservative Schätzung liegt bei 30 Billionen Dollar![2] Wie um alles in der Welt haben es die Rothschilds geschafft, ein so erstaunliches Vermögen zu machen? Das ist die Geschichte, die wir Ihnen in diesem Kapitel erzählen werden.

Strenge familiäre Kontrolle, völlig undurchsichtige Black-Box-Operationen, uhrwerkartige Präzisionskoordination, Zugang zu Informationen, die dem Markt immer voraus sind, geradezu rücksichtsloses Denken, ein nie endender Wunsch nach Goldmacht und ein darauf basierendes tiefes Verständnis von Geld und Reichtum sowie geniale Weitsicht haben es den Rothschilds ermöglicht, in dem brutalen Strudel von Finanzen, Politik und Kriegsführung, der die Welt seit über zweihundert Jahren erfasst hat, eines der größten Finanzimperien der Menschheitsgeschichte aufzubauen.

Napoleons Waterloo und Rothschilds Arc de Triomphe

Nathan war der dritte Sohn der alten Rothschilds und der kühnste der fünf Brüder. 1798 wurde er von seinem Vater von Frankfurt nach England geschickt, um das Bankgeschäft der Rothschilds zu eröffnen. Nathan ist ein stadtbekannter, entschlossener Banker, der seine innere Welt nie wirklich verstanden hat. Mit erstaunlichem finanziellen Geschick und gottgleichen Mitteln wurde er 1815 zum führenden Bankoligarchen in London.

Nathans ältester Bruder Amschel leitete die Rothschild-Familienbank in Frankfurt (M. A. Rothschild und Söhne), sein zweiter Bruder Salomon gründete eine weitere Filiale der Familie in Wien, Österreich (S. M. Rothschild und Söhne), sein vierter Bruder Karl eine weitere in Neapel, Italien, und sein fünfter Bruder James hatte ebenfalls eine Bank in Paris, Frankreich (Messieurs de Rothschild Frères). Das von der Familie Rothschild geschaffene Bankensystem war die erste

---

[2] Anmerkung: Morton (1962) stellte fest, dass das Vermögen der Rothschilds im Jahr 1850 auf über 6 Milliarden US-Dollar geschätzt wurde. In heutigen Dollars ist das kein signifikanter Betrag; man bedenke jedoch den potenziellen zukünftigen Wert, der über 156 (2006) Jahre aufgezinst wird! Nimmt man 6 Milliarden Dollar (und geht davon aus, dass die Vermögensbasis nicht erodiert) und zinst diese Zahl mit verschiedenen Investitionsrenditen auf (eine konservative Spanne von 4% bis 8%), so ergibt sich folgender Nettowert des Rothschild-Familienunternehmens.

internationale Bankengruppe der Welt. Zu dieser Zeit verfolgten die 5 Brüder aufmerksam die europäische Schlacht von 1815.

Dies ist ein wichtiger Krieg, der das Schicksal und die Zukunft des europäischen Kontinents betrifft. Hätte Napoleon den endgültigen Sieg errungen, wäre Frankreich zweifelsohne der Herrscher des europäischen Kontinents geworden. Wenn Lord Wellington die Franzosen besiegt, dann wird Großbritannien die Großmachtparität in Europa beherrschen.

Schon lange vor dem Krieg haben die Rothschilds mit großer Weitsicht ihr eigenes strategisches Nachrichtensammel- und Kuriersystem aufgebaut. Sie haben ein riesiges Netz von Geheimagenten aufgebaut, die als "Kinder" bekannt sind und den Spionen des strategischen Geheimdienstes ähneln. Diese Männer waren in allen Hauptstädten Europas, in den großen Städten, in den wichtigen Handelszentren stationiert, und alle Arten von kommerziellen, politischen und anderen Informationen wurden zwischen London, Paris, Frankfurt, Wien und Neapel hin- und hergeschickt. Die Effizienz, Schnelligkeit und Genauigkeit dieses Nachrichtensystems ist atemberaubend und übertrifft bei weitem die Geschwindigkeit jedes offiziellen Informationsnetzes und die Reichweite anderer kommerzieller Wettbewerber. All dies verschafft der Rothschild-Bank einen deutlichen Vorteil in fast allen internationalen Wettbewerben. [3]

> *"Die Kutschen der Rothschild-Bank fuhren über die (europäischen) Autobahnen, die Schiffe der Rothschild-Bank überquerten den Kanal, die Spione der Rothschild-Bank verteilten sich auf den Straßen der (europäischen) Städte und trugen große Mengen an Bargeld, Anleihen, Briefen und Nachrichten, und ihr neuester Knüller wurde schnell über die Aktien- und Rohstoffmärkte verbreitet, aber alles ohne die wertvollen Ergebnisse der Schlacht von Waterloo."* [4]

Die Schlacht von Waterloo, die am 18. Juni 1815 in der Nähe von Brüssel (Belgien) stattfand, war nicht nur eine Schlacht auf Leben und Tod zwischen den beiden Armeen von Napoleon und Wellington, sondern auch ein riesiges Glücksspiel für Tausende von Anlegern, bei dem der Gewinner einen beispiellosen Reichtum erlangte und der

---

[3] Des Griffin, *Abstieg in die Sklaverei* (Emissary Publications 1980), Kapitel 5.

[4] Des Griffin, *Abstieg in die Sklaverei* (Emissary Publications 1980), S. 94.

Verlierer hohe Verluste erlitt. Die Stimmung an der Londoner Börse war äußerst angespannt, und alle warteten gespannt auf den Ausgang der Schlacht von Waterloo. Wenn das Vereinigte Königreich verliert, wird der Preis der britischen Staatsschulden (Consols) in den Abgrund stürzen; wenn das Vereinigte Königreich gewinnt, werden die britischen Staatsschulden in die Wolken stürzen.

Während die beiden Armeen auf Leben und Tod kämpften, sammelten Rothschilds Spione nervös Informationen aus den beiden Armeen über den Verlauf der verschiedenen Kampfsituationen so genau wie möglich. Weitere Spione waren damit beauftragt, die neuesten Informationen vom Schlachtfeld an die nächstgelegene Rothschild-Zentrale weiterzuleiten. Am Abend war Napoleons Niederlage endgültig, und ein Rothschild-Express-Bote namens Rothworth, der die Schlacht miterlebt hatte, galoppierte sofort auf einem schnellen Pferd in Richtung Brüssel und wandte sich dann nach Port Ostende. Es war schon spät in der Nacht, als Rose Woods mit einem Sonderpass an Bord eines Rothschild-Express-Schiffes ging. Zu diesem Zeitpunkt wehte im Ärmelkanal ein starker Wind, und nachdem er 2.000 Francs bezahlt hatte, fand er schließlich einen Matrosen, der ihm half, den Kanal[5] über Nacht zu überqueren. Als er am frühen Morgen des 19. Juni am Ufer von Folkestone, England, ankam, wartete dort Nathan Rothschild selbst. Nathan öffnete rasch den Umschlag, überflog die Schlagzeilen des Schlachtberichts und galoppierte dann direkt zur Londoner Börse.

Als Nathan schnell die Börse betrat, verstummte die ängstliche und aufgeregte Menge, die auf den Schlachtbericht wartete, sofort, und alle Augen waren auf Nathans ausdrucksloses und unerklärliches Gesicht gerichtet. An diesem Punkt wurde Nathan langsamer und ging zu seinem eigenen Thron, der als "Säule von Rothschild" bekannt ist. In diesem Moment waren die Muskeln in seinem Gesicht wie steinerne Skulpturen ohne das geringste emotionale Flattern. Zu diesem Zeitpunkt war der Handelssaal völlig frei von seiner früheren Betriebsamkeit, und jeder richtete seinen Reichtum und seinen Ruhm auf Nathans Augen. Nach einem Moment zwinkerte Nathan den Händlern der Familie Rothschild, die sich um die Manege herum aufhielten, tief zu, und alle eilten sofort und ohne ein Wort zum

---

[5] Eustace Mullins, *The Secrets of the Federal Reserve* - Omnia Veritas Ltd, www.omnia-veritas.com Kapitel 5.

Handelstisch und begannen, britische Anleihen zu verkaufen. Sofort entstand ein Tumult in der Lobby, einige Leute begannen, miteinander zu reden, und viele andere blieben ratlos zurück. Zu diesem Zeitpunkt wurde das Äquivalent von Hunderttausenden von Dollar britischer Staatsanleihen gewaltsam auf den Markt geworfen, und der Preis der Staatsanleihen begann zu fallen, und dann ging das noch größere Werfen der Order noch heftiger als die Flut.

Zu diesem Zeitpunkt lehnte Nathan noch immer ausdruckslos an seinem Thron. Jemand im Handelssaal stieß schließlich einen alarmierten Schrei aus,

> „Rothschild weiß Bescheid!" "Rothschild weiß es!" "Wellington ist besiegt!"

Alle blickten sofort zurück, als hätte man ihnen einen Stromschlag verpasst, und der Ausverkauf verwandelte sich schließlich in eine Panik. Wenn man gewaltsam den Verstand verliert, wird das Befolgen der Handlungen anderer zu einem selbst auferlegten Akt. Jeder wollte die bereits wertlosen britischen Staatsschulden auf einmal loswerden und so viel wie möglich von dem, was noch übrig war, behalten. Nach ein paar Stunden wilden Werfens sind die britischen Staatsschulden zu einem Haufen Schrott geworden, von dem nur noch 5% des Nennwerts übrig sind.[6]

Zu diesem Zeitpunkt stand Nathan der Situation noch genauso gleichgültig gegenüber wie zu Beginn. Seine Augen flackerten leicht auf eine Art und Weise, die niemand ohne langes Training jemals lesen könnte, aber dieses Mal war das Signal ein völlig anderes. Die zahlreichen Händler um ihn herum stürzten sich sofort auf ihre jeweiligen Handelstische und begannen, jede einzelne britische Anleihe zu kaufen, die sie auf dem Markt sehen konnten.

Um elf Uhr am Abend des 21. Juni traf Henry Percy, der Bote Lord Wellingtons, schließlich in London ein und überbrachte die Nachricht, dass die Armee Napoleons nach acht Stunden erbitterten Kampfes mit einem Verlust von einem Drittel ihrer Männer vollständig besiegt worden war und dass Frankreich am Ende war!

Diese Information war einen ganzen Tag später als Nathans Information! Und Nathan verdiente an diesem einen Tag 20 Mal so viel

---

[6] Des Griffin, *Abstieg in die Sklaverei* (Emissary Publications 1980), Kapitel 5.

Geld, mehr als Napoleon und Wellington in Jahrzehnten der Kriegsführung zusammen! [7]

Die Schlacht von Waterloo machte Nathan auf einen Schlag zum größten Gläubiger der britischen Regierung und beherrschte damit die spätere britische Staatsverschuldung, wobei die Bank of England unter Nathans Kontrolle stand. Die britische Staatsverschuldung ist der Beweis für die zukünftige Besteuerung der Regierung, und die Verpflichtung des britischen Volkes, alle Arten von Steuern an die Regierung zu zahlen, wird zu einer verdeckten Steuer auf die gesamte Bevölkerung durch die Rothschild-Bank. Die finanziellen Ausgaben der britischen Regierung wurden durch die Emission von Staatsschulden finanziert, mit anderen Worten, die britische Regierung musste sich Geld von privaten Banken leihen, um es auszugeben, weil sie nicht das Recht hatte, Geld zu emittieren, und zahlte etwa 8 Prozent Zinsen, die alle in Goldmünzen beglichen wurden. Während Nathan den überwältigend großen Betrag der britischen Staatsschulden in seinen Händen hielt, manipulierte er effektiv den Preis der Staatsschulden und beeinflusste so die gesamte britische Geldversorgung, und der wirtschaftliche Lebensnerv Großbritanniens war fest in den Händen der Rothschilds.

Der selbstgefällige Nathan machte keinen Hehl aus seinem Stolz auf die Eroberung des britischen Empire.

> *Es ist mir egal, welche Art von englischer Marionette auf den Thron gesetzt wird, um dieses riesige Reich der untergehenden Sonne zu regieren. Wer auch immer die Geldversorgung des Britischen Reiches kontrolliert, kontrolliert das Britische Reich, und diese Person bin ich!* [8]

---

[7] Ignatius Balla, *The Romance of the Rothschilds*, (Everleigh Nash, London, 1913). Anmerkung: Die *New York Times* vom 1. April 1915 berichtete, dass Baron Nathan Mayer de Rothschild 1914 vor Gericht ging, um Ignatius Balla's Buch mit der Begründung zu unterdrücken, dass die Waterloo-Geschichte über seinen Großvater unwahr und verleumderisch sei. Das Gericht entschied, dass die Geschichte wahr sei, wies die Klage Rothschilds ab und verurteilte ihn zur Zahlung aller Kosten.

[8] Eustace Mullins, *The Secrets of the Federal Reserve* - Omnia Veritas Ltd, www.omnia-veritas.com, Kapitel 5.

Rothschilds Anfänge in der Ära

> *„Die wenigen, die das System (Scheck- und Kreditgeld) verstehen, sind entweder so sehr an den Profiten interessiert, die es generiert, oder so sehr von den Zuwendungen des Systems abhängig (Politiker), dass diese Klasse von Menschen sich uns nicht widersetzen wird. Die große Mehrheit der Menschen hingegen ist intellektuell nicht in der Lage, die enormen Vorteile des Kapitals zu verstehen, die sich aus diesem System ergeben, und sie werden unterdrückt, ohne sich zu beschweren oder auch nur den geringsten Verdacht zu hegen, dass das System ihren Interessen geschadet hat."*[9]
>
> Die Gebrüder Rothschild, 1863.

Die alten Rothschilds wuchsen in einer Zeit auf, in der die industrielle Revolution in Europa rapide zunahm und die Finanzindustrie einen nie dagewesenen Aufschwung erlebte, mit völlig neuen Finanzpraktiken und Ideen, die von den Niederlanden und England auf ganz Europa ausstrahlten. Mit der Gründung der Bank of England im Jahr 1694 wurde von einer großen Gruppe abenteuerlustiger Bankiers ein weitaus komplexeres Konzept und eine komplexere Praxis des Geldes als in der Vergangenheit geschaffen.

Das Konzept und die Form des Geldes haben sich in den 100 Jahren des 17 Jahrhunderts, von 1694 bis 1776, als Adam Smiths *Wealth of Nations* erschien, tiefgreifend verändert, und zum ersten Mal in der Geschichte der Menschheit überstieg die Menge des von den Banken ausgegebenen Papiergeldes die Gesamtmenge des im Umlauf befindlichen Metallgeldes.[10] Die durch die industrielle Revolution ausgelöste beispiellose Nachfrage nach Finanzierungen in aufstrebenden Industriezweigen wie Eisenbahn, Bergbau, Schiffbau, Maschinenbau, Textilindustrie, Militärindustrie und Energie hat einen immer stärkeren Widerspruch zu den alten Ineffizienzen und den äußerst begrenzten Finanzierungsmöglichkeiten der traditionellen Goldschmiedebanken geschaffen. Die aufstrebenden Bankiers, vertreten durch die Rothschilds, ergriffen diese historisch bedeutsame

---

[9] Die Gebrüder Rothschild aus London in einem Brief, den sie 1863 an New Yorker Bankiers schickten, um den damals vorgeschlagenen National Banking Act zu unterstützen.

[10] Glyn Davis, *History of Money from Ancient Times to the Present Day* (University of Wales Press, 2002), S. 257, S. 258.

Gelegenheit, den historischen Verlauf des modernen Finanzwesens in der für sie vorteilhaftesten Weise vollständig zu dominieren, während das Schicksal aller anderen von diesem System bestimmt werden musste oder unbewusst bestimmt wurde.

Zwei Bürgerkriege und politische Unruhen seit 1625 hatten die englische Staatskasse leergefegt, und als Wilhelm I. 1689 den englischen Thron bestieg (den er durch die Heirat mit Maria, der Tochter König Jakobs II., errungen hatte), stand er vor einem Schlamassel, der ihn in Verbindung mit dem andauernden Krieg mit Ludwig XIV. An diesem Punkt schlugen Bankiers unter der Leitung von William Paterson dem König ein neues Konzept vor, das sie in den Niederlanden gelernt hatten: die Gründung einer privaten Zentralbank, der Bank of England, zur Finanzierung der enormen Ausgaben des Königs.

Diese Privatbank stellt der Regierung 1,2 Millionen Pfund in bar als "ewiges Darlehen" der Regierung mit einem Zinssatz von 8% pro Jahr und einer jährlichen Verwaltungsgebühr von 4.000 Pfund zur Verfügung, so dass die Regierung für 100.000 Pfund pro Jahr sofort 1,2 Millionen Pfund in bar aufnehmen kann und das Kapital nie zurückzahlen muss! Natürlich hatte die Regierung den zusätzlichen "Vorteil", dass sie der Bank of England erlaubte, ausschließlich national anerkannte Banknoten auszugeben.[11]

Es ist seit langem bekannt, dass das profitabelste am Goldschmied-Bankier die Ausgabe von Banknoten war, die eigentlich Quittungen für Goldmünzen waren, die von den Einlegern beim Goldschmied hinterlegt wurden. Da es sehr unbequem war, große Mengen an Goldmünzen mit sich zu führen, begann man, mit Quittungen für Goldmünzen zu handeln und die entsprechenden Goldmünzen dann beim Goldschmied einzulösen. Mit der Zeit hatten die Menschen nicht mehr das Bedürfnis, immer zum Goldschmied zu gehen, um an die Goldmünzen zu gelangen, und später wurden diese Quittungen allmählich zu einer Währung. Die weisen Goldschmiedebankiers stellten allmählich fest, dass nur wenige Menschen täglich Goldmünzen abholten, und sie begannen, die Zahl der Quittungen leise zu erhöhen, um denjenigen, die es brauchten, Geld zu leihen und Zinsen zu

---

[11] Eustace Mullins, *The Secrets of the Federal Reserve* - Omnia Veritas Ltd, www.omnia-veritas.com, Kapitel 5.

verlangen, und wenn die Kreditnehmer die Schulden mit Zinsen zurückzahlten, zogen die Goldschmiedebankiers die Schulden ein und vernichteten sie in aller Stille, als ob nichts geschehen wäre, aber die Zinsen flossen stetig in ihre eigenen Geldbeutel. Je größer die Verbreitung und Akzeptanz der Einkünfte einer Goldschmiedebank, desto größer der Gewinn. Und die Verbreitung und Akzeptanz der von der Bank of England ausgegebenen Banknoten liegt weit außerhalb der Reichweite anderer Banken, und diese national anerkannten Banknoten sind die nationale Währung.

Das Barkapital der Bank of England wird bei der Bevölkerung rekrutiert, und wer mehr als 2.000 Pfund zeichnet, kann Direktor der Bank of England werden (Gouverneur). Insgesamt 1330 Personen wurden Aktionäre der Bank of England und 14 wurden Direktoren der Bank, darunter William Paterson.[12]

1694 erließ König Wilhelm I. die königliche Charta für die Bank of England, und die erste moderne Bank war geboren.

Die Kernphilosophie der Bank of England besteht darin, die privaten Schulden der Könige und Königshäuser in dauerhafte Staatsschulden umzuwandeln, die durch eine allgemeine Besteuerung abgesichert sind, wobei die Bank of England die nationale Währung auf der Grundlage dieser Schulden ausgibt. Auf diese Weise hat der König Geld, um zu kämpfen oder sich zu vergnügen, die Regierung hat Geld, um das zu tun, was sie liebt, die Banker vergeben die riesigen Kredite, von denen sie träumen, und erhalten beträchtliche Zinseinnahmen, und es scheint eine glückliche Situation für alle zu sein, mit nur den Steuern des Volkes als Sicherheiten. Dank dieser mächtigen neuen Finanzinstrumente schoss das Defizit der britischen Regierung in die Höhe, und von 1670 bis 1685 belief sich der Kassenbestand der britischen Regierung auf 24,8 Millionen Pfund. Die Staatseinnahmen haben sich von 1685 bis 1700 auf 55,7 Millionen Pfund mehr als verdoppelt, aber die Kreditaufnahme der britischen Regierung bei der Bank of England ist von 1685 bis 1700 um mehr als das 17-fache gestiegen, von 800.000 Pfund auf 13,8 Millionen Pfund.[13]

---

[12] *Ebd.*

[13] Glyn Davis, *History of Money from Ancient Times to the Present Day* (University of Wales Press, 2002), S. 239.

Noch besser ist, dass der Entwurf die Ausgabe der Landeswährung und die permanente Staatsverschuldung blockiert. Die Einführung einer neuen Währung würde eine Erhöhung der Staatsverschuldung erfordern, und die Tilgung der Staatsverschuldung würde die Zerstörung der nationalen Währung bedeuten, und es wäre kein Geld auf dem Markt im Umlauf, so dass die Regierung niemals in der Lage wäre, die Schulden zu tilgen. Da die Notwendigkeit, Zinsen zu zahlen, und die wirtschaftliche Entwicklung unweigerlich zu einer größeren Nachfrage nach Geld führt, das von den Banken geliehen werden muss, wird die Staatsverschuldung immer weiter wachsen, und die Zinseinnahmen aus diesen Schulden werden alle in die Taschen der Banker fließen, während die Zinszahlungen durch die Steuern der Menschen gedeckt werden!

Seitdem hat die britische Regierung die Schulden nie abbezahlt. Ende 2005 waren die Schulden der britischen Regierung von 1,2 Millionen Pfund im Jahr 1694 auf 525,9 Milliarden Pfund gestiegen, was dem britischen BIP entspricht. [14]

Es scheint, dass es sich für eine so hohe Summe lohnt, das Risiko einzugehen, einen König zu köpfen oder mehrere Präsidenten zu ermorden, wenn es jemand wagt, sich einer privatisierten Nationalbank in den Weg zu stellen.

Der erste Eimer Gold des alten Rothschild

Am 23. Februar 1744 wurde Meyer A. Bauer im jüdischen Ghetto von Frankfurt geboren. Sein Vater Moses war ein fahrender Goldschmied und Geldverleiher, der seinen Lebensunterhalt auf dem osteuropäischen Kontinent verdiente. Als Meyer geboren wurde, beschloss Moses, sich in Frankfurt niederzulassen. Von klein auf zeigte Meyer einen erstaunlichen Intellekt, und sein Vater widmete ihm einen großen Teil seines Lebens, indem er ihn sorgfältig betreute und ihm systematisch das Geschäft mit dem Geld und dem Kreditwesen beibrachte. Einige Jahre später starb Moses, und im Alter von dreizehn

---

[14] Nationale Statistiken des Vereinigten Königreichs.

Jahren kam Meyer, ermutigt von Verwandten, als Banklehrling in die Oppenheimer Familienbank nach Hannover. [15]

Meyer eignete sich mit seiner großen Auffassungsgabe und seinem Fleiß schnell das Fachwissen des Bankbetriebs an und saugte sieben Jahre lang die Launen der Finanzindustrie aus dem Vereinigten Königreich wie ein Schwamm auf und verdaute sie. Für seine hervorragende Arbeit wurde Meyer zum Juniorpartner befördert. Während seiner Zeit bei der Bank lernte er einige sehr gut vernetzte Kunden kennen, darunter General von Istvor, der maßgeblich an seiner späteren Entwicklung beteiligt war. Hier erkannte Meyer, dass das Verleihen von Geld an die Regierung und den König viel profitabler und versicherter war als das Verleihen an Einzelpersonen, und zwar nicht nur mit viel größeren Krediten, sondern auch mit den Steuern der Regierung als Sicherheiten. Dieses neue Finanzkonzept aus dem Vereinigten Königreich belebte Meyers Gedankengut neu.

Einige Jahre später kehrte der junge Meyer nach Frankfurt zurück, um das Kreditgeschäft seines Vaters weiterzuführen. Er änderte auch seinen Nachnamen in Rothschild (Rothschild, Rot ist das deutsche Wort für rot und Schild ist das deutsche Wort für Schild). Als Meyer erfuhr, dass General von Istvor ebenfalls nach Frankfurt zurückgekehrt war und am Hof von Prinz Wilhelm arbeitete, kam ihm sofort der Gedanke, diese Beziehung zu nutzen. Auch General von Istvor freute sich sehr, als er Meyer wiedersah. Der General ist selbst ein numismatischer Sammler, und Meyers numismatische Forschungen sind von Generationen von Vorfahren überliefert, und das Gerede über alte numismatische Münzen ist dem General so vertraut, dass seine Augenbrauen tanzten. Noch mehr zur Freude des Generals war Meyer bereit, ihm einige seltene Goldmünzen zu einem sehr geringen Preisnachlass zu verkaufen, und schon bald nahm General von Istvor Meyer als Vertrauten auf. Der intrigante Meyer machte schnell Bekanntschaft mit wichtigen Leuten am Hof. Schließlich rief Prinz Wilhelm eines Tages, nachdem er von General von Istvor eingeführt worden war, Meyer zu sich, der, wie sich herausstellte, selbst ein Sammler von Goldmünzen war, und auf die gleiche Weise hatte Meyer bald den Prinzen in seiner Gunst.

---

[15] Des Griffin, *Abstieg in die Sklaverei* (Emissary Publications 1980), Kapitel 5.

WÄHRUNGSKRIEGE - I

Am 21. September 1769 beschriftete Meyer sein Schild mit dem königlichen Wappen, daneben schrieb er in goldenen Lettern: "M. A. Rothschild, ernannter Agent Seiner Königlichen Hoheit Prinz Wilhelm."[16] Mit der Zeit stieg Meyers Glaubwürdigkeit und die Geschäfte wurden immer besser.

Prinz William selbst war historisch gesehen ein vermögender Mann, der im Europa des 18 Jahrhunderts dafür bekannt war, Armeen an andere Länder zu vermieten, um "den Frieden zu wahren". Er stand verschiedenen europäischen Königshäusern nahe und machte besonders gern Geschäfte mit der britischen Krone - Großbritannien, das viele Interessen in Übersee hatte, musste oft seine eigenen Truppen einsetzen, und da seine eigene Armee knapp war und Großbritannien mehr Geld ausgab und selten in Verzug geriet, war Prinz William ein ebenbürtiger Partner. Später, im Amerikanischen Unabhängigkeitskrieg, hatte Washington mit mehr deutschen als britischen Soldaten zu tun. Prinz William hat auf diese Weise das größte königliche Vermögen in der europäischen Geschichte angehäuft, das etwa 200 Millionen Dollar entspricht. Kein Wunder, dass man ihn "den kältesten Kredithai Europas" nennt. [17]

Nachdem er sich auf die Rechnung von Prinz Wilhelm verpflichtet hatte, arbeitete Meyer eifrig daran, jeden Auftrag nach bestem Wissen und Gewissen zu erledigen, und gewann so das Vertrauen des Prinzen. Bald darauf brach die französische bürgerliche Revolution (1789-1799) aus, und die Welle der Revolution griff allmählich von Frankreich auf die umliegenden Monarchien über. Prinz Wilhelm wurde ängstlich und machte sich zunehmend Sorgen, dass die Revolution auch auf Deutschland übergreifen und der Mob sein Vermögen plündern würde. Im Gegensatz zu dem, was der Prinz dachte, war Meyer sehr glücklich über die Französische Revolution, denn die Panik ließ sein Goldgeschäft in die Höhe schnellen. Als sich die Revolution gegen das Heilige Römische Reich richtete, wurde der Handel zwischen Deutschland und England unterbrochen, die Preise für Importe stiegen in die Höhe, und der Handel mit Waren von England nach Deutschland brachte Meyer ein Vermögen ein.

---

[16] Ebd.

[17] Frederic Morton, *Die Rothschilds* (Fawcett Books, 1961), S. 40.

Meyer war eine sehr aktive Führungskraft in der jüdischen Gemeinde.

> *"Jeden Samstagabend, wenn der Gottesdienst in der Synagoge zu Ende war, lud Meyer immer einige der weisesten jüdischen Gelehrten zu sich nach Hause ein, und sie versammelten sich, während sie langsam am Wein nippten und bis spät in die Nacht hinein ausführlich über die Reihenfolge des Handelns diskutierten."* [18]

Meyer sagte bekanntlich: "Eine Familie, die zusammen betet, kommt zusammen. "Später haben die Menschen nie verstanden, welche Art von Macht die Rothschilds so hartnäckig nach Eroberung und Macht streben ließ.

Um 1800 waren die Rothschilds zu einer der reichsten jüdischen Familien in Frankfurt geworden. In diesem Jahr erhielt Meyer vom Kaiser des Heiligen Römischen Reiches auch den Titel "Kaiserlicher Agent des Heiligen Römischen Reiches". Dieser Titel ermöglichte es ihm, durch die verschiedenen Regionen des Reiches zu reisen, befreite ihn von den verschiedenen Steuern, die anderen Juden auferlegt wurden, und erlaubte es dem Personal seiner Firma, bewaffnet zu sein.

Im Jahr 1803 brachte Meyers wachsende Beziehung zu Prinz William Meyers Macht einen großen Sprung nach vorne. Einer der Cousins von Prinz William, der König von Dänemark, wandte sich an Prinz William, um eine Geldsumme zu leihen, was Prinz William aus Angst, seinen Reichtum zu zeigen, nur widerwillig akzeptierte. Als Meyer davon erfuhr und es für eine gute Gelegenheit hielt, schlug er dem Prinzen eine Lösung vor, bei der der Prinz das Geld zahlen würde und Meyer im Namen von Rothschild ein Darlehen an den König von Dänemark aushandeln würde, dessen Zinsen Meyer übernehmen könnte. Der Prinz dachte sorgfältig darüber nach und hielt dies für eine gute Möglichkeit, Geld zu leihen und zu sammeln, ohne seinen Reichtum zu zeigen. Für Meyer war das Verleihen von Geld an den König etwas, wovon er träumte, nicht nur eine regelmäßige Rendite, sondern auch eine großartige Gelegenheit, seinen Ruf zu verbessern. Der Kredit war also ein großer Erfolg. Unmittelbar danach wurden sechs weitere Darlehen des dänischen Königshauses über Meyer abgeschlossen. Rothschild wurde berühmt, zumal seine engen

---

[18] *Ebd.*, S. 31.

Beziehungen zur königlichen Familie in Europa bekannt zu werden begannen.

Nachdem Napoleon an die Macht gekommen war, versuchte er, Prinz Wilhelm auf seine Seite zu ziehen. Prinz William war nicht bereit, sich für eine Seite zu entscheiden, bevor die Situation klar wurde, und schließlich kündigte Napoleon an, "den Hessischen Kaiser (die Familie von Prinz William) von der Liste der europäischen Herrscher zu streichen", dann drückte die französische Armee gegen die Grenze, Prinz William ging in aller Eile ins Exil nach Dänemark und übergab Meyer vor seiner Flucht ein Bargeld im Wert von 3 Millionen Dollar zur Aufbewahrung. [19]Es waren diese 3 Millionen Dollar in bar, die Meyer beispiellose Macht und Reichtum brachten, und die der erste Eimer Geld wurden, mit dem Meyer sein Finanzimperium schmiedete.

Meyer hat weitaus größere Ambitionen als die Gründung einer Bank von England! Als er diese riesige Geldsumme von Prinz William erhielt, begann er, seine Truppen zu mobilisieren. Seine fünf Söhne schossen wie fünf scharfe Pfeile in die fünf Kernländer Europas. Der Älteste, Amschel, behielt das Frankfurter Hauptquartier, der Zweite, Salomon, ging nach Wien, um ein neues Schlachtfeld zu eröffnen, der Dritte, Nathan, wurde nach England geschickt, um das große Ganze zu leiten, der Vierte, Karl, ging nach Neapel, Italien, um einen Stützpunkt zu errichten und fungierte als Bote zwischen den Brüdern, und der Fünfte, James, übernahm die Geschäfte in Paris.

Ein Finanzimperium, wie es in der Geschichte der Menschheit noch nie dagewesen ist, wurde enthüllt.

Nathan dominiert die Londoner Finanzmetropole

> *„Sie (die Rothschilds) sind die Herren des Weltgeldmarktes und natürlich auch von fast allem anderen. Sie hatten sogar Vermögenswerte gegen die Kassen der gesamten süditalienischen Region verpfändet, und die Könige und Minister aller (europäischen) Länder hörten auf ihre Lehren."[20]*
> Benjamin Disraeli, britischer Premierminister, 1844.

---

[19] Des Griffin, *Abstieg in die Sklaverei* (Emissary Publications, 1980), Kapitel 5.

[20] Benjamin Disraeli, *Coningsby* (New York: Alfred A. Knopf, ursprünglich 1844 in England veröffentlicht), S. 225.

Die Financial City of London, ein knapper Quadratkilometer im Herzen des Großraums London, ist seit dem 18 Jahrhundert das Finanzzentrum Großbritanniens und der Welt, mit einem unabhängigen Rechtssystem, ähnlich dem des Vatikans, und eher wie ein Land im Land. Es ist der Ort, an dem die wichtigsten Finanzinstitute der Welt, einschließlich des Hauptsitzes der Bank of England, heute 1/6 des BIP des Vereinigten Königreichs erwirtschaften, und wer die Financial City of London beherrscht, beherrscht das Vereinigte Königreich.

Nathans erste Ankunft in England fiel mit der französisch-britischen Konfrontation und der gegenseitigen Blockade zusammen. Britische Waren wurden in Europa zu hohen Preisen verkauft, und Nathan begann, sich mit seinem Bruder James, der sich in Frankreich aufhielt, zusammenzutun, um die Waren von England nach Frankreich zu schmuggeln und den Besitzer zu wechseln, wobei er eine Menge Geld verdiente. Später freundete sich Nathan mit John Harris an, einem Offizier des britischen Finanzministeriums, und erkundigte sich nach der Lage der britischen Truppen in Spanien. Die britische Armee unter dem Kommando des Herzogs von Wellington war bereit, die französische Armee anzugreifen, und das einzige Problem war der fehlende Sold. Der Herzog von Wellington hatte trotz seiner Bürgschaft durch die britische Regierung Schwierigkeiten, die spanischen und portugiesischen Bankiers davon zu überzeugen, die von ihm vorgelegten Banknoten anzunehmen, und die Armee des Herzogs von Wellington brauchte dringend Gold. [21]

Nathan hatte eine glänzende Idee und war fest entschlossen, mit der Sache ein Vermögen zu machen. Er erkundigte sich nach Goldvorräten, und wie es der Zufall wollte, hatte die East India Company gerade eine Ladung Gold aus Indien verschifft, um es zu verkaufen, und auch die britische Regierung wollte kaufen, hielt den Preis aber für zu hoch und wollte warten, bis der Goldpreis sank, bevor sie kaufte. Nathan erkannte die Situation und setzte sofort die gesamten drei Millionen Dollar in bar, die Prinz William zum Kampf nach Großbritannien mitgebracht hatte, sowie die großen Summen, die er mit dem Schmuggel britischer Waren verdient hatte, ein, nutzte die Gelegenheit, um mit der East India Company zu handeln, kaufte Gold

---

[21] G. Edward Griffin, *The Creature from Jekyll Island* (American Media, Westlake Village, CA 2002), S. 224.

im Wert von 800.000 Pfund [22]und erhöhte dann sofort den Goldpreis. Die britische Regierung sah, dass der Goldpreis nicht gesenkt werden konnte, und die militärische Lage vor den 100.000 drängte, nur um von Nathan zu einem hohen Preis zu kaufen. Das Geschäft brachte Nathan ein Vermögen ein.

Doch Nathan setzte seinen Serientrick fort und bot an, das Gold zu den Truppen des Herzogs von Wellington zu eskortieren. Zu dieser Zeit hatte Frankreich eine strenge Landblockade gegen Großbritannien, die so riskant war, dass die britische Regierung bereit war, einen hohen Preis für den Transport des Goldes zu zahlen. Nachdem er diesen Botengang unternommen hatte, bat Nathan seinen 19-jährigen Bruder James, der französischen Regierung mitzuteilen, dass Nathan Gold nach Frankreich verschiffen wolle, worüber die britische Regierung wahrscheinlich wütend sein würde, da der Goldfluss nach Frankreich die finanzielle Leistungsfähigkeit Großbritanniens stark schwächen würde. Als die französische Seite hörte, dass es eine so gute Sache war, warum nicht den Grund stark unterstützen, befahl sie sofort die französische Polizei, um den Weg zu schützen, den ganzen Weg hindurch. Einzelne französische Beamte, die in hohem Maße bestochen wurden, wurden ebenfalls taub und zum Schweigen gebracht.

So Nathan und andere eskortiert das Gold, mit der Unterstützung der britischen und französischen Regierungen, in die Bank in Paris im großen Stil, Nathan an der Willkommens-Bankett der französischen Regierung, während leise schickte jemanden, um das Gold in Goldmünzen akzeptabel für den Herzog von Wellington zu tauschen, und dann unwissentlich durch die Rothschild-Transport-Netzwerk an die britische Armee in Spanien transportiert, die Methode der Subtilität der modernen Hollywood-Film-Plot.

Ein preußischer Diplomat in Großbritannien formulierte es so:

> *„Der Einfluss von Rothschild auf die Finanzgeschäfte hier (in London) ist atemberaubend. Sie diktieren vollständig den Preis des Devisenhandels in der Finanzmetropole London. Als Banker ist ihre Macht verblüffend. Die Bank von England erschauderte, als Nathan wütend wurde."*

Einmal brachte Nathan einen von seinem Bruder Amschel bei der Rothschild-Bank in Frankfurt ausgestellten Scheck zur Bank of

---

[22] Frederic Morton, *Die Rothschilds* (Fawcett Books, 1961), S. 45.

England und bat um Bargeld, was die Bank mit der Begründung ablehnte, dass sie nur Schecks dieser Bank umtauschen würde. Nathan war wütend und führte am nächsten Morgen seine eigenen neun Bankangestellten mit einer großen Anzahl von Schecks der Bank of England an, in denen er Gold forderte, was die Goldreserven der Bank of England an nur einem Tag erheblich sinken ließ. Am nächsten Tag brachte Nathan weitere Schecks, und ein leitender Bankangestellter fragte Nathan mit zitternder Stimme, wie viele Tage er noch Zeit habe, sie einzulösen, woraufhin Nathan kalt erwiderte: "Die Bank von England hat sich geweigert, meinen Scheck anzunehmen, warum wollte ich ihn haben? "Die Bank of England berief sofort eine Dringlichkeitssitzung ein, und dann teilte der leitende Bankdirektor Nathan sehr höflich mit, dass die Bank of England in Zukunft alle Schecks der Rothschild Bank einlösen werde.

In der Schlacht von Waterloo übernahm Nathan mit einem Schlag die Kontrolle über die Finanzmetropole London und hielt damit das wirtschaftliche Lebenselixier Großbritanniens in Händen. Seitdem liegen wichtige Entscheidungen, darunter die Ausgabe von Währungen und der Goldpreis, in den Händen der Rothschilds.

Jakobus erobert Frankreich

> *„Wenn eine Regierung vom Geld der Bankiers abhängt, sind es die Bankiers, nicht die Führer der Regierung, die die Situation kontrollieren, denn die Hand, die Geld gibt, ist immer höher als die Hand, die es nimmt. Geld hat keine Heimat, Finanziers wissen nicht, was patriotisch und edel ist, und ihr einziges Ziel ist es, Profit zu machen."*[23]
>
> Napoleon, 1815.

James, der fünfte Sohn des alten Rothschild, reiste während der Herrschaft Napoleons hauptsächlich zwischen London und Paris und baute ein familiäres Transportnetz auf, um britische Waren zu schmuggeln. James machte sich in Frankreich einen Namen, nachdem er Wellington bei der Verschiffung von Gold und der Schlacht um die Übernahme der britischen Staatsschulden geholfen hatte. Er gründete

---

[23] R. McNair Wilson, *Monarchy or Money Power* (Omnia Veritas Ltd - www.omnia-veritas.com), S. 68.

die Rothschild-Bank in Paris und finanzierte heimlich die Spanische Revolution.

Nach der Niederlage von Waterloo im Jahr 1817 verlor Frankreich einen großen Teil seines Territoriums aus den napoleonischen Kriegen, wurde politisch belagert und seine Volkswirtschaft geriet zunehmend in Bedrängnis. Die Regierung Ludwigs XVIII. nahm Kredite auf, in der Hoffnung, finanziell allmählich wieder Fuß fassen zu können. James war empört darüber, dass eine französische Bank und die britische Bank of Bahrain eine große Anzahl von staatlich finanzierten Projekten erhalten hatten, während die angesehene Rothschild-Bank in Verruf geraten war.

Im Jahr 1818, als die im Vorjahr ausgegebenen Staatsanleihen in Paris und anderen europäischen Städten in die Höhe schossen, kam die französische Regierung auf den Geschmack und wollte sich erneut Geld von diesen beiden Banken beschaffen. Die Gebrüder Rothschild taten alles, um nicht den Hauch eines Gewinns zu erzielen. Es stellte sich heraus, dass die französischen Aristokraten, die stolz auf ihre illustre Herkunft und ihr adeliges Blut waren, die Rothschilds für nichts weiter als eine Bande von Bauernfängern hielten und nicht bereit waren, mit ihnen Geschäfte zu machen. Trotz seines Reichtums und seines Luxus in Paris war James nicht von hohem gesellschaftlichem Rang, und die Arroganz der französischen Aristokratie machte James wütend.

James und einige andere Brüder begannen sofort mit der Planung der Unterwerfung des französischen Adels. Die Arroganz der französischen Aristokratie war jedoch nicht intelligent und unterschätzte die strategische und taktische Exzellenz der Rothschild-Familie im Finanzwesen und ihre Fähigkeit, einen Sieg zu planen, nicht weniger als Napoleons militärische Meisterschaft.

Am 5. November 1818 begannen die französischen Anleihen, die bis dahin stetig an Wert gewonnen hatten, plötzlich einen eher ungewöhnlichen Wertverlust zu erleiden. Bald darauf begannen auch andere Staatsanleihen zu fallen, wobei die Preise in unterschiedlichem Maße sanken. Die Anleger auf dem Markt beginnen, darüber zu sprechen. Anstatt sich zu bessern, verschlechterte sich die Situation mit der Zeit.[24] Das Gerede an der Börse verwandelte sich allmählich in Klatsch und Tratsch: Die einen sagten, Napoleon könnte wieder an die

---

[24] Des Griffin, *Abstieg in die Sklaverei* (Emissary Publications, 1980), Kapitel 5.

Macht kommen, die anderen, dass die Staatskassen nicht genug Geld einnehmen, um die Zinsen zurückzuzahlen, und wieder andere befürchteten einen neuen Krieg.

Auch am Hofe Ludwigs XVIII. herrschte eine angespannte Atmosphäre, und wenn die Anleihen weiter fielen, gab es keine Möglichkeit, Geld für künftige Staatsausgaben zu beschaffen. Auch die Gesichter der Adligen waren von Traurigkeit geprägt, und alle machten sich Sorgen um die Zukunft des Landes. Nur zwei Personen schauten kalt von der Seitenlinie aus zu, und das waren James und sein Bruder Carl.

Dank der britischen Vorgeschichte kam langsam der Verdacht auf, dass die Rothschilds den Markt für Staatsschulden manipulierten. Und genau das geschah. Ab Oktober 1818 begannen die Rothschilds, ihr beträchtliches Vermögen einzusetzen, indem sie in aller Stille französische Anleihen in den großen Städten Europas kauften, die nach und nach an Wert gewannen. Dann, ab dem 5. November, begannen sie plötzlich mit dem gleichzeitigen Verkauf französischer Anleihen in ganz Europa und lösten damit eine große Panik auf den Märkten aus.

Als Ludwig XVIII. sah, wie der Kurs seiner Anleihen wie im freien Fall in den Abgrund rutschte, spürte er, wie seine Krone mit ihm verschwand. An diesem Punkt trat der Vertreter der Familie Rothschild am Hof an den König heran und sagte: "Warum lassen Sie nicht die reiche Rothschild-Bank versuchen, die Situation zu retten? "Der verzweifelte Ludwig XVIII., der keine königliche Stellung mehr innehatte, rief sofort die Brüder James zu sich. Die Atmosphäre im Elysée-Palast hat sich verändert, die lange verschollenen Brüder James sind von lächelnden Gesichtern und Respekt umgeben.

Die Gebrüder James stoppten den Zusammenbruch der Anleihen, sobald sie zuschlugen, und wurden zum Mittelpunkt der Aufmerksamkeit in Frankreich, das sie nach seiner militärischen Niederlage aus der Wirtschaftskrise retteten! Das Lob und die Blumen verzauberten die James-Brüder, und sogar der Stil ihrer Kleidung wurde zu einem beliebten Modestil. Ihre Banken wurden zu Orten, an denen man sich um Kredite bewarb.

Infolgedessen übernahmen die Rothschilds die vollständige Kontrolle über das französische Finanzwesen.

„Das Vermögen von James Rothschild beläuft sich auf 600 Millionen Francs. Es gibt nur einen Mann in Frankreich, der

> *mehr Vermögen hat als er, und das ist der König von Frankreich, dessen Vermögen 800 Millionen Francs beträgt. Das Vermögen aller anderen französischen Bankiers zusammengenommen liegt immer noch um 150 Millionen Francs unter dem von James. Dieser Reichtum verlieh ihm natürlich eine unverdiente Macht, die sogar so weit ging, dass er jederzeit ein Regierungskabinett zu Fall bringen konnte. Es ist bekannt, dass zum Beispiel die Regierung von Tyria durch ihn gestürzt wurde."*[25]

Salomos Suche nach Österreich

> *„In ihren Augen (der Rothschilds) gibt es keinen Krieg und keinen Frieden, keine Slogans oder Erklärungen, keine Opfer und keine Ehre, und sie ignorieren die Dinge, die die Augen der Welt verwirren. In ihren Augen gibt es nur Trittsteine. Prinz Wilhelm war eines, Metternich war das nächste."*[26]
>
> Frederick Morton.

Solomon war der zweite in der Linie der Rothschilds und verbrachte viele Jahre damit, zwischen den großen europäischen Städten zu pendeln und als Koordinator zwischen den verschiedenen Banken der Familie zu fungieren. Unter seinen Brüdern verfügte er über ein hohes Maß an Diplomatie, war redegewandt und zuvorkommend. Ein Bankier, der mit Salomon zu tun hatte, bemerkte einmal: "Niemand verlässt ihn nicht erfrischt. "Aus diesem Grund wurde er von den Brüdern öffentlich nach Wien berufen, um das Bankgeschäft im Herzen Europas zu eröffnen.

Wien war zu dieser Zeit das politische Zentrum Europas, und fast alle europäischen Könige waren untrennbar mit der österreichischen Dynastie der Habsburger verbunden. Die Habsburger herrschten über 400 Jahre lang als königliche Familie des Heiligen Römischen Reiches (das 1806 aufgelöst wurde), das das heutige Österreich, Deutschland, Norditalien, die Schweiz, Belgien, die Niederlande, Luxemburg, die Tschechische Republik, Slowenien und Ostfrankreich umfasste, und sind damit das älteste und authentischste Königshaus Europas.

---

[25] David Druck, *Baron Edmond de Rothschild* (Privatdruck).

[26] Frederic Morton, *Die Rothschilds* (Fawcett Books, 1961).

FINANZIELLE EROBERUNG

Obwohl das Heilige Römische Reich durch die Napoleonischen Kriege zerschlagen wurde, behauptete sich sein Nachfolger, Österreich, immer noch als Anführer Mitteleuropas, arrogant gegenüber dem Rest des Königshauses. Außerdem ist seine orthodoxe katholische Doktrin viel rigider als die protestantischer Länder wie England und Frankreich, und der Umgang mit solchen Adelsfamilien ist viel nobler als der mit Prinz William. Obwohl die Rothschilds in der Vergangenheit mehrmals versucht haben, geschäftliche Beziehungen zu den Habsburgern aufzubauen, war das Ergebnis immer, die königliche Familie aus der Schlinge und aus der Tür zu halten.

Als Salomon nach den napoleonischen Kriegen wieder an die Tore Wiens klopfte, war die Situation eine ganz andere. Die Familie Rothschild war zu einer angesehenen Familie in Europa geworden, die den Mut hatte, England und Frankreich zu erobern, und die viel Mut besaß. Trotzdem wagte es Salomon nicht, direkt mit den Habsburgern Geschäfte zu machen, sondern fand ein "Sprungbrett" in Form des österreichischen Außenministers Klemens von Metternich, der großen Einfluss auf die europäische Politik des 19.

In Europa hat das Wiener System unter der Führung von Metternich nach der Niederlage Napoleons die längste Friedensperiode des 19. Jahrhunderts überdauert. Metternich hat das Wesen von Checks and Balances angesichts des schwindenden Vermögens und der starken Feinde Österreichs in die Tat umgesetzt. Er nutzte die verbliebene königliche Orthodoxie der Habsburger in Europa, um die Nachbarn Preußen und Russland in ein heiliges Bündnis zu ziehen, sowohl um das Wiedererstarken Frankreichs und die Unruhe der russischen Expansion einzudämmen, als auch um einen gemeinsamen Mechanismus zur Unterdrückung der Welle des Nationalismus und Liberalismus im Lande zu bilden, der sicherstellte, dass die multiethnischen Spaltungen in Österreich nicht aus dem Ruder liefen.

Die Aachener Konferenz von 1818 war ein wichtiges Treffen, auf dem die Zukunft Europas nach der Niederlage Napoleons erörtert wurde. Die Vertreter Großbritanniens, Russlands, Österreichs, Preußens und Frankreichs entschieden über Fragen wie die französischen Kriegsreparationen und den Abzug der alliierten Truppen. Sowohl Salomon als auch sein Bruder Carl nahmen an diesem Treffen teil. Auf diesem Treffen, das von Metternichs rechter Hand, Gentz, eingeleitet wurde, machte Salomon die Bekanntschaft Metternichs und wurde schnell und ohne Worte zu einem intimen Freund von Metternich. Einerseits machte Salomons kluges und angemessenes Lob Metternich äußerst nützlich, andererseits wollte Metternich auch unbedingt die starke Finanzkraft der Familie Rothschild ausleihen, die beiden Männer verstanden sich auf Anhieb, Salomon und Könige sind noch unzertrennlicher voneinander.

Auf dringende Empfehlung Metternichs und des Königs und aufgrund der engen Geschäftsbeziehungen Rothschilds zu Prinz Wilhelm und der dänischen Krone wurden die hohen Mauern der Habsburger schließlich von Salomon überschritten. Im Jahr 1822 verlieh das habsburgische Königshaus den vier Brüdern Rothschild (außer Nathan) den Titel eines Barons.

Europa von 1814 bis 1848 ist als die "Ära Metternich" bekannt, aber es war die Rothschild-Bank, die Metternich tatsächlich kontrollierte.

Im Jahr 1822 nahmen die drei Brüder Metternich, König und Salomon, James und Carl, am wichtigen Kongress in Verona teil. Nach dem Treffen erhielt die Rothschild-Bank ein lukratives Angebot zur Finanzierung des ersten mitteleuropäischen Eisenbahnprojekts. 1843 erwarb Salomon die Vítkovice Consolidated Mining Company und die Austro-Hungarian Smelting Company, die damals zu den zehn größten Schwerindustrieunternehmen der Welt gehörten.

Bis 1848 war Salomon zum Meister der österreichischen Finanzen und Wirtschaft geworden.

Deutschland und Italien unter dem Rothschild-Wappen

Seit dem Rückzug Napoleons aus Deutschland hat sich Deutschland von den ehemals etwa 300 kleinen, lose feudalen Staaten zu etwa 30 größeren Nationen zusammengeschlossen und den Deutschen Bund gegründet. Amschel, der Rothschild-Chef, der in Frankfurt blieb, wurde zum ersten deutschen Finanzminister ernannt und 1822 vom österreichischen Kaiser in den Freiherrnstand erhoben. Die Rothschild-Bank in Frankfurt wurde zum Zentrum des deutschen Finanzwesens. Da Amschel keine Kinder hatte und ein Leben lang bedauerte, widmete er sich dem aufsteigenden Stern. Einer der jungen Männer, die von Amschel geliebt wurden, war Bismarck, der eisenharte deutsche Kanzler, der später in der modernen Weltgeschichte berühmt wurde.

Amschel war für Bismarck Vater und Sohn, und nach Amschels Tod blieb Bismarck in engem Kontakt mit der Familie Rothschild. Samuel Bleichroder, der Bankier hinter Bismarck, war ebenfalls ein Vertreter der Familie Rothschild. [27]

Der alte Fourkar war der mittelmäßigste der fünf Rothschild-Brüder. Er diente als wichtigster Bote der Familie und reiste nach und von Europa, um Informationen weiterzugeben und andere Brüder zu unterstützen. Nachdem er seinem fünften Bruder zum glorreichen Sieg in der Schlacht um die französische Staatsschuld 1818 verholfen hatte, wurde Karl von Nathan, dem dritten Bruder, der die Familie leitete, nach Neapel in Italien geschickt, um eine Bank zu gründen. In Italien bewies er jedoch eine Fähigkeit, die die Erwartungen seiner Mitbrüder übertraf. Karl finanzierte nicht nur die Armee, die Metternich nach Italien schickte, um die Revolution zu unterdrücken, sondern zwang auch mit einem bemerkenswerten politischen Kunstgriff die italienische Lokalregierung, die Kosten für die Besatzungstruppen zu übernehmen. Außerdem half er seinem Freund Maddich bei der Planung und Rückeroberung der Schlüsselposition des Schatzkanzlers von Neapel. Carl wurde allmählich zum finanziellen Rückgrat des italienischen Hofes und sein Einfluss breitete sich über die gesamte italienische Halbinsel aus. Er knüpfte auch Geschäftsbeziehungen zum Vatikan, und als Papst Gregor XVI. ihn sah, machte er eine Ausnahme und reichte Karl die Hand zum Kuss, anstatt wie üblich den Fuß auszustrecken.

Rothschilds Finanzimperium

> „Keine Bank der Welt kann mit euch konkurrieren, euch schaden oder von euch profitieren, solange ihr gemeinsam Brüder seid. Gemeinsam werdet ihr mehr Macht haben als jede andere Bank der Welt."[28]
> Brief von Davidson an Nathan, Juni 24, 1814

Vor seinem Tod im Jahr 1812 machte Rothschild senior ein feierliches Testament.

---

[27] Des Griffin, *Abstieg in die Sklaverei* (Emissary Publications, 1980), Kapitel 5.

[28] Lord Rothschild, *The Shadow of a Great Man*. London: 1982.

(1) Alle wichtigen Positionen in den Familienbanken müssen von Familienmitgliedern besetzt werden, niemals von Außenstehenden. Nur männliche Familienmitglieder können sich an den Aktivitäten des Familienunternehmens beteiligen.

(2) Familienehen dürfen nur zwischen Cousins und Cousinen geschlossen werden, um die Verwässerung und den Abfluss von Vermögen zu verhindern. (Diese Bestimmung wurde in der Anfangszeit streng durchgesetzt und später soweit gelockert, dass Mischehen mit anderen jüdischen Bankiersfamilien erlaubt waren).

(3) Es gibt absolut keine Offenlegung von Eigentum.

(4) Bei der Vererbung von Eigentum darf kein Anwalt eingreifen.

(5) Der älteste Sohn jeder Familie, der das Oberhaupt jeder Familie ist, kann nur mit einstimmiger Zustimmung der Familie einen zweiten Sohn zu seinem Nachfolger wählen.

Wer gegen das Testament verstößt, verliert alle Erbrechte. [29]

Es gibt ein chinesisches Sprichwort, das besagt, dass ein Bruder, der eines Sinnes ist, Gold abschneiden kann. Die Rothschilds verhinderten strikt die Verwässerung des Reichtums und die Abwanderung durch Heiraten innerhalb der Familie. In über 100 Jahren gab es 18 Eheschließungen innerhalb der Familie, davon 16 zwischen Cousins und Cousinen ersten Grades (Cousinen).

Es wird geschätzt, dass die Rothschilds um 1850 ein Gesamtvermögen von umgerechnet 6 Milliarden Dollar anhäuften, was bei einer Rendite von 6% das Vermögen der Familie mehr als 150 Jahre später auf mindestens 50 Billionen Dollar anwachsen ließe.

Strenge familiäre Kontrolle, völlige Undurchsichtigkeit, Präzision wie ein Uhrwerk, Zugang zu Informationen, die dem Markt immer voraus sind, geradezu rücksichtsloses Denken, ein nie endendes Verlangen nach Gold und, basierend auf all dem, eine tiefe Einsicht in Geld und Reichtum und ein Genie für Weitsicht, haben es den Rothschilds ermöglicht, in einem brutalen Strudel aus Finanzen, Politik und Kriegsführung, der mehr als zweihundert Jahre gedauert hat, eines

---

[29] Des Griffin, *Abstieg in die Sklaverei* (Emissary Publications, 1980), Kapitel 5.

der größten Finanzimperien in der bisherigen Menschheitsgeschichte aufzubauen.

Zu Beginn des 20 Jahrhunderts wurde das von den Rothschilds kontrollierte Vermögen auf die Hälfte des gesamten damaligen Weltvermögens geschätzt.[30]

Die Banken der Familie Rothschild waren über die wichtigsten Städte Europas verteilt und verfügten über eigene Systeme zur Sammlung von Informationen und deren schnelle Weitergabe, sogar an die Könige und Adligen der europäischen Länder, wenn sie verschiedene Informationen schnell und heimlich weitergeben mussten. Sie leisteten auch Pionierarbeit für das internationale Finanzclearing-System, indem sie ihre Kontrolle über den Weltgoldmarkt nutzten, und sie waren die ersten im Familienbankensystem, die ein System von Verrechnungskonten ohne physischen Goldtransport einrichteten.

Es gibt nur eine weitere Person auf dieser Welt, die die wahre Bedeutung von Gold besser versteht als die Rothschilds. Als die Rothschilds 2004 ihren Rückzug aus dem Londoner Goldpreissystem ankündigten, entfernten sie sich still und leise aus dem Zentrum der zukünftigen, beispiellosen finanziellen Turbulenzen der Welt, indem sie ihre Beziehung zum Goldpreis abschöpften. Die schuldengeplagte Dollarwirtschaft und das krisengeschüttelte weltweite System der gesetzlichen Zahlungsmittel sowie das weltweite System der Devisenreserven werden wahrscheinlich liquidiert werden, und der über Jahre hinweg von asiatischen Ländern mit nur unbedeutenden Goldreserven angehäufte Reichtum wird an künftige Gewinner "umverteilt" werden. Die Hedge-Fonds werden erneut zuschlagen, nur dass dieses Mal nicht mehr das Pfund und die asiatischen Währungen das Ziel sein werden, sondern der Dollar, das Rückgrat der Weltwirtschaft.

Für die Bankiers war der Krieg eine himmlisch gute Nachricht. Da teure Einrichtungen und Gegenstände, die in Friedenszeiten langsam an Wert verlieren, im Krieg innerhalb von Minuten vernichtet werden, werden die Kriegsparteien vor nichts zurückschrecken, um zu gewinnen, und am Ende des Krieges wird die Regierung, ob sie gewinnt oder verliert, tief in der Schuldenfalle der Banken stecken. In den 121 Jahren zwischen der Gründung der Bank of England und dem Ende der

---

[30] Ted Flynn, *Hoffnung für die Bösen* (MaxKol Communication, Inc., 2000), S. 38.

Napoleonischen Kriege (1694-1815) war England 56 Jahre lang im Krieg und verbrachte die restliche Hälfte damit, sich auf den nächsten Krieg vorzubereiten.

Es liegt im grundsätzlichen Interesse der Bankiers, Kriege zu steuern und zu finanzieren, und die Rothschilds sind da keine Ausnahme, denn sie haben ihre Schatten hinter fast allen Kriegen der letzten Zeit vorausgeworfen, von der Französischen Revolution bis zum Zweiten Weltkrieg. Die Rothschilds sind heute die größten Gläubiger in den großen westlichen Industrieländern. Frau (Gutle Schnaper) von Rothschild, Sr. sagte vor ihrem Tod,

> "Wenn meine Söhne den Krieg nicht wollten, würde niemand den Krieg lieben."

Jahrhunderts fiel die Macht über die Ausgabe von Geld in den großen Industrieländern Europas, wie England, Frankreich, Deutschland, Österreich und Italien, unter die Kontrolle der Familie Rothschild,

> "die göttliche Monarchie wurde durch die göttliche Goldmacht ersetzt".

Zu diesem Zeitpunkt war der schöne, wohlhabende und reiche amerikanische Kontinent auf der anderen Seite des Atlantiks schon längst in ihr Blickfeld geraten.

Zusammenfassung

★Nathan Rothschild war über die Schlacht von Waterloo informiert und nutzte die britische Staatsverschuldung, um 20 Mal so viel Geld zu verdienen, wie er wollte. Er wurde zum größten Gläubiger der britischen Regierung und beherrschte die künftige Emission britischer Staatsschulden.

★Meyer Rothschild ist eng mit der königlichen Familie verbunden und hat mit dem Bargeld von Prinz William in Höhe von 3 Millionen Dollar ein beispielloses Finanzimperium aufgebaut und fünf Söhne an die Spitze von Unternehmen in fünf europäischen Kernregionen geschickt.

★Nathan übernahm in der Schlacht von Waterloo die Kontrolle über die Finanzstadt London und hielt den wirtschaftlichen Lebensnerv Großbritanniens in Händen. Von da an hatten die Rothschilds die alles entscheidende Macht, Entscheidungen über die Ausgabe von Währungen und den Goldpreis zu treffen.

★James manipuliert heimlich den Preis französischer Anleihen und zwingt Ludwig XVIII. dazu, ihn um Hilfe zu bitten und schließlich die vollständige Kontrolle über die französischen Finanzen zu übernehmen.

★Bis 1848 war Salomon zum Meister der österreichischen Finanz- und Wirtschaftswelt geworden.

★Karl Rothschild wurde allmählich zum finanziellen Rückgrat des italienischen Hofes, mit Einfluss auf der gesamten italienischen Halbinsel und Geschäftsbeziehungen zum Vatikanstaat.

★ Mitte des 19 Jahrhunderts befanden sich die großen europäischen Industrieländer wie England, Frankreich, Deutschland, Österreich und Italien unter der Kontrolle der Familie Rothschild.

KAPITEL II

Der Hundertjährige Krieg zwischen den internationalen Bankiers und dem amerikanischen Präsidenten

> „Ich habe zwei Hauptfeinde: die Südarmee vor mir und die Finanzinstitute hinter mir. Letztere stellen die größte Bedrohung dar. Ich sehe eine erschütternde Krise in der Zukunft auf uns zukommen, die mich vor Angst um die Sicherheit unseres Landes erzittern lässt. Die Macht des Geldes wird weiterhin die Menschen beherrschen und ihnen schaden, bis sich der Reichtum schließlich in den Händen einiger weniger anhäuft und unsere Republik zerstört wird. Ich bin jetzt besorgter um die Sicherheit dieses Landes als je zuvor, sogar noch mehr als im Krieg."[31]
>
> -Lincoln, 16. Präsident der Vereinigten Staaten

Wenn sich die Geschichte Chinas um den Kampf um die politische Macht dreht und es unmöglich ist, das Wesen der chinesischen Geschichte zu erkennen, ohne den Geist des Kaisers zu verstehen, dann hat sich die jüngste Geschichte des Westens entlang der Linien des Kampfes um das Geld entwickelt, und ohne die Machenschaften des Geldes zu verstehen, kann man den Puls der westlichen Geschichte nicht erfassen.

Amerika ist mit Interventionen und Verschwörungen internationaler Mächte aufgewachsen, wobei insbesondere die Durchdringung und Unterwanderung der Vereinigten Staaten durch internationale Finanzmächte am erschreckendsten und am wenigsten bekannt ist.

---

[31] Abraham Lincoln, *Brief an William Elkins*, 21. November 1864 (kurz nach der Verabschiedung des Schulden verursachenden Nationalbankgesetzes [3. Juni 1864], unmittelbar vor der Ermordung).

Die Demokratie wurde mit fast uneingeschränkter Aufmerksamkeit und beträchtlichem Erfolg gegen die Bedrohung durch feudale autoritäre Kräfte entwickelt und aufgebaut, aber sie hat keine glaubwürdige Immunität gegen das aufkommende und tödliche Virus der Geldmacht.

Die aufstrebenden Demokratien haben große Lücken in der Beurteilung und Verteidigung des strategischen Vorstoßes der "internationalen Bankiers, das ganze Land durch die Kontrolle der Geldemission zu kontrollieren". Mehr als 100 Jahre lang, vor und nach dem Bürgerkrieg, kämpften die "Geldsuperinteressen" und die demokratisch gewählte Regierung der Vereinigten Staaten wiederholt auf Leben und Tod gegen den finanziellen Höhepunkt der Errichtung des privaten Zentralbanksystems in den Vereinigten Staaten, in dessen Folge sieben US-Präsidenten ermordet und zahlreiche Kongressmitglieder getötet wurden. Amerikanische Historiker weisen darauf hin, dass die Opferzahl des amerikanischen Präsidenten höher war als die durchschnittliche Opferzahl der Truppen der ersten Reihe bei der Landung in der Normandie während des amerikanischen "Zweiten Weltkriegs"!

Mit der vollständigen Liberalisierung der chinesischen Finanzmärkte werden sich internationale Banker in großem Stil in das chinesische Finanzhinterland wagen. Wird sich die Geschichte, die sich gestern in den Vereinigten Staaten ereignete, heute in China wiederholen?

Ermordung von Präsident Lincoln

Am Freitagabend, dem 14. April 1865, begrüßte Präsident Abraham Lincoln, der vier Jahre des brutalen Bürgerkriegs in Not und Krise verbracht hatte, endlich die Nachricht vom Sieg der Kapitulation des konföderierten Generals Robert E. Lee vor General Grant des Nordens fünf Tage zuvor, und die hochgradig nervösen Nerven des Präsidenten entspannten sich sofort, und er begab sich ins Ford Theater in Washington, um das Schauspiel zu sehen. um 10.15 Uhr, drang der Mörder in die unbewachte Präsidentenloge ein, weniger als zwei Meter hinter Lincoln, und schoss ihm mit einer großkalibrigen Pistole in den Kopf, wobei Lincoln angeschossen wurde und nach vorne fiel. In den frühen Morgenstunden des nächsten Tages starb Präsident Lincoln.

Der Mörder ist ein ziemlich berühmter Schauspieler namens Booth (John Wilkes Booth). Nach dem Attentat auf Lincoln gelang ihm eine überstürzte Flucht, und der Mörder wurde Berichten zufolge am 26. April auf der Flucht getötet. Im Wagen des Mörders wurden zahlreiche verschlüsselte Briefe und einige persönliche Gegenstände von Judah Benjamin gefunden, dem damaligen Kriegs- und späteren Außenminister der Südstaatenregierung und einer einflussreichen Persönlichkeit im Finanzwesen der Südstaaten, da er in engem Kontakt mit den großen europäischen Bankiers gestanden hatte. Er floh später nach England. Das Attentat auf Lincoln war nach allgemeiner Auffassung eine große Verschwörung. An der Verschwörung beteiligt waren möglicherweise Mitglieder des Kabinetts von Lincoln, Bankiers in New York und Philadelphia, hohe Regierungsbeamte im Süden, Zeitungsverleger in New York und Radikale im Norden.

Es war damals eine weit verbreitete Geschichte, dass Booth nicht getötet, sondern freigelassen wurde, und dass die Leiche, die später begraben wurde, sein Komplize war. Kriegsminister Edwin Stanton, der zu dieser Zeit ein gewichtiges Wort mitzureden hatte, vertuschte die Wahrheit. Auf den ersten Blick ist dies eine weitere lächerliche Verschwörungstheorie. Als jedoch Mitte der 1930er Jahre die zahlreichen Geheimdokumente des Kriegsministers freigegeben wurden, stellten die Historiker überrascht fest, dass die Wahrheit in hohem Maße mit der Folklore übereinstimmte.

Der erste, der diese erstaunliche Geschichte erforschte, war der Historiker Otto Eisenschiml, der mit seinem Buch *"Warum wurde Lincoln ermordet?"* die damalige Geschichtsschreibung erschütterte. Später bemerkte Theodore Roscoe, der Erkenntnisse mit weitreichenderen Auswirkungen veröffentlichte.

> *"Die tragische Darstellung des Ford's Theatre, die Gegenstand vieler historischer Forschungen über die Ermordung Lincolns im neunzehnten Jahrhundert ist, gleicht eher der Aufführung einer großen Oper ... nur wenige sehen es als einen Mord; Lincoln starb durch die Hand eines rücksichtslosen Verbrechers ... der Verbrecher erhielt seine gerechte Strafe; Verschwörungstheorien wurden im Keim erstickt; die Tugend triumphierte schließlich und Lincoln "gehörte" der Vergangenheit an."*

Die Erklärung für das Attentat ist jedoch weder zufriedenstellend noch überzeugend. Die Fakten zeigen, dass die am Tod von Lincoln beteiligten Verbrecher auf freiem Fuß waren. [32]

Die Enkelin des Mörders, Izola Forrester, erwähnt in ihren Memoiren This One Mad Act, dass sie herausfand, dass die geheimen Aufzeichnungen der Ritter des Goldenen Kreises von der Regierung sorgfältig in einem Dokumentenlager aufbewahrt und von Kriegsminister Edwin Stanton als geheim eingestuft wurden. Nach der Ermordung Lincolns wurde niemandem mehr der Zugang zu diesen Dokumenten gestattet. Aufgrund von Izolas Blutsverwandtschaft mit Booth und ihrem Status als professionelle Schriftstellerin erhielt sie schließlich als erste Wissenschaftlerin Zugang zu diesen Unterlagen. Sie sagt in ihrem Buch.

Die geheimnisvollen alten Dokumentenpakete waren in einem Tresor in der Ecke des Raumes versteckt, in dem die Überreste des "Verschwörungsprozesses" und die Ausstellung aufbewahrt wurden. Wäre ich nicht vor 5 Jahren beim Durchblättern der Unterlagen auf dem Boden kniend über die Seite des Tresors gestolpert, hätte ich sie vielleicht nie gefunden (geheime Dokumente).

Hier (das Dokument) geht es um meinen Großvater. Ich weiß, dass er Mitglied einer Geheimorganisation war, den Rittern des Goldenen Kreises, die von Bickley gegründet wurde. Ich habe ein Bild von ihm (Großvater), das mit ihnen aufgenommen wurde, alle in voller Uniform, und dieses Bild wurde in der Bibel meiner Großmutter gefunden... Ich erinnere mich, dass meine Großmutter sagte, dass ihr Mann (Booth) "das Werkzeug von jemandem" war. [33]

Welche Beziehung besteht genau zwischen den "Rittern des Goldenen Kreises" und der Finanzmacht von New York? Wie viele Personen innerhalb der Lincoln-Administration waren in das Komplott zur Ermordung Lincolns verwickelt? Wie kommt es, dass die Erforschung des Attentats auf Lincoln so lange systematisch in die falsche Richtung ging? Die Ermordung Lincolns und die Ermordung Kennedys 100 Jahre später ähneln sich insofern, als es sich auch hier

---

[32] G. Edward Griffin, *The Creature from Jekyll Island* (American Media, Westlake Village, CA 2002), S. 393.

[33] Izola Forrester, *This One Mad Act* (Boston: Hale, Cushman & Flint, 1937), S. 359.

um eine massive organisatorische Koordination, eine allumfassende Unterdrückung von Beweisen und eine systematische Irreführung der Ermittlungen handelt und die Wahrheit in einem dichten historischen Nebel verborgen bleibt.

Um die wahren Motive und Absichten der Ermordung Lincolns zu verstehen, müssen wir die wiederholten und tödlichen Kämpfe zwischen gewählten Regierungen und der Macht des Geldes um das Recht, Geld auszugeben, dem strategischen Höhepunkt der Nation seit der Gründung der Vereinigten Staaten, in einem größeren historischen Kontext betrachten.

Das Recht zur Geldausgabe und der amerikanische Unabhängigkeitskrieg

Geschichtslehrbücher zur Analyse der Ursprünge des amerikanischen Unabhängigkeitskrieges haben häufiger die Form einer umfassenden und abstrakten Erörterung der großen Prinzipien und Auswirkungen angenommen. Hier wollen wir noch einmal einen Blick auf den finanziellen Kontext der Revolution und die zentrale Rolle werfen, die er gespielt hat.

Die ersten Menschen, die auf dem amerikanischen Kontinent ihren Lebensunterhalt verdienten, waren meist sehr arm und mittellos und besaßen außer dem einfachen Gepäck, das sie bei sich trugen, nur wenig Besitz oder Geld. Große Gold- und Silberminen waren zu dieser Zeit in Nordamerika noch nicht gefunden worden, so dass ein extremer Mangel an Geld im Umlauf herrschte. In Verbindung mit einem großen Handelsdefizit mit dem Heimatland, dem Vereinigten Königreich, führte dies zu einem großen Strom von Gold- und Silberwährung in das Vereinigte Königreich, was die Knappheit der umlaufenden Währung noch verschärfte. [34]

Die große Anzahl von Waren und Dienstleistungen, die durch die harte Arbeit der neuen Einwanderer in Nordamerika geschaffen wurden und die aufgrund des Mangels an umlaufenden Währungen nicht angemessen und effizient ausgetauscht werden können, hat die weitere wirtschaftliche Entwicklung stark behindert. Um mit diesem Dilemma

---

[34] Glyn Davis, *History of Money from Ancient Times to the Present Day* (University of Wales Press, 2002), S. 458.

fertig zu werden, mussten die Menschen verschiedene Alternativwährungen für den Handel mit Gütern verwenden. Akzeptable Gegenstände wie Tierhäute, Muscheln, Tabak, Reis, Weizen, Mais usw. werden überall als Bargeldkuriere verwendet. Allein in North Carolina wurden 1715 nicht weniger als 17 verschiedene Gegenstände als gesetzliches Zahlungsmittel verwendet, die von der Regierung und von Privatleuten für Steuerzahlungen, die Rückzahlung öffentlicher und privater Schulden und den Handel mit Waren und Dienstleistungen genutzt wurden. Zu dieser Zeit wurden alle diese alternativen Währungen in Pfund Sterling und Schillingen als Buchhaltungsstandards abgerechnet. In der Praxis unterscheiden sich diese Gegenstände stark in Farbe, Spezifikation, Akzeptanz und Haltbarkeit, so dass sie nur schwer mit Standards gemessen werden können, so dass das Fehlen von Geld zwar den unmittelbaren Bedarf etwas gemildert hat, aber immer noch einen wichtigen Engpass in der Entwicklung der Warenwirtschaft darstellt. [35]

Die chronische Knappheit von Metallgeld und die Unbequemlichkeit, es als Alternative zu physischem Geld zu verwenden, haben die lokalen Regierungen dazu veranlasst, über den Tellerrand zu schauen und ein neues Experiment zu starten: den Druck und die Ausgabe von Papiergeld (Colonial Script) durch die Regierung als einheitliche und standardisierte französische Währung. Der größte Unterschied zwischen dieser Papierwährung und den in Europa verbreiteten Banknoten besteht darin, dass sie nicht durch physisches Gold oder Silber gesichert ist, sondern dass es sich um eine vollwertige staatliche Kreditwährung handelt. Jeder in der Gesellschaft ist verpflichtet, Steuern an die Regierung zu zahlen, und solange die Regierung dieses Papiergeld als Beweis für die Besteuerung akzeptiert, hat es die wesentlichen Elemente, um auf dem Markt zu zirkulieren.

Die neue Währung hat in der Tat erheblich zu der raschen sozioökonomischen Entwicklung und dem wachsenden Wohlstand des Rohstoffhandels beigetragen.

Zur gleichen Zeit nahm auch der Engländer Adam Smith diesen neuen Versuch der nordamerikanischen Kolonialregierungen zur Kenntnis, und er war sich der großen Anreize für den Handel bewusst,

---

[35] *Ebd.*, S. 459.

die diese Papierwährung vor allem für Nordamerika, das kein Metallgeld besaß, bringen würde,

> "Kauf und Verkauf auf Guthabenbasis, so dass die Händler ihre Guthaben regelmäßig auf monatlicher oder jährlicher Basis abrechnen können, was die Unannehmlichkeiten (von Transaktionen) verringern würde. Ein gut verwaltetes Papiergeldsystem verursacht nicht nur keine Unannehmlichkeiten, sondern kann in manchen Fällen sogar mehr Vorteile bringen. " [36]

Aber eine ungesicherte Währung war der natürliche Feind des Bankiers, denn ohne Staatsschulden als Sicherheiten brauchte der Staat den Banken nicht das damals knappste Metallgeld zu leihen, und das größte Gewicht in den Händen des Bankiers war sofort verloren.

Als Benjamin Franklin 1763 England besuchte, fragte ihn der Leiter der Bank von England, warum die Kolonien in der Neuen Welt so florierten, und Franklin antwortete,

> "Das ist ganz einfach. In den Kolonien haben wir unsere eigene Währung, die 'Kolonialgutscheine', ausgegeben. Wir geben Geld in gleichen Anteilen aus, je nach den Bedürfnissen von Handel und Industrie, so dass das Produkt leicht vom Erzeuger an den Verbraucher weitergegeben werden kann. Da wir auf diese Weise unser eigenes Papiergeld schaffen und dessen Kaufkraft garantieren, müssen wir (die Regierung) niemandem Zinsen zahlen. " [37]

Diese neue Papierwährung würde unweigerlich dazu führen, dass sich die amerikanischen Kolonien von der Kontrolle durch die Bank of England lösen würden.

Wütende britische Bankiers handelten sofort, und das von ihnen kontrollierte britische Parlament verabschiedete 1764 den Currency Act, der es den amerikanischen Kolonialstaaten strikt untersagte, eigenes Papiergeld auszugeben, und die lokalen Regierungen zwang,

---

[36] Adam Smith, *Wohlstand der Nationen*, 1776, Buch IV, Kapitel eins.

[37] Kongressabgeordneter Charles G. Binderup, Wie Benjamin Franklin Neuengland wohlhabend machte, 1941. Anmerkung: Radioansprache des Kongressabgeordneten Charles G. Binderup aus Nebraska, die in Unrobing the Ghosts of Wall Street nachgedruckt wurde.

alle an die britische Regierung gezahlten Steuern mit Gold und Silber zu begleichen.

Franklin beschreibt schmerzhaft die schrecklichen wirtschaftlichen Folgen dieses Gesetzes für die Kolonialstaaten: "In nur einem Jahr kehrte sich die Situation (in den Kolonien) völlig um, die Jahre des Aufschwungs waren vorbei, und die Wirtschaft war so stark deprimiert, dass die Straßen und Gassen voller Arbeitsloser standen. [38]

> "Wenn England den Kolonien nicht das Recht absprach, Geld zu emittieren, waren die Kolonialisten gerne bereit, Tee und andere Waren als zusätzliche kleine Steuer zu zahlen. Diese Rechnung hat zu Arbeitslosigkeit und Unzufriedenheit geführt. Die Unfähigkeit der Kolonien, eine eigene Währung auszugeben und sich damit dauerhaft von der Kontrolle König Georgs III. und der internationalen Bankiers zu befreien, war der Hauptgrund für den Ausbruch des amerikanischen Unabhängigkeitskrieges." [39]

Die Gründerväter der Vereinigten Staaten hatten ein recht nüchternes Verständnis für die Kontrolle der britischen Politik durch die Bank of England und die Ungerechtigkeit, die sie dem Volk zufügte. Thomas Jefferson, der im Alter von 33 Jahren die dauerhafte amerikanische Unabhängigkeitserklärung verfasste und der dritte Präsident der Vereinigten Staaten war, hatte eine warnende Geschichte.

Wenn das amerikanische Volk schließlich den privaten Banken die Kontrolle über die Ausgabe der Landeswährung überlässt, werden diese Banken die Menschen enteignen, zuerst durch Inflation, dann durch Deflation, bis ihre Kinder eines Morgens aufwachen und feststellen, dass sie ihre Häuser und das Land, das ihre Väter einst erschlossen haben, verloren haben. [40]

Wenn wir diese Passage von Jefferson aus dem Jahr 1791 über zweihundert Jahre später noch einmal hören, können wir nicht anders, als über die erstaunliche Genauigkeit seiner Voraussicht zu staunen. Heute ist es wahr, dass die Privatbanken in den Vereinigten Staaten

---

[38] *Ebd.*

[39] *Ebd.*

[40] Im Jahr 1787, als der Kontinentalkongress zusammentrat, um den Ersatz für die Artikel der Konföderation zu verabschieden, aus dem die Verfassung werden sollte, hielt Jefferson eine Rede über ein zentrales Bankensystem.

97% der im Umlauf befindlichen Landeswährung ausgegeben haben, und es ist wahr, dass das amerikanische Volk mit 44 Billionen Dollar astronomisch hoch bei den Banken verschuldet ist, und es kann tatsächlich sein, dass es eines Tages aufwacht und seine Häuser und seinen Besitz verliert, so wie es 1929 geschah.

Als die großen Pioniere Amerikas mit ihrer Weisheit und ihrem tiefen Blick auf die Geschichte und die Zukunft blickten, schrieben sie am Anfang von Kapitel 1, Abschnitt 8 der US-Verfassung:

> "Der Kongress hat das Recht, den Wert des Geldes zu bestimmen und festzulegen. " [41]

Die erste Schlacht der internationalen Bankiers: Die First Bank of the United States (1791-1811)

> [Ich bin der festen Überzeugung, dass Bankinstitute eine größere Bedrohung für unsere Freiheit darstellen als feindliche Armeen. Sie haben eine Klasse von Geldaristokraten geschaffen und widersetzen sich der Regierung. Das Recht, (Geld) zu emittieren, sollte den Banken entzogen werden, und es sollte seinem rechtmäßigen Besitzer, dem Volk, gehören. [42]
>
> -Thomas Jefferson, 1802

Alexander Hamilton war ein Schwergewicht mit engen Beziehungen zur Familie Rothschild. Er wurde auf den britischen Westindischen Inseln geboren, kam in die Vereinigten Staaten und heiratete die Tochter der New York Hopes, nachdem er sein Alter, seinen wahren Namen und seinen Geburtsort verschwiegen hatte. Zahlungsbelege in der Sammlung des Britischen Museums zeigen, dass Hamilton von der Familie Rothschild finanziell unterstützt wurde. [43]

Im Jahr 1789 wurde Hamilton von Präsident Washington zum ersten US-Finanzminister ernannt und blieb ein wichtiger Befürworter des US-Zentralbankensystems. 1790 empfahl er dem Kongress angesichts der schweren wirtschaftlichen Notlage und der Schuldenkrise nach dem Unabhängigkeitskrieg nachdrücklich, eine

---

[41] US-Verfassung Artikel I Abschnitt 8.

[42] Brief an den Finanzminister Albert Gallatin (1802).

[43] Allan Hamilton, *The Intimate Life of Alexander Hamilton* (Charles Scribner's Sons 1910).

private Zentralbank nach dem Vorbild der Bank of England zu gründen, um die Aufgaben der Geldausgabe in vollem Umfang wahrzunehmen. Sein Hauptgedanke war, dass die Zentralbank in Privatbesitz sein und ihren Hauptsitz in Philadelphia haben sollte, wobei überall Zweigbanken eingerichtet werden sollten, und dass die Währung und die Steuern der Regierung in dieses Bankensystem eingebracht werden sollten, das für die Ausgabe der nationalen Währung zur Deckung des Bedarfs an wirtschaftlicher Entwicklung, für die Kreditvergabe an die Regierung der Vereinigten Staaten und für die Erhebung von Zinsen zuständig sein sollte. Das Gesamtkapital der Bank beträgt 10 Millionen Dollar, 80 Prozent sind in Privatbesitz, die restlichen 20 Prozent gehören der Regierung der Vereinigten Staaten. 20 der 25 Mitglieder des Vorstands werden von den Aktionären gewählt und fünf von der Regierung ernannt.

Hamilton vertrat die Interessen der elitären Klasse, als er einmal bemerkte,

> *"Alle Gesellschaften sind in eine sehr kleine Minderheit und eine Mehrheit unterteilt. Die ersteren sind wohlgeboren und wohlhabend, während die letzteren das gemeine Volk sind. Die Massen sind unbeständig und wechselnd, und sie treffen selten vernünftige Urteile und Entscheidungen. "*

Jefferson hingegen vertrat die Interessen des gesamten Volkes und antwortete auf Hamiltons Ansicht mit den Worten,

> *"Wir halten die Wahrheit für selbstverständlich, dass alle Menschen gleich geschaffen sind und dass der Schöpfer sie mit einer Reihe von unveräußerlichen Rechten ausgestattet hat, darunter das Recht auf Leben, Freiheit und das Streben nach Glück. "*

Auch in Bezug auf das private Zentralbanksystem liefern sich die beiden Seiten ein Kopf-an-Kopf-Rennen.

argumentierte Hamilton,

> *"Diese Gesellschaft kann nicht erfolgreich sein, ohne die Interessen und Kredite der reichen Individuen in der*

> *Gesellschaft zu bündeln. "Die Staatsverschuldung sollte, wenn sie nicht zu hoch ist, zum Wohle unseres Landes sein. "* [44][45]

erwiderte Jefferson,

> *"Eine private Zentralbank, die die öffentliche Währung des Volkes ausgibt, ist eine größere Bedrohung für dessen Freiheit als eine feindliche Armee. "Wir können nicht dulden, dass die Herrscher dem Volk permanente Schulden aufbürden. "* [46][47]

Als Hamiltons Entwurf im Dezember 1791 dem Kongress zur Diskussion vorgelegt wurde, löste er sofort eine nie dagewesene Kontroverse aus. Der Senat verabschiedete es schließlich mit knapper Mehrheit, und auch im Repräsentantenhaus wurde es mit 39 zu 20 Stimmen angenommen. Zu diesem Zeitpunkt zögerte Präsident Washington, der von der schweren Schuldenkrise überwältigt war, sehr und beriet sich mit den damaligen Außenministern Jefferson und Madison, die deutlich machten, dass der Vorschlag eindeutig im Widerspruch zur Verfassung stand. Die Verfassung ermächtigt den Kongress, Geld auszugeben, aber keineswegs, das Recht zur Geldausgabe an eine Privatbank zu übertragen. Washington ist offensichtlich so tief betroffen, dass er sich sogar entschlossen hat, sein Veto gegen das Gesetz einzulegen.

Als Hamilton diese Nachricht erfuhr, eilte er sofort nach Washington, um Lobbyarbeit zu leisten, und die Bücher des Finanzministers Hamilton schienen überzeugender zu sein, dass die Regierung bald zusammenbrechen würde, wenn nicht eine Zentralbank eingerichtet würde, um ausländisches Geld in ihre Aktien zu bringen. Letztendlich überwog die sich abzeichnende Krise die Bedenken über die langfristige Zukunft, und Präsident Washington unterzeichnete am

---

[44] Zitiert von Arthur Schlesinger, Jr., *The Age of Jackson* (New York: Mentor Books, 1945), S. 6-7.

[45] Geschrieben am 30. April 1781 an seinen Mentor, Robert Morris, zitiert von John H. Makin, *The Global Debt Crisis: America's Growing Involvement* (New York: Basic Books, 1984), S. 246.

[46] *Die Schriften von Thomas Jefferson* (New York: G. P. Putnam & Sons, 1899), Bd. X, S. 31.

[47] *The Basic Writings of Thomas Jefferson* (Willey Book Company, 1944), S. 749.

25. Februar 1791 die Genehmigung für die erste Zentralbank in den Vereinigten Staaten, die für 20 Jahre gelten sollte. [48]

Die internationalen Bankiers haben endlich ihren ersten großen Sieg errungen. Bis 1811 macht ausländisches Kapital 7 Millionen des 10-Millionen-Aktienkapitals aus, und die Bank of England und Nathan Rothschild werden Hauptaktionäre der First Bank of the United States, der Zentralbank der Vereinigten Staaten. [49]

Hamilton wurde schließlich mega-reich. Die First Bank wurde später mit der von Aaron Bo gegründeten New York Manhattan Company zur ersten Bank der Wall Street, die 1955 mit Rockefellers Chase Bank zur Chase Manhattan Bank fusionierte.

Die Regierung, die verzweifelt nach Geld suchte, war ein perfekter Partner für die private Zentralbank, die begierig auf Staatsschulden war und die Schulden der US-Regierung in nur fünf Jahren, von 1791 bis 1796, als die Zentralbank gegründet wurde, um 8,2 Millionen Dollar erhöhte.

Jefferson ärgerte sich im Jahr 1798,

> "Ich wünschte, wir könnten der Verfassung auch nur eine Änderung hinzufügen, die der Bundesregierung die Befugnis entzieht, Geld zu leihen. " [50]

Als Jefferson zum dritten Präsidenten der Vereinigten Staaten (1801-1809) gewählt wurde, verschwendete er keine Zeit mit dem Versuch, die First Bank of the United States abzuschaffen, und als die Bank 1811 auslief, hatte das Tauziehen einen glühenden Höhepunkt erreicht, wobei das Repräsentantenhaus die Verlängerung des Bankmandats mit nur einer Stimme, 65 zu 64, ablehnte und der Senat mit 17 zu 17 Stimmen unentschieden blieb. Diesmal war es Vizepräsident George Clinton, der mit seinem Veto die Pattsituation

---

[48] Glyn Davies, *History of Money From Ancient Times to The Present Day* (University of Wales Press, 2002), S. 474.

[49] *Ebd.*, S. 475.

[50] Thomas Jefferson, *Brief an John Taylor of Caroline*, 26. November 1798; wiedergegeben in *The Writings of Thomas Jefferson* v. 10, herausgegeben von Lipscomb und Bergh.

auflöste, und die First Bank of the United States wurde am 3. März 1811 endgültig geschlossen. [51]

Daraufhin bekam Nathan Rothschild, der in London saß, Wind davon und drohte,

> "Entweder die (America First) Bank erhält eine Mandatsverlängerung, oder Amerika wird mit einem höchst katastrophalen Krieg konfrontiert. "Daraufhin zeigte sich die US-Regierung gleichgültig, und Nathan antwortete sofort: "Gebt diesen rücksichtslosen Amerikanern eine Lektion und schlagt sie zurück in die Kolonialzeit. "

Infolgedessen brach einige Monate später der Krieg von 1812 zwischen Großbritannien und Amerika aus. Der Krieg dauerte drei Jahre, und Rothschilds Ziel war klar: zu kämpfen, bis die US-Regierung so hoch verschuldet war, dass sie schließlich einknicken und die Zentralbank in ihren Händen weiterarbeiten lassen musste. Infolgedessen stiegen die Schulden der US-Regierung von 45 Millionen Dollar auf 127 Millionen Dollar, und die US-Regierung gab schließlich 1815 nach, als Präsident Madison am 5. Dezember 1815 eine zweite Zentralbank vorschlug, aus der 1816 die Second Bank of the United States hervorging.

Internationale Bankiers feiern ein Comeback: Die Zweite Bank der Vereinigten Staaten (1816-1832)

> [Die Beherrschung des Bewusstseins der Menschen, die die Bankinstitute besitzen, muss gebrochen werden, oder sie wird uns (die Nation) zerstören. [52]
>
> -Jefferson schrieb 1815 an Monroe.

Die Second Bank of the United States erhielt eine Betriebsgenehmigung für 20 Jahre, und diesmal wurde das Eigenkapital auf 35 Millionen Dollar erhöht, wobei sich immer noch 80% in privater Hand und die restlichen 20% im Besitz der Regierung befanden. [53]Wie

---

[51] Glyn Davies, *History of Money from Ancient Times to the Present Day* (University of Wales Press, 2002), S. 475-476.

[52] Thomas Jefferson, *Brief an James Monroe*, 1. Januar 1815.

[53] Glyn Davies, *History of Money from Ancient Times to the Present Day* (University of Wales Press, 2002), S. 476.

bei der First Bank hatte Rothschild auch bei der Second Bank die Macht fest im Griff.

Im Jahr 1828 trat Andrew Jackson als Präsidentschaftskandidat an und erklärte in einer Rede vor einem Bankier fälschlicherweise.

> "Ihr seid ein Haufen Vipern. Ich habe vor, euch zu entwurzeln, und im Namen Gottes werde ich euch entwurzeln. Wenn die Menschen wüssten, wie ungerecht unser Geld- und Bankensystem ist, gäbe es morgen vor Sonnenaufgang eine Revolution."

Als Andrew Jackson 1828 zum Präsidenten gewählt wurde, war er entschlossen, die Zweite Bank abzuschaffen. Er stellte fest,

> "Wenn die Verfassung den Kongress ermächtigt, Geld auszugeben, ist es Sache des Kongresses, diese Befugnis selbst auszuüben, und nicht, sie an eine Einzelperson oder ein Unternehmen zu delegieren."

Er entließ mehr als 2.000 Mitarbeiter der Bank von insgesamt 11.000 Bundesbediensteten.

1832 war das Jahr, in dem Präsident Jackson zur Wiederwahl antrat, und wenn er wiedergewählt würde, wäre die Zweite Bank 1836 (seine nächste Amtszeit) ausgelaufen. Wir alle wissen, wie der Präsident die Zweite Bank einschätzt, und um eine lange Nachtruhe zu vermeiden, will die Bank die Turbulenzen nutzen, um ihre Betriebsgenehmigung in einem Wahljahr um weitere 20 Jahre zu verlängern. In der Zwischenzeit scheuen die Bankiers keine Mühen, um Jacksons Rivalen Henry Clay mit 3 Millionen Dollar zu finanzieren, und Jacksons Wahlkampfslogan lautete "Jackson, nicht die Bank". "Am Ende gewann Jackson mit einem Erdrutschsieg.

Der Vorschlag zur Ausweitung der Bankvollmachten wurde im Senat mit 28 zu 20 Stimmen und im Repräsentantenhaus mit 167 zu 85 Stimmen angenommen, [54]und der Präsident der Zweiten Bank, Biddle, der stolz darauf war, das mächtige Finanzimperium der Rothschilds in Europa als Rückhalt zu haben, hatte nicht den Präsidenten im Sinn. Als die Rede davon war, dass Jackson sein Veto gegen den Vorschlag einlegen könnte, war Biddle nicht zu bremsen:

---

[54] *Ebd.*, S. 479.

"Wenn Jackson sein Veto gegen den Vorschlag einlegt, werde ich mein Veto einlegen. "

Präsident Jackson legte natürlich ohne Frage sein Veto gegen die Erweiterung der Zweiten Bank ein, und er wies auch den Finanzminister an, alle Ersparnisse der Regierung sofort aus dem Konto der Zweiten Bank zu nehmen und sie an die Banken der Bundesstaaten zu überweisen. Am 8. Januar 1835 zahlte Präsident Jackson die letzte Staatsschuld ab, das einzige Mal in der Geschichte, dass die US-Regierung die Staatsschulden auf Null reduziert und einen Überschuss von 35 Millionen Dollar erwirtschaftet hatte. Historiker haben diese großartige Leistung als "die größte Ehre des Präsidenten und den wichtigsten Beitrag, den er für dieses Land geleistet hat" bezeichnet. Die Boston Post verglich diese Leistung mit der Vertreibung der Geldverleiher (Money Changers) aus dem Tempel durch Jesus.

"Die Bank will mich töten, aber ich werde die Bank töten.

Am 30. Januar 1835 kam Andrew Jackson, der 7 Präsident der Vereinigten Staaten, zum Capitol Hill, um an der Beerdigung eines Kongressabgeordneten teilzunehmen. Ein arbeitsloser Maler aus England, Richard Lawrence, folgte Präsident Jackson in aller Stille mit zwei geladenen Pistolen in seiner Tasche.

Als der Präsident den Raum betrat, in dem die Trauerfeier stattfinden sollte, stand Lawrence weiter weg und wartete geduldig auf einen besseren Zeitpunkt. Nach der Zeremonie stand Lawrence zwischen den beiden Pfählen Wache, an denen der Präsident vorbeigehen musste. Gerade als der Präsident vorbeiging, stürzte Lawrence heraus und feuerte weniger als zwei Meter vom Präsidenten entfernt, aber die Pistole explodierte und die Kugel verfehlte ihn. Zu diesem Zeitpunkt waren alle Anwesenden fassungslos. Zu diesem Zeitpunkt geriet der 67-jährige Präsident Jackson, der sein Leben beim Militär verbracht hatte, nicht in Panik und hob instinktiv seinen Stock zur Selbstverteidigung gegen den bösartigen Mörder. Zu diesem Zeitpunkt hatte der Mörder bereits eine zweite Pistole gezogen und geschossen, und das Ergebnis war immer noch eine Stinkbombe. Fortunate Jackson war kurz davor, der erste Präsident in der Geschichte der USA zu werden, auf den ein Attentat verübt wurde, und die Wahrscheinlichkeit, dass beide Handfeuerwaffen Stinkbomben abfeuern, wird mit nur 1/125.000 angegeben.

Der 32-jährige Attentäter behauptete, er sei der rechtmäßige Erbe des Königs von England, dessen Vater vom US-Präsidenten getötet worden war, und weigerte sich, ihm eine große Geldsumme zu überlassen. Das Gericht kam nach nur fünf Minuten Anhörung zu dem Schluss, dass die Person geisteskrank sei und nicht zur Rechenschaft gezogen werden könne.

Seitdem ist die Geisteskrankheit die beste Entschuldigung für Mörder aller Art.

Am 8. Januar 1835 bezahlte Präsident Jackson seine letzte Staatsschuld, und das Attentat fand am 30. Januar statt. Über den Mörder, Richard Lawrence, schreibt Griffin in seinem Buch,

> *"Der Attentäter war entweder wirklich verrückt oder täuschte seinen Wahnsinn vor, um einer harten Strafe zu entgehen. Später prahlte er vor anderen damit, dass er Verbindungen zu mächtigen Leuten in Europa hatte und dass man ihm Schutz versprach, falls er gefasst würde. "* [55]

Am 8. Juni 1845 starb Präsident Jackson. Seine Grabinschrift enthält nur eine Zeile:

> *"Ich habe die Bank getötet. "*

Die US-Zentralbank wurde wieder abgeschafft, was zu heftigen Vergeltungsmaßnahmen von britischer Seite führte, die sofort alle Arten von Krediten an die USA einstellte, insbesondere den mächtigen Trick der Verknappung der US-Goldgeldmenge. Das damalige britische Finanzsystem, das von Rothschild betrieben wurde, verfügte über den größten Goldgeldumlauf und hatte durch Kredite und die Tätigkeit der amerikanischen Zentralbank die vollständige Kontrolle über die Geldmenge in den Vereinigten Staaten.

Das "Veto" des Präsidenten durch Biddle, den Vorsitzenden der Second Bank of the United States, wurde ausgelöst, als sein Antrag auf eine Verlängerung vom Präsidenten abgelehnt wurde. Die Second Bank kündigte einen sofortigen Rückruf aller Kredite und einen Stopp aller neuen Kredite an. Die Rothschild-Familie kontrollierte die großen europäischen Banken auch das US-Silber, die USA fielen in eine ernste "künstliche" Währungszirkulation eines starken Rückgangs der

---

[55] G. Edward Griffin, *Die Kreatur von Jekyll Island* (American Media, Westlake Village, CA 2002).

Situation, schließlich löste die "Panik von 1837", fiel die Wirtschaft in eine schwere Rezession für so lange wie fünf Jahre, seine zerstörerische Kraft war beispiellos, aufholend mit der Großen Depression im Jahr 1929.

Die "Panik von 1837" und später die "Panik von 1857" und die "Panik von 1907" bestätigten einmal mehr Rothschilds berühmtes Zitat:

> "Es ist mir egal, wer die Gesetze macht, solange ich die Währungsfrage eines Landes kontrollieren kann."

Neue Front: unabhängiges Finanzsystem

Als Martin Van Buren, der von Präsident Jackson stark unterstützte Nachfolger, 1837 das Weiße Haus übernahm, bestand seine größte Herausforderung darin, die schwere Krise zu überwinden, die durch die Geldknappheit der internationalen Bankiers verursacht wurde. Van Burens Strategie war die Schaffung des Independent Treasury System (ITS), bei dem das gesamte vom Schatzamt kontrollierte Geld dem privaten Bankensystem entzogen und im eigenen System des Schatzamtes deponiert wurde, was Historiker als "Scheidung des Schatzamtes von den Banken" bezeichnen.

Das Unabhängige Steuersystem entstand, als Präsident Jackson, als er sein Veto gegen die Ausweitung der Geschäftsbefugnisse der Zweiten Bank der Vereinigten Staaten einlegte, anordnete, dass alle staatlichen Gelder aus dieser Bank abgezogen und auf die Staatsbanken übertragen werden sollten. Wer hätte gedacht, dass die Staatsbanken auf der Vorderseite gerade den Klauen Rothschilds entkommen waren und dass die Staatsbanken auf der Rückseite kein Lichtblick waren, um Treibstoff zu sparen. Sie benutzten Staatsgeld als Reserve und vergaben dann große Mengen an Krediten für Spekulationen, ein weiterer Grund für die "Panik von 1837". Martin Van Burens Vorschlag, das Geld aus der Staatskasse vom Finanzsystem zu entkoppeln, ist sicherlich ein Versuch, das Staatsgeld zu schützen, berücksichtigt aber auch die wirtschaftliche Ungerechtigkeit, die durch die massive spekulative Kreditvergabe der Banken mit den Steuergeldern der Bürger verursacht wurde.

Ein weiteres Merkmal eines unabhängigen Fiskalsystems ist, dass alles Geld, das in das Fiskalsystem einfließt, Gold- und Silbergeld sein muss, so dass die Regierung einen regulatorischen Dreh- und Angelpunkt für die nationale Versorgung mit Gold- und Silbergeld hat, um sich gegen die Kontrolle der europäischen Bankiers über die Ausgabe von US-Währung abzusichern. Diese Idee hätte langfristig gut sein sollen, aber kurzfristig löste sie bei vielen Banken eine Kreditkrise aus, die mit dem Aufflackern der zweiten US-Bank unbeherrschbar wurde.

Henry Clay ist eine sehr zentrale Figur in diesem Prozess. Er war ein wichtiger Erbe der Idee einer privaten Zentralbank von Hamilton und ein Liebling der Bankiers. Er ist ein äußerst wortgewandter, scharfsinniger und provokanter Mann. Eine Gruppe von Abgeordneten, die das Bankwesen befürworteten und von den Bankern unterstützt wurden, scharte sich um ihn, und unter seiner Organisation wurde die Pfizer Party gegründet. Die Whigs lehnten Jacksons Bankenpolitik entschieden ab und haben sich immer für die Wiederherstellung eines Zentralbankensystems in Privatbesitz eingesetzt.

Bei den Präsidentschaftswahlen von 1840 traten die Whigs mit dem Kriegshelden William Henry Harrison an, der aufgrund der Wirtschaftskrise, die zu einem Stimmungsumschwung in der Bevölkerung führte, kurzerhand zum neunten Präsidenten der Vereinigten Staaten gewählt wurde.

Henry Clay, der Führer der Pfizer-Partei, hat Harrison wiederholt "beigebracht", wie man Politik macht. Nach der Wahl Harrisons zum Präsidenten verschärften sich die Konflikte zwischen den beiden Männern. Henry Clay "lud" den neuen Präsidenten in sein Haus in Lexington ein, und Harrison kam im Interesse des Gemeinwohls zu Henry Clay, mit dem Ergebnis, dass sich die beiden Männer über die Nationalbank, das unabhängige Finanzsystem und andere Fragen zerstritten. Henry Clay, der glaubte, als "King Too" das Sagen zu haben, hatte darum gebeten, die Antrittsrede des Präsidenten ohne Harrisons Zustimmung zu schreiben, und wurde von Harrison abgelehnt, der die 8.000 Wörter umfassende Rede auch selbst verfasste. In dieser systematischen Darstellung der Ideen des Regierens widerspricht er scharf den von Henry Clay vertretenen politischen Vorstellungen von privaten Zentralbanken und der Abschaffung des unabhängigen Finanzwesens und verletzt damit die Interessen der Bankiers.[56]

Der 4. März 1841 war ein kalter Tag, und Präsident Harrison hielt seine Antrittsrede bei einem kalten Wind, der zu einer Erkältung führte.

---

[56] Antrittsrede von Präsident William Henry Harrison am 4. März 1841.

Für Präsident Harrison, der seltsamerweise krank war und am 4. April starb, war das keine große Sache. Präsident Harrison, der gerade sein Amt angetreten hatte, stand kurz vor einem großen Erfolg, als er sich plötzlich "erkältete" und einen Monat zuvor zurücktrat, was auf jeden Fall sehr verdächtig ist. Einige Geschichtswissenschaftler glauben, dass der Präsident mit Arsen vergiftet wurde, und dass der mögliche Zeitpunkt der Vergiftung der 30. März war, sechs Tage nach dem Tod von Präsident Harrison.

Der Kampf um private Zentralbanken und ein unabhängiges Finanzsystem hat sich durch den Tod von Präsident Harrison verschärft. Die Whigs, die von Henry Clay dominiert wurden, schlugen 1841 zweimal vor, die Zentralbank wieder einzuführen und das unabhängige Finanzsystem abzuschaffen, was jedoch zweimal von Präsident Harrisons Nachfolger, dem ehemaligen Vizepräsidenten John Taylor, abgelehnt wurde. Der verärgerte Henry Clay ordnete den Ausschluss von Präsident John Taylor aus der Whig-Partei an, mit dem Ergebnis, dass Präsident Taylor das "Glück" hatte, der einzige "verwaiste" Präsident in der amerikanischen Geschichte zu sein, der aus der Partei ausgeschlossen wurde.

1849, mit der Wahl eines weiteren pheughistischen Präsidenten, Zachary Taylor, schien die Hoffnung auf die Wiedereinführung der Zentralbank zum Greifen nahe. Die Errichtung einer Zentralbank in Privatbesitz, genau wie die Bank of England, ist der höchste Traum aller Bankiers, und sie bedeutet, dass die Bankiers letztlich über das Schicksal des Landes und der Menschen entscheiden. Mit Präsident Harrison vor ihm bleibt Taylor in wichtigen Fragen des Zentralbankwesens sehr unentschlossen, aber er ist auch nicht bereit, eine Marionette von Henry Clay zu sein. Der Historiker Michael Holt merkt an, dass Präsident Taylor dies unter vier Augen deutlich gemacht hat:

> *"Die Idee einer Zentralbank ist von vornherein tot und wird während meiner Amtszeit nicht in Betracht gezogen."* [57]

Es war nicht die Idee der Zentralbank, die sich als "tot" herausstellte, sondern Präsident Taylor selbst.

---

[57] Michael F. Holt; *The Rise and Fall of the American Whig Party: Jacksonian Politics and the Onset of the Civil War* (1999). P. 272.

Am 4. Juli 1850 nahm Präsident Taylor an einer nationalen Feier vor dem Washington Monument teil. Das Wetter war so heiß, dass Taylor etwas gekühlte Milch trank und ein paar Kirschen aß, was zu Magenbeschwerden führte, und am 9. Juli war der gesunde Präsident auf mysteriöse Weise wieder gestorben.

Der ungeklärte Tod von zwei Präsidenten, die aus dem Militär stammen, an einer so banalen Krankheit ist sicherlich ein Grund zur Sorge. Im Jahr 1991 wurde die Leiche von Präsident Taylor mit Zustimmung seiner Nachkommen exhumiert und seine Fingernägel und Haare auf Arsen untersucht. Die Behörden kamen jedoch schnell zu dem Schluss, dass eine geringe Menge Arsen nicht ausreicht, um ihn zu töten, und schlossen den Fall vorschnell ab. Niemand weiß, warum der Präsident all dieses Arsen in seinem Körper hat.

Die internationalen Bankiers schlagen wieder zu: "Die Panik von 1857"

Die Schließung der Second Bank of the United States im Jahr 1836 veranlasste internationale Bankiers, in den Vereinigten Staaten Metallgeld in Umlauf zu bringen, was zu einer schweren Wirtschaftskrise führte, die fünf Jahre andauerte. Obwohl 1841 zwei Versuche von Vertretern der internationalen Bankiers unternommen wurden, ein privates Zentralbanksystem wiederherzustellen, waren beide erfolglos, die beiden Seiten gerieten in eine Sackgasse, und die monetäre Strenge in den Vereinigten Staaten begann erst 1848 nachzulassen.

Der Grund für den Aufschwung war sicherlich nicht die Barmherzigkeit der internationalen Bankiers, sondern die Entdeckung einer riesigen Goldmine, San Francisco, in Kalifornien, USA, im Jahr 1848.

Ab 1848 und über einen Zeitraum von neun Jahren erlebten die Vereinigten Staaten einen beispiellosen Anstieg der Goldvorräte, wobei allein in Kalifornien Goldmünzen im Wert von 500 Millionen Dollar hergestellt wurden und die Entdeckung einer großen Goldmine in Australien im Jahr 1851 dazu führte, dass die weltweiten Goldvorräte von Milliarden Schilling im Jahr 1851 auf Milliarden Schilling im Jahr 1861 anstiegen. Und der inländische Metallgeldfluss in den Vereinigten

Staaten schnellte von 83 Millionen Dollar im Jahr 1840 auf Milliarden von Dollar im Jahr 1860. [58]

Die großen Goldfunde in den USA und Australien brachen die absolute Kontrolle der europäischen Finanziers über das Goldangebot. Ein langer Seufzer der Erleichterung kam von der US-Regierung, die die Geldversorgung straffte. Die Verfügbarkeit großer Mengen hochwertigen Geldes hat das Vertrauen der Märkte stark gestärkt, die Banken haben ihre massive Kreditexpansion wieder aufgenommen, und viele der wichtigsten Grundlagen für den Reichtum der Nation, wie Industrie, Bergbau, Verkehr und Maschinenbau, wurden während der goldenen Jahre der Vereinigten Staaten geschaffen.

Angesichts der Tatsache, dass die finanzielle Eindämmung nicht funktioniert, haben die internationalen Banker seit langem eine neue Antwort gefunden. Das heißt, finanziell kontrolliert und politisch spaltend.

Lange vor dem Ende der Krise hatten sie bereits damit begonnen, die Qualitätswerte der Vereinigten Staaten billig zu absorbieren, und 1853, als die amerikanische Wirtschaft boomte, besaß ausländisches, insbesondere britisches Kapital bereits 46% der US-Bundesschatzbriefe, 58% der Staatsanleihen und 26% der amerikanischen Eisenbahnanleihen,[59] womit die amerikanische Wirtschaft erneut gefangen war, und sobald das Zentralbanksystem eingerichtet war, wurde die amerikanische Wirtschaft wie das übrige Europa von Bankiers kontrolliert.

Die internationalen Bankiers haben wieder einmal eine Meisterleistung vollbracht: Zuerst haben sie die Kredite in die Höhe getrieben, die Blase aufgebläht und die Menschen und andere Industrien dazu gebracht, verzweifelt nach Wohlstand zu streben, und dann haben sie plötzlich die Kreditbremse angezogen und eine große Anzahl von Unternehmen und Menschen in den Bankrott getrieben, und die Bankiers haben wieder eine gute Ernte. Als die Erntezeit kam, taten sich die internationalen Bankiers und ihre Agenten in den Vereinigten Staaten zusammen, um die Kreditvergabe wieder zu straffen, was die

---

[58] Glyn Davies, *History of Money from Ancient Times to the Present Day* (University of Wales Press 2002), S. 484.

[59] *Ebd.*, S. 486.

"Panik von 1857" auslöste, mit der sie nicht gerechnet hatten, da die Vereinigten Staaten nicht so stark waren wie 20 Jahre zuvor, und die "Panik von 1857" traf die Wirtschaft der Vereinigten Staaten nicht hart und erholte sich in nur einem Jahr.

Wenn die Vereinigten Staaten als immer mächtiger und ihre Finanzen als immer schwieriger zu manipulieren angesehen werden, wird die Provokation eines Bürgerkriegs und die Spaltung der Vereinigten Staaten zu einer der wichtigsten Prioritäten der internationalen Bankiers.

Die Ursachen des Amerikanischen Bürgerkriegs: Die internationale Finanzmacht Europa

> *[Es besteht kein Zweifel daran, dass die Teilung der Vereinigten Staaten in zwei schwächere Konföderationen, den Norden und den Süden, von den europäischen Finanzmächten lange vor Ausbruch des Bürgerkriegs beschlossen wurde.*
>
> Bismarck.

Amerikas Aufwachsen war geprägt von Interventionen und Intrigen internationaler Mächte, von denen die Durchdringung und Unterwanderung der Vereinigten Staaten durch internationale Finanzmächte am erschreckendsten und doch am wenigsten bekannt war.

Der größte Krieg in der amerikanischen Geschichte, der auf amerikanischem Boden stattfand, war der Bürgerkrieg. Dieser blutige Krieg, der vier Jahre dauerte und an dem bis zu 3 Millionen Menschen, d. h. 10% der Gesamtbevölkerung des Nordens und des Südens, beteiligt waren, in dem 600 000 Menschen starben, zahllose weitere verletzt wurden und viel Eigentum zerstört wurde, hat die Wunden, die den Menschen zugefügt wurden, auch mehr als 140 Jahre später noch nicht vollständig geheilt.

Heute dreht sich ein Großteil der Debatte über die Ursprünge des Bürgerkriegs um die moralische Frage des Krieges, nämlich um die Rechtfertigung der Abschaffung der Sklaverei, wie Hitchens es ausdrückte:

"Wenn es keine Sklaverei gäbe, gäbe es auch keinen Krieg. Ohne die moralische Verurteilung der Sklaverei gäbe es auch keinen Krieg. " [60]

In der Mitte des 19 Jahrhunderts ging es bei der Debatte über die Sklaverei in erster Linie um wirtschaftliche Interessen und erst in zweiter Linie um moralische Fragen. Das Rückgrat der Südstaatenwirtschaft waren damals der Baumwollanbau und die Sklaverei. Wenn die Sklaverei abgeschafft würde und die Farmer ihre ehemaligen Sklaven zum Marktpreis weißer Arbeitskräfte bezahlen müssten, würde der gesamte Wirtschaftszweig Verluste erleiden und die sozioökonomische Struktur unweigerlich zusammenbrechen.

Wenn der Krieg eine Fortsetzung des politischen Kampfes ist, dann ist es der Wettbewerb der wirtschaftlichen Interessen, der hinter dem Konflikt der politischen Interessen steht. Dieser Wettbewerb der wirtschaftlichen Interessen ist vordergründig der Unterschied zwischen den wirtschaftlichen Interessen des Nordens und des Südens, ist aber im Grunde eine "Teile und Herrsche"-Taktik, die von internationalen Finanzkräften angewandt wird, um die jungen Vereinigten Staaten von Amerika zu spalten.

Der deutsche Reichskanzler Bismarck, der tief mit den Rothschilds verwurzelt war, brachte es auf den Punkt:

"Es kann kein Zweifel daran bestehen, dass die Teilung der Vereinigten Staaten in zwei schwächere Konföderationen, den Norden und den Süden, lange vor dem Ausbruch des Bürgerkriegs von den europäischen Finanzmächten beschlossen wurde. "

Tatsächlich waren es die Bankiers der "Achse London, Paris und Frankfurt", die hinter dem amerikanischen Bürgerkrieg standen.

Um den Amerikanischen Bürgerkrieg zu provozieren, haben internationale Bankiers eine lange Periode akribischer und bewusster Planung betrieben. Nach dem amerikanischen Unabhängigkeitskrieg knüpften die britische Textilindustrie und die Sklavenhalterklasse des amerikanischen Südens allmählich enge Handelsbeziehungen, und die europäischen Finanziers nutzten diese Gelegenheit, um heimlich ein

---

[60] Sydney E. Ahlstrom, *A Religious History of the American People* (Yale University Press, 1972), auf S. 649.

Netzwerk von Kontakten aufzubauen, das in Zukunft einen Konflikt zwischen dem Norden und dem Süden provozieren konnte. Im Süden gab es zu dieser Zeit alle möglichen Agenten der britischen Finanziers, die zusammen mit den lokalen politischen Kräften die Abspaltung von der Union betrieben und Nachrichten und öffentliche Meinungen aller Art produzierten. Sie nutzten die gegensätzlichen wirtschaftlichen Interessen des Nordens und des Südens in der Frage der Sklaverei geschickt aus, um das ursprünglich nicht so heiße Thema immer wieder zu verstärken, hervorzuheben und zur Explosion zu bringen, und es gelang ihnen schließlich, die Frage der Sklaverei zu einem erbitterten Konflikt zwischen den beiden Seiten zu machen.

Die internationalen Bankiers waren bereit, den Kriegsbeginn abzuwarten und dann ein Vermögen daraus zu machen. Beim Führen von Kriegen ist es ihre übliche Spielweise, auf beide Seiten zu wetten, und egal, wer gewinnt oder verliert, die riesigen Staatsschulden, die aus den enormen Kriegsausgaben resultieren, sind die üppigste Mahlzeit der Banker.

Im Herbst 1859 kam der berühmte französische Bankier Solomon Rothschild (Sohn von James Rothschild) als Tourist aus Paris in die Vereinigten Staaten und war der allgemeine Koordinator aller Pläne. Er bereiste den Norden und den Süden der Vereinigten Staaten, knüpfte zahlreiche Kontakte zu lokalen politischen und finanziellen Würdenträgern und leitete die gesammelten Informationen ständig an seinen Cousin Nathaniel Rothschild in London, England, weiter. In Gesprächen mit Einheimischen hat Salomon öffentlich seine starke finanzielle Unterstützung für den Süden bekundet und erklärt, er werde alles in seiner Macht Stehende tun, um dem unabhängigen Süden zur Anerkennung als europäische Macht zu verhelfen. [61]

Der Vertreter des internationalen Bankiers im Norden war der jüdische Bankier August Belmont, der in New York als "König der Fifth Avenue" bekannt war. 1829, im Alter von 15 Jahren, begann August seine Karriere als Bankier, zunächst bei der Rothschild-Bank in Frankfurt, wo er bald ein bemerkenswertes Finanztalent entwickelte, und 1832 wurde er zu einer Bank in Neapel versetzt, um Erfahrungen im internationalen Finanzwesen zu sammeln. Er spricht fließend

---

[61] *Jewish History in Civil War*, Jewish-American History Documentation Foundation, Inc. 2006.

Deutsch, Englisch, Französisch und Italienisch. 1837 wurde er nach New York entsandt, wo er bald eine führende Rolle in der New Yorker Finanzwelt einnahm, da er in großem Umfang in Staatsanleihen investierte, und vom Präsidenten zum Finanzberater ernannt wurde. August bezog im Namen Großbritanniens und der Rothschild-Bank in Frankfurt Stellung und war bereit, Lincoln im Norden finanziell zu unterstützen.

Im Jahr 1862 landeten die britischen, französischen und spanischen Verbündeten in einem mexikanischen Hafen, um ihren Aufbau an der Südgrenze der Vereinigten Staaten zu vervollständigen und gegebenenfalls in den südlichen Teil des Landes einzudringen, um direkt gegen den Norden zu kämpfen.

Zu Beginn des Krieges, als die militärische Offensive im Süden siegreich war und europäische Mächte wie Großbritannien und Frankreich von starken Gegnern umgeben waren, steckte Lincoln in großen Schwierigkeiten. Die Bankiers hatten errechnet, dass die Staatskasse der Lincoln-Regierung zu diesem Zeitpunkt leer war und dass sie ohne einen großen Finanzierungskrieg nicht überlebensfähig sein würde. Seit dem Ende des Krieges mit Großbritannien im Jahr 1812 war die US-Schatzkammer Jahr für Jahr defizitär, und bis zur Präsidentschaft Lincolns wurde das Defizit im US-Regierungshaushalt in Form von Anleihen an die Banken verkauft, die dann an die Rothschild-Bank und die Bank of Bahrain in Großbritannien weiterverkauft wurden, und die US-Regierung musste hohe Zinsen zahlen, und die im Laufe der Jahre angehäuften Schulden hatten es schwierig gemacht.

Die Bankiers boten Präsident Lincoln ein Finanzierungspaket und Bedingungen an, und als er hörte, dass die Bankiers 24 bis 36% Zinsen verlangten, wies ein fassungsloser Präsident Lincoln sofort auf die Tür und forderte die Bankiers auf, zu gehen. Es war ein rücksichtsloser Schachzug, die Regierung der Vereinigten Staaten in den Bankrott zu treiben, wohl wissend, dass das amerikanische Volk niemals in der Lage sein würde, diese astronomischen Schulden zu bezahlen.

Lincolns monetärer New Deal

Ohne Geld kann es keinen Krieg geben, und wenn man sich Geld von internationalen Bankiers leiht, legt man sich zweifellos eine Schlinge um den Hals. Lincoln grübelte verbittert über die Lösung nach. Da brachte sein alter Freund in Chicago, Dick Taylor, Lincoln auf eine Idee: Die Regierung sollte ihre eigene Währung herausgeben!

> "Lasst den Kongress ein Gesetz verabschieden, das das Finanzministerium ermächtigt, Geld mit voller Rechtskraft auszugeben, Soldaten zu bezahlen und dann geht und gewinnt euren Krieg. "Lincoln fragte, ob das amerikanische Volk diese neue Währung akzeptieren würde, und Dick sagte: "Alle Menschen werden keine Wahl haben, solange Sie dieser neuen Währung die volle Rechtskraft verleihen und die Regierung sie voll unterstützt, wird sie so universell sein wie echtes Geld, denn die Verfassung gibt dem Kongress die Macht, Geld auszugeben und den Wert festzulegen. "

Als Lincoln den Vorschlag hörte, war er überglücklich und beauftragte Dick sofort mit der Planung der Angelegenheit. Dieser eiskalte Ansatz beendet die Praxis, dass sich die Regierung Geld von privaten Banken leihen und hohe Zinsen zahlen muss. Diese neue Währung verwendet ein grünes Muster, um sie von anderen Banknoten zu unterscheiden, die historisch als "Greenback" bekannt sind. Diese neue Währung ist insofern einzigartig, als sie völlig frei von monetären Metallen wie Gold und Silber als Sicherheiten ist und 5% Zinsen für 20 Jahre bietet.

Während des Bürgerkriegs überwand die Regierung durch die Ausgabe dieser Währung den schweren Geldmangel zu Beginn des Krieges, mobilisierte in großem Umfang und effizient die Ressourcen des amerikanischen Nordens und legte eine solide wirtschaftliche Grundlage für den letztendlichen Sieg über den Süden. Gleichzeitig wurde diese Billigwährung rechtmäßig zur Reservewährung der Banken des Nordens, wodurch die Bankkredite im Norden stark ausgeweitet wurden und die Militärindustrie, der Eisenbahnbau, die landwirtschaftliche Produktion und der Handel eine nie dagewesene finanzielle Unterstützung erhielten.

Die großen Goldfunde seit 1848 befreiten das amerikanische Finanzwesen allmählich von dem extremen Nachteil, vollständig von europäischen Bankiers beherrscht zu werden, und es lag auch an der großen Menge an Qualitätsgeld als Vertrauensbasis, dass Lincolns neue Währung von der Bevölkerung weitgehend akzeptiert wurde und eine zuverlässige finanzielle Grundlage für den Sieg im Bürgerkrieg schuf. Noch überraschender ist, dass die von Lincoln ausgegebene neue Währung keine so starke Inflation wie im Unabhängigkeitskrieg auslöste. Vom Ausbruch des Bürgerkriegs 1861 bis zum Kriegsende

1865 stieg der Preisindex für den gesamten Norden nur geringfügig von 100 auf 216 an, was angesichts des Ausmaßes des Krieges und des Ausmaßes der Zerstörungen sowie im Vergleich zu anderen Kriegen gleichen Ausmaßes in der Welt als finanzielles Wunder gelten kann. Umgekehrt führte auch der Süden den Papiergeldumlauf ein, aber die Wirkung war wirklich um Welten anders: Der Preisindex des Südens stieg im gleichen Zeitraum von 100 auf 2776. [62]

Während des Bürgerkriegs gab die Lincoln-Regierung insgesamt Hunderte von Millionen Dollar in neuer Währung aus. Dieser neue Währungsmechanismus funktionierte so gut, dass es Präsident Lincoln sehr ernst damit war, die Ausgabe dieses schuldenfreien Geldes (Debt Free Money, DFM) dauerhaft und legal zu machen. Und das sticht tief in die fundamentalen Interessen der internationalen Finanzoligarchie. Wenn alle Regierungen "unverhohlen" ihr eigenes Geld ausgeben würden, ohne sich bei den Banken zu verschulden, würde das Monopol der Bankiers auf die Ausgabe von Währungen aufhören zu existieren, und würden die Banken nicht den Nordwestwind trinken?

Kein Wunder, dass *die Times* of London, die britische Banker vertritt, sofort eine Erklärung abgab, als sie die Nachricht hörte.

> *"Wenn diese abscheuliche neue Steuerpolitik (der Lincoln-Greenback), die ihren Ursprung in den Vereinigten Staaten hat, dauerhaft gemacht wird, dann kann die Regierung ihre eigene Währung ohne Kosten ausgeben. Sie wird in der Lage sein, alle ihre Schulden zu begleichen und sie nicht mehr zu schulden, sie wird alle notwendigen Devisen erwerben, um den Handel zu entwickeln, sie wird eine wohlhabende Nation werden, wie es sie nie zuvor in der Welt gegeben hat, und alle großen Talente der Welt und all ihr Reichtum werden nach Nordamerika strömen. Dieses Land muss zerstört werden, oder es wird jede Monarchie auf der Welt zerstören."*

Die britische Regierung und die New Yorker Bankenvereinigung äußerten verärgert ihren Wunsch nach Vergeltung und kündigten am 28. Dezember 1861 an, die Zahlung von Metallgeld an die Lincoln-Regierung einzustellen. Einige Banken in New York haben auch die Goldsparer daran gehindert, ihr Gold abzuheben, und haben angekündigt, dass sie ihre Zusage, Staatsanleihen mit Gold zu kaufen,

---

[62] Glyn Davies, *History of Money from Ancient Times to the Present Day* (University of Wales Press 2002), S. 489.

zurückziehen werden. Daraufhin eilten die Banken in den gesamten Vereinigten Staaten nach Washington, um Präsident Lincoln eine Variante vorzuschlagen. Sie schlugen vor, den europäischen Bankiers hochverzinsliche Anleihen zu verkaufen, das Gold der US-Regierung in Privatbanken als Reserve für die Ausgabe von Krediten zu deponieren, damit sich die Bankiers bereichern konnten, und den Industriesektor und das Volk zu besteuern, um den Krieg zu unterstützen.

Präsident Lincoln wies diese völlig unorthodoxe Forderung der Bankiers zu Recht entschieden zurück. Seine Politik war so populär, dass das amerikanische Volk in Scharen alle Anleihen kaufte und sie als Bargeld im Sinne des Gesetzes verwendete.

Die Bankiers sehen, dass ein Plan scheitert, und haben einen anderen Plan. Sie stellten fest, daß in dem Kongreßgesetz, mit dem der Lincoln N. A. ausgegeben wurde, nicht erwähnt wurde, ob die Zahlung der Zinsen auf die Staatsschuld in Gold erfolgen sollte, und man einigte sich mit den Kongreßabgeordneten darauf, daß die Staatsschuld in Lincoln N. A. gekauft werden durfte, der Zinsanteil aber in Goldmünzen gezahlt werden sollte. Dies war der erste Schritt eines umfassenden Plans, den Wert des inländischen Lincoln Nifty zunächst an das Gold in den Vereinigten Staaten zu binden, und die europäischen Bankiers, die damals die Weltreservewährung, das Sterling-System, besaßen, verfügten über weit mehr Goldgeld als die Vereinigten Staaten. Der Kompromiss zwischen den US-Bankiers und dem Kongress ermöglichte es den internationalen Finanzkräften, ihre Kontrolle über das Gesamtvolumen der US-Goldimporte und -exporte zu nutzen, um indirekt den Wert der US-Währung zu manipulieren.

Lincolns russische Verbündete

Im gefährlichsten Moment, als die europäischen Könige vor und nach dem Ausbruch des Amerikanischen Bürgerkriegs 1861 eine große Zahl von Truppen nach Amerika schickten, um die Abspaltung der Vereinigten Staaten vorzubereiten, dachte Lincoln sofort an den langjährigen Feind der europäischen Monarchen, Russland. Lincoln schickte Gesandte zu Zar Alexander II. und bat ihn um Hilfe. Als der Zar den Brief von Lincoln erhielt, öffnete er ihn nicht sofort, sondern gab ihm lediglich eine Handvoll Hände und sagte: "Ich bin froh, dass ich hier bin,

> *"Bevor ich diesen Brief öffne oder seinen Inhalt kenne, werde ich im Voraus allen darin enthaltenen Forderungen zustimmen."* [63]

Es gab mehrere Gründe, warum sich der Zar auf eine militärische Beteiligung am amerikanischen Bürgerkrieg vorbereitete. Zum einen befürchtete er, dass die internationalen Finanzmächte, die zur Zeit Alexanders II. durch Europa zogen, bereits an die Tür des Kremls klopfen würden. Die Bankiers forderten nachdrücklich die Einrichtung einer privaten Zentralbank nach dem Vorbild der "fortgeschrittenen" Finanzländer Europas, was der Zar längst durchschaut hatte und entschieden ablehnte. Da er mit Präsident Lincoln eine weitere antiinternationale Finanzmacht in Gefahr sah, würde Alexander II. der Nächste sein, wenn er nicht einschritt. Ein weiterer Grund war, dass Alexander II. am 3. März 1861, also noch vor Ausbruch des amerikanischen Bürgerkriegs, das Gesetz zur Emanzipation der Leibeigenen verkündete, und beide Seiten waren sich bei der Abschaffung der Sklaverei einigermaßen sympathisch. Ein weiterer Grund war, dass Russland gerade den Krimkrieg, der 1856 endete, gegen die Briten und Franzosen verloren hatte und dass Alexander II. sich immer noch schämte.

Ohne den Krieg zu erklären, marschierte die russische Flotte unter dem Kommando von Admiral Liviski am 24. September 1863 in den Hafen von New York ein. Die russische Pazifikflotte unter dem Kommando von General Popow traf am 12. Oktober in San Francisco ein. Keating Wales kommentierte das Vorgehen Russlands wie folgt,

> *"Sie kamen zu einem Zeitpunkt, als der Süden auf dem Höhepunkt und der Norden auf dem Tiefpunkt war, und ihre Anwesenheit sorgte für Unentschlossenheit in England und Frankreich, was Lincoln schließlich Zeit verschaffte, die Dinge zu ändern."*

Nach dem Ende des Bürgerkriegs unternahm die US-Regierung große Anstrengungen, um für die russische Flotte in Höhe von 7,2 Millionen Dollar zu bezahlen. Da die Verfassung den Präsidenten nicht ermächtigte, die Kriegskosten ausländischer Regierungen zu übernehmen, schloss der damalige Präsident Johnson mit Russland eine Vereinbarung, den Krieg durch den Kauf von Land in Russlands Alaska

---

[63] Des Griffin, *Abstieg in die Sklaverei* (Emissary Publications, 1980).

zu finanzieren. Die Geschichte ist historisch als "Seward's Folly" bekannt. Seward war der damalige US-Außenminister, der heftig dafür kritisiert wurde, dass er nicht 7,2 Millionen Dollar für ein Ödland zahlte, das zu diesem Zeitpunkt wertlos erschien.

Aus demselben Grund wurde 1867 ein erfolgloses Attentat auf Alexander II. verübt, und am 1. März 1881 starb Alexander II. schließlich durch die Hand seines Attentäters.

Wer hat Lincoln wirklich getötet?

Bismarck, der eiserne deutsche Reichskanzler, hat den Nagel auf den Kopf getroffen, als er sagte.

> *"Er (Lincoln) erhielt vom Kongress die Vollmacht, Kredite aufzunehmen, indem er die Staatsschulden an das Volk verkaufte, so dass die Regierung und die Nation aus der Falle der ausländischen Finanziers heraussprangen. Als es ihnen (den internationalen Finanziers) dämmerte, dass Amerika sich ihrem Zugriff entziehen würde, war Lincolns Tod nicht mehr weit entfernt."*

Unmittelbar nach der Emanzipation der Neger und der Wiedervereinigung des Südens erklärte Lincoln die gesamte Kriegsschuld des Südens für getilgt. Die internationalen Bankiers, die den Süden während des Krieges massiv finanziell unterstützt hatten, verloren viel Geld. Als Vergeltung für Lincoln, und mehr noch für die Untergrabung von Lincolns geldpolitischem New Deal, schlossen sie sich mit verschiedenen, mit Präsident Lincoln unzufriedenen Kräften zusammen und planten ein ausgeklügeltes Attentat. Am Ende stellte sich heraus, dass die Beauftragung einiger Fanatiker mit der Durchführung des Attentats wirklich keine schwierige Aufgabe war.

Nach der Ermordung Lincolns verkündete der Kongress, der den internationalen Finanzkräften ausgeliefert war, die Aufhebung von Lincolns neuer Währungspolitik und fror die Ausgabe von Lincolns neuer Währung bis zu einem Höchstbetrag von 400 Millionen Dollar ein.

1972 wurde das US-Finanzministerium gefragt, wie viel Zinsen Lincoln für die von ihm ausgegebenen neuen Milliarden von Dollar eingespart hatte. Nach sorgfältiger Berechnung antwortete das Finanzministerium einige Wochen später: Da Lincoln die eigene Währung der US-Regierung ausgab, sparte es der US-Regierung insgesamt 4 Milliarden Dollar an Zinsen. [64]

Der Bürgerkrieg in den Vereinigten Staaten war im Kern ein Kampf zwischen den internationalen Finanzmächten und ihren Agenten und dem Interesse der Regierung der Vereinigten Staaten an einem

---

[64] *Abraham Lincoln und John F. Kennedy* von Melvin Sickler.

erbitterten Wettstreit um die Ausgabe der nationalen Währung und die Geldpolitik. Mehr als 100 Jahre lang, vor und nach dem Bürgerkrieg, lieferten sich die beiden Seiten immer wieder tödliche Kämpfe um den finanziellen Höhepunkt der Errichtung des amerikanischen Zentralbanksystems, in deren Folge sieben amerikanische Präsidenten ermordet und zahlreiche Kongressabgeordnete getötet wurden. Erst 1913 wurde mit der Einrichtung des Federal-Reserve-Bankensystems in den Vereinigten Staaten ein entscheidender Sieg für die internationalen Bankiers errungen.

Mit den Worten von Bismarck:

> Der Tod von Lincoln war ein großer Verlust für die christliche Welt. Niemand in Amerika wird vielleicht in seine großen Fußstapfen treten können, und die Banker werden die Kontrolle über die Reichen zurückgewinnen. Ich fürchte, dass die ausländischen Bankiers mit ihrer Selbstherrlichkeit und Grausamkeit am Ende den amerikanischen Reichtum an sich reißen und ihn dann nutzen werden, um die moderne Zivilisation systematisch zu korrumpieren.

Der tödliche Kompromiss: Das Nationalbankgesetz von 1863

> Meine Rolle bei der Verabschiedung des Nationalbankgesetzes war der größte finanzielle Fehler meines Lebens. Das (Geldmengen-)Monopol, das es (das Nationalbankgesetz) schafft, wird jeden Aspekt dieses Landes beeinflussen. Es sollte abgeschafft werden, aber bis dahin wird das Land in zwei Seiten geteilt sein, mit dem Volk auf der einen und den Bankern auf der anderen Seite, eine Situation, die es in der Geschichte dieses Landes noch nie gegeben hat.
> -Solomon Chase, US-Finanzminister (1861-1864)

Nach dem Ausbruch des Bürgerkriegs lehnte Lincoln die finanzielle Schlinge von Rothschild und seinen US-Agenten mit Zinssätzen von 24 bis 36 Prozent ab und ermächtigte stattdessen das Finanzministerium, eigene "United States Notes", auch bekannt als Greenbacks, auszugeben. Der Legal Tender Act, der im Februar 1862 verabschiedet wurde, ermächtigte das Finanzministerium, Hunderte von Millionen Greenbacks auszugeben, und dann noch einmal im Juli 1862 und März 1863. Während des Bürgerkriegs wurden insgesamt Hunderte von Millionen von Greenbacks ausgegeben.

Die Ausgabe des Lincoln Greenback war wie ein Stich ins Wespennest des internationalen Bankgewerbes, das die Banker verabscheuten, während die Bürger und andere Wirtschaftszweige den Greenback begrüßten, der bis 1994 im US-Währungssystem in Umlauf blieb.

Im Jahr 1863, als sich der Krieg zuspitzte und Lincoln mehr Greenbacks benötigte, um den Krieg zu gewinnen, musste er sich den Kräften der Bankiers im Kongress beugen, um die Genehmigung für eine dritte Ausgabe von Greenbacks zu erhalten, und schloss einen wichtigen Kompromiss, indem er den National Bank Act von 1863 unterzeichnete. Das Gesetz ermächtigt die Regierung, die Ausgabe einheitlich genormter Banknoten durch die Nationalbank zu genehmigen, die dann die nationale Währung der Vereinigten Staaten ausgibt (mit der Ausnahme, dass die ausgebenden Banken unterschiedliche Namen haben). Entscheidend ist, dass diese Banken die US-Staatsanleihe (GGB) als Reserve für die Ausgabe von Banknoten verwenden, wodurch die Ausgabe von US-Geld und die Staatsverschuldung, die die Regierung niemals wird zurückzahlen können, effektiv blockiert werden.

John Kenneth Galbraith, ein führender amerikanischer Wirtschaftswissenschaftler, traf den Nagel auf den Kopf, als er sagte,

> *"Nach dem Ende des Bürgerkriegs verzeichnete die Bundeskasse über viele Jahre hinweg hohe jährliche Überschüsse. Sie war jedoch nicht in der Lage, ihre Schulden zu tilgen und die ausgegebenen Staatsanleihen zurückzuzahlen, da dies bedeutete, dass es keine Anleihen zur Verpfändung der nationalen Währung gab. Die Tilgung der Schulden bedeutet die Vernichtung der umlaufenden Währung."*

Der Plan der internationalen Bankiers, das Modell der Bank of England auf die Vereinigten Staaten zu übertragen, ist endlich gelungen. Die Zinsen, die für die permanente und ständig wachsende Verschuldung der US-Regierung gezahlt werden, liegen wie eine Schlinge um den Hals des amerikanischen Volkes, die sich immer enger zieht, je mehr es sich abmüht. Im Jahr 2006 belief sich die Verschuldung der US-Bundesregierung auf eine astronomische Billion Dollar, eine durchschnittliche vierköpfige Familie ist mit Zehntausenden von Dollar verschuldet, und die gesamte Staatsverschuldung wächst mit einer Rate von 20.000 Dollar pro Sekunde! Die Ausgaben der US-Bundesregierung für Zinsen auf die Staatsverschuldung stehen nach dem Gesundheitswesen und der

Verteidigung an zweiter Stelle und werden im Jahr 2006 satte 400 Milliarden Dollar erreichen.

Ab 1864 konnten sich die Banker über Generationen hinweg an den Zinsen für die Staatsschulden bereichern. Allein der scheinbar unbedeutende Unterschied zwischen der direkten Emission von Geld durch die Regierung oder der Emission von Anleihen durch die Regierung und der Emission von Geld durch die Banken schafft die größte Ungerechtigkeit in der Geschichte der Menschheit. Die Menschen sind gezwungen, indirekte Steuern an die Banker für den Reichtum und die Währung zu zahlen, die ursprünglich durch ihre harte Arbeit geschaffen wurden!

Bis heute ist China eines der wenigen verbleibenden Länder der Welt, in denen die Regierung die Währung direkt ausgibt. Die enormen Zinskosten, die der Regierung und dem Volk erspart bleiben, sind ein unverzichtbarer Faktor für die rasche und langfristige Entwicklung Chinas. Wenn vorgeschlagen wird, dass die People's Bank of China Staatsanleihen als Sicherheiten für die Ausgabe von Renminbi verwenden soll, um von den "besten Praktiken" anderer Länder zu lernen, muss sich das chinesische Volk in Acht nehmen.

Lincoln war sich dieser ständigen Bedrohung durchaus bewusst, sah sich aber aufgrund der unmittelbaren Krise zu einem zweckmäßigen Schritt gezwungen.

Lincoln hatte die Absicht, das Gesetz nach seiner Wiederwahl 1865 aufzuheben, und wurde deshalb nur 41 Tage nach seinem Wahlsieg ermordet. Am 12. April 1866 verabschiedete der Kongress den Austerity Act, der darauf abzielte, alle im Umlauf befindlichen Greenbacks einzuziehen, sie in Goldmünzen umzuwandeln und sie dann aus dem Verkehr zu ziehen, um den Goldstandard wiederherzustellen, den die internationalen Bankiers so dominant waren.

In einem Land, das gerade einen beispiellosen Krieg hinter sich gebracht hat, gibt es keine absurdere Politik als die Einführung von Sparmaßnahmen. Der Geldumlauf sank von 1,8 Milliarden Dollar (Dollar pro Person) im Jahr 1866 auf 1,3 Milliarden Dollar (Dollar pro Person) im Jahr 1867, auf 600 Millionen Dollar (Dollar pro Person) im Jahr 1876 und schließlich auf 400 Millionen Dollar (Dollar pro Person) im Jahr 1886. Damit wurde künstlich eine schwere Geldknappheit geschaffen, und das zu einer Zeit, als Amerikas Kriegswunden dringend geheilt werden mussten und die Wirtschaft dringend der Erholung und

Entwicklung bedurfte, während die Bevölkerung dramatisch zunahm. Die meisten Menschen haben immer das Gefühl, dass Aufschwünge und Zusammenbrüche an der Tagesordnung sind, aber in Wirklichkeit ist die Manipulation der Geldmenge in den Händen der internationalen Bankiers, wenn sie knapp ist und wenn sie locker ist, die Wurzel des Problems.

Im Winter 1872 schickten internationale Bankiers Ernest Seyd mit großen Geldsummen von England in die Vereinigten Staaten und ermöglichten durch Bestechung das Münzgesetz von 1873, das als "Verbrechen von 1873" bekannt ist und das Ernest selbst in seiner Gesamtheit verfasst hat und das Silber aus dem Verkehr zog und Gold zur alleinigen Leitwährung machte. Dieses Gesetz hatte zweifellos eine verschärfende Wirkung auf den Geldumlauf, der ohnehin schon stark verknappt war. Danach sprudelte es aus Ernest selbst heraus,

> *"Ich habe im Winter 1872 eine Reise nach Amerika unternommen, um die Verabschiedung des Münzgesetzes zur Abschaffung der Silbermünze sicherzustellen. Ich vertrete die Interessen der Direktoren der Bank von England. Bis 1873 wurde die Goldmünze zur einzigen Metallwährung."*

Die Abschaffung der Rolle der Silbermünze im internationalen Geldumlauf sollte in der Tat die absolute Kontrolle der internationalen Bankiers über die weltweite Geldmenge sicherstellen. Die Goldsuche und -förderung ist viel seltener als die wachsende Zahl der Silberschürfungen, und da die internationalen Bankiers die Goldförderung weltweit vollständig beherrschen, wollen sie natürlich nicht, dass die unkontrollierbare Menge des im Umlauf befindlichen Silbers ihre hegemoniale Stellung bei der Beherrschung der Weltfinanz beeinträchtigt. Daher wurde ab 1871 in Deutschland, England, den Niederlanden, Österreich und den skandinavischen Ländern das Silber generell abgeschafft, was zu einer erheblichen Verknappung des Geldumlaufs in den einzelnen Ländern führte, was in Europa 20 Jahre lang eine schwere wirtschaftliche Depression zur Folge hatte (Lange Depression, 1873-1896).

In den Vereinigten Staaten lösten der Austerity Act und der Coinage Act unmittelbar die Große Depression von 1873-1879 aus. Innerhalb von drei Jahren lag die Arbeitslosigkeit in den Vereinigten Staaten bei bis zu 30 Prozent, und die amerikanische Bevölkerung forderte nachdrücklich die Rückkehr zu den Zeiten, als Lincoln-Greenbacks und Silbermünzen zusammen die Währung bildeten. Die amerikanische Öffentlichkeit gründete spontan Organisationen wie die

US Silver Commission und die Greenback Party, um eine nationale Rückkehr zu einem dualen System von Silber- und Goldmünzen und die Neuausgabe des beliebten Lincoln-Greenbacks zu fordern.

Im Bericht der U.S. Silver Commission heißt es,

> "Das finstere Mittelalter wurde gerade durch Geldmangel und Preisverfall verursacht. Ohne Geld kann es keine Zivilisation geben, und mit einer verringerten Geldmenge ist der Untergang der Zivilisation vorprogrammiert. Während der christlichen Ära in Rom hatte das Reich den Gegenwert von 1,8 Milliarden Dollar an Metallgeld im Umlauf, und Ende des 15. Jahrhunderts waren nur noch 200 Millionen Dollar an (europäischem) Metallgeld im Umlauf. Die Geschichte zeigt, dass keine katastrophale Veränderung mit dem Sturz des Römischen Reiches in die Finsternis des Mittelalters vergleichbar ist."

Im Gegensatz dazu steht die Haltung der American Bankers Association (ABA). In einem Brief an alle Mitglieder erklärte die Vereinigung.

> Wir empfehlen Ihnen, die führenden Tages- und Wochenzeitungen, insbesondere die landwirtschaftlichen und religiösen Medien, in ihrem entschiedenen Widerstand gegen die Ausgabe von Greenbacks durch die Regierung nach Kräften zu unterstützen und die Finanzierung von Kandidaten einzustellen, die sich nicht gegen die Ausgabe von Greenbacks durch die Regierung aussprechen wollen. Die Abschaffung der Banken von der Ausgabe der nationalen Währung oder die Wiederaufnahme der Ausgabe von Greenbacks durch die Regierung wird es (dem Staat) ermöglichen, dem Volk Geld zur Verfügung zu stellen, was unsere Gewinne als Banker und Kreditgeber ernsthaft beeinträchtigen wird. Vereinbaren Sie sofort einen Termin mit dem Kongressabgeordneten in Ihrem Bezirk und bitten Sie ihn, unsere Interessen zu schützen, damit wir die Gesetzgebung kontrollieren können. [65]

Im Jahr 1881 hatte der 20. Präsident der Vereinigten Staaten, James Garfield, der mitten in einer wirtschaftlichen Depression an die

---

[65] Aus einem Rundschreiben der Associated Bankers of New York, Philadelphia und Boston, unterzeichnet von James Buel, Sekretär, das 1877 von 247 Broadway, New York, an die Bankiers in allen Bundesstaaten verschickt wurde.

Macht kam, den Kern der Sache klar erfasst, als er sagte: "Wir müssen uns an die Regeln halten.

> *Wer auch immer die Geldmenge in einem Land kontrolliert, ist der absolute Herr über die gesamte Industrie und den Handel. Wenn Sie verstehen, dass das gesamte (Geld-)System sehr leicht von einer sehr kleinen Anzahl von Menschen auf die eine oder andere Weise kontrolliert wird, müssen Sie sich nicht mehr über die Ursache von Inflation und Deflation aufklären lassen.*

Nur wenige Wochen nach diesen Worten wurde Präsident Garfield am 2. Juli 1881 von einem anderen "Psychopathen", Charles Giteau, ermordet. Der Präsident wurde zweimal angeschossen und starb schließlich am 19. September.

Jahrhundert gelang es den internationalen Bankiers, in Europa "das heilige Königtum durch die heilige Goldmacht zu ersetzen" und in den Vereinigten Staaten "die heilige Goldmacht schrittweise die heilige Zivilmacht zu demontieren". Nach einem jahrhundertelangen und erbitterten Kampf mit der gewählten Regierung der Vereinigten Staaten haben die internationalen Bankiers den vollen Vorteil gehabt. US-Historiker weisen darauf hin, dass die Zahl der Todesopfer unter den US-Präsidenten höher war als die durchschnittliche Zahl der Todesopfer unter den Truppen der ersten Reihe bei der Landung der USA in der Normandie.

Als die Bankiers zögernd den National Banking Act von 1863 in den Händen hielten, waren sie nur noch einen Schritt von ihrem eigentlichen Ziel entfernt - dem Plan, genau eine Bank of England in den Vereinigten Staaten nachzubauen. Eine Zentralbank in Privatbesitz mit vollständiger Kontrolle über die Ausgabe von amerikanischem Geld, eine Banker's Bank ist am amerikanischen Horizont erschienen.

Zusammenfassung

★ Das britische Parlament, das unter der Kontrolle der britischen Bankiers stand, verweigerte den Kolonien das Recht, Geld auszugeben, was zu Arbeitslosigkeit und Unzufriedenheit führte, die zum Hauptgrund für den amerikanischen Unabhängigkeitskrieg wurden.

★Hamilton, der erste US-Finanzminister, setzte sich in Washington für die Einrichtung einer Zentralbank ein, um ausländisches Geld zu erhalten, das von der Familie Rothschild eingekauft und finanziert werden sollte.

★ Die Schließung der First Bank of the United States machte Nathan wütend, um den Amerikanern eine Lektion zu erteilen, und einige Monate später brach der Krieg von 1812 zwischen Großbritannien und den Vereinigten Staaten aus, der die US-Regierung so stark verschuldete, dass er schließlich 1815 nachgeben und eine zweite Zentralbank einrichten musste, die Rothschild fest im Griff hatte.

Die zweite Bank der Vereinigten Staaten wurde von Präsident Jackson mit einem Veto belegt, die Rothschild-Familie kontrollierte die wichtigsten europäischen Banken zur gleichen Zeit verschärft die Vereinigten Staaten Bankwesen, die Vereinigten Staaten fielen in eine schwere "künstliche" Geldumlauf stark zurückgegangen, schließlich löste die Panik von 1837, fiel die Wirtschaft in die Rezession für fünf Jahre.

★Zwei Präsidenten, Harrison und Taylor, die mit der Schlüsselfigur der PFLP, Henry Clay, für eine private Zentralbank und ein unabhängiges Finanzsystem kämpften, starben beide unter mysteriösen Umständen.

★Die Entdeckung des Goldrausches in den USA und Australien brach die absolute Kontrolle der europäischen Finanziers über das Goldangebot. Die finanziell kontrollierende und politisch spaltende Taktik der internationalen Bankiers verursachte die Panik von 1857.

★Die Bankiers der "Londoner, Pariser und Frankfurter Achse" standen hinter dem amerikanischen Bürgerkrieg. Der Nord-Süd-Krieg war im Wesentlichen ein Kampf zwischen den internationalen Finanzmächten und ihren Vertretern und den Interessen der Regierung der Vereinigten Staaten, die um das Recht zur Ausgabe der nationalen Währung und der Geldpolitik wetteiferten.

★Die grundlegenden Interessen der internationalen Finanzoligarchen wurden tief verletzt, als Lincoln die Regierung eine eigene neue Währung ausgeben ließ. Nach dem Bürgerkrieg erlitten die internationalen Bankiers, die den Süden während des Krieges massiv finanziell unterstützt hatten, schwere Verluste. Als Vergeltung und um Lincolns geldpolitischen New Deal zu untergraben, wurde die Ermordung Lincolns sorgfältig geplant.

★Die internationalen Banker haben nach hundert Jahren intensiver Kämpfe mit der US-Regierung die absolute Oberhand.

KAPITEL III

Die Federal Reserve: Eine Zentralbank in Privatbesitz

> *„Ein großes Industrieland ist fest in der Hand eines Kreditsystems, das hoch konzentriert ist. Die Entwicklung dieses Landes und alle unsere (wirtschaftlichen) Aktivitäten liegen vollständig in den Händen einiger weniger. Wir sind unter die schlimmste Art von Herrschaft geraten, eine Art von Kontrolle, die die vollständigste und totalste in der Welt ist. Die Regierung hat keine freie Meinung mehr, sie hat nicht mehr die Macht der gerichtlichen Verurteilung, sie ist nicht mehr die Regierung, die von der Mehrheit der Wähler gewählt wird, sondern sie ist die Regierung, die unter der Meinung und dem Zwang einer winzigen Minderheit derjenigen (funktioniert), die die Macht der Herrschaft haben.*
> *Viele Geschäftsleute in diesem Land haben Ehrfurcht vor etwas. Sie wissen, dass diese unsichtbare Macht so organisiert, so unsichtbar, so durchdringend, so verflochten, so gründlich und umfassend ist, dass sie es nicht wagen, sie öffentlich zu verurteilen."*[66]
>
> -Woodrow Wilson, 28 Präsident der Vereinigten Staaten

Um nicht zu übertreiben, gibt es bis heute wahrscheinlich nicht viele Wirtschaftswissenschaftler in China, die wissen, dass die Fed eigentlich eine Zentralbank in Privatbesitz ist. Die so genannte "Federal Reserve Bank" ist weder "Federal" noch "Reserve", noch ist sie eine "Bank".

Die meisten Chinesen nehmen an, dass die US-Regierung Dollar ausgibt, aber in Wirklichkeit hat die US-Regierung gar nicht das Recht, Geld auszugeben! Damit die US-Regierung Dollars erhält, muss sie die zukünftigen Steuern des amerikanischen Volkes (Staatsanleihen) an die private Federal Reserve verpfänden, die "Federal Reserve Notes" ausgibt, die "Dollars" sind.

Das Wesen und der Ursprung der Federal Reserve ist in der akademischen Gemeinschaft der USA und in den Nachrichtenmedien

---

[66] Zitiert in *National Economy and the Banking System*, Senate Documents Co. 3, No. 23, Seventy-Sixth Congress, First Session, 1939.

eine "No-Go-Zone". Die Medien können täglich ausführlich über so nebensächliche Themen wie die "Homo-Ehe" debattieren, ohne ein Wort darüber zu verlieren, wer die Währungsfrage wirklich kontrolliert, die jeden Tag, jeden Penny des Einkommens, jede Zinszahlung für einen Kredit "von Interesse" ist.

Wenn Sie dies lesen und überrascht sind, bedeutet das, dass dieses Thema wichtig ist und Sie es noch nicht wussten. In diesem Kapitel wird das Geheimnis der Gründung der Federal Reserve gelüftet, das von den US-Mainstream-Medien absichtlich "herausgefiltert" wurde. Wir nehmen ein Vergrößerungsglas und spielen in Zeitlupe die letzten Momente dieses bedeutenden Ereignisses nach, das den Lauf der Weltgeschichte beeinflusst hat, mit Entwicklungen, die auf Stunden genau sein werden.

Am 23. Dezember 1913 wurde die gewählte Regierung der Vereinigten Staaten schließlich durch die Macht des Geldes gestürzt.

Die geheimnisvolle Insel Jekyll:
Der Ursprung der Federal Reserve

In der Nacht des 22. November 1910 waren in einem völlig verschlossenen Zugwaggon außerhalb von New York City alle Fenster dicht mit Vorhängen verhängt, während der Zug langsam in Richtung Süden fuhr. Der Waggon war mit den wichtigsten Bankern Amerikas gefüllt, und niemand wusste, wohin sie fuhren. Der Zug endet Hunderte von Meilen entfernt in Jekyll Island, Georgia.

Jekyll Island in Georgia ist ein Wintersportort, der einer Gruppe superreicher Amerikaner gehört. Die Bonzen, angeführt von J.P. Morgan, gründeten einen Jekyll Island Hunting Club, in dem ein Sechstel des Reichtums der Erde in den Händen der Mitglieder dieses Clubs versammelt ist, und die Mitgliedschaft ist nur vererbbar und nicht übertragbar. Zu diesem Zeitpunkt wurde dem Club mitgeteilt, dass jemand das Clubgelände für etwa zwei Wochen nutzen würde und dass alle Mitglieder das Clubhaus während dieser Zeit nicht benutzen könnten. Das gesamte Personal des Clubhauses wird vom Festland versetzt, und alle Gäste, die im Clubhaus ankommen, werden nur mit dem Vornamen und nie mit dem Nachnamen angesprochen. Ein 50-Meilen-Radius um das Clubhaus stellt sicher, dass es keine Journalisten gibt.

Wenn alles fertig ist, erscheinen die Gäste im Clubhaus. An diesem streng geheimen Treffen haben teilgenommen:

- Nelson Aldrich, Senator, Vorsitzender des National Monetary Board und Großvater von Nelson Rockefeller.
- A. Piatt Andrew, stellvertretender Sekretär des US-Finanzministeriums.
- Frank Vanderlip, Präsident, National City Bank of New York.
- Henry P. Davison, Senior Partner, J. P. Morgan & Co.
- Charles D. Norton, Präsident, First National Bank of New York.
- Benjamin Strong, linker Arm von J.P. Morgan.
- Paul Warburg, deutsch-jüdischer Einwanderer in die Vereinigten Staaten im Jahr 1901, Seniorpartner bei Kuhn Loeb and Company, Vertreter der Rothschilds in England und Frankreich, Hauptarchitekt der Federal Reserve, erster Direktor der Fed.

Diese wichtigen Leute kamen auf diese abgelegene Insel, nicht um hier zu jagen, sondern um ein wichtiges Dokument zu verfassen: den Federal Reserve Act (FRA).

Paul Warburg ist ein Meister in fast allen Details des Bankgeschäfts. Als die anderen Teilnehmer verschiedene Fragen stellten, beantwortete Paul Warburg diese nicht nur geduldig, sondern sprach auch ausführlich über die historischen Ursprünge der einzelnen Konzepte. Alle waren von seinem profunden Wissen über das Bankwesen beeindruckt. Paul wurde natürlich der Hauptverfasser und -ausleger des Dokuments.

Ausgerechnet Nelson Aldrich war der einzige Amateur, der dafür verantwortlich war, dass der Inhalt des Dokuments politisch korrekt genug war, um im Kongress akzeptiert zu werden. Andere, die die Interessen verschiedener Bankengruppen vertraten, stritten neun Tage lang leidenschaftlich um die Einzelheiten des von Paul vorgeschlagenen Pakets, bevor sie schließlich einen Konsens erzielten.

Seit der Bankenkrise von 1907 sind die Banker in den Köpfen der Amerikaner so schlecht verankert, dass niemand im Kongress es gewagt hat, einen Gesetzentwurf mit Bankerbeteiligung öffentlich zu unterstützen, so dass diese Leute weit aus New York angereist sind, um sich auf dieser abgelegenen Insel zu verstecken und dieses Dokument auszuarbeiten. Außerdem war der Name Zentralbank zu sehr eine Masche, und seit Präsident Jefferson wird der Name Zentralbank so sehr mit der britischen internationalen Banker-Verschwörung in Verbindung gebracht, dass Paul vorschlug, den Namen Federal Reserve System zu verwenden, um ihn zu verschleiern. Aber sie hat alle Funktionen einer Zentralbank, und wie die Bank of England ist die Fed so konzipiert, dass sie sich in privatem Besitz befindet und daraus enorme Vorteile ziehen wird. Anders als die Bank One und die Bank Two wird die Federal Reserve durch ihre Aktienzusammensetzung, bei der die ursprünglichen 20 Prozent der Staatsanteile weggenommen wurden, zu einer "reinen" Zentralbank in Privatbesitz.

Um das Federal Reserve System noch mehr in die Irre zu führen, stellt Paul auf die Frage, wer die Fed kontrolliert, eine clevere These auf,

> "Der Kongress kontrolliert die Fed, die Regierung ist im Vorstand vertreten, aber die Mehrheit des Vorstands wird direkt oder indirekt von der Bankenvereinigung kontrolliert. "

Später änderte Paul die endgültige Fassung dahingehend, dass es heißt: "Die Mitglieder des Direktoriums werden vom Präsidenten der Vereinigten Staaten ernannt", aber die eigentliche Funktion des Direktoriums wird vom Bundesbeirat kontrolliert, der regelmäßig mit dem Direktorium zusammenkommt, um dessen Arbeit zu "besprechen". Dass die Mitglieder des Federal Advisory Committee von den Direktoren der 12 Federal Reserve Banken bestimmt werden, wurde der Öffentlichkeit bewusst vorenthalten.

Ein weiteres Dilemma, mit dem sich Paul auseinandersetzen musste, war die Frage, wie man die Tatsache verbergen konnte, dass die New Yorker Banker die Federal Reserve dominieren würden, eine Region, deren Gesetzgeber unmöglich eine von New Yorker Bankern dominierte Zentralbank unterstützen konnte, während die große Zahl kleiner und mittlerer Geschäftsleute und Landwirte im Mittleren Westen, die seit dem 19. Jahrhundert von Bankenkrisen heimgesucht wurden, den Bankern des Ostens grollten. Paul entwarf eine geniale Lösung für dieses Problem: 12 regionale Fed-Banken sollten das gesamte System bilden. Nur wenige außerhalb der Bankenkreise verstehen, dass die vorgeschlagene Einrichtung regionaler Fed-Banken unter der Grundvoraussetzung einer hohen Konzentration der Geld- und Kreditvergabe in den Vereinigten Staaten im Raum New York lediglich die Illusion erzeugt, dass die Zentralbankgeschäfte nicht in New York konzentriert sind.

Ein weiteres Beispiel für Pauls Weitsicht ist die Idee, den Hauptsitz der Fed in der politischen Hauptstadt Washington, D.C., anzusiedeln und bewusst von New York, der Finanzmetropole, in der die Fed tatsächlich Aufträge entgegennimmt, wegzuziehen, um die Öffentlichkeit noch mehr von den Sorgen der New Yorker Banker abzulenken.

Pauls vierte Besessenheit war die Frage, wie die Führungskräfte der 12 regionalen Federal Reserve Banken zustande kommen sollten, und Nelson Aldrichs Erfahrung als Kongressabgeordneter kam ihm dabei sehr gelegen. Er wies darauf hin, dass die Gesetzgeber des Mittleren Westens den New Yorker Bankern im Allgemeinen feindlich gesinnt waren, und dass die Direktoren aller Regionalbanken vom Präsidenten ernannt werden sollten, ohne dass der Kongress sich einmischt, um einen Ausreißer zu vermeiden. Dies schafft jedoch ein rechtliches Schlupfloch, denn in Titel I, Abschnitt 8 der Verfassung heißt es ausdrücklich, dass der Kongress für die Ausgabe und Verwaltung der Währung zuständig ist, was bedeutet, dass die Fed von Anfang an gegen die Verfassung verstoßen hat. Und dann wurde sie für viele Gesetzgeber zur Zielscheibe für Angriffe auf die Fed.

Infolge dieser ausgeklügelten Anordnung erscheint der Gesetzentwurf wie eine Verhöhnung der Gewaltenteilung und der gegenseitigen Kontrolle der Verfassung der Vereinigten Staaten. Ernennungen durch den Präsidenten, Überprüfung durch den Kongress, Unabhängige als Direktoren, Banker als Berater, was für ein Trickle-Down-Design!

Wall Street 7: Der Förderer der Federal Reserve hinter den Kulissen

> "Die sieben Männer der Wall Street kontrollieren heute die meisten der grundlegenden Industrien und Ressourcen Amerikas. Von ihnen gehörten J. P. Morgan, James Hill und George Baker (Präsident der First National Bank of New York) zur sogenannten Morgan Group; die übrigen vier, John Rockefeller, William Rockefeller, James Stillman (Präsident der National City Bank) und Jacob Schiff (Kuhn-Repo Company), gehörten zur Standard Oil City Bank Group. Der zentrale

Knotenpunkt des von ihnen gebildeten Kapitals kontrolliert die Vereinigten Staaten. " [67]

John Moody's, Gründer des Moody's
Investment Appraisal System, 1911

Die sieben großen Akteure der Wall Street waren die wahren Drahtzieher hinter den Kulissen bei der Gründung der Fed. In geheimer Abstimmung mit den Rothschilds in Europa gründeten sie schließlich die Bank of England in den Vereinigten Staaten als Gegenpol.

Der Aufstieg der Familie Morgan

Die JPMorgan Bank war früher als die weniger bekannte George Peabody and Company in England bekannt. George Peabody war ursprünglich ein Trockenwarenhändler in Baltimore, USA, und kam, nachdem er ein kleines Vermögen gemacht hatte, 1835 nach London, England, um in der Welt Fuß zu fassen. Da er erkannte, dass das Finanzwesen ein lukratives Geschäft war, gründete er in London mit einigen Geschäftsleuten die Merchant Bank, ein damals sehr modernes "Hochfinanz"-Geschäft, dessen Kunden hauptsächlich Regierungen, große Unternehmen und die Reichen und Mächtigen waren. Sie vergaben internationale Handelskredite, emittierten Aktien und Anleihen und handelten mit Rohstoffen, also mit dem, was moderne Investmentbanken waren.

Durch die Vorstellung der Brown Brothers in Baltimore an der British Cent gelang George Peabody rasch der Durchbruch in der britischen Finanzszene. Bald darauf erhielt George Peabody überraschend eine Einladung von Baron Nathan Rothschild, sein Gast zu sein. Der verängstigte George Peabody fühlte sich durch die Einladung von Nathan, der in Weltbankkreisen berühmt war, so geehrt wie ein Katholik, der vom Papst empfangen werden würde.

Nathan kommt gleich zur Sache und bietet George Peabody an, ihm einen Gefallen zu tun und der geheime PR-Agent der Familie Rothschild zu sein. Die Rothschilds wurden von vielen Menschen wegen ihres Reichtums und Vermögens in Europa gehasst und verachtet. Die Londoner Aristokratie verachtete damals den Umgang mit Nathan und lehnte seine Einladungen wiederholt ab, und obwohl

---

[67] John Moody, *The Seven Men*, McClure's Magazine, August, 1911, S. 418.

Rothschild in England mächtig war, hatte man immer das Gefühl, von der Aristokratie etwas isoliert zu sein. Ein weiterer Grund, warum Nathan George Peabody aufsuchte, war, dass er bescheiden und beliebt war und ein Amerikaner, der sich später als nützlich erweisen könnte.

George Peabody war natürlich mehr als zufrieden mit Nathans Angebot, und dank der von Nathan übernommenen Kosten für die Öffentlichkeitsarbeit wurde George Peabodys Firma bald zu einem berühmten gesellschaftlichen Zentrum in London. Insbesondere das alljährliche Bankett zum amerikanischen Unabhängigkeitstag, das am 4 Juli in George Peabodys Haus stattfand, war ein bedeutendes Ereignis in den aristokratischen Kreisen Londons. Es mag den Gästen nicht in den Sinn gekommen sein, dass die Kosten für die Bewirtung mehr sind, als sich ein gewöhnlicher Geschäftsmann vor einigen Jahren, als sein Name noch unbekannt war, hätte leisten können.

Bis 1854 war George Peabody ein Bankier mit einer Million Pfund, aber in nur sechs Jahren machte er ein Vermögen von fast 20 Millionen Pfund und wurde ein amerikanischer Schwergewichtsbankier. Es stellt sich heraus, dass George Peabody in der von den Rothschilds angezettelten Wirtschaftskrise von 1857 in den Vereinigten Staaten stark in amerikanische Eisenbahnanleihen und Staatsanleihen investiert war, und als die britischen Bankiers plötzlich alle Anleihen, die einen Anteil an den Vereinigten Staaten hatten, wegwarfen, wurde auch George Peabody tief mitgerissen. Die Krise von 1857 war völlig anders als die zehnjährige Depression von 1837, und in nur einem Jahr war die amerikanische Wirtschaft völlig aus der Rezession heraus, und infolgedessen wurde George Peabody in den Händen amerikanischer Anleihen schnell zu einem superreichen Mann, was Nathans Schlacht um das britische Schatzamt im Jahr 1815 verblüffend ähnlich war. Ohne genaue Informationen von den Insidern hatte George Peabody, frisch erwacht aus einem Konkurs-Albtraum, kategorisch Angst, sich in großen Mengen in US-Anleihen zu vergreifen.

George Peabody, der in seinem Leben keine Kinder hatte und ein riesiges Vermögen zu erben hatte, bemühte sich sehr, den jungen Junius Morgan ins Unternehmen zu holen. Nachdem George Peabody sich zur Ruhe gesetzt hatte, übernahm Junius Morgan das gesamte Geschäft und benannte das Unternehmen in Junius S. Morgan and Company um, das seinen Sitz weiterhin in London hatte. Später übernahm Junius' Sohn J. P. Morgan das Unternehmen und benannte den amerikanischen Zweig später in J. P. Morgan Company um. 1869 trafen sich J. P. Morgan und

Drexel mit den Rothschilds in London, und die Familie Morgan übernahm die Beziehungen von George Peabody zu den Rothschilds und entwickelte diese Zusammenarbeit auf eine neue Ebene. Im Jahr 1880 begann J. P. Morgan, die kommerziellen Aktivitäten der reorganisierten Eisenbahngesellschaft in großem Umfang zu finanzieren.

Am 5. Februar 1891 gründeten die Rothschilds und eine Reihe anderer britischer Bankiers die Geheimorganisation "Round Table Group", und in den Vereinigten Staaten wurde eine entsprechende Organisation unter der Leitung der Familie Morgan gegründet. Nach dem Ersten Weltkrieg wurde die "Round Table Group" in den Vereinigten Staaten in "Council on Foreign Relations" und im Vereinigten Königreich in "Royal Institute of International Affairs" umbenannt. Aus diesen beiden Vereinigungen wurden viele wichtige Beamte der amerikanischen und britischen Regierung ausgewählt.

Im Jahr 1899 reisten J. P. Morgan und Drexel nach London, England, um am Internationalen Bankierskongress teilzunehmen. Als sie zurückkehrten, war J. P. Morgan zum Hauptvertreter für die Interessen der Rothschilds in den Vereinigten Staaten ernannt worden. Das Ergebnis des Londoner Treffens war, dass die J. P. Morgan Company in New York, die Drexel Company in Philadelphia, die Grenfell Company in London, die Morgan Harjes Cie Company in Paris und die M. M. Warburg Company in Deutschland und den Vereinigten Staaten voll mit der Rothschild-Familie verbunden waren. [68]

1901 kaufte J. P. Morgan Carnegies Stahlunternehmen für satte 500 Millionen Dollar und gründete den ersten Giganten der Welt mit einem Marktwert von mehr als einer Milliarde Dollar, die United States Steel Corporation. Er galt damals als reichster Mann der Welt, besaß aber nach Angaben des Temporären Nationalen Wirtschaftsausschusses nur 9 Prozent seines Unternehmens. Es scheint, dass der berüchtigte Morgan immer noch nur ein Strohmann ist.

Rockefeller: Der Ölkönig

---

[68] William Guy Carr, *Pawns In The Game* (Legion für das Überleben der Freiheit, 1978).

John Rockefeller Sr. ist eine umstrittene Figur in der amerikanischen Geschichte und wurde als der "kälteste und rücksichtsloseste Mann" betitelt. Sein Name ist natürlich untrennbar mit dem großen Namen Standard Oil verbunden.

Rockefellers Ölkarriere begann während des Amerikanischen Bürgerkriegs (1861-1865), und die Geschäfte verliefen bis 1870, als er die American Standard Oil Company gründete, eher durchschnittlich. Seit er von der National City Bank of Cleveland eine Reihe von Startkrediten erhalten hatte, schien er auf einmal wieder zur Vernunft gekommen zu sein, vor allem, wenn es darum ging, im harten Wettbewerb eine unheimliche Vorstellungskraft an den Tag zu legen. In der Erdölraffinerie, die er sehr optimistisch einschätzte, erkannte er früh, dass die Erdölraffinerie, obwohl sie kurzfristig äußerst profitabel war, aufgrund der fehlenden Kontrolle schließlich in einen selbstmörderischen Teufelskreis abgleiten würde. Es gab nur einen Weg: die Konkurrenz gnadenlos auszuschalten, und dazu waren alle Mittel recht.

Dies geschieht, indem ein von Rockefeller kontrolliertes, aber der Öffentlichkeit nicht bekanntes Unternehmen zunächst anbietet, einen Konkurrenten zu einem niedrigen Preis in bar aufzukaufen. Wird dieses Angebot abgelehnt, muss sich der Konkurrent einem harten Preiskampf stellen, bis er aufgibt oder in Konkurs geht. Wenn das nicht funktioniert, greift Rockefeller schließlich zu einem Trick: gewaltsame Zerstörung. Nach mehreren Runden, in denen rivalisierende Arbeiter verprügelt, konkurrierende Fabriken in Brand gesteckt wurden usw., gab es nur wenige Überlebende. Ein solches hegemoniales Monopol erregte nicht nur den Zorn der Öffentlichkeit, sondern weckte auch das Interesse der New Yorker Bankiers. Die Banker, die Monopole lieben, bewundern Rockefellers hohe Ausführungsqualität bei der Erreichung dieser Ziele.

Die Rothschilds haben verzweifelt versucht, die immer mächtiger werdenden Vereinigten Staaten zu kontrollieren, sind aber wiederholt gescheitert. Es ist viel einfacher, einen europäischen König zu kontrollieren, als eine gewählte Regierung zu kontrollieren. Nach dem amerikanischen Bürgerkrieg begannen die Rothschilds, Pläne für die Kontrolle der Vereinigten Staaten zu entwickeln. Im Finanzsektor waren es JPMorgan und Kuhn Loeb & Co. und im Industriesektor waren sie nicht in der Lage gewesen, den richtigen Vertreter zu finden, und was die Rockefellers getan hatten, hatte die Aufmerksamkeit der Rothschilds erregt. Die Rockefellers wären weitaus mächtiger als die winzige Region Cleveland, wenn sie eine massive Finanzspritze bekämen.

Die Rothschilds schickten ihren wichtigsten Finanzstrategen in den Vereinigten Staaten, Jacob Schiff von der Kuhn Loeb & Co. Company, im Jahr 1875 nach Cleveland, um die nächsten Expansionspläne der Rockefellers zu leiten. Schiff brachte eine beispiellose Unterstützung mit, die sich Rockefeller niemals hätte vorstellen können, und da Rothschild zu diesem Zeitpunkt über JPMorgan und Kuhn Loeb & Co. 95% der Eisenbahnkapazitäten in den Vereinigten Staaten kontrollierte, entwarf Schiff einen Plan für die Expansion der Rockefellers. entwarf Schiff einen Plan, nach dem die Shadow Company (South Improvement Company) einspringen und Rockefellers Standard Oil Company einen sehr niedrigen Frachtratenrabatt anbieten sollte, unter dem nur wenige Raffinerieunternehmen überleben konnten. [69]Rockefeller hatte bald ein vollständiges Monopol auf die US-Ölindustrie und wurde zu einem regelrechten "Ölkönig".

Jacob Schiff: Rothschilds Finanzstratege

Die enge Beziehung zwischen den Rothschilds und der Familie Schiff geht auf das Jahr 1785 zurück, als die alte Rothschild-Familie in ein fünfstöckiges Gebäude in Frankfurt zog und viele Jahre lang bei der Familie Schiff lebte. Die beiden ebenfalls deutsch-jüdischen Bankiers verband eine jahrhundertelange Freundschaft.

1865, im Alter von 18 Jahren, kam Jacob Schiff nach einer kurzen Ausbildung bei der Rothschild-Bank in England in die Vereinigten Staaten. Nach der Ermordung von Präsident Lincoln koordinierte Jacob Schiff die Interessen der europäischen Bankvertreter in den Vereinigten Staaten, um die Einrichtung eines privaten Zentralbanksystems in den Vereinigten Staaten zu fördern. Sein weiteres Ziel war es, die Agenten der europäischen Banken zu entdecken, auszubilden und in verschiedene wichtige Positionen in der Regierung, den Gerichten, Banken, der Industrie, der Presse usw. zu bringen.

---

[69] Robert Gates Sr., *The Conspiracy That Will not Die: How the Rothschild Cabal is Driving America Into One World Government*, (Red Anvil Press, Oakland, 2011), S. 41.

Am 1. Januar 1875 trat Jacob in die Firma Kuhn Loeb & Co. Company ein und ist seither das Herzstück des Unternehmens. Mit der Unterstützung der mächtigen Rothschild-Familie wurde Kuhn Loeb & Co. Ende des 19 und Anfang des 20. Jahrhunderts zu einer der bekanntesten Investmentbanken in den Vereinigten Staaten.

James Hill: Der Eisenbahnkönig

Der Bau von Eisenbahnen war eine wichtige Infrastruktur, die in hohem Maße auf finanzielle Unterstützung angewiesen war, und die Entwicklung der riesigen Eisenbahnindustrie in den Vereinigten Staaten wurde zu einem großen Teil durch Geld von den Kapitalmärkten Großbritanniens und anderer europäischer Länder ermöglicht. Die Kontrolle über die Emission amerikanischer Eisenbahnanleihen in Europa wurde zu einem direkten Mittel, um das Lebenselixier der amerikanischen Eisenbahnindustrie zu halten.

US-Eisenbahnanleihen blieben 1873 nicht verschont, als internationale Bankiers den USA eine plötzliche Finanzkrise aufzwangen, indem sie US-Anleihen in großem Stil zu Dumpingpreisen verkauften. Als die Krise 1879 endete, waren die Rothschilds zu den größten Gläubigern der amerikanischen Eisenbahnen geworden und konnten jeder amerikanischen Eisenbahn jederzeit den finanziellen Lebensnerv abklemmen, solange sie wollten. In diesen Zeiten musste sich James Hill, der mit dem Transport von Dampfschiffen und dem Kohlebergbau begonnen hatte, unter das Banner der Finanziers begeben, um im harten Wettbewerb der Eisenbahnindustrie zu überleben und zu gedeihen, und Morgan war der finanzielle Rückhalt hinter ihm. Mit Morgans starker Unterstützung und unter Ausnutzung der massiven Eisenbahnausfälle nach der Krise von 1873 konnte James Hill seine Pläne für rasche Fusionen und Expansion verwirklichen.

1893 wurde James Hills Traum von einer transkontinentalen Eisenbahn quer durch die Vereinigten Staaten endlich wahr. Im Kampf um die Kontrolle über die Midwest Railroad (Chicago, Burlington and Quincy Railroad) traf James Hill auf einen mächtigen Gegner, die Union Pacific Railroad, die vom Rockefeller-Konsortium unterstützt wurde, griff ihn überraschend an. Harriman, der Präsident der Pacific Union Railroad, begann, heimlich Aktien der Northern Pacific zu erwerben, die James Hill kontrollierte, und war 40.000 Aktien davon entfernt, den Durchbruch zu schaffen, als James Hill befürchtete, dass er die Kontrolle verlieren würde. James Hill sandte sofort einen dringenden Hilferuf an Morgan, den Chef hinter den Kulissen, der gerade in Europa Urlaub machte, und Morgan befahl seinen Männern sofort, Rockefellers Herausforderung anzunehmen. Mit einem Mal erreichte das Gerangel um die Aktien der Northern Pacific Railroad ein rasantes Ausmaß, und der Preis pro Aktie stieg auf über 1.000 Dollar.

Schließlich mussten die internationalen Bankiers vermitteln, und das Endergebnis war eine neue Holdinggesellschaft, die Northern Securities Company, in der die beiden Mächte gemeinsam den Eisenbahnverkehr im Norden der USA kontrollierten. Am Tag der Gründung der Gesellschaft wurde Präsident McKinley ermordet und Vizepräsident Roosevelt sen. wurde sein Nachfolger. Gegen den starken Widerstand von Roosevelt sen. wurde die Northern Securities Company durch das 1890 von den Vereinigten Staaten verabschiedete Sherman Antitrust Act zur Auflösung gezwungen. Nach diesem Rückschlag wandte sich James Hill dem Süden zu und erwarb die Eisenbahnlinie, die direkt von Colorado nach Texas führte. Zum Zeitpunkt seines Todes im Jahr 1916 hatte James Hill ein Vermögen von 53 Millionen Dollar angehäuft.

Gebrüder Warburg

1902 emigrierten die Brüder Paul und Felix aus Frankfurt in die Vereinigten Staaten. Die beiden Brüder, die aus einer Bankiersfamilie stammten, waren im Bankwesen sehr bewandert, und insbesondere Paul war einer der besten Finanzfachleute seiner Zeit. Rothschild schätzte Pauls Talent so sehr, dass er die beiden Brüder absichtlich von der M. M. Warburg & Co. der Europäischen Strategischen Allianz an die amerikanische Front holte, wo Talente dringend gebraucht wurden.

Zu diesem Zeitpunkt war der Plan der Rothschild-Familie für eine private Zentralbank in den Vereinigten Staaten fast ein Jahrhundert alt, mit seinen Höhen und Tiefen und ohne endgültigen Erfolg. Diesmal wird Paul die Führung in der Offensive übernehmen. Kurz nach seiner Ankunft in den Vereinigten Staaten trat Paul in die Firma Kuhn Loeb & Co. des Vorreiters Jacob Schiff ein und heiratete die Tochter von Schiff's Schwester, während Felix Schiff's Tochter heiratete.

Colonel Ely Garrison, ein Finanzberater der Präsidenten Roosevelt Sr. und Wilson, bemerkte,

> *"Es war Mr. Paul Warburg, der den Federal Reserve Act inmitten des nationalen Unmuts und Widerstands gegen den*

Aldrich-Plan wieder zusammensetzte. Die geniale Intelligenz hinter diesen beiden Plänen kam von Alfred Rothschild in London. "[70]

Der Außenposten der Fed: Die Bankenkrise von 1907

Im Jahr 1903 legte Paul Jacob Schiff ein Aktionsprogramm zur Einführung der "besten Praktiken" der Europäischen Zentralbank in den Vereinigten Staaten vor. Dieses Dokument wurde dann an James Stillman, den Präsidenten der National City Bank of New York (später Citibank), und an die New Yorker Bankiers weitergegeben, die alle Pauls Ideen wirklich aufschlussreich und erhellend fanden.

Das Problem ist, dass die politischen und zivilen Kräfte, die sich in der Vergangenheit gegen private Zentralbanken in den Vereinigten Staaten gestellt haben, ziemlich stark sind und New Yorker Banker in amerikanischen Industriekreisen und bei kleinen und mittleren Unternehmern einen äußerst schlechten Ruf haben. Die Mitglieder des Kongresses haben jeden Vorschlag von Bankern für eine private Zentralbank wie die Pest gemieden. In einem solchen politischen Klima ist es schwieriger, ein Zentralbankgesetz zu verabschieden, das die Banker begünstigt, als in den Himmel zu kommen.

Um diese ungünstige Situation zu ändern, wurde eine große Finanzkrise erdacht.

Am 6. Januar 1907 veröffentlichte Paul einen Artikel mit dem Titel "The shortcomings and needs of our banking system" (Die Mängel und Bedürfnisse unseres Bankensystems), der ihn zum Hauptbefürworter eines Zentralbankensystems in den Vereinigten Staaten machte. Kurz darauf erklärte Jacob Schiff vor der New Yorker Handelskammer,

> *"Wenn wir nicht über eine Zentralbank verfügen, die in der Lage ist, die Kreditmittel zu kontrollieren, werden wir eine Finanzkrise von noch nie dagewesenem und weitreichendem Ausmaß erleben."* [71]

---

[70] Eustace Mullins, *Die Geheimnisse der Federal Reserve* (Omnia Veritas Ltd - www.omnia-veritas.com)

[71] Paul M. Warburg, *Mängel und Bedürfnisse unseres Bankensystems*, 1907.

Fliegen beißen nicht ohne Ei, wie in den Jahren 1837, 1857, 1873, 1884 und 1893, als die Banker längst die schweren Blasen in der überhitzten Entwicklung der Wirtschaft gesehen hatten, die das unvermeidliche Ergebnis ihrer ständigen Lockerung der Silberwurzeln waren. Wenn der Bankier Wasser in den Fischteich ablässt, lockert er die Silberwurzeln und pumpt Geld in großen Mengen in die Wirtschaft. Nachdem sie viel Geld bekommen haben, beginnen Menschen aus allen Gesellschaftsschichten, Tag und Nacht unter der Verlockung des Geldes hart zu arbeiten und versuchen, Reichtum zu schaffen, der Prozess ist wie ein Fisch in einem Teich, der versucht, alle Arten von Nährstoffen aufzunehmen und immer fetter zu werden. Wenn die Banker sehen, dass die Zeit reif für die Ernte ist, ziehen sie plötzlich die silbernen Wurzeln fest und beginnen, das Wasser aus dem Fischteich zu pumpen, woraufhin die meisten Fische im Teich verzweifelt auf ihr Schicksal warten.

Wenn ein Land ein privates Zentralbanksystem einrichtet, sind die Bankoligarchen mit der Kontrolle der Wasserabgabe und des Abpumpens besser vertraut, und umso präziser ist die Ernte. Wirtschaftliche Entwicklung und Rezession, Anhäufung und Verdunstung von Reichtum sind das unvermeidliche Ergebnis der "wissenschaftlichen Fütterung" der Banker.

J.P. Morgan und die internationalen Banker, die hinter ihm stehen, kalkulieren das voraussichtliche Ergebnis dieses finanziellen Zusammenbruchs mit Präzision. Zunächst soll die amerikanische Gesellschaft schockiert werden, indem man die "Fakten" zeigen lässt, wie zerbrechlich eine Gesellschaft ohne Zentralbank ist. Dann folgt die Verdrängung und Fusion kleiner und mittlerer Konkurrenten, insbesondere von Investmentgesellschaften, die den Bankern Sorgen bereiten. Dann geht es darum, die wichtigen Geschäfte zu bekommen, die sie begehrlich machen.

Die damals angesagten FITs verfügten über viele Geschäfte, die Banken nicht betreiben konnten, und die staatliche Regulierung war sehr lax, was dazu führte, dass die FITs zu viel Sozialkapital absorbierten und in riskante Branchen und Aktienmärkte investierten. Als die Krise im Oktober 1907 ausbrach, wurde etwa die Hälfte der New Yorker Bankkredite von Treuhandgesellschaften mit hohen Zinserträgen als Sicherheiten in riskante Aktienmärkte und Anleihen investiert, und der gesamte Finanzmarkt befand sich in einem Zustand extremer Spekulation.

JPMorgan hatte die vorangegangenen Monate mit einem "Urlaub" zwischen London und Paris in Europa verbracht, und nach sorgfältiger Planung durch internationale Finanziers kehrte JPMorgan in die Vereinigten Staaten zurück. Bald darauf verbreiteten sich in New York plötzlich Gerüchte über den drohenden Konkurs von Knickerbocker Trust, der drittgrößten Treuhandgesellschaft der Vereinigten Staaten, und die Gerüchte verbreiteten sich schnell wie ein Virus in der ganzen Stadt, wobei panische Bürger mit Einlagen die ganze Nacht vor verschiedenen Treuhandgesellschaften anstanden, um ihre Einlagen abzuheben. Die Banken verlangten von der Treuhandgesellschaft die sofortige Rückzahlung des Kredits, und die Treuhandgesellschaft, die von beiden Seiten in Anspruch genommen worden war, lieh sich an der Börse Geld (Margin Loan) zu einem Zinssatz von 150% des himmelhohen Kurses. Am 24. Oktober war der Handel an der Börse fast zum Erliegen gekommen.

Morgan trat an dieser Stelle als Retter auf. Als der Vorsitzende der New Yorker Börse in Morgans Büro kam und um Hilfe bat, sagte er mit zitternder Stimme, dass mindestens 50 Händler in Konkurs gehen würden, wenn nicht bis 15 Uhr 25 Millionen Dollar aufgebracht werden könnten, und dass er keine andere Wahl hätte, als die Börse zu schließen. Um 14 Uhr berief Morgan eine Dringlichkeitssitzung der Bankiers ein, und innerhalb von 16 Minuten brachten die Bankiers das Geld auf. JPMorgan schickte sofort jemanden an die Börse, um zu verkünden, dass die Zinsen für das Darlehen zu 10 Prozent offen zur Verfügung stehen würden, und an der Börse brach sofort Jubel aus. In nur einem Tag war das Geld für die Rettungsaktion aufgebraucht, die Zinssätze spielten wieder verrückt, und acht Banken und Treuhandgesellschaften waren zusammengebrochen. Morgan eilte zur Bank of Settlement in New York, um die Ausgabe der Banknoten als Übergangswährung zu beantragen, um den akuten Geldmangel zu beheben.

Am Samstag, dem 2. November, begann Morgan mit seinem lang erwarteten Plan zur "Rettung" des immer noch stürmischen Unternehmens Moore and Schley. Das Unternehmen ist mit 25 Millionen Dollar verschuldet und steht kurz vor dem Zusammenbruch. Aber es ist ein Hauptgläubiger der Tennessee Coal and Iron Company, und wenn Moore & Schley gezwungen wird, Konkurs anzumelden, um die Schulden zu begleichen, wird der New Yorker Aktienmarkt völlig zusammenbrechen, mit ungeahnten Folgen. Morgan lud alle großen Namen der New Yorker Finanzwelt in seine Bibliothek ein,

Geschäftsbanker wurden im East Room untergebracht, Führungskräfte von Treuhandgesellschaften im West Room, und ängstliche Finanziers warteten gespannt auf das Schicksal, das Morgan für sie geplant hatte.

Morgan wusste sehr wohl, dass die Eisenerz- und Kohlevorkommen in Tennessee, Alabama und Georgia, die sich im Besitz von Tennessee Mining and Ironmaking befanden, das Monopol von U.S. Steel, dem von Morgan selbst gegründeten Stahlriesen, erheblich stärken würden. Aufgrund der geltenden Kartellgesetze war Morgan stets nicht in der Lage, sich dieses große, fette Stück Fleisch unter den Nagel zu reißen, und diese Krise eröffnete ihm eine seltene Fusionsmöglichkeit. Morgans Bedingungen lauteten, dass der Trust, um Moore & Schley und die gesamte Treuhandbranche zu retten, 25 Millionen Dollar aufbringen müsse, um den Trust vor dem Zusammenbruch zu bewahren, und dass U.S. Steel die Forderungen der Tennessee Mining and Steelmaking Company von Moore & Schley kaufen müsse. Ängstlich und gereizt, am Rande des Bankrotts, kapitulierten die Chefs des Trusts, die die ganze Nacht aufgewacht waren und extrem müde waren, schließlich vor Morgan.

Am Sonntagabend, dem 3. November, schickte Morgan seine Leute die ganze Nacht hindurch nach Washington, D.C., um die Zustimmung des Präsidenten einzuholen, bevor die Börse am folgenden Montagmorgen eröffnet wurde. Die Bankenkrise brachte eine große Anzahl von Unternehmen zum Einsturz, der Verlust der Ersparnisse tausender verärgerter Menschen bildete eine große Regimekrise, und Roosevelt Sr. musste die Macht Morgans in Anspruch nehmen, um die Situation zu stabilisieren. Zu diesem Zeitpunkt sind es nur noch 5 Minuten bis zur Eröffnung der Börse am Montag!

Der New Yorker Aktienmarkt reagierte auf diese Nachricht mit einem kräftigen Anstieg.

JPMorgan hat die Tennessee Mining and Ironmaking Company für extrem niedrige 45 Millionen Dollar erworben, und der potenzielle Wert des Unternehmens liegt nach Einschätzung von John Moody bei mindestens 1 Milliarde Dollar. [72]

---

[72] Ron Chernow, *Das Haus von Morgan* (Groove Press, 1990), S. 128.

Jede Finanzkrise ist eine von langer Hand geplante, zielgenaue Explosion, bei der auf den Ruinen tausender Bankrotteure immer wieder neue glänzende Finanzgebäude errichtet werden.

Vom Goldstandard zum gesetzlichen Zahlungsmittel: der große Wandel in der Weltanschauung der Banker

Seit Ende des 19 Jahrhunderts haben die internationalen Bankiers erneut einen großen Sprung in ihrem Verständnis von Geld gemacht.

Das ursprüngliche Modell der Bank of England, Geld mit der Staatsschuld als Sicherheit zu emittieren, bewirkte durch ein Patt zwischen den beiden, dass die Regierung Kredite aufnahm und die Bank Geld emittierte, was sicherstellte, dass die Schulden immer größer wurden, was den Bankern immer größere Gewinne garantierte. Im Rahmen des Goldstandardsystems waren die Bankiers strikt gegen eine Inflation, da jede Abwertung der Währung die realen Zinseinnahmen der Bankiers direkt beeinträchtigte. Der größte Nachteil besteht darin, dass die Vermögensbildung so langsam ist, dass sie selbst mit fraktionierten Reserven immer noch nicht ausreicht, um den wachsenden Appetit der Banker zu befriedigen. Vor allem Gold und Silber sind nur langsam gestiegen, was dazu führt, dass die Kreditvergabe der Banken begrenzt ist.

Im Europa der Jahrhundertwende vom 19 zum 20 Jahrhundert hatten die Bankiers ein effizienteres und komplexeres System des gesetzlichen Zahlungsmittels entwickelt. Das Fiat-Geld hat sich vollständig von den starren Zwängen des Goldes und des Silbers in Bezug auf die Gesamtkreditmenge befreit und verfügt über eine flexiblere und heimlichere Kontrolle über das Geld. Als die Bankiers allmählich begriffen, dass die Gewinne, die durch eine unbeschränkte Ausweitung der Geldmenge erzielt werden können, weitaus größer sind als die inflationsbedingten Zinsverluste, wurden sie zu den eifrigsten Verfechtern des gesetzlichen Zahlungsmittels. Durch die rasche Ausweitung der Geldmenge berauben die Banker die Sparer des ganzen Landes ihres enormen Reichtums, während die Inflation viel "zivilisierter" ist und auf viel weniger Widerstand in der Bevölkerung stößt als die Zwangsversteigerungen des Eigentums anderer durch die Banken, die viel weniger sichtbar oder sogar unmerklich sind.

Die von den Bankern finanzierte Inflationsforschung wurde allmählich zu einem rein mathematischen Spiel, und das Konzept der

Währungsinflation, die durch die Ausgabe von zusätzlichem Papiergeld verursacht wird, wurde in der Neuzeit vollständig von der Theorie der Preisinflation, einer Theorie der Preissteigerungen, verdrängt.

Zu diesem Zeitpunkt fügten die Banker dem alten fraktionierten Reservesystem, der Währung und der Staatsverschuldung ein weiteres mächtiges Werkzeug hinzu, um sich zu bereichern: die Inflation. Von da an vollzog der Bankier den dramatischen Übergang vom Verteidiger des Goldes zum Todfeind des Goldes.

Keynes hat mit seiner Einschätzung der Inflation den Nagel auf den Kopf getroffen:

> *"Mit diesem Ansatz können Regierungen das Vermögen der Menschen auf geheime und nicht nachweisbare Weise konfiszieren, und es ist selbst für eine von einer Million Personen schwierig, einen solchen Diebstahl zu entdecken."*

Um genau zu sein, ist es die private Federal Reserve, die es in den USA verwendet, nicht die Regierung.

Wahlsignal von 1912

> *Am Dienstag wird der Kanzler von Princeton zum Gouverneur von New Jersey gewählt. Er wird seine Amtszeit nicht beenden. Im November 1912 wird er zum Präsidenten der Vereinigten Staaten gewählt, und im März 1917 wird er als Präsident wiedergewählt. Er wird einer der größten Präsidenten der amerikanischen Geschichte sein.*
> —Rabbi Wyeths Rede in New Jersey, 1910

Der Grund dafür, dass Wyeth, der später Präsident Wilsons enge Denkfabrik werden sollte, den Ausgang der Präsidentschaftswahlen vor zwei Jahren und auch sechs Jahre später genau vorhersagen konnte, lag nicht darin, dass er wirklich eine magische Kristallkugel in den Händen hielt, sondern darin, dass alle Ergebnisse von den Bankern im Voraus genau ausgeheckt wurden.

Für die internationalen Bankiers kam es nicht überraschend, dass die Bankenkrise von 1907 die amerikanische Gesellschaft stark erschütterte. Die Wut auf die Treuhandgesellschaften und die Angst vor Bankzusammenbrüchen vermischten sich mit der Angst vor der Finanzoligarchie an der Wall Street, und eine starke öffentliche Meinung gegen alle Finanzmonopole erfasste das Land.

Woodrow Wilson, Präsident der Princeton University, ist ein bekannter Aktivist gegen Finanzmonopole. Vanderlip, Präsident der National City Bank of New York, äußerte sich wie folgt:

> *"Ich schreibe, um Woodrow Wilson aus Princeton zu einem Abendessen einzuladen und eine Rede zu halten. Um ihm mitzuteilen, dass dies eine wichtige Gelegenheit ist, erwähnte ich, dass Senator Aldrich ebenfalls anwesend sein und eine Rede halten würde. Mein Freund Dr. Wilson überraschte mich mit seiner Antwort, indem er es ablehnte, auf der gleichen Bühne wie Senator Aldrich zu sprechen."* [73]

Im Jahr 1908 schlug Aldrich vor, dass die Banken im Notfall Geld ausgeben könnten, das durch Bundes-, Landes- und Kommunalanleihen sowie Eisenbahnanleihen gesichert ist. Die Tatsache, dass es eine so gute Sache gibt, bei der das Risiko von der Regierung und dem Volk getragen wird und alle Banker davon profitieren, lässt einen die Taktik der Wall Street bewundern. Der Gesetzesentwurf wurde Emergency Currency Act genannt und bildete fünf Jahre später die gesetzliche Grundlage für den Federal Reserve Act. Aldrich gilt in der Gesellschaft als das Gesicht der Wall Street.

Woodrow Wilson machte 1879 seinen Abschluss an der Princeton University und studierte anschließend Jura an der University of Virginia. 1886 promovierte er an der Johns Hopkins University und wurde 1902 Präsident der Princeton University. Der pedantische Woodrow Wilson war schon immer ein profilierter Gegner der Finanzmonopole und lehnt es natürlich ab, sich dem Sprecher der Finanzoligarchie zu nähern. Seine akademische Raffinesse und sein Idealismus können seinen extremen Mangel an Wissen über die Finanzindustrie nicht wettmachen, und er weiß nichts über die Geldmacherei der Wall Street Banker.

Die Banker sahen Wilsons einfache und leicht auszunutzende Eigenschaften sowie seine Bekanntheit als Aktivist gegen Finanzmonopole, und sein frisches Image ist ein seltener Rohdiamant. Die Banker waren bereit, eine Menge Geld in ihn zu stecken und ihn so zu "bearbeiten", dass er von großem Nutzen war.

Cleveland Dodge, Direktor der National City Bank of New York, war zufällig ein Kommilitone Wilsons in Princeton, und Wilsons

---

[73] Antony C. Sutton, *The Federal Reserve Conspiracy* (Tab Books, 1995), S. 78.

Erfolg, 1902 Präsident von Princeton zu werden, war das Ergebnis der Hilfe des wohlhabenden und großzügigen Dodge. Mit diesen nicht ganz unbedeutenden Verbindungen begann Dodge, auf Betreiben der Bankiers, an der Wall Street zu verbreiten, dass Wilson das Zeug zum Präsidenten habe.

Es ist nicht ungewöhnlich, dass ein Schuldirektor, der erst seit ein paar Jahren im Amt ist, plötzlich als Präsident gefeiert wird. Natürlich hat Beliebtheit immer ihren Preis, und Wilson begann, es der Wall Street hinter seinem Rücken heimzuzahlen. Und tatsächlich wurde Wilson 1910 mit Unterstützung der Wall-Street-Bonzen zum Gouverneur von New Jersey gewählt.

In der Öffentlichkeit übte Wilson weiterhin berechtigte Kritik am Finanzmonopol der Wall Street, während er sich insgeheim darüber im Klaren war, dass seine Position und seine politische Zukunft vollständig von der Macht der Bankiers abhingen. Die Bankiers waren in ihren Angriffen auf Wilson erstaunlich tolerant und zurückhaltend, und es gab ein subtiles und unausgesprochenes stillschweigendes Einverständnis auf beiden Seiten.

In dem Moment, in dem Wilsons Ansehen steigt, eilen Bankiers herbei, um Geld für seine Präsidentschaftskampagne zu sammeln. Dodge richtete ein Büro in der 42 Broadway Avenue in New York ein, um Geld für Wilson zu sammeln, und richtete ein Bankkonto ein, wobei Dodge den ersten Scheck über 1.000 Dollar spendete. Schnell warb Dodge in den Kreisen der Bankiers per Direktwerbung große Geldsummen ein, von denen 2/3 von sieben Wall-Street-Bankiers stammten.[74]

In seinem Brief an Dodge schrieb Wilson, der nach seiner Nominierung für die Präsidentschaftskandidatur nur schwer zu fassen war: "Meine Freude ist unbeschreiblich. "Seitdem hat sich Wilson voll und ganz in die Arme des Bankiers gestürzt. Als Kandidat der Demokraten trägt Wilson die großen Hoffnungen der Demokratischen Partei, die seit Jahren keine Präsidentschaft mehr errungen hat und deren Machthunger ebenso stark ist wie der von Wilson.

Wilson forderte den damaligen Präsidenten Taft heraus, und Taft hatte einen großen Vorteil gegenüber Wilson, der damals auf nationaler

---

[74] *Ebd.*, S. 83.

Ebene noch nicht bekannt war. Gerade als der zögerlich auf die Wiederwahl vorbereitete Präsident Taft sagte, dass er nicht bereit sei, grünes Licht für das Aldrich-Gesetz zu geben, geschah etwas noch nie Dagewesenes: Tafts Vorgänger, Präsident Roosevelt senior, starb plötzlich und wollte sich sogar an der Präsidentschaftskampagne beteiligen, was für den von Roosevelt selbst gewählten Nachfolger und Republikaner Taft eine wirklich schlechte Nachricht war. Roosevelt Sr., der dafür bekannt war, dass er den Zerfall der nördlichen Wertpapiere erzwang, und der für seine kartellrechtliche Unnachgiebigkeit bekannt war, hätte mit seinem plötzlichen Auftreten Tafts Stimmen ernsthaft untergraben.

Die Tatsache, dass alle drei Kandidaten von Bankern unterstützt werden, bedeutet nichts anderes, als dass die Banker insgeheim Wilson bevorzugen, den am besten kontrollierbaren der drei Kandidaten. Im Rahmen der Absprachen mit der Wall Street hat Roosevelt senior "versehentlich" Taft hart getroffen, und Wilson wurde gewählt. Es ist eine ähnliche Szene wie die, in der der ältere Bush 1992 unerwartet vom Neuling Clinton besiegt wurde, nachdem er von Perry um eine große Anzahl von Stimmen gebracht worden war.

Plan B

Die Planungen der Bankgiganten auf Jekyll Island waren streng vertraulich, und aus reinem Berufsinstinkt bereiteten sie zwei Pläne vor. Der erste war der Plan unter dem Vorsitz von Senator Aldrich, der für die Finten verantwortlich war, um das Feuer der Opposition auf sich zu ziehen, zu der auch die Republikanische Partei gehörte. Der andere Plan, bekannt als Plan B, war der eigentliche Hauptstoß, der spätere Federal Reserve Act, mit den Demokraten als Hauptantriebskraft.

Es gibt eigentlich keinen wesentlichen Unterschied zwischen den beiden Plänen, nur unterschiedliche Formulierungen. Um dieses Kernziel dreht sich auch die Präsidentschaftswahl. Senator Aldrichs Verbindungen zur Wall Street sind wohlbekannt, und sein Vorschlag für eine Finanzreform war in der damals vorherrschenden starken Anti-Wall-Street-Stimmung im Land zum Scheitern verurteilt. Die Krise von 1907 wurde geschickt genutzt, um einen parteiübergreifenden Konsens darüber zu erzielen, dass das Finanzsystem reformiert werden muss, und um auf die öffentliche Meinung zu "reagieren", war es für die Banker eine logische Notwendigkeit, die Republikanische Partei für die Demokratische Partei zu opfern.

Um die Öffentlichkeit noch weiter zu verwirren, haben die Banker zu dem Kunstgriff gegriffen, zwei Fraktionen, die eigentlich unterschiedliche Versionen desselben Inhalts unterstützen, gegeneinander aufzubringen. Senator Aldrich führte den Angriff an und beschuldigte den Vorschlag der Demokraten, bankenfeindlich und schädlich für die Regierung zu sein. Er erklärte, dass jede Politik des gesetzlichen Zahlungsmittels, die vom Goldstandard abweiche, eine ernsthafte Herausforderung für die Bankiers darstelle. The *Nation* schrieb am 23. Oktober 1913, dass

> *"Mr. Aldrichs Widerstand gegen ein staatliches gesetzliches Zahlungsmittel, das nicht durch Gold gedeckt ist, ist genau das, was sein eigener Gesetzentwurf von 1908 (der Emergency Money Act) getan hätte. Er hätte auch wissen müssen, dass die Regierung in Wirklichkeit nichts mit der Ausgabe der Währung zu tun hatte und dass das Federal Reserve Board die volle Kontrolle über sie hatte."*

Die Vorwürfe der Demokraten gegen den Aldrich-Vorschlag sind ebenso augenöffnend: Aldrich verteidige die Interessen der Wall Street-Banker und das Finanzmonopol, das mit dem Fed-Vorschlag der Demokraten aufgebrochen und ein perfektes Zentralbanksystem mit regionaler Trennung, Ernennung durch den Präsidenten, Kontrolle durch den Kongress und fachkundiger Beratung durch Banker geschaffen werden soll, das sich gegenseitig einschränkt und dezentralisiert ist. Wilson, der sich nicht mit Finanzfragen auskennt, ist ehrlich davon überzeugt, dass der Plan das Finanzmonopol der Wall Street Banker bricht.

Aldrich und Vanderlip und der unerbittliche Widerstand und die Schuldzuweisungen der Wall Street haben dazu beigetragen, dass das demokratische Gesetz über die Zentralbank die Herzen der Menschen gewonnen hat und dass die Banker die "Reparieren, Reparieren, Reparieren"-Taktik bis zum Beifall gespielt haben.

Der Federal Reserve Act wird verabschiedet, die Träume der Banker werden wahr

Zeitgleich mit der Wahl Wilsons zum Präsidenten wurde Plan B offiziell gestartet.

Am 26. Juni 1913, nur drei Monate nach Wilsons Ankunft im Weißen Haus, wurde Plan B vom Kongressabgeordneten Carter Glass aus Virginia, einem Bankier, der bewusst allzu anregende Begriffe wie Zentralbank vermied und sie durch die Federal Reserve ersetzte, formell im Repräsentantenhaus eingebracht und am 18. September mit 287 zu 85 Stimmen ohne Wissen der meisten Kongressmitglieder verabschiedet.

Der Vorschlag wurde an den Senat weitergeleitet und wurde zum Glass-Owen-Gesetz, und Senator Robert L. Owen (R-Ohio) ist ebenfalls ein Banker. Der Vorschlag des Senats wurde am 19. Dezember verabschiedet. Zu diesem Zeitpunkt sind noch mehr als 40 Differenzen zwischen den beiden Vorschlägen zu klären, und wie es in beiden Häusern üblich ist, wird in der Woche vor Weihnachten kein wichtiges Gesetz verabschiedet, und nach der Hochrechnung des Abstands zwischen den Vorschlägen in beiden Häusern zu diesem Zeitpunkt kann es unter normalen Umständen erst im folgenden Jahr diskutiert werden, so dass viele wichtige Gegner des Gesetzes Washington verlassen haben, um über die Feiertage nach Hause zu fahren.

Zu diesem Zeitpunkt sah Paul Warburg, der über ein provisorisches Büro auf dem Capitol Hill verfügte, die Chance von tausend Jahren und startete einen Blitzkrieg. In seinem Büro traf stündlich eine Gruppe von Gesetzgebern ein, um die nächsten Schritte zu besprechen, und am Samstagabend, dem 20. Dezember, traten Repräsentantenhaus und Senat zu einer gemeinsamen Sitzung zusammen, um wichtige Differenzen weiter zu erörtern. Zu dieser Zeit herrschte im Kongress eine Atmosphäre, in der das Gesetz über die Zentralbank um jeden Preis bis Weihnachten verabschiedet werden sollte, und das Weiße Haus gab am 17. Dezember sogar bekannt, dass es begonnen hatte, die Liste der ersten Mitglieder des Federal Reserve Board zu prüfen. Doch bis zum späten Abend des 20. Dezember wurde keine einzige wichtige Meinungsverschiedenheit ausgeräumt. Es scheint unwahrscheinlich, dass der Federal Reserve Act am Montag, dem 22. Dezember, verabschiedet werden kann.

Auf Drängen der Bankiers beschloss die gemeinsame Sitzung, am Sonntag, dem 21. Juni, den ganzen Tag über zu tagen und sich nicht zu vertagen, ohne die Angelegenheit zu klären.

Bis spät in die Nacht des 20 September waren sich das Repräsentantenhaus und der Senat in mehreren wichtigen Fragen noch nicht einig. Zu diesen Meinungsverschiedenheiten gehören: die Anzahl der regionalen Fed-Banken, die Sicherung der Reserven, der Anteil der

Goldreserven, Fragen der Währungsabwicklung im internationalen Binnenhandel, vorgeschlagene Änderungen der Reserven, die Frage, ob von der Fed ausgegebenes Geld als Reserven für Geschäftsbanken verwendet werden kann, der Anteil der Staatsanleihen, die als Sicherheiten für von der Fed ausgegebenes Geld verwendet werden, Inflationsfragen usw.[75]

Nach einem angespannten Tag am 21 Mai brachte die *New York Times* am Montag, dem 22 Mai, auf ihrer Titelseite eine wichtige Geschichte mit dem Titel "Currency Proposal May Become Law Today", in der die Effizienz des Kongresses enthusiastisch gelobt wurde: "Mit einer fast beispiellosen Geschwindigkeit hat die gemeinsame Sitzung die Differenzen zwischen den Vorschlägen der beiden Häuser korrigiert und sie alle heute Morgen abgeschlossen." Der in diesem Artikel erwähnte Zeitraum liegt zwischen 1:30 Uhr und 4 Uhr am Montagmorgen. Eine wichtige Gesetzesvorlage, die das Leben jedes Amerikaners tagtäglich beeinflussen wird, wird in solcher Eile und unter solchem Druck bearbeitet, dass die große Mehrheit der Gesetzgeber keine Zeit hatte, die Änderungen sorgfältig zu lesen, geschweige denn Änderungsanträge einzureichen.

Am 22. um 4.30 Uhr wurde das endgültige Dokument in den Druck gegeben.

Punkt 19.00 Uhr, abschließendes Korrekturlesen.

Um 14.00 Uhr wurde das gedruckte Dokument auf den Schreibtisch des Stadtrats gelegt und eine Sitzung für 16.00 Uhr einberufen.

Um 16.00 Uhr begann die Sitzung.

Um Punkt 18.00 Uhr wurde der Bericht über die letzte gemeinsame Sitzung vorgelegt. Zu diesem Zeitpunkt waren die meisten Parlamentarier bereits zum Abendessen gegangen und nur noch wenige im Saal anwesend.

Um 19.30 Uhr begann Glass seine 20-minütige Rede und ging dann in die Debatte über.

---

[75] Eustace Mullins, *Secrets of Federal Reserve* (Omnia Veritas Limited, www.omnia-veritas.com) Kapitel 3.

Die Abstimmung begann um 23:00 Uhr und wurde schließlich vom Repräsentantenhaus mit 298 zu 60 Stimmen angenommen.

Am 23.rd Dezember, zwei Tage vor Weihnachten, stimmte der Senat mit 43 zu 25 Stimmen (27 abwesend) für die Verabschiedung des Federal Reserve Act. Als Dank für das Entgegenkommen der Wall Street unterzeichnete Präsident Wilson den Federal Reserve Act nur eine Stunde nach der Verabschiedung durch den Senat offiziell.

Die Wall Street und die Finanzmetropole London waren in Aufruhr.

Der Abgeordnete Lindbergh sprach an diesem Tag vor dem Parlament,

> *Dieses Gesetz (der Federal Reserve Act) genehmigt den größten Kredit auf dem Planeten. Wenn der Präsident dieses Gesetz unterzeichnet, wird die unsichtbare Regierung der Geldmacht legalisiert. Kurzfristig werden die Menschen das nicht wissen, aber in ein paar Jahren werden sie es sehen. Mit der Zeit werden die Menschen eine weitere Unabhängigkeitserklärung brauchen, um sich von der Macht des Geldes zu befreien. Diese Macht des Geldes wird letztendlich den Kongress kontrollieren können. Die Wall Street kann uns nicht täuschen, wenn unsere Senatoren und Kongressabgeordneten den Kongress nicht täuschen. Wenn wir einen Kongress des Volkes haben, wird das Volk Stabilität (des Lebens) haben. Das größte Verbrechen des Kongresses ist sein Gesetz über das Geldsystem (der Federal Reserve Act). Dieses Bankgesetz ist das schlimmste legislative Verbrechen unserer Zeit. Die Zweiparteienherrschaft und die geheimen Treffen haben die Menschen wieder einmal der Möglichkeit beraubt, von ihrer eigenen Regierung zu profitieren.* [76]

Banker haben sich begeistert über den Gesetzesentwurf geäußert. Oliver Sands, Präsident der American National Bank, sagte enthusiastisch,

> *Die Verabschiedung dieses Währungsgesetzes wird sich positiv auf das ganze Land auswirken, und seine Umsetzung wird sich*

---

[76] Kongressabgeordneter Charles Lindberg Sr. Rede im Plenum des Kongresses, 23. Dezember 1913.

positiv auf die Wirtschaftstätigkeit auswirken. Meiner Meinung nach ist dies der Beginn einer Ära des allgemeinen Wohlstands.

Senator Aldrich, der Begründer der Federal Reserve, erklärte in einem Interview mit ihm in der Juli-Ausgabe 1914 von *The Independent*.

Vor diesem Gesetz (dem Federal Reserve Act) konnten die Bankiers in New York nur das Geld in der Region New York kontrollieren. Jetzt können sie die Bankreserven einer ganzen Nation beherrschen.

Nach mehr als 100 Jahren intensiver Kämpfe mit der US-Regierung erreichten die internationalen Bankiers schließlich ihr Ziel, die vollständige Kontrolle über die nationale Währungsausgabe in den Vereinigten Staaten zu übernehmen, und das Modell der Bank of England wurde schließlich erfolgreich in den Vereinigten Staaten kopiert.

Wem gehört die Federal Reserve?

Viele Jahre lang war es ein Tabuthema, wer genau die Fed besitzt, wobei die Fed selbst stets vage blieb. Wie die Bank of England hält auch die Federal Reserve die Situation der Aktionäre streng geheim. Der Abgeordnete Wright Patman (R-Ky.) war 40 Jahre lang Vorsitzender des Banken- und Währungsausschusses des Repräsentantenhauses, und in 20 dieser Jahre hat er wiederholt Vorschläge zur Abschaffung der Federal Reserve unterstützt, und auch er hat versucht, herauszufinden, wem die Fed genau gehört.

Das Geheimnis ist endlich gelüftet. Nach fast einem halben Jahrhundert der Forschung hat Eustace Mullins, Autor von *Secrets of the Federal Reserve*, endlich 12 der originalen Geschäftslizenzen der Federal Reserve Bank (Organisationszertifikate) erhalten, die die Zusammensetzung der Anteile jeder Federal Reserve Bank klar dokumentieren.

Die Federal Reserve Bank of New York, die de facto die Aufsicht über das Federal Reserve System ausübt, meldete am 19. Mai 1914 beim Comptroller of the Currency eine Gesamtzahl von 20.3053 Aktien an.

Die National City Bank of New York, die von Rockefeller und Kuhnreppo kontrolliert wird, hält mit 30.000 Aktien die größte Beteiligung.

Die First National Bank von J.P. Morgan besitzt 10.000 Aktien.

Als die beiden Unternehmen 1955 zur Citibank fusionierten, besaß sie fast ein Viertel der Bank of New York der Federal Reserve, die faktisch über die Nominierung des Fed-Vorsitzenden entschied, die Ernennung des US-Präsidenten war kaum mehr als ein Gummistempel, und die Anhörungen des Kongresses waren eher eine Freilichtbühne.

Die National Commercial Bank of New York von Paul Warburg besitzt 10.000 Aktien.

Die Hannoversche Bank, in der die Familie Rothschild als Direktor tätig ist, besitzt 10.000 Aktien.

Die Chase National Bank besitzt 6.000 Aktien.

Die Chemical Bank besitzt 6.000 Aktien.

Zusammen besaßen die sechs Banken 40% der Bank of New York der Federal Reserve, und 1983 besaßen sie zusammen 53% der Aktien. Nach der Anpassung sind ihre Anteile wie folgt: 15% an Citi, 14% an Chase Manhattan, 9% an JPMorgan Trust, 7% an Hanover Manufacturing und 8% an der Hanover Bank. [77]

Die Federal Reserve Bank of New York hat ein eingetragenes Kapital von Hunderten von Millionen Dollar, und es bleibt ein Rätsel, ob diese Banken dieses Geld ausgezahlt haben oder nicht. Einige Historiker glauben, dass sie nur die Hälfte in bar auszahlten, andere meinen, dass sie überhaupt kein Bargeld ausgaben, sondern einfach per Scheck zahlten, während ihre eigenen Konten bei der Federal Reserve, die eigentlich als "Papier als Sicherheit für die Ausgabe von Papier" fungierte, nur ein paar Zahlen zu ändern hatten. Kein Wunder, dass einige Historiker das Bankensystem der Federal Reserve als weder "föderal" noch "Reserve" noch Bank verspottet haben.

Am 15. Juni 1978 veröffentlichte der Ausschuss für Regierungsangelegenheiten des US-Senats einen Bericht über die

---

[77] Eustace Mullins, *The Secrets of the Federal Reserve* (John McLaughlin 1993), S. 178.

Interessenverflechtungen in großen US-Unternehmen, aus dem hervorging, dass die genannten Banken 470 Verwaltungsratsmandate in 130 der wichtigsten US-Unternehmen innehatten, wobei im Durchschnitt ein Verwaltungsratsmandat in jedem großen Unternehmen den Bankern gehörte.

Davon kontrolliert die Citibank 97 Aufsichtsratssitze, J. P. Morgan 99, die Hannover Bank 96, Chase Manhattan 89 und Hannover Manufacturing 89.

Am 3. September 1914 veröffentlichte die *New York Times* die Zusammensetzung der Aktien der wichtigsten Banken zum Zeitpunkt des Verkaufs der Federal Reserve.

Die National City Bank of New York hat 250.000 Aktien ausgegeben, James Stillman besitzt 47.498 Aktien, J.P. Morgan & Co. 14.500 Aktien, William Rockefeller 10.000 Aktien und John Rockefeller 1750 Aktien.

Die National Bank of Commerce of New York gab 250.000 Aktien aus, George Baker besaß 10.000 Aktien, J. P. Morgan & Co. 7.800 Aktien, Mary Harriman 5650 Aktien, Paul Warburg 3.000 Aktien, Jacob Schiff 1.000 Aktien, J. P. Morgan Jr. 1.000 Aktien.

Chase Bank, George Baker besitzt 13408 Aktien.

Hanover Bank, James Stillman besitzt 4000 Aktien und William Rockefeller hat 1540 Aktien.

Seit der Gründung der Federal Reserve im Jahr 1914 haben unwiderlegbare Fakten gezeigt, dass Banker den finanziellen Lebensnerv, den industriellen und kommerziellen Lebensnerv und den politischen Lebensnerv Amerikas manipuliert haben, wie sie es in der Vergangenheit getan haben und wie sie es heute noch tun. Und alle diese Wall-Street-Banker haben enge Verbindungen zu den Rothschilds in der Londoner City.

Benjamin Strong, Präsident von Bankers Trust, wurde zum ersten Vorsitzenden des Verwaltungsrats der Federal Reserve Bank of New York gewählt.

> *"Unter Strongs Kontrolle hat das Fed-System eine Verflechtung mit der Bank von England und der Bank von Frankreich gebildet. Benjamin Strong starb plötzlich als Direktor der Federal Reserve Bank of New York im Jahr 1928, während der Kongress die geheimen Treffen zwischen den Direktoren der*

Federal Reserve und den Größen der Europäischen Zentralbank untersuchte, die zur Großen Depression von 1929 führten. [78]

Erstes Direktorium der Federal Reserve

Wie er später selbst zugab, durfte Wilson nur einen Direktor der Fed ernennen; die übrigen wurden von New Yorker Bankiers ausgewählt. Im Zuge der Nominierung und Ernennung von Paul Warburg zum Direktoriumsmitglied forderte der Senat ihn im Juni 1914 auf, dem Kongress Rede und Antwort zu stehen, vor allem über seine Rolle bei der Ausarbeitung des Federal Reserve Act, was er strikt ablehnte. In seinem Schreiben an den Kongress erklärte Paul, dass die Beantwortung von Fragen seine Rolle im Vorstand der Fed beeinträchtigen würde, weshalb er es vorziehen würde, die Ernennung eines Direktors der Fed abzulehnen. Die New York Times sprang sofort zu Pauls Verteidigung auf und prangerte in ihrem Artikel vom 10. Juli 1914 an, dass der Senat Paul nicht aus dem Nichts heraus befragen sollte.

Paul war natürlich eine zentrale Figur im System der Fed, nur fürchtete er sich davor, dass keine zweite Person zu dieser Zeit genau wusste, wie die Fed funktionieren sollte. Angesichts seines Durchsetzungsvermögens musste der Kongress den Kopf einziehen und eine Liste mit allen Fragen vorlegen, die im Voraus gestellt werden konnten, und wenn Paul das Gefühl hatte, dass bestimmte Fragen "seine Rolle beeinträchtigen würden", konnte er die Antworten zurückhalten. Paul stimmte schließlich widerstrebend zu, bat aber um ein informelles Treffen.

Der Ausschuss fragte: Ich weiß, dass Sie Republikaner sind, aber als Mr. Roosevelt kandidierte, wurden Sie ein Sympathisant von Mr. Wilson und unterstützten ihn (Demokrat)?

Paul W: Ja.

Der Ausschuss fragte: Aber Ihr Bruder (Felix Warburg) unterstützt Taft (Republikaner)?

---

[78] Ferdinand Lundberg, *Amerikas 60 Familien* (Halcyon House, 1939).

Paul W: Ja. [79]

Interessanterweise unterstützten die drei Partner von Kuhn Loeb & Co. drei verschiedene Präsidentschaftskandidaten, wobei Otto Kahn Roosevelt Sr. unterstützte. Pauls Erklärung, dass die drei sich nicht in die politische Philosophie des jeweils anderen einmischten, weil "Finanzen nichts mit Politik zu tun haben". Paul bestand erfolgreich eine Anhörung im Kongress, um erster Direktor der Federal Reserve zu werden, und wurde später stellvertretender Vorsitzender des Vorstands.

Neben Paul sind vier weitere Mitglieder des Verwaltungsrats ernannt worden.

Adolph Miller ist Wirtschaftswissenschaftler an der von Rockefeller finanzierten University of Chicago und der von Morgan finanzierten Harvard University.

Charles Hamlin, der stellvertretender Finanzminister war.

Frederick Delano, ein Verwandter von Roosevelt und Eisenbahnbankier.

W. P. G. Harding, Präsident der First National Bank of Atlanta.

Präsident Wilsons eigener Kandidat, Thomas Jones, wurde von Reportern darauf hingewiesen, dass das US-Justizministerium gegen ihn ermittelte und ihn strafrechtlich verfolgte, und später zog Jones selbst seine Nominierung für den Ausschuss zurück.

Die beiden anderen Mitglieder der Federal Reserve sind der Finanzminister und der Währungsprüfer.

Der wenig bekannte Bundesbeirat

Der Federal Advisory Council (FAC) ist ein geheimes Fernsteuerungsinstrument, das Paul Warburg geschaffen hat, um den Federal Reserve Board zu manipulieren. In den mehr als 90 Jahren, in denen die Federal Reserve tätig ist, hat das Federal Advisory Committee hervorragende Arbeit geleistet, um Pauls Vision des Jahres zu verwirklichen.

---

[79] Eustace Mullins, *The Secrets of the Federal Reserve* (John McLaughlin 1993) Kapitel 3.

Im Jahr 1913 setzte sich der Kongressabgeordnete Glass im Repräsentantenhaus für das Konzept des Beratenden Bundesausschusses ein, indem er sagte,

> "Darin kann es nichts Böses geben. Viermal im Jahr spricht (der Federal Reserve Board) mit einem beratenden Ausschuss von Bankern, wobei jedes Mitglied seinen Federal Reserve District vertritt. Gibt es etwas, das das öffentliche Interesse besser schützt als diese Regelung?"

Kongressabgeordneter Glass ist selbst Banker, und er hat weder erklärt noch Beweise dafür vorgelegt, dass Banker in der Geschichte der Vereinigten Staaten jemals das öffentliche Interesse geschützt haben.

Der beratende Bundesausschuss, der sich aus je einem Vertreter der 12 Regionalbanken der Federal Reserve zusammensetzt, trifft sich viermal im Jahr mit den Mitgliedern des Board of Directors der Federal Reserve in Washington, D.C. Die Banker geben verschiedene geldpolitische "Empfehlungen" an die Direktoren der Federal Reserve ab, jeder Banker vertritt die wirtschaftlichen Interessen der Region, jeder hat das gleiche Stimmrecht, in der Theorie ist das einfach tadellos, aber in der harten und grausamen Realität des Bankgeschäfts gelten ganz andere Regeln.

Es ist schwer vorstellbar, dass ein kleiner Banker aus Cincinnati mit internationalen Finanzgiganten wie Paul Warburg und JPMorgan an einem Konferenztisch sitzt und diesen Giganten "geldpolitische Empfehlungen" unterbreitet, und dass einer dieser beiden Giganten einen Scheck aus der Tasche zieht und zwei Striche darauf macht, so dass der kleine Banker sein Leben verliert. In der Tat hängt das Überleben jeder der kleinen und mittleren Banken in jeder der 12 Regionen der Federal Reserve vollständig von den Geschenken der fünf Bankenriesen der Wall Street ab, die große Transaktionen mit europäischen Banken absichtlich ihren eigenen lokalen "Satellitenbanken" übertragen haben, die natürlich diesen Hochertragsgeschäften untergeordneter geworden sind, und die auch Anteile an diesen kleineren Banken besitzen. Wenn sich diese kleinen Banken, die "die Interessen ihrer jeweiligen Region vertreten", mit den großen Fünf zusammensetzen, um die US-Geldpolitik zu diskutieren, ist das Ergebnis dieser Diskussion vorhersehbar.

Zwar sind die "Empfehlungen" des Beratenden Bundesausschusses für die Entscheidungen der Fed-Direktoren nicht zwingend bindend, aber die Wall-Street-Riesen machen sich viermal im Jahr auf den Weg nach Washington, nicht nur, um mit ein paar Fed-Direktoren Kaffee zu trinken. Es wäre doch seltsam, wenn eine so vielbeschäftigte Person wie JPMorgan, die Direktor von 63 Unternehmen ist, ihre "Ratschläge" nicht berücksichtigt und sich trotzdem freut, hin und her zu reisen.

Wo liegt die Wahrheit?

> *Die große Mehrheit der Amerikaner versteht nicht wirklich, wie internationale Kreditgeber arbeiten. Die Bücher der Fed sind nie geprüft worden. Sie agiert völlig außerhalb der Kontrolle des Kongresses und manipuliert die Kreditvergabe (Angebot) der Vereinigten Staaten.*
>
> -Senator Barry Goldwater

Um hohe Preise zu erzielen, muss die Fed lediglich die Zinssätze senken, um die Kreditvergabe auszuweiten und einen florierenden Aktienmarkt zu schaffen. Sobald sich die Wirtschaft an dieses Zinsumfeld gewöhnt hat, wird die Fed diesen Boom durch eine willkürliche Anhebung der Zinssätze wieder aussetzen.

Sie (die Fed und die Banker, denen sie gehört) kann entweder das Kurspendel des Marktes durch eine leichte Zinserhöhung sanft zum Schwingen bringen, oder sie kann den Marktpreis durch eine heftige Zinserhöhung dramatisch schwanken lassen, und in beiden Fällen verfügt sie über Insider-Informationen über die Finanzlage und weiß im Voraus von der bevorstehenden Veränderung.

Es handelt sich um die bizarrste und gefährlichste (Marktinformationen) prophetische Macht, die je von einer Regierung verliehen wurde und die nur wenige Privilegierte haben.

> *Es handelt sich um ein privates System, dessen Sinn und Zweck darin besteht, das Geld anderer Leute zur Gewinnmaximierung einzusetzen.*
> *Sie wissen im Voraus, wann sie Panik auslösen müssen, um die für sie beste Situation zu schaffen. Sie wissen auch, wann sie mit der Panik aufhören müssen. Als sie die Finanzen kontrollierten, waren Inflation und Deflation gleichermaßen effizient, um ihre Ziele zu erreichen.*
>
> -Abgeordneter Charles Lindbergh

Jeder Dollar, der in Form von Federal Reserve Notes (Dollar) im Umlauf ist, entspricht einem Dollar an Schulden bei der Federal Reserve.

Währungsbericht, Repräsentantenhaus
Ausschuss für Banken und Währung

Die Regionalbanken der Federal Reserve sind keine Regierungsbehörden, sondern unabhängige, in privatem Besitz befindliche und lokal kontrollierte Unternehmen.

Fall: Levis vs. Regierung der Vereinigten Staaten,
Neunter Gerichtsbezirk, 1982

Die Federal Reserve ist eine der korruptesten Institutionen der Welt. Alle, die mich hören können (die Rede im Kongress), wissen, dass unser Land in Wirklichkeit von internationalen Bankern regiert wird.
Manche Leute denken, die Federal Reserve Bank sei eine Behörde der US-Regierung. Sie (die Federal Reserve Banks) sind keine Regierungsbehörden. Sie sind private Kreditmonopole, und die Fed beutet das amerikanische Volk zu ihrem eigenen Vorteil und dem von ausländischen Gaunern aus.

-Abgeordneter McFadden.

Wenn Sie und ich einen Scheck ausstellen, muss auf unserem Konto genügend Geld vorhanden sein, um den Betrag des Schecks zu decken. Wenn die Fed jedoch einen Scheck ausstellt, ist kein Geld auf dem Konto, um ihn zu decken. Wenn die Fed Schecks ausstellt, schafft sie Geld.

Federal Reserve Bank of Boston

Von 1913 bis 1949 stiegen die Vermögenswerte der Fed von mehreren Milliarden Dollar auf 45 Milliarden Dollar, Geld, das direkt in die Taschen der Aktionäre der Fed-Banken floss.

-Eustace Mullins

So viele Präsidenten haben wiederholt vor der Bedrohung durch die Macht des Geldes gewarnt, so viele Kongressakten und Rechtsfälle zeigen deutlich den privaten Charakter der Federal Reserve, aber wie viele Amerikaner, Chinesen und andere wissen das? Das ist der beängstigende Teil des Problems! Wir dachten, dass die "freien und unparteiischen" maßgeblichen westlichen Nachrichtenmedien die Wahrheit berichten würden, aber die Wahrheit ist die Masse der Fakten, die sie absichtlich "herausgefiltert" haben. Was ist mit amerikanischen Schulbüchern? Tatsache ist, dass verschiedene Stiftungen, die nach internationalen Bankern benannt sind, die Inhalte der Lehrbücher für die nächste Generation von Amerikanern aussuchen.

Bevor Präsident Wilson starb, gab er zu, dass er in Bezug auf die Federal Reserve "belogen" worden war, und erklärte schuldbewusst: "Ich habe mich nicht an die Regeln gehalten,

"Ich hatte versehentlich mein Land zerstört. "

Als die Federal Reserve am 25. Oktober 1914 offiziell ihre Tätigkeit aufnahm, brach der Erste Weltkrieg aus - ein weiterer perfekt getimter "Zufall", und die Aktionäre der Federal Reserve sollten ein Vermögen machen!

Zusammenfassung

★Die sieben Wall-Street-Bonzen waren die wahren Drahtzieher hinter den Kulissen bei der Gründung der Fed, und zwischen ihnen und ihrer geheimen Koordination mit den europäischen Rothschilds etablierten sie schließlich die Bank of England, die Version eines Flippancy in Amerika.

J.P. Morgan ist der Hauptvertreter der Interessen der Rothschilds in den Vereinigten Staaten.

★Die Familie Rothschild unterstützte Rockefellers Expansionspläne, die ihm schließlich zur vollständigen Monopolisierung der US-Ölindustrie verhalfen.

★Die Familie Rothschild unterstützte Kuhn Loeb & Co. als eine der bedeutendsten Investmentbanken in den Vereinigten Staaten im späten 19 und frühen 20.

★Morgan unterstützt nachdrücklich James Hills Bewerbung um die Kontrolle über die Midwest Railroad.

★ In der Bankenkrise von 1907 "pumpte" und "entließ" JPMorgan Wasser in den Markt und verzehrte die Tennessee Mining and Iron Works zu extrem niedrigen Preisen.

★ Der einfache und leicht auszunutzende Wilson wurde dank der Machenschaften der Bankiers problemlos zum Präsidenten der Vereinigten Staaten gewählt.

★Die Banker "reparieren die Dinge im Dunkeln" und sorgen dafür, dass das Federal Reserve Act die Öffentlichkeit für sich gewinnt.

★Banker manipulieren den finanziellen Lebensnerv der Vereinigten Staaten, den Lebensnerv von Industrie und Handel und den Lebensnerv der Politik durch die Federal Reserve.

KAPITEL IV

„Der Erste Weltkrieg" und die Große Rezession: „Erntezeit" für internationale Banker

> *„Die wahre Bedrohung für unsere Republik ist diese unsichtbare Regierung, die wie eine riesige Krake ist und ihre unzähligen schleimigen Tentakel um unsere Städte, Staaten und Nationen wickelt. Der Kopf dieser Krake ist die Rockefeller's Standard Oil Group und eine kleine Gruppe von Finanzoligarchen mit großer Energie, bekannt als internationale Banker, die tatsächlich die US-Regierung manipulieren, um ihre eigenen egoistischen Wünsche zu erfüllen.*
>
> *Die Kontrolle der Regierung durch die Kontrolle der Geldmenge macht es einfacher, die Bürger und Ressourcen eines Landes auszubeuten. Deshalb haben diese großen Familien seit den Anfängen dieses Landes alles getan, um die Macht (sie spielen mit unseren "Führern") und den Reichtum (sie schöpfen den gesellschaftlichen Reichtum durch die Währungsausgabe der Federal Reserve) hoch konzentriert zu halten.*
>
> *Diese internationalen Bankiers und der Rockefeller-Konzern Standard Oil kontrollieren die meisten Zeitungen und Zeitschriften in diesem Land. Sie benutzen die Meinungsäußerungen dieser Zeitungen, um Regierungsbeamte unter Druck zu setzen, und für diejenigen, die sich nicht rühren wollen, benutzen sie die öffentliche Meinung, um diese Beamten aus den Regierungsinstitutionen zu vertreiben.*
>
> *Sie (die Banker) kontrollieren beide Parteien (Republikaner und Demokraten), entwerfen (überparteiliche) politische Plattformen, kontrollieren die politischen Führer, ernennen die Chefs privater Unternehmen und nutzen alle Mittel, um Kandidaten an die Spitze der Regierung zu bringen, die ihrem korrupten Großkapital gefügig sind."*[80]
>
> John Hylan, Bürgermeister von New York City, 1927

Krieg kostet Geld, und je größer der Krieg ist, desto mehr Geld kostet er, das ist eine bekannte Tatsache. Die Frage ist, wer gibt wessen Geld aus? Da die europäischen und amerikanischen Regierungen nicht in der Lage sind, Geld zu emittieren, müssen und können sich die Regierungen das Geld nur von den

---

[80] Der ehemalige Bürgermeister von New York City, John Hylan, spricht in Chicago und wird in der *New York Times* vom 27. März 1927 zitiert.

Bankern leihen. Es ist kein Wunder, dass der Krieg schon immer ein Liebling der Bankiers war, denn er verschlingt in rasantem Tempo Material, er lässt die Kriegführenden auch dann weiter bestehen, wenn sie hart für ihr Geld arbeiten müssen, und er bringt die Regierungen dazu, die Bankiers um jeden Preis und ohne Bedingungen zu finanzieren. Sie planen Kriege, sie provozieren Kriege, sie finanzieren Kriege, und die prächtigen Bauten der internationalen Bankiers werden niemals auf den Ruinen eines Todeskissens errichtet.

Eine weitere Möglichkeit für internationale Banker, viel Geld zu verdienen, besteht darin, eine Rezession herbeizuführen. Die erste bestand darin, die Kreditvergabe auszuweiten, die Blase aufzublähen, darauf zu warten, dass das Vermögen der Menschen in einen Spekulationsrausch verfällt, und dann das Silber zu versenken, was eine Rezession und einen Einbruch der Vermögenswerte zur Folge hatte. Als der Preis für hochwertige Vermögenswerte auf ein Zehntel oder sogar ein Hundertstel des normalen Preises gesunken war, kauften sie sie zu superbilligen Preisen auf, was in der Sprache der internationalen Banker als "Scheren" bezeichnet wird. Als die private Zentralbank gegründet wurde, erreichte die "Scherenoperation" eine noch nie dagewesene Intensität und Tragweite.

Die letzte "Schafschur" fand 1997 mit den asiatischen "Little Dragons" und "Little Tigers" statt. Ob China, das große, dicke Schaf, das Verhängnis der "Schafschur" endgültig abwenden kann, hängt davon ab, ob China die schockierende Tragödie der "Schafschur", die sich in der Geschichte ereignet hat, ernsthaft studiert oder nicht.

Der grundlegendste Unterschied zwischen dem vollständigen Eintritt ausländischer Banken in China und dem vorherigen besteht darin, dass die früheren staatlichen Banken zwar den Impuls hatten, die Inflation von Vermögenswerten voranzutreiben, um Gewinne zu erzielen, dass sie aber nicht die böswillige Absicht hatten oder in der Lage waren, eine Deflation herbeizuführen, um den Wohlstand des Volkes zu vernichten. Der Grund, warum es im Neuen China seit seiner Gründung nie eine größere Wirtschaftskrise gegeben hat, liegt darin, dass niemand die subjektive Absicht und objektive Fähigkeit hat, eine solche mit böser Absicht herbeizuführen. Als die internationalen Banker mit voller Wucht in China auftauchten, änderte sich die Situation radikal.

Ohne die Federal Reserve,
würde es keinen Ersten Weltkrieg geben

Kissinger kommentiert den Ausbruch des Ersten Weltkriegs in seinem berühmten Buch "Great Diplomacy" eindrucksvoll mit den Worten,

> *"Das Erstaunliche am Ausbruch des Ersten Weltkriegs war nicht, dass es sich lediglich um ein Ereignis handelte, das im Vergleich zu anderen vorangegangenen Krisen unbedeutend erschien, sondern dass er (der Krieg) sich so lange hinzog. "* [81]

Am 28. Juni 1914 besuchte Erzherzog Ferdinand, Kronprinz der Habsburger Dynastie, des orthodoxen europäischen Königshauses, das 1908 von Österreich annektierte Bosnien und wurde von einem jungen serbischen Attentäter ermordet. Ursprünglich handelte es sich um einen Racheakt, der von einer einfachen terroristischen Organisation geplant war, und niemand konnte sich damals vorstellen, dass dies der Auslöser für einen Krieg von Weltrang sein würde, an dem mehr als 30 Länder beteiligt waren, der 1,5 Milliarden Menschen und mehr als 30 Millionen Opfer forderte.

Seit dem Deutsch-Französischen Krieg sind Frankreich und Deutschland zu Weltfeinden geworden, und als Großbritannien aus der "glorreichen Isolation" der Kontinentalpolitik heraustreten musste, war es mit der Situation konfrontiert, dass Deutschland stark und Frankreich schwach war. Deutschland ist bereits die größte Macht in Europa, und wenn man es nicht in Schach hält, wird es zu einem großen Problem für Großbritannien werden. So schloss Großbritannien zusammen mit Russland, das Deutschland ebenfalls verachtete, die Triple Entente mit Frankreich, und Deutschland verbündete sich mit Österreich, und die beiden rivalisierenden europäischen Blöcke nahmen Gestalt an.

Beide Lager bauen ihre militärische Bereitschaft ständig aus und unterhalten große stehende Armeen, und die Regierungen sind deshalb hoch verschuldet.

> *"Ein detaillierter Bericht über die Einnahmen aus der europäischen Staatsverschuldung zeigt, dass sich die Zins- und Tilgungszahlungen für verschiedene Anleihen auf Hunderte von*

---

[81] Henry Kissinger, *Diplomatie* (Simon & Schuster; Nachdruck vom 4. April 1995) Kapitel 8.

Millionen Dollar pro Jahr belaufen. Die europäischen Länder sind finanziell so stark verschuldet, dass die Regierungen nicht umhin können, sich zu fragen, ob ein Krieg mit all seinen schrecklichen Möglichkeiten nicht eine lohnendere Option wäre als ein so teurer und instabiler Frieden. Wenn die militärischen Vorbereitungen Europas nicht in einem Krieg enden, werden sie mit Sicherheit im Bankrott der Regierungen enden. " [82]

Von 1887 bis 1914 herrschte in diesem instabilen und kostspieligen Frieden eine Pattsituation, in der die hochgerüsteten, aber am Rande des Bankrotts stehenden europäischen Regierungen immer noch zornig zuschauten. Das europäische Bankensystem, das von den Rothschilds entwickelt und eingerichtet wurde, um die gegnerischen Parteien mit Krediten zu versorgen, trug in vollem Umfang zu dieser militärischen Konfrontation bei.

Der Krieg wurde mit Geld und Lebensmitteln geführt, und 1914 war klar, dass sich die großen europäischen Länder einen großen Krieg nicht mehr leisten konnten. Obwohl sie über ein großes stehendes Heer, ein universelles System der militärischen Mobilisierung und ein modernes Waffensystem verfügen, können ihre Volkswirtschaften die enormen Kosten eines Krieges nicht tragen. Wie der russische Minister des Geheimen Rates in seiner Rede an den Zaren im Februar 1914 hervorhob,

"Die Kosten des Kampfes werden zweifellos höher sein, als es die begrenzten finanziellen Mittel Russlands zulassen. Wir werden unweigerlich bei unseren Verbündeten und neutralen Ländern Kredite aufnehmen müssen, aber zu einem hohen Preis. Fällt der Ausgang des Krieges für unser Land ungünstig aus, so werden die wirtschaftlichen Folgen der Niederlage unabsehbar sein und die Wirtschaft des Landes zum völligen Stillstand bringen. Selbst ein Sieg im Krieg würde sich äußerst nachteilig auf unsere Finanzen auswirken, und Deutschland wäre nicht in der Lage, uns nach einer Niederlage für unsere Militärausgaben zu entschädigen. Der Friedensvertrag wird den britischen Interessen unterworfen sein und der deutschen Wirtschaft keine

---

[82] *Quarterly Journal of Economics*, April 1887.

Chance geben, sich ausreichend zu erholen, um unsere Schulden zu begleichen, selbst wenn der Krieg lange vorbei ist. " [83]

Ein massiver Krieg ist unter diesen Umständen nicht denkbar. Wenn es zu einem echten Krieg käme, wäre er nur partiell, von kurzer Dauer und von geringem Ausmaß, wahrscheinlich eher vergleichbar mit dem Deutsch-Französischen Krieg von 1870, der etwa 10 Monate dauerte. Ein solcher Ausgang des Krieges könnte die antagonistische Situation in Europa jedoch nur mildern, nicht aber beruhigen. So wurde die Zeit des Krieges in einem instabilen und kostspieligen Frieden nur hinausgezögert, bis die Federal Reserve eingerichtet wurde.

Die Vereinigten Staaten auf der anderen Seite des Ozeans waren bis 1913 ein von Auslandsschulden abhängiges Land mit geringem Zugang zu Krediten im Ausland, obwohl sie zu diesem Zeitpunkt die führende Industriemacht der Welt waren und über eine große industrielle Produktionskapazität und reichlich Ressourcen verfügten. Der Grund dafür ist das Fehlen einer Zentralbank und die Schwierigkeit der New Yorker Bankiers, die finanziellen Ressourcen der Nation zu bündeln (Mobilisierung von Krediten). Die Natur der Bankiers führte jedoch dazu, dass sie ein starkes Interesse an Massenkriegen hatten, die den Bankiers zweifellos lukrative Gewinne bringen konnten. Nach der Verabschiedung des Federal Reserve Act handelten die internationalen Bankiers sofort, und am 3. August 1914 sandte die Rothschild-Bank in Frankreich ein Telegramm an Morgan, in dem sie vorschlug, sofort einen Kredit in Höhe von 100 Millionen Dollar für den Kauf von Nachschub aus den Vereinigten Staaten zu organisieren. Wilson erhob sofort Einspruch, und Außenminister William Jennings Bryan prangerte das Darlehen als "die schlimmste Art von illegaler Transaktion" an.

Deutschland hatte keine politische oder wirtschaftliche Rivalität mit den Vereinigten Staaten, in denen damals etwa 8 Millionen deutschstämmige Bürger lebten, was etwa 10% der Bevölkerung entsprach, und zu Beginn des Bestehens der Nation war Deutsch fast die offizielle Sprache der Vereinigten Staaten, und die Deutsch-Amerikaner hatten großen politischen Einfluss. Außerdem mochten die irischen Einwanderer in den Vereinigten Staaten Großbritannien nicht,

---

[83] Henry Kissinger, *Diplomatie* (Simon & Schuster; Nachdruck vom 4. April 1995) Kapitel 8.

und die Regierung der Vereinigten Staaten befand sich bereits mehrmals im Krieg mit Großbritannien, so dass die Regierung der Vereinigten Staaten zu Beginn des Krieges eine abwartende Haltung gegenüber dem Krieg zwischen Großbritannien und Frankreich und Deutschland einnahm. Die US-Regierung erscheint im Vergleich zu den Bankern, die es eilig haben wie die Ameisen auf einem heißen Topf, viel ruhiger und normaler. Es ist erstaunlich, dass die Banker aktiv für eine Kriegserklärung an Deutschland eintreten, während die Regierung entschieden gegen den Krieg und streng neutral ist.

An diesem Punkt kamen die Bankiers auf die Idee, zwischen der Kreditvergabe für das Angebot von Anleihen an die Alliierten und der Kreditvergabe an die Alliierten für den Kauf amerikanischer Waren zu unterscheiden. Unter dem Zwang der Bankiers konnte Wilson nur letzterem zustimmen. Als die Zeit für die Wiederwahl näher rückte, stellte sich Wilson in der Frage des Kriegseintritts allmählich auf die Seite der Bankiers.

Am 23. Dezember 1913 wurde der Federal Reserve Act verabschiedet, und damit waren die Bedingungen für den Ausbruch eines weltweiten Krieges endlich reif. Die lang aufgeschobene Kriegsmaschine, von der Dr. Kissinger spricht, kann endlich aktiviert werden.

Am 16. November 1914 nahm die Federal Reserve offiziell ihre Tätigkeit auf, und am 16. Dezember reiste Davidson, Morgans rechte Hand, nach England, um mit Herbert H. Asquith, dem damaligen englischen Premierminister, über einen Kredit der Vereinigten Staaten zu verhandeln, und am 15. Januar 1915 schloss JPMorgan einen Kreditvertrag mit England in Höhe von 10 Millionen Pfund ab, was damals für die Vereinigten Staaten eine ziemlich große Sache war, und niemand konnte damals vorhersehen, dass sich das endgültige Darlehen auf erstaunliche 3 Milliarden Dollar belaufen würde! JPMorgan kassierte eine Gebühr von 1%, 30 Millionen Dollar flossen in die eigenen Taschen, und JPMorgan hatte seinen Anteil am Krieg gegessen. Im Frühjahr desselben Jahres unterzeichnete JPMorgan einen weiteren Kreditvertrag mit der französischen Regierung.

Im September 1915 war es an der Zeit, die Fähigkeit der Wall Street zu testen, das Finanzzentrum der Welt zu werden, und die 500-Millionen-Dollar-Operation "Anglo-French Loan" wurde offiziell in Angriff genommen. Präsident Wilson, der ursprünglich strikt dagegen war, konnte es nicht ertragen, von Bankern und Kabinettsmitgliedern beider Seiten in die Zange genommen zu werden, und sein neuer Außenminister Robert Lansing warnte,

> "Ohne Kredite wird das Ergebnis eine eingeschränkte Produktion, ein industrieller Niedergang, ungenutztes Kapital und ungenutzte Arbeitskräfte, ein massiver Bankrott, eine Finanzkrise und eine kochende öffentliche Unzufriedenheit sein, die Unzufriedenheit erzeugt." [84]

Wilson brach der kalte Schweiß aus und er musste erneut nachgeben. Bei diesem beispiellosen Anleiheverkauf waren auch die Banker der Wall Street auf Gedeih und Verderb ausgeliefert, denn 61 Emissionsbanken und 1570 Finanzinstitute beteiligten sich an dem Angebot.[85] Dies ist eine äußerst schwierige Aufgabe, insbesondere wenn es darum geht, diese Anleihen im mittleren Westen der USA zu vermarkten. Die Amerikaner sind im Allgemeinen der Meinung, dass der Krieg in Europa nichts direkt mit ihnen zu tun hat, und zögern, Geld für den Krieg in Europa auszugeben. Um diese Zweifel zu zerstreuen, behaupteten die Bankiers energisch, dass das Geld in den Vereinigten Staaten bleiben würde. Trotz all dieser Methoden war nur eine Bank in Chicago im Mittleren Westen bereit, sich dem Lager der Wall Street anzuschließen, was die deutschen Einleger vor Ort sofort verärgerte, die einen Boykott der Banken einleiteten. Ende 1915 waren immer noch Hunderte von Millionen Dollar an Anleihen unverkauft.

Als der Krieg in eine kritische Phase geriet, kündigte die britische Regierung an, die Zinserträge amerikanischer Anleihen, die von britischen Staatsbürgern gehalten wurden, zu besteuern, um an mehr Geld zu kommen, was die Briten sofort zu günstigen Preisen verkauften. Die Bank of England häufte schnell amerikanische Anleihen an, die britische Regierung beauftragte sofort ihren amerikanischen Agenten JPMorgan, diese amerikanischen Anleihen in vollem Umfang an der Wall Street zu verkaufen, amerikanische Investoren waren natürlich für ihre eigenen Anleihen empfänglich, und schon bald wurden 3 Milliarden Dollar in Anleihen in Bargeld umgewandelt, und Großbritannien erhielt eine weitere riesige Summe zur Stützung des Krieges. Doch die mehr als 100 Jahre währende Gläubigerstellung Großbritanniens gegenüber den Vereinigten Staaten

---

[84] Ron Chernow, *The House of Morgan* (New York: Grove Press 1990), S. 198.

[85] *Ebd.*, S. 200.

löste sich in Rauch auf. Seitdem hat sich das anglo-amerikanische Schuldenverhältnis grundlegend verändert.

Der Kredit der Vereinigten Staaten brannte wie Feuer, der Krieg breitete sich rasch aus, und die Intensität des Krieges nahm drastisch zu. Allein in der Schlacht an der Marne verbrauchten die alliierten Mächte an einem Tag 200.000 Schuss Artillerie, und die Menschheit sah endlich, was für ein schrecklicher und langwieriger Krieg unter einem modernen System industrieller Produktion und Logistik möglich war, wenn moderne finanzielle Mittel hinzukamen.

Es ist kein Wunder, dass der Krieg seit jeher ein Liebling der Bankiers ist, denn er verschlingt die Materialien in rasantem Tempo, er bringt die Kriegführenden dazu, auch dann noch zu bestehen, wenn sie alles verkaufen müssen, und er bringt die Regierungen dazu, den Banken um jeden Preis und ohne Bedingungen Geld zu leihen.

Strangs Manipulation der Federal Reserve zu Kriegszeiten

Benjamin Strong begann 1904 die Aufmerksamkeit der Öffentlichkeit auf sich zu ziehen, als er Vorsitzender des Bankers Trust wurde. Zu dieser Zeit war Davidson, ein Vertrauter von JPMorgan, zunehmend besorgt über die aufstrebenden Treuhandgesellschaften, die in der Lage waren, Kapital zu höheren Zinssätzen anzuziehen, da sie über eine größere Reichweite als Geschäftsbanken verfügten und einer geringeren staatlichen Regulierung unterlagen. Um mit dieser neuen Konkurrenz fertig zu werden, stieg Davidson 1903 mit Morgans Zustimmung ebenfalls in das Treuhandgeschäft ein, und Strang wurde Davidsons spezieller Testamentsvollstrecker. In dem darauf folgenden Sturm von 1907 beteiligte sich Bankers Trust auch an der Rettung anderer Finanzinstitute, wofür Strang berühmt wurde.

Nach der Gründung der Federal Reserve im Jahr 1913 fanden Davidson und Paul Warburg Strang zu einem ausführlichen Gespräch und wollten, dass Strang die Schlüsselposition des Vorsitzenden der Federal Reserve Bank of New York übernimmt. Von da an wurde Strang der Leiter des Fed-Systems im Wesentlichen, JPMorgan, Paul, Schiff und andere Wall-Street-Giganten der Absichten der Fed wurde unfehlbar durch gefolgt.

Strang fügte sich schnell in seine neue Rolle ein, indem er die informelle Organisation Fed Directors Forum gründete, die regelmäßig zusammentrat, um die Handlungsrichtlinien der Fed in Kriegszeiten zu diskutieren. Er manipulierte die Geldpolitik der Fed auf sehr geschickte Art und Weise und zentralisierte die Macht, die über die 12 regionalen Fed-Banken verteilt war, in den Händen der Bank of New York der Fed. Das System der Fed erlaubt es angeblich jeder der 12 lokalen Fed-Banken, ihre eigenen Diskontsätze und Sicherheiten für Geschäftspapiere auf der Grundlage der tatsächlichen Bedürfnisse der Region festzulegen, mit anderen Worten, der lokale Fed-Vorstand hat die Befugnis zu bestimmen, welche Geschäftspapiere als Sicherheiten für welchen Diskontsatz verwendet werden können. Bis 1917 wurden mindestens 13 verschiedene Arten von Commercial Paper-Hypothekenrichtlinien festgelegt. [86]

Wegen des Krieges nutzte die Bank of New York der Fed jedoch nur die rasch zunehmenden Staatsanleihen zur Besicherung von Banknoten. Da die Staatsanleihen viel größer waren als alle anderen Handelspapiere zusammen und schnell wuchsen, verdrängten sie schnell die Politik der Banken zur Besicherung von Anleihen in anderen Teilen der Fed. Durch die "Offenmarktgeschäfte" unter Strangs Kontrolle wurden Schatzanweisungen bald zum wichtigsten und einzigen besicherten Instrument und übernahmen damit die volle Kontrolle über das gesamte Federal Reserve System.

Die Macht der Zentralbank begann sich infolge der massiven Anleiheemission zur Finanzierung des Krieges in Europa herauszubilden, wodurch sich der Umlauf der US-Währung drastisch verringerte. Die US-Regierung begann, die Staatsverschuldung um einen großen Betrag zu erhöhen, und auch die Federal Reserve verschlang sie mit erstaunlichem Appetit, wobei die riesige Menge an Federal-Reserve-Noten wie ein Fluss in den Umlauf schwappte und die durch die europäischen Kriegsanleihen verursachte Geldverknappung ausglich. Der Preis dafür war die sinkende Staatsverschuldung der USA, mit dem Ergebnis, dass in nur vier Jahren (1916-1920), als die Federal Reserve auf Hochtouren arbeitete, die Staatsverschuldung der USA um das 25-fache von 1 Billion Dollar auf 25 Billionen Dollar in die Höhe schoss, die alle durch die zukünftigen Steuern des amerikanischen Volkes abgesichert waren, mit dem Ergebnis, dass die

---

[86] Glyn Davies, *History of Money from Ancient Times to the Present Day* (University of Wales Press 2002), Kapitel 9.

Banker im Krieg ihr großes Geld machten, während das Volk zahlte, arbeitete und blutete.

"Um der Demokratie und der moralischen Grundsätze willen" zog Wilson in den Krieg

Als der deutsche Botschafter in der Türkei seinen amerikanischen Amtskollegen ungläubig fragte, warum sich die Vereinigten Staaten im Krieg mit Deutschland befänden, antwortete der amerikanische Botschafter: "Wir Amerikaner führen diesen Krieg aus moralischen Gründen. "Eine solche Antwort verblüffte die Welt. Dr. Kissinger erklärte sie so:

> *"Die Vereinigten Staaten, die seit ihrer Gründung immer stolz darauf waren, anders zu sein, haben in ihrer Diplomatie zwei gegensätzliche Haltungen entwickelt: Die eine besagt, dass die Vereinigten Staaten die Demokratie im eigenen Land perfektioniert haben, und die andere, dass die amerikanischen Werte die Amerikaner dazu verpflichtet haben, diese Werte in der Welt zu fördern. "* [87]

Es stimmt, dass die amerikanische Erfahrung einzigartig war und dass die amerikanischen demokratischen Werte bekannt waren, aber zu behaupten, dass die Vereinigten Staaten nur aus moralischen und ideologischen Gründen in den Ersten Weltkrieg eingetreten sind, ist wahrscheinlich eine Untertreibung seitens Dr. Kissinger.

In einem vertraulichen Schreiben an Präsident Wilson vom 5. März 1917 erklärte Walter Hines Page, der US-Botschafter in Großbritannien,

> *"Ich denke, der Druck der kommenden Krise hat die Kapazität von JPMorgan überschritten, Großbritannien und Frankreich Kredite zu gewähren. Die größte Hilfe, die wir unseren Verbundenen anbieten können, sind Kredite. Wenn wir nicht in den Krieg mit Deutschland ziehen, wird unsere Regierung nicht in der Lage sein, direkte Kredite (an die Alliierten) zu gewähren. "* [88]

Zu diesem Zeitpunkt bereitete sich die US-Schwerindustrie bereits seit einem Jahr auf den Krieg vor, und die US-Armee und -Marine kauften seit 1916 in großen Mengen Rüstungsgüter. Um den Reichtum

---

[87] *Ebd.*, S. 506.

[88] Henry Kissinger, *Diplomatie* (Simon & Schuster; Nachdruck vom 4. April 1995) Kapitel 9.

weiter zu steigern, begannen die Bankiers und die Politiker in ihren Händen, weitere Maßnahmen zu erwägen,

> *"Der gegenwärtige Konflikt (Erster Weltkrieg) hat uns gezwungen, das Konzept einer Einkommenssteuer auf das Einkommen, eine wichtige ungenutzte Ressource, weiter zu entwickeln. Das Einkommenssteuergesetz wurde eingeführt, um den Bedürfnissen des Krieges gerecht zu werden."* [89]

Beachten Sie, dass die Einkommensteuer hier auf das Einkommen von Unternehmen und nicht auf das persönliche Einkommen erhoben wird. Die Bankiers versuchten 1916 zweimal, ein Gesetz zu verabschieden, das die Besteuerung des persönlichen Einkommens vorschreibt, aber beide Male wurde es vom Obersten Gerichtshof abgelehnt. Es gab nie eine Rechtsgrundlage für die Forderung nach einer Besteuerung des persönlichen Einkommens in den USA: Freedom To Fascism, der am 28. Juli 2006 in den USA in die Kinos kam, demonstriert der berühmte amerikanische Regisseur Aaron Russo, der sechsmal für den Oscar nominiert war, diese unumstößliche Wahrheit mit einer verblüffenden Einstellung. Der Film löste bei seiner Vorführung auf den Filmfestspielen von Cannes 2006 einen starken Schock beim Publikum aus, und das erste Gefühl, das jeder empfindet, wenn er mit einer real existierenden amerikanischen Regierung und den dahinter stehenden finanziellen Kräften konfrontiert wird, die sich völlig von der amerikanischen Medienpropaganda unterscheiden, ist Unglauben. Nur fünf der mehr als 3.000 Kinos in den USA wagten es, den Film öffentlich zu zeigen. Als der Blockbuster jedoch ins Internet gestellt wurde, erzielte er in den Vereinigten Staaten eine enorme Wirkung: 940.000 Menschen luden den Film herunter, und die 8.100 Personen, die an der Bewertung beteiligt waren, gaben ihm fast einstimmig die höchste Bewertung. [90]

Am 13. Oktober 1917 hielt Präsident Wilson eine wichtige Rede, in der er sagte,

> *"Die bevorstehende Aufgabe besteht in der Notwendigkeit, die Bankressourcen der Vereinigten Staaten gründlich zu mobilisieren. Der Druck und die Kraft (zur Kreditvergabe an die*

---

[89] Eustace Mullins, The Secrets of the Federal Reserve - The London Connection (Omnia Veritas Ltd, www.omnia-veritas.com) Kapitel 8.

[90] Cordell Hull, *Memoirs* (Macmillan, New York, 1948) v1 S. 76.

Verbündeten) müssen von jedem Bankinstitut in diesem Land getragen werden. Ich glaube, dass eine solche Zusammenarbeit der Banken in dieser Zeit eine patriotische Pflicht ist, und die Mitgliedsbanken der Fed sind ein Zeugnis für diesen einzigartigen und wichtigen Patriotismus." [91]

Es ist nicht verwunderlich, dass Wilson, ein Universitätsprofessor mit einem starken Hang zum Idealismus, etwas pedantisch, aber nicht dumm ist und weiß, wer ihn ins Weiße Haus gebracht hat und wie er sich revanchieren kann. Präsident Wilson selbst glaubte nicht an den Dschihad der sogenannten "Demokratie zur Rettung der Welt" und gab später zu, dass "Weltkriege ein wirtschaftlicher Wettbewerb sind".

Tatsache ist, dass die Vereinigten Staaten den assoziierten Ländern Kredite in Höhe von 3 Milliarden Dollar und Warenexporte in Höhe von 6 Milliarden Dollar gewährt haben, eine riesige Summe, die nicht zurückgezahlt wurde. Wenn Deutschland gewinnt, werden die Anleihen der Alliierten in den Händen der Bankiers wertlos sein, und Morgan, Rockefeller, Paul Warburg und Schiff werden alles tun, um Amerika in den Krieg zu treiben, um ihre Kredite zu schützen.

Bankiers des Kriegsgeldes

Als die Vereinigten Staaten am 6. April 1917 in den Krieg eintraten, übergab Wilson die Hauptmacht des Landes an drei Gruppen von Männern, die den größten Nutzen aus seiner Kampagne zogen: Paul Warburg übernahm die Kontrolle über das amerikanische Bankensystem, Bernard Baruch wurde Vorsitzender des War Industries Board, und Eugene Meyer kontrollierte die War Finance Corporation.

Wieder die Gebrüder Warburg!

Pauls älterer Bruder, Max Warburg, war damals Chef des deutschen Geheimdienstes, während Paul Amerikas oberster Finanzentscheider und stellvertretender Vorsitzender der Federal Reserve war; sein dritter Bruder, Felix, war Seniorpartner bei Repo Kuhn und sein vierter Bruder, Fritz, war Vorsitzender der Hamburger Metallbörse und hatte im Namen Deutschlands heimlich Frieden mit

---

[91] Ron Chernow, *The House of Morgan* (New York: Grove Press 1990) Kapitel 10.

Russland geschlossen. Alle vier Brüder gehörten zur Spitze der jüdischen Bankiersfamilie.

In einem geheimen Bericht der US-Marine vom 12. Dezember 1918 finden sich Informationen über die Brüder Paul:

> "Paul Warburg: New York, deutscher Abstammung, 1911 als amerikanischer Staatsbürger eingebürgert, 1912 vom deutschen Kaiser geehrt. Diente als stellvertretender Vorsitzender der Federal Reserve. Ein Bruder war Chef des deutschen Geheimdienstes. " [92]

In einem anderen Bericht heißt es,

> "Der deutsche Kaiser (Wilhelm II.) klopfte einmal auf den Tisch und knurrte Max an: 'Hast du immer Recht? ' Aber dann hörte er sich doch aufmerksam Max' Ansichten über Finanzen an. " [93]

Seltsamerweise war Paul im Mai 1918 von seinem Posten bei der Federal Reserve zurückgetreten und wird in diesem Bericht nicht erwähnt. Im Juni 1918, nach seinem Rücktritt von der Federal Reserve, schrieb Paul eine Notiz an Wilson:

> "Ich habe zwei Brüder, die Banker in Deutschland sind. Sie helfen natürlich ihrem Land, so gut sie können, so wie ich meinem helfe. " [94]

Bernard Baruch: der Zar der amerikanischen Industrie während des Krieges

Baruch, der als Spekulant begann, fusionierte 1896 sechs große amerikanische Tabakunternehmen zur Consolidated Tobacco Company und half später der Familie Guggenheim bei der Fusionierung der amerikanischen Kupferminenindustrie. Außerdem übernahm er zusammen mit Harriman unter Schiff die Kontrolle über das New Yorker Verkehrssystem.

---

[92] Eustace Mullins, *The Secrets of the Federal Reserve - The London Connection* (Omnia Veritas Ltd, www.omnia-veritas.com) Kapitel 8.

[93] Max Warburg, *Lebenserinnerungen von Max Warburg*, Berlin, 1936.

[94] David Farrar, *Die Warburgs* (Michael Joseph, Ltd., London, 1974).

Im Jahr 1901 gründete er zusammen mit seinem Bruder die Firma Baruch Brothers.

Als Präsident Wilson Baruch 1917 zum Vorsitzenden der American Industrial Commission of Wartime ernannte, hatte er sofort die Macht über Leben und Tod aller amerikanischen Industrieunternehmen. Seine Einkäufe beliefen sich auf 10 Milliarden Dollar pro Jahr und bestimmten fast im Alleingang den Preis für die Kriegsmaterialeinkäufe der US-Regierung. Später, bei einer Anhörung im Kongress 1935, sagte Baruch,

> *"Präsident Wilson übergab mir ein Schreiben, das mich ermächtigte, jede Fabrik oder jedes Industrieunternehmen zu übernehmen. Ich hatte böses Blut mit Richter Gary, dem Präsidenten von U.S. Steel, und als ich ihm den Brief zeigte, sagte er: 'Es sieht so aus, als müssten wir unsere Streitigkeiten beilegen', und das tat er auch. "* [95]

Einige Mitglieder des Kongresses stellten Baruchs Qualifikation für die Ausübung der Tötungsbefugnis der amerikanischen Industrie in Frage und argumentierten, dass er weder Industrieller war noch einen Tag in einer Fabrik verbracht hatte und dass er selbst seinen Beruf bei Anhörungen im Kongress als "Spekulant" bezeichnet hatte. Der *New Yorker* berichtete, dass Baruch einmal an einem Tag 750.000 Dollar verdiente, nachdem er von den in Washington kursierenden falschen Nachrichten über den Frieden erfahren hatte.

Eugene Meyers Finanzgesellschaft für Kriegszeiten

Eugene Meyers Vater war Partner der angesehenen internationalen Bank Lazard Freres, und Eugene hatte eine außergewöhnliche Leidenschaft für öffentliche Ämter. Er hatte zusammen mit Baruch eine Goldminengesellschaft in Alaska gegründet und sich mit ihm in einigen anderen Finanzangelegenheiten verschworen und war sozusagen ein alter Bekannter.

Eine der wichtigsten Aufgaben der Wartime Finance Corporation war die Ausgabe von Anleihen des US-Schatzamtes zur finanziellen Unterstützung des Krieges.

---

[95] Baruchs Zeugenaussage vor dem Nye-Ausschuss, 13. September 1937.

Es gibt keine verblüffendere Tat der Finanzgesellschaft von Eugene in Kriegszeiten als die Erstellung falscher Bilanzen. Als das Unternehmen später vom Kongress untersucht wurde, nahm das Unternehmen fast jede Nacht Ad-hoc-Korrekturen an seinen Konten vor und übergab sie am nächsten Tag den Ermittlern des Kongresses. Zwei Untersuchungen gegen die Firma in den Jahren 1925 und 1930, die vom Kongressabgeordneten McFadden geleitet wurden, deckten eine große Anzahl von Problemkonten auf:

> "2.314 Duplikate von Anleihen und 4.698 Duplikate von Rabattcoupons mit Nennwerten zwischen 50 und 10.000 Dollar, deren Rückzahlungsdatum im Juli 1924 endet. Einige dieser Duplikate sind das Ergebnis von Irrtümern, andere sind das Ergebnis von Fälschungen." [96]

Es ist kein Wunder, dass Eugene nach dem Ersten Weltkrieg die Allied Chemical and Dye Corporation und später die *Washington Post* kaufen konnte.

Es wird geschätzt, dass Eugenes falsche Konten zu mindestens Hunderten von Millionen Dollar Differenz in der Staatsverschuldung beigetragen haben. [97]

Edward Stettinius: der Gründervater des amerikanischen militärisch-industriellen Komplexes

Edward Stettinius, ein akribischer Mann mit einer Vorliebe für Details, machte in seinen frühen Jahren als Getreidespekulant ein Vermögen in Chicago. Während des Krieges wurde er von Morgan gesehen und leitete die Exportabteilung, die hauptsächlich für die Waffenbeschaffung zuständig war.

Stettinius wurde während des Krieges zum weltgrößten Abnehmer und kaufte täglich Militärgüter im Wert von bis zu 10 Millionen Dollar, die dann auf Schiffe verladen, versichert und nach Europa verschifft wurden. Er scheute keine Mühen, um die Produktivität und Transporteffizienz zu steigern, und auf das Wort seines Hauptquartiers

---

[96] Eustace Mullins, *The Secrets of the Federal Reserve - The London Connection* (Omnia Veritas Ltd, www.omnia-veritas.com) Kapitel 8.

[97] *Ebd.*

in der Wall Street 23 hin strömten unzählige Vertreter und Hersteller von Militärteilen in sein Bürogebäude, und er stellte an fast jeder Tür Wachen auf. Seine monatlichen Einkäufe entsprechen dem Bruttosozialprodukt der Welt von vor 20 Jahren. Die Deutschen hätten nie gedacht, dass die Vereinigten Staaten in so kurzer Zeit in die militärische Industrieproduktion einsteigen könnten.

Davidson: Morgans enger Freund

Davidson, ein Seniorpartner bei J.P. Morgan, der die Arbeit des JPMorgan-Imperiums gemacht hatte, bekam das fette Stück Fleisch vom Amerikanischen Roten Kreuz und kontrollierte so die riesigen Geldsummen, die von der amerikanischen Bevölkerung gespendet wurden und die sich auf Milliarden von Dollar beliefen.

Der Frieden von Versailles: Ein 20-jähriger Waffenstillstand

Am 11. November 1918 ging der blutige und brutale Erste Weltkrieg endgültig zu Ende. Deutschland würde als besiegtes Land 13 Prozent seines Territoriums verlieren, 32 Milliarden Dollar an Kriegsreparationen plus 500 Millionen Dollar an Zinsen pro Jahr zahlen; Exportprodukte würden mit einer zusätzlichen 26-prozentigen Abgabe belegt, und alle überseeischen Kolonien würden verloren gehen; die Armee würde auf 100.000 Mann beschränkt, die Marine auf sechs Hauptkriegsschiffe, und es würden keine Offensivwaffen wie U-Boote, Flugzeuge, Panzer oder schwere Artillerie erlaubt sein.

Der britische Premierminister David Lloyd George hat erklärt, dass "die Taschen der Deutschen durchsucht" werden, um das Geld zu finden", aber insgeheim gibt er zu:

> "Das Dokument (der Friedensvertrag), das wir ausgearbeitet haben, wird die Voraussetzungen für einen Krieg in 20 Jahren schaffen. Wenn man dem deutschen Volk solche Bedingungen auferlegt, kann das nur dazu führen, dass die Deutschen entweder den Vertrag nicht einhalten oder einen Krieg führen.
> "Der britische Außenminister Lord Curzon teilte diese Ansicht und sagte: "Das wird keinen Frieden bringen, das ist nur ein 20-jähriger Waffenstillstand. "

Als US-Präsident Wilson das Abkommen sah, runzelte er ebenfalls die Stirn und sagte,

> *"Wenn ich Deutscher wäre, hätte ich dieses Abkommen wohl nicht unterschrieben."*

Die Frage ist nicht, ob sich die Politiker des Problems bewusst sind, sondern ob die "Herren" hinter ihnen die wahren Entscheidungsträger sind. Zu den Bankiers, die Wilson nach Paris begleiteten, gehörten Paul Warburg, der oberste Finanzberater, J.P. Morgan und sein Anwalt Frank, Thomas Lemon, Seniorpartner bei J.P. Morgan, Baruch, der Vorsitzende der Industriekommission der Kriegszeit, und die Brüder Dulles (einer war Chef der späteren CIA und einer Eisenhowers Außenminister). Auf den britischen Premierminister folgte Sir Philip Sassoon, ein direkter Nachkomme der Rothschilds. Der hohe Berater des französischen Premierministers Clemenceau war Georges Mandel, der eigentlich Jeroboam Rothschild hieß. Der Hauptvertreter der deutschen Delegation war Max Warburg, Pauls großer Bruder. Als sich die internationalen Bankiers in Paris versammelten, bereitete Baron Edmund Rothschild, der spätere "Vater Israels", als Gastgeber einen herzlichen Empfang und brachte den Leiter der amerikanischen Delegation in seinem eigenen luxuriösen Anwesen in Paris unter.

Die Pariser Friedenskonferenz war in Wirklichkeit ein Karneval der internationalen Bankiers, die nach einer Kriegsbonanza die Saat für den nächsten Krieg - den Zweiten Weltkrieg - säten.

Die "Schur" und der Niedergang der Landwirtschaft in den Vereinigten Staaten 1921

> *Am 1. September 1894 werden wir alle Kreditverlängerungen einstellen. An diesem Tag werden wir unser Geld zurückfordern. Wir werden das ausstehende Land besitzen und versteigern. Wir werden 2/3 des Ackerlandes westlich des Mississippi und Tausende von Dollars östlich davon zu einem Preis erhalten, den wir selbst festlegen. Die Landwirte werden (ihr Land verlieren) zu Lohnarbeitern werden, genau wie in England.*
> 1891 American Bankers Association (aufgenommen in den Congressional Record am 29. April 1913)

"Scheren" ist ein Begriff, der ausschließlich in Bankerkreisen verwendet wird und bedeutet, dass man die durch den Boom- und Bust-Prozess geschaffenen Möglichkeiten nutzt, um das Eigentum eines anderen zu einem Bruchteil des normalen Preises zu besitzen. Als die Banker die Kontrolle über die Geldemissionsmacht in den Vereinigten

Staaten übernahmen und der Boom- und Bust-Prozess zu einem Prozess wurde, der genau kontrolliert werden konnte, war der Akt des "Scherens" für die Banker wie eine Evolution vom nomadischen Stadium der Jagd nach dem Lebensunterhalt zum stabilen und produktiven Stadium der wissenschaftlichen Ernährung.

Der Erste Weltkrieg brachte den Vereinigten Staaten weitreichenden Wohlstand, und die groß angelegten Käufe von Kriegsmaterial kurbelten die amerikanische Produktion und den Dienstleistungssektor in allen Branchen stark an. Die Federal Reserve pumpte von 1914 bis 1920 eine Menge Geld in die Wirtschaft, und der Zinssatz der New Yorker Fed fiel von 6 Prozent im Jahr 1914 auf 3 Prozent im Jahr 1916 und blieb bis 1920 auf diesem Niveau.

Um den europäischen Alliierten Darlehen zu gewähren, führten die Bankiers in den Jahren 1917 und 1918 vier große Anleiheemissionen durch, die als Freiheitsanleihen bezeichnet wurden und deren Zinssätze von einem wichtigen Zweck dieser Anleiheemissionen, nämlich der Absorption des Geldes und der Kredite, die die Fed zu viel emittiert hat, bis zu einem gewissen Grad reichten.

Während des Krieges wurden den Arbeitern hohe Löhne gezahlt, die Lebensmittel der Bauern wurden zu hohen Preisen verkauft, und die wirtschaftliche Lage der Arbeiterklasse verbesserte sich erheblich. Als der Krieg zu Ende war, verfügten die Farmer aufgrund ihrer Sparsamkeit beim Lebensunterhalt und bei den Ausgaben über große Bargeldbeträge, und dieser enorme Reichtum war der Kontrolle der Wall-Street-Banker entzogen. Es stellte sich heraus, dass die Farmer des Mittleren Westens ihr Geld im Allgemeinen in konservativen lokalen Banken aufbewahrten, und diese kleinen und mittleren Bankiers waren im Allgemeinen resistent und konfrontativ gegenüber den internationalen Bankiers in New York, da sie sich weder am Federal Reserve Bankensystem beteiligten noch die Kriegskredite an Europa unterstützten. Die Bonzen der Wall Street wollten schon lange eine Gelegenheit finden, diese Hinterwäldler, plus die Bauern diese Gruppe von "fetten Schafen" und fetten Körper, hat lange auf die heiße Wall Street Banker sind bereit, "Scherung" zu tun.

Die Banker der Wall Street griffen zunächst zu einem "Auffangtrick", indem sie eine Institution namens Federal Farm Loan Board gründeten, um die Landwirte zu "ermutigen", ihr hart verdientes Geld in den Erwerb von neuem Land zu investieren, eine Organisation, die langfristige Kredite gewähren würde, was die Landwirte natürlich wollten. Infolgedessen beantragte eine große Zahl von Landwirten, koordiniert von der Organisation, langfristige Darlehen bei internationalen Banken und zahlte einen hohen Prozentsatz ihrer Anzahlungen.

Die Landwirte merken vielleicht gar nicht, dass sie in eine ausgeklügelte Falle getappt sind.

In den vier Monaten von April bis Juli 1920 erhielten die Industrie und der Handel umfangreiche Krediterhöhungen, um die kommende Kreditklemme zu überbrücken. Nur die Kreditanträge der Landwirte wurden vollständig abgelehnt. Es war ein ausgeklügeltes finanzielles Lenkungsmanöver der Wall Street! Kleine und mittlere Banken, die darauf abzielen, den Reichtum der Landwirte zu plündern und landwirtschaftliche Gebiete zu zerstören, die sich weigern, der Federal Reserve zu gehorchen.

Der Vorsitzende des Banken- und Währungsausschusses des Senats, Owen (der den Federal Reserve Act von 1913 mitverfasst hatte), sagte 1939 bei der Anhörung des Senats zum Thema Silber: "In den frühen 1920er Jahren waren die Farmer sehr wohlhabend. Sie beschleunigten ihre Hypothekenzahlungen und nahmen hohe Kredite auf, um neues Land zu kaufen, und in der zweiten Hälfte des Jahres 1920 führte eine plötzliche Kredit- und Währungskrise dazu, dass sie massenhaft in Konkurs gingen, und was 1920 geschah (Konkurs der Farmer) war das genaue Gegenteil von dem, was hätte geschehen sollen." [98]

Die kriegsbedingte übermäßige Kreditvergabe sollte über mehrere Jahre hinweg schrittweise abgebaut werden, aber der Vorstand der Federal Reserve kam am 8. Mai 1920 zu einer geheimen Sitzung zusammen, ohne dass die Öffentlichkeit etwas davon erfuhr. Sie konspirierten einen ganzen Tag lang und verfassten ein 60-seitiges Protokoll, das schließlich am 19. Februar 1923 in den Senatsunterlagen erschien. (Federal Reserve) Die Direktoren der Klasse A, Mitglieder des Beratungsausschusses der Federal Reserve, nahmen an der Sitzung teil, aber die Direktoren der Klasse B, die die Wirtschaft, den Handel und die Landwirtschaft vertraten, waren nicht eingeladen, und die

---

[98] *Ebd.*, Kapitel 9.

Direktoren der Klasse C, die das amerikanische Volk vertraten, waren ebenfalls nicht eingeladen.

Nur die Großbanker nahmen an diesem geheimen Treffen teil, und ihr Treffen an diesem Tag führte direkt zur Kreditklemme und letztlich zu einem Rückgang des Volkseinkommens um 15 Milliarden Dollar im folgenden Jahr, Millionen von Menschen verloren ihren Arbeitsplatz und ein Einbruch der Grundstücks- und Farmwerte um 20 Milliarden Dollar.

Wilsons Außenminister Brian hat den Nagel auf den Kopf getroffen:

> *"Die Federal Reserve Bank, die eigentlich der wichtigste Beschützer der Landwirte sein sollte, ist zum größten Feind der Landwirte geworden. Die Kreditklemme für die Landwirtschaft ist ein kalkuliertes Verbrechen. "* [99]

Nach der "Scheroperation" in der Landwirtschaft, nach einer guten Ernte, wurden auch die widerstandsfähigen kleinen und mittleren Banken des Mittleren Westens zerstört, und die Federal Reserve begann, die Bank zu lockern.

Das Komplott der internationalen Bankiers von 1927

Benjamin Strong, der mit der gemeinsamen Unterstützung von JPMorgan & Co. und Repo Kuhn den Vorsitz der Federal Reserve Bank of New York übernahm, konspirierte mit Norman, dem Vorsitzenden der Bank of England, bei vielen wichtigen Ereignissen im angelsächsischen Finanzwesen, einschließlich der weltweiten Weltwirtschaftskrise von 1929.

Sowohl Normans Großvater als auch sein Großvater mütterlicherseits waren Vorsitzende der Bank of England, und eine solch illustre Abstammung ist in der britischen Geschichte beispiellos.

In *Die Politik des Geldes* schreibt der Autor Johnson:

> *"Als enge Freunde machten Strong und Norman oft gemeinsam Urlaub in Südfrankreich, und von 1925 bis 1928 war Strongs geldpolitische Lockerung in New York eine private*

---

[99] *Hearst Magazine*, November 1923.

> *Vereinbarung zwischen ihm und Norman, die Zinsen in New York niedriger zu halten als in London. Im Interesse dieser internationalen Zusammenarbeit drückte Strang absichtlich die New Yorker Zinssätze, bis es zu irreversiblen Folgen kam. Die Lockerung der New Yorker Geldpolitik förderte den US-Boom der 1920er Jahre und löste einen Spekulationsrausch aus."* [100]

Im Zusammenhang mit dieser geheimen Vereinbarung führte das House Stabilization Hearing unter der Leitung des Kongressabgeordneten McFadden im Jahr 1928 eine eingehende Untersuchung durch und kam zu dem Schluss, dass internationale Banker durch die Manipulation des Goldflusses einen Zusammenbruch der amerikanischen Aktienmärkte herbeiführten.

Abgeordneter McFadden: Könnten Sie kurz darlegen, was die endgültige Entscheidung des Federal Reserve Board of Governors beeinflusst hat (in Bezug auf die Zinssenkungspolitik im Sommer 1927)?

Fed-Direktor Miller: Sie haben eine Frage gestellt, die ich nicht beantworten kann.

McFadden: Vielleicht kann ich etwas deutlicher machen, woher der Ratschlag kam, der zu der Entscheidung führte, die Interessen im letzten Sommer zu ändern?

Müller: Die drei größten europäischen Zentralbanken entsenden ihre Vertreter in dieses Land. Es sind die Direktoren der Bank of England (Norman), Dr. Yalma Shachter (Präsidentin der Deutschen Bundesbank) und Professor Lister von der Bank of France. Diese Herren treffen sich mit der Fed Bank of New York. Etwa eine oder zwei Wochen später tauchten sie in Washington auf und blieben fast den ganzen Tag. Eines Abends kamen sie nach Washington, D.C., und am nächsten Tag wurden sie von den Direktoren der Federal Reserve empfangen, die am Nachmittag nach New York zurückkehrten.

McFadden: Waren die Direktoren der Fed bei dem Mittagessen anwesend?

Müller: Oh, ja. Das Federal Reserve Board of Directors hat absichtlich dafür gesorgt, dass alle zusammenkommen.

---

[100] Brian Johnson, *The Politics of Money* (New York: McGraw Hill 1970), S. 63.

McFadden: War das ein gesellschaftliches Ereignis oder war es eine ernsthafte Diskussion?

Miller: Ich denke, es ist hauptsächlich ein gesellschaftliches Ereignis. Ich persönlich hatte vor dem Mittagessen ein langes Gespräch mit Dr. Yalma Shachter und den halben Tag über auch mit Professor Lister, und nach dem Essen haben Herr Norman und ich auch eine Weile mit Strang (Vorsitzender der Federal Reserve Bank of New York) gesprochen.

McFadden: War das eine Art formelle Vorstandssitzung der Federal Reserve?

Müller: Nein.

McFadden: War das nur eine informelle Diskussion über das Ergebnis der New Yorker Gespräche?

Miller: Ich glaube schon. Es war nur ein gesellschaftliches Ereignis. Was ich sage, ist allgemein gehalten, und das tun sie (die Direktoren der Europäischen Zentralbank) auch.

McFadden: Was wollen die denn?

Müller: Sie sind sehr aufrichtig in Bezug auf verschiedene Themen. Ich wollte mit Herrn Norman sprechen, und wir sind alle nach dem Abendessen geblieben, und die anderen sind dazugekommen. Diese Herren sind so besorgt über die Funktionsweise des Goldstandards, dass sie die geldpolitische Lockerung in New York und die niedrigen Zinssätze, die den Goldfluss von Europa in die Vereinigten Staaten stoppen werden, mit Spannung erwarten.

Mr. BIDDY: Haben sich diese ausländischen Bankiers mit dem Vorstand der Federal Reserve Bank of New York geeinigt?

Miller: Ja.

Herr Bidi: Diese Absprachen werden nicht offiziell festgehalten?

Müller: Nein. Dann trat der Ausschuss für Offenmarktpolitik zusammen, und einige der Maßnahmen wurden beschlossen. Wenn ich mich recht erinnere, wurden im Rahmen dieses Plans allein im August von der Federal Reserve Bank of New York Banknoten im Wert von etwa 80 Millionen Dollar gekauft (Ausgabe von Basiswährung).

McFadden: Ein solcher Politikwechsel trug direkt zur schwerwiegendsten Anomalie des Finanzsystems bei, die es je in diesem Land gegeben hat (der Boom der Börsenspekulation von 1927-

1929). Ich bin der Meinung, dass eine so wichtige Entscheidung in Washington offiziell festgehalten werden sollte.

Miller: Ich stimme mit Ihnen überein.

Rep. Strang: Tatsache ist, dass sie hierher kamen, geheime Treffen abhielten, sich vollstopften, hoch und mächtig redeten, die Fed dazu brachten, den Diskontsatz zu senken, und dann (unser) Gold nahmen.

Herr Sturger: Ist diese Politik, die die europäischen Währungen stabilisiert, aber unseren Dollar unterminiert hat, richtig?

Miller: Ja, diese Politik ist genau darauf ausgerichtet. [101]

Die Federal Reserve Bank of New York hat de facto die vollständige Kontrolle über die gesamte Fed, und der siebenköpfige Vorstand der Fed in Washington ist nichts weiter als ein Pendel. Europäische Banker hielten eine einwöchige Geheimsitzung mit der Federal Reserve Bank of New York ab, und nach weniger als einem Tag in Washington, an dem man sich nur unterhielt, führten die Beschlüsse der New Yorker Geheimsitzung zum Fluss von Gold im Wert von 500 Millionen Dollar nach Europa, ein Beschluss, der so wichtig ist, dass es in Washington keinerlei schriftliche Aufzeichnungen darüber gibt, und somit auch nicht den tatsächlichen Status des siebenköpfigen Vorstands.

Die Blase platzte 1929: eine weitere "Scherungsoperation".

> *"Die Federal Reserve hat den Geldumlauf von 1929 bis 1933 um ein Drittel gestrafft und damit die Große Rezession eingeleitet."*
>
> Milton Friedman.

Unmittelbar nach der Geheimsitzung handelte die Federal Reserve Bank of New York und senkte die Zinssätze von 4 Prozent auf - allein im Jahr 1928 - 60 Milliarden Dollar in bar an ihre begünstigten Mitgliedsbanken, die ihre 15-Tage-Wechsel verpfändeten. Würde man all dieses Geld in Gold umwandeln, so entspräche dies dem Sechsfachen der gesamten Goldmenge, die damals weltweit im Umlauf war! Die auf diese Weise emittierte Dollarmenge ist 33-mal größer als die von der Federal Reserve Bank of New York durch den Ankauf von

---

[101] Die Stabilisierungsanhörungen des Repräsentantenhauses von 1928.

Banknoten auf dem freien Markt ausgegebene Geldmenge! Zu allem Überfluss gab die Federal Reserve Bank of New York im Jahr 1929 weitere 58 Milliarden Dollar an ihre Mitgliedsbanken aus! [102]

Der New Yorker Aktienmarkt erlaubte es Händlern damals, Aktien für 1% des Geldes zu kaufen, wobei der Rest des Geldes von der Bank des Händlers geliehen wurde. Wenn eine Bank mit einem riesigen Kreditfieber auf einen gierigen, hungrigen Wertpapierhändler trifft, kommen die beiden gut miteinander aus.

Die Banken der Federal Reserve Bank of New York können Geld zu einem Zinssatz von etwa 5% leihen und dann an Wertpapierhändler zu einem Zinssatz von 12% verleihen, also einen Spread von ganzen 7%.

Zu diesem Zeitpunkt ist es für den New Yorker Aktienmarkt unmöglich, nicht an einen Höhenflug zu denken.

In den Vereinigten Staaten wurden zu dieser Zeit von Nord bis Süd, von Ost bis West die Menschen ermutigt, all ihre Ersparnisse zu nehmen und in Aktien zu "investieren". Sogar die Politiker in Washington wurden von den Bonzen an der Wall Street mobilisiert: Finanzminister Mellon versicherte der Bevölkerung in einer offiziellen Rede, dass der Aktienmarkt in New York nicht hoch sei, und Präsident Coolidge wandte sich mit einer von den Bankern für ihn verfassten Rede an die Nation und sagte, es sei immer noch sicher, Aktien zu kaufen.

Im März 1928 antwortete der Direktor der Federal Reserve auf eine Anfrage des Senats, ob die Kredite der Wertpapierhändler übermäßig seien:

> *"Ich kann nicht sagen, ob die Kredite der Effektenhändler exzessiv sind, aber ich bin sicher, dass sie (die Effektenhändler) eher sicher und konservativ sind. "*

Am 6. Februar 1929 kam Norman von der Bank of England auf mysteriöse Weise wieder in die Vereinigten Staaten, unmittelbar nachdem die Federal Reserve begonnen hatte, ihre seit 1927 betriebene akkommodierende Geldpolitik aufzugeben. Die britischen Banker

---

[102] Congressional Record, 1932.

schienen für etwas Großes bereit zu sein, und für die amerikanische Seite war die Zeit gekommen, einzugreifen.

Im März 1929 warnte Paul Warburg, der Pate des amerikanischen Finanzwesens, auf der Jahresversammlung der Aktionäre der International Promissory Bank:

> *"Wenn sich diese ungezügelte Gier weiter ausbreitet, wird der endgültige Zusammenbruch nicht nur die Spekulanten selbst treffen, sondern die gesamte Nation in den Abgrund stürzen."*
> [103]

Paul, der drei Jahre lang über die "ungezügelte Gier" geschwiegen hatte, meldete sich plötzlich mit einer strengen Warnung zu Wort, und aufgrund seines Einflusses und seiner Statur lösten seine Äußerungen, wie die *New York Times* berichtete, sofort eine Panik auf den Märkten aus.

Das endgültige Todesurteil für den Aktienmarkt kam am 20. April 1929, als die *New York Times* an diesem Tag eine wichtige Nachricht veröffentlichte.

Der beratende Bundesausschuss hat eine Resolution verfasst und sie dem Federal Reserve Board vorgelegt, aber seine Absichten bleiben streng vertraulich. Die nächsten Schritte der beratenden Kommissare der Fed und des Fed-Vorstands sind nach wie vor von einem großen Geheimnis umhüllt. Die Vertraulichkeit dieser ungewöhnlichen Sitzung war sehr streng. Der Journalist konnte nur einige vage Antworten erhalten. [104]

Am 9. August 1929 erhöhte die Federal Reserve die Zinssätze auf 6%, woraufhin die Federal Reserve Bank of New York die Zinssätze für Wertpapierhändler von 5% auf 20% anhob, und die Spekulanten saßen sofort in der Geldfalle und hatten keinen anderen Ausweg als die verzweifelte Flucht aus dem Aktienmarkt. Der Aktienmarkt verschlechterte sich schlagartig, als im Oktober und November Verkaufsaufträge über den Aktienmarkt hereinbrachen und sich das Vermögen in Höhe von 160 Milliarden Dollar mit einem Schlag in Luft auflöste. Das entsprach in etwa der Summe aller riesigen

---

[103] Eustace Mullins, *The Secrets of the Federal Reserve - The London Connection* (Omnia Veritas Ltd, www.omnia-veritas.com) Kapitel 12.

[104] *New York Times*, 20. April 1929.

Materialmengen, die die Vereinigten Staaten im Zweiten Weltkrieg produziert hatten.

So beschrieb es ein Börsenmakler an der Wall Street in jenem Jahr:

> *"Die Krise von 1929, die durch eine genau geplante, plötzliche und überstürzte Verringerung des Angebots an Krediten zur Anlage in Aktien auf dem New Yorker Geldmarkt verursacht wurde, war in Wirklichkeit eine kalkulierte 'Scherungsoperation' der internationalen Geldbarone gegen die Öffentlichkeit."* [105]

Angesichts der zerstörten amerikanischen Wirtschaft konnte die *New York Times* vom 4. Juli 1930 nicht umhin, dies zu beklagen,

> *"Die Preise für Rohstoffe sind auf das Niveau von 1913 gefallen. Insgesamt 4 Millionen Menschen haben ihren Arbeitsplatz verloren, weil es ein Überangebot an Arbeitskräften gibt und die Löhne gesunken sind. JPMorgan kontrolliert das gesamte Federal Reserve System, indem es die Federal Reserve Bank of New York und das mittelmäßige und schwache Federal Reserve Board in Washington kontrolliert."*

Von 1930 bis 1933 scheiterten insgesamt 8.812 Banken, und die große Mehrheit der Banken, die es wagten, gegen die fünf großen New Yorker Bankenfamilien zu kämpfen und sich nicht in das Federal Reserve System einzukaufen, ging in Konkurs.

Der wahre Grund für die Große Rezession

Es besteht kein Zweifel daran, dass der Börsencrash von 1929 in einer geheimen Sitzung im Jahr 1927 ausgehandelt wurde, als die Zinssätze in New York künstlich gedrückt und in London absichtlich nach oben getrieben wurden, und dass die Spanne zwischen den beiden Orten dazu führte, dass Gold aus den Vereinigten Staaten nach Großbritannien floss, um Großbritannien und anderen europäischen Ländern bei der Wiederherstellung des Goldstandards zu helfen.

Tatsächlich wissen die europäischen Finanziers seit langem, dass die Plünderung von Reichtum durch inflationäre Mittel weitaus effizienter ist als die Zinseinnahmen aus Krediten. Die Verwendung

---

[105] Oberst Curtis Dall, *Mein ausgebeuteter Schwiegervater*, Liberty Lobby, 1970.

von Gold als Eckpfeiler der Währungsausgabe und die freie Konvertierung von Papiergeld in Gold werden zweifellos die Wirksamkeit der von den Bankern angestrebten Liberalisierung der Inflation als äußerst wirksame Waffe stark einschränken. Es ist rätselhaft, warum die europäische Finanzwelt, damals vertreten durch die britischen Bankiers, den Goldstandard wiederherstellen wollte.

Es stellt sich heraus, dass die internationalen Banker ein großes Spiel treiben.

Der Erste Weltkrieg endete mit der Niederlage Deutschlands, und die riesigen Kriegsreparationen konnten natürlich nicht von den deutschen Rothschilds und den Banken der Familie Warburg getragen werden, die nicht nur ein Vermögen für die nationale Katastrophe zu zahlen hatten. Der erste Schritt bestand also darin, dass die deutschen Bankiers die inflationäre Reichtumsschleuder in Gang setzten, um die Ersparnisse des deutschen Volkes schnell zu plündern, und die Menschheit sah zum ersten Mal die Macht der Hyperinflation.

Von 1913 bis 1918, also während des Krieges, vervielfachte sich die deutsche Geldausgabe, wobei die Deutsche Mark gegenüber dem Dollar nur um 50 Prozent abwertete, und ab 1921 befand sich die Geldausgabe der Deutschen Bundesbank in einer vulkanischen Eruption, wobei sie sich 1921 gegenüber 1918 verfünffachte, 1922 gegenüber 1921 verzehnfachte und 1923 gegenüber 1922 das 72,53-Millionenfache betrug. Ab August 1923 erreichten die Preise astronomische Höhen: ein Laib Brot oder eine Briefmarke kosteten bis zu 100 Milliarden Mark. Die deutschen Arbeiter müssen ihren Lohn zweimal am Tag auszahlen und ihn innerhalb einer Stunde nach Erhalt ausgeben.[106]

Die deutschen Bankiers haben die Ersparnisse der Mittelschicht geplündert und einen großen Teil der breiten Masse über Nacht in bittere Armut gestürzt, wodurch die Massenbasis für die spätere Machtübernahme durch die Nazis geschaffen und der Hass der Deutschen auf die jüdischen Bankiers tief verankert wurde. Das Leid des deutschen Volkes war viel tiefer als in Frankreich nach der Niederlage im Deutsch-Französischen Krieg 1870, und alle Anreize für

---

[106] Glyn Davies, *History of Money from Ancient Times to the Present Day* (University of Wales Press 2002), S. 575.

den nächsten, noch tragischeren Weltkrieg waren 1923 bereits vorhanden.

Nachdem der Reichtum der Deutschen mehr oder weniger geplündert worden war, war es an der Zeit, die D-Mark zu stabilisieren. Auf Geheiß der internationalen Bankiers wurde das Gold des amerikanischen Volkes zum Lebenselixier, um die deutsche Währung zu stabilisieren.

Im zweiten Zug war der britische Bankier an der Reihe, einen großen Schritt zu tun. Aufgrund der häufigen deutschen U-Boot-Angriffe im Atlantik nach Ausbruch des Ersten Weltkriegs im Jahr 1914 konnten britische Schiffe mit Gold an Bord den Hafen nicht verlassen, so dass die Bank of England einen vorübergehenden Stopp des Goldumtauschs verkünden musste und der Goldstandard des Pfunds nur noch dem Namen nach existierte.

1924 wurde der später in England berühmte Churchill Schatzkanzler. Churchill, der von Finanzangelegenheiten überhaupt keine Ahnung hatte, war bereit, auf Geheiß der Londoner Bankiers den Goldstandard wiederherzustellen, mit der Begründung, dass dies notwendig sei, um die absolute Autorität des Pfunds in der Weltfinanz zu verteidigen, und am 13. Mai 1925 wurde in Großbritannien der Gold Standard Act verabschiedet. Zu dieser Zeit, Großbritanniens nationale Macht nach dem gewaltsamen Verbrauch des Krieges wurde ernsthaft beschädigt, seine wirtschaftliche Stärke wurde weit unter den aufstrebenden Vereinigten Staaten, und auch in Europa ist nicht eine dominante Situation, die erzwungene Wiederherstellung des Goldstandards ist verpflichtet, zu einem starken Pfund führen, ein schwerer Schlag für Großbritanniens Exporthandel wurde zunehmend nicht wettbewerbsfähig, sondern auch verursacht den Rückgang der inländischen Preise, schrumpfende Löhne, Arbeitslosenquote stark gestiegen ist und andere wirtschaftliche Folgen.

Zu dieser Zeit tauchte wie aus dem Nichts eine Generation des Patriarchen Keynes auf. Keynes, der 1919 als Delegierter des britischen Finanzministeriums an der Pariser Friedenskonferenz teilgenommen hatte, war ein entschiedener Gegner der drakonischen Bedingungen, die Deutschland auferlegt worden waren, und legte aus Protest sein Amt nieder. Er setzt sich für die Abschaffung des Goldstandards ein und schafft damit eine unvereinbare Situation mit der Macht der Bankiers in London. Vor der Macmillan-Kommission der britischen Regierung, die die Durchführbarkeit eines Goldstandards untersuchen sollte, argumentierte Keynes leidenschaftlich mit den Übeln des Goldstandards, der seiner Ansicht nach ein "Relikt der Barbarei" und ein Hemmschuh für die wirtschaftliche Entwicklung war. Auch Norman von der Bank of England ließ nicht locker und beharrte darauf, dass der Goldstandard für ehrliche Banker unverzichtbar sei, egal wie schwer die Belastung für das Vereinigte Königreich sei, egal wie viele Sektoren schwer geschädigt würden oder wie hoch die Glaubwürdigkeit der Banker der Londoner Finanzmetropole sei. Das britische Volk ist verwirrt. Wie in den Vereinigten Staaten haben die Londoner Banker einen schlechten Ruf in der Bevölkerung, und da es die Banker sind, die sie unterstützen, muss er schlecht sein, und ein heftiger Angriff auf die Ansichten der Banker sollte an die Bevölkerung gerichtet werden.

Und das ist der gute Teil des Stücks.

Mit Keynes in der Rolle eines Fürsprechers des Volkes und den Bankern als goldenen Wächtern ist das Duett so gut gespielt, dass die öffentliche Meinung und die Herzen der Menschen leicht zu manipulieren sind.

Ohne die "Prophezeiung" von Keynes und den Plan der Bankiers stürzte die britische Wirtschaft nach der Wiederherstellung des Goldstandards ab, die Arbeitslosigkeit stieg von 3% im Jahr 1920 auf 18% im Jahr 1926, es folgten verschiedene Streiks, die politische Lage versank im Chaos und die britische Regierung befand sich in einer schweren Krise.

Und was die Banker wollen, ist eine Krise! Nur durch die Schaffung einer Krise konnte die "Finanzreform" vorangetrieben werden, und inmitten heftiger Rufe nach einer Gesetzesänderung wurde der Currency and Bank Notes Act 1928 verabschiedet, der das Seil, das der Bank of England 84 Jahre lang auf den Kopf gelegt worden war, durchbrach und die Ausgabe von durch Staatsanleihen gedeckten Pfund Sterling durch die Bank of England auf 1.975.000 Pfund deckelte, während der Rest der Pfundnoten durch Gold gedeckt werden musste. Die Ausgabe von mit Staatsanleihen unterlegtem "Schuldgeld" und die Umgehung der lästigen Goldbindung, wie bei der aufstrebenden Federal Reserve, ist ein Gebiet, das die Londoner Banker umtreibt. Nur wenige Wochen nach der Verabschiedung des neuen Gesetzes emittierte die Bank of England Hunderte von Millionen Pfund an "Schulden". Das neue Gesetz gibt der Bank of England auch die Befugnis, in Notsituationen unbegrenzt "Schulden" in Pfund Sterling auszugeben, vorausgesetzt, das Finanzministerium und das Parlament geben nachträglich ihre Zustimmung. [107]Die nahezu uneingeschränkte Befugnis der Federal Reserve, Geld auszugeben, wurde schließlich von der Bank of England übernommen.

Drittens war es an der Zeit, die Schafe wieder zu scheren, und nach einer geheimen Sitzung im Jahr 1927 führte die Niedrigzinspolitik der Federal Reserve zu einem gewaltigen Abfluss von Gold im Wert von 500 Millionen Dollar aus den Vereinigten Staaten, und nachdem die Federal Reserve 1929 die Zinssätze heftig angehoben hatte, was dazu führte, dass den Banken die Goldreserven fehlten und sie nicht mehr in der Lage waren, effektiv Kredite zu vergeben, erlitten die robusten Schafe der Vereinigten Staaten einen Schock aufgrund des extremen Blutverlustes. Internationale Banker überschwemmten daraufhin den Markt und stürzten sich auf Blue Chips und andere hochwertige Vermögenswerte zu Tiefstpreisen, die nur einen Bruchteil oder sogar nur einen Bruchteil der normalen Preise betrugen. Der Abgeordnete McFadden beschrieb es so:

> *"Allein in einem Bundesstaat wurden kürzlich an einem Tag 60.000 Immobilien und Farmen versteigert. In Oakland County, Michigan, wurden 10.000 Hausbesitzer und Viehzüchter aus ihren Häusern vertrieben. Etwas Ähnliches geschieht in jedem Bezirk in den Vereinigten Staaten."*

Inmitten dieser beispiellosen amerikanischen Wirtschaftskatastrophe wussten nur einige wenige Personen in den innersten Kreisen im Voraus, dass das größte spekulative Fiasko in der amerikanischen Geschichte zu Ende gehen würde, und diese Personen waren in der Lage, alle ihre Aktien rechtzeitig abzustoßen, um große Mengen an Staatsanleihen zu halten, die alle enge Verbindungen zu den Rothschilds in London hatten. Diejenigen, die nicht zu diesem Kreis gehören, einige sogar die Superreichen, wurden nicht verschont. Zu diesem Kreis gehören J. P. Morgan und Coon Rapo sowie ihre ausgewählten "vorrangigen Kunden" wie Partnerbanken und prominente Industrielle, wichtige Politiker und Herrscher befreundeter Länder, mit denen sie ein gutes Verhältnis pflegen.

Als der Bankier Murrison von der Federal Reserve zurücktrat, schrieb Newsweek am 30. Mai 1936 Folgendes über ihn:

---

[107] *Ebd.*, S. 377.

> *"Man war sich einig, dass die Federal Reserve einen fähigen Mann verloren hatte. Im Jahr 1929 (vor dem Börsencrash) berief er eine Sitzung ein und wies mehrere ihm unterstellte Banken an, die Kreditvergabe an Wertpapierhändler bis zum 1. September einzustellen. So konnten sie den anschließenden Niedergang überstehen."* [108]

Joe Kennedys Vermögen stieg von 4 Millionen Dollar im Jahr 1929 auf 100 Millionen Dollar im Jahr 1935, also um das 25-fache. Bernard Barrows verkaufte alle seine Aktien vor dem großen Zusammenbruch und ging dazu über, Staatsanleihen zu halten. Henry Morgenthau eilte einige Tage vor dem "Schwarzen Dienstag" (29. Oktober 1929) zur Bankers Trust Company und befahl seinem Unternehmen, innerhalb von drei Tagen alle Aktien im Gesamtwert von 60 Millionen Dollar zu verkaufen. Verwirrt rieten ihm seine Leute, seine Position im Laufe einiger Wochen schrittweise aufzulösen, damit er mindestens 5 Millionen Dollar mehr verdienen konnte. Henry Morgenthau brach in Wut aus und schnauzte seine Männer an,

> *"Ich bin nicht hergekommen, um mit dir zu diskutieren! Tu, was ich sage!"*

Wenn wir nach fast 80 Jahren auf diese Geschichte zurückblicken, müssen wir immer noch über die Intelligenz dieser internationalen Banker staunen, die zweifellos die intelligenteste Gruppe von Menschen der Menschheit sind. Eine derartige Taktik, eine derartige Macht, ein derartig engmaschiger Plan, eine derartige Dreistigkeit beim Spiel mit der Welt in der Hand der Aktien, ist wirklich atemberaubend. Bis heute sind die meisten Menschen völlig unbeeindruckt davon, dass ihr Schicksal tatsächlich in den Händen einer sehr kleinen Zahl von Menschen liegt.

Nach der "schwammigen" Ernte der internationalen Bankiers wurden die keynesianischen Ideen des "billigen Geldes" zum neuesten Reichtumsfang für die Bankiers, und der "Roosevelt New Deal" unter ihrer Führung eröffnete eine neue Erntezeit für die Bankiers.

Zusammenfassung

---

[108] *Newsweek*, 30. Mai 1936.

★Die Bankiers unterstützten die Vereinigten Staaten im Ersten Weltkrieg im Krieg gegen Deutschland und scheuten keine Mühe, der Regierung Geld zu leihen und im Krieg ein Vermögen zu verdienen.

★Strang wurde zur Hauptfigur des Fed-Systems, und die Absichten von JPMorgan, Paul, Schiff und anderen Wall-Street-Giganten in der Fed wurden kompromisslos durchgesetzt.

★Wenn Deutschland gewinnt, werden die Anleihen der Alliierten in den Händen der Bankiers wertlos sein, und Morgan, Rockefeller, Paul Warburg und Schiff werden alles tun, um die Vereinigten Staaten in den Krieg zu treiben, um ihre Kredite zu schützen.

★Die Pariser Friedenskonferenz war nur ein Rummelplatz für die internationalen Bankiers, die, nachdem sie durch den Krieg ein Vermögen verdient hatten, die Saat für den nächsten Krieg - den Zweiten Weltkrieg - gelegt hatten.

★Die Wall Street orchestrierte eine gezielte Zerstörung von Landwirten mit "Scherungs"-Operationen, die darauf abzielten, ihr Vermögen zu plündern und kleine und mittlere Banken in landwirtschaftlichen Gebieten zu zerstören, die sich weigerten, mit der Federal Reserve zusammenzuarbeiten.

★Die Federal Reserve Bank of New York hat in der Tat die vollständige Kontrolle über die gesamte Fed, und der 7-köpfige Vorstand der Fed in Washington ist nur eine Pose.

★Die meisten von ihnen wagten es, mit den fünf großen Bankenfamilien in New York zu kämpfen, das Federal Reserve System kauft die Banken nicht in Konkurs.

★Nachdem die internationalen Bankiers den Reichtum Deutschlands, Großbritanniens und der Vereinigten Staaten durch "Scheren" geplündert hatten, wurde Keynes' "Idee des billigen Geldes" zur neuesten Reichtumserntemaschine der Bankiers.

KAPITEL V

Der "New Deal" des billigen Geldes

> „Lenin sagte einmal, dass der beste Weg, das kapitalistische System zu untergraben, darin besteht, seine Währung zu entwerten. Durch einen kontinuierlichen Inflationsprozess kann die Regierung heimlich und unbemerkt einen Teil des Vermögens der Bürger beschlagnahmen. Auf diese Weise können die Menschen willkürlich ihres Reichtums beraubt werden, und während die Mehrheit verarmt, kann sich die Minderheit bereichern. Es gibt keine Möglichkeit, das derzeitige Regime so heimlich und zuverlässig zu unterwandern, wie es die (Inflation) tut. Dieser Prozess akkumuliert potenziell störende Elemente in verschiedenen Wirtschaftsgesetzen, und nicht einmal eine Person unter einer Million kann die Wurzel des Problems erkennen."[109]
>
> Keynes, 1919

Keynes nannte Gold ein "barbarisches Relikt", und diese "populäre" Bemerkung ist in China sehr bekannt. Was war Keynes' Motivation für die Verteufelung des Goldes? Wie konnte Keynes, der einst ein entschiedener Inflationsgegner war, zu einem Todfeind des Goldes werden?

Greenspan war mit 40 Jahren immer noch ein überzeugter Verfechter des Goldstandards, und als er Vorsitzender der Federal Reserve wurde, begann er, sich mit der Goldfrage zu befassen. Obwohl er 2002 immer noch anerkannte, dass "Gold das ultimative Zahlungsmittel für alle Währungen ist", stand er bei einer Verschwörung westlicher Zentralbanker zur Unterdrückung des Goldpreises in den 1990er Jahren "am Rande".

Warum verabscheuen die internationalen Banker und ihre "königlichen" Theoretiker Gold so sehr? Warum ist die Theorie des "billigen Geldes" von Keynes so populär?

In den 5.000 Jahren menschlicher sozialer Praxis, egal in welcher Epoche, in welchem Land, in welcher Religion, in welcher Rasse,

---

[109] John Maynard Keynes, *Die wirtschaftlichen Folgen des Friedens*, 1919.

wurde Gold von der Welt als die ultimative Form des Reichtums anerkannt. Dieses tief verwurzelte Bewusstsein kann niemals durch ein paar Worte wie "Gold ist ein barbarisches Relikt" von Keynes und anderen aufgelöst werden.

Die unvermeidliche Verbindung der Menschen zu Gold und Reichtum ist seit langem eine natürliche Logik im Leben. Wenn die Menschen mit der Politik der Regierung und der wirtschaftlichen Lage nicht zufrieden sind, haben sie die Möglichkeit, das Papiergeld in ihren Händen in Goldmünzen zu tauschen und auf eine Verbesserung der schlechten Lage zu warten. Der freie Umtausch von Papiergeld in Gold wurde zum Eckpfeiler der grundlegendsten wirtschaftlichen Freiheit der Menschen, und nur auf dieser Grundlage haben Demokratie und andere Formen der Freiheit eine praktische Bedeutung. Wenn die Regierung den Menschen gewaltsam ihr angeborenes Recht nimmt, Papiergeld gegen Gold zu tauschen, beraubt sie die Menschen auch ihrer grundlegendsten Freiheiten.

Die internationalen Bankiers wissen sehr genau, dass Gold kein gewöhnliches Edelmetall ist, sondern im Grunde das einzige, hochsensible und zutiefst historische "politische Metall", das, wenn es nicht richtig gehandhabt wird, einen finanziellen Sturm in der Welt auslösen wird. Unter normalen sozialen Bedingungen würde die Abschaffung des Goldstandards unweigerlich zu schweren sozialen Unruhen und sogar zu gewaltsamen Revolutionen führen, und nur unter extrem außergewöhnlichen Umständen wären die Menschen gezwungen, vorübergehend auf ihre angeborene Macht zu verzichten, weshalb die Banker eine schwere Krise und Rezession brauchen. Unter der Bedrohung durch Krise und Rezession sind die Menschen am leichtesten zu kompromittieren, die Einheit ist am leichtesten zu brechen, die öffentliche Meinung ist am leichtesten zu täuschen, die gesellschaftliche Aufmerksamkeit ist am leichtesten abzulenken und die Pläne der Banker sind am leichtesten zu verwirklichen. Daher wurden Krisen und Rezessionen von den Bankern im Laufe der Geschichte immer wieder als wirksamste Waffe gegen Regierungen und Menschen eingesetzt.

Die schwere Wirtschaftskrise seit 1929 wurde durch die "opportunistischen" Bemühungen der internationalen Bankiers, die "Abschaffung des Goldstandards" zu erreichen, die unter normalen Bedingungen äußerst schwierig zu bewerkstelligen ist, der finanzielle Weg zum Zweiten Weltkrieg geebnet.

Keynesianisches "billiges Geld"

Es ist klar, dass Keynes das enorme Schadenspotenzial der Inflation für die Menschen und die Gesellschaft bereits erkannt hatte, als er 1919 an der Pariser Friedenskonferenz teilnahm. In seinem Pamphlet The Economic Consequences of Peace, mit dem er über Nacht zum Erfolg wurde, wies er tiefgründig und pointiert auf das Wesen der Inflation hin, während die deutsche Superinflation von 1923 die enorme tödliche Kraft der Inflation voll und ganz bestätigt hatte.

Dies gilt auch für Greenspan, der im Alter von 40 Jahren Gold and Economic Freedom veröffentlichte, in dem Gertrudes Ansichten zur Inflation mit denen von Keynes übereinstimmen,

> "Ohne einen Goldstandard gibt es keine Möglichkeit, (die Ersparnisse des Volkes) vor der Inflation zu schützen, und es gibt keinen sicheren Ort für das Vermögen. Das ist das Geheimnis des erbitterten Widerstands der Wohlfahrtsstatistiker gegen Gold. Die Defizitfinanzierung ist einfach eine Verschwörung zur Konfiszierung von Vermögen, und Gold steht diesem heimtückischen Prozess im Wege, indem es als Beschützer der Eigentumsrechte fungiert. Wenn man sich diesen Kernpunkt vergegenwärtigt, ist es nicht schwer, die gegen den Goldstandard gerichtete Hetze zu verstehen." [110]

Wie Greenspan feststellt, hat der Goldstandard die Inflationsflut fest im Griff. In diesem Sinne hätten sowohl Keynes als auch Greenspan überzeugte Befürworter des Goldstandards sein müssen. Wie kommt es also, dass der eine später Gold zu einem "barbarischen Relikt" herabsetzte und der andere einfach über seinen monetären Status schwieg, nachdem er zu großer Bekanntheit gelangt war?

Für Greenspan ist die Welt nicht nach seinem Geschmack. Als Greenspan sich in die Arme von J.P. Morgan stürzte und Direktor von J.P. Morgan und anderen Wall Street Banken wurde, begann er zu verstehen, dass es in der Finanzwelt Regeln gibt.

Während die Welt auf Greenspans unberechenbare Falten schaut, fürchte ich, dass nur er versteht, dass der wahre Entscheidungsträger die Federal Reserve Bank of New York ist, die 2002 von dem

---

[110] Alan Greenspan, "Gold and Economic Freedom", 1966, zitiert in *Capitalism: The Unknown Ideal* (Signet, 1967).

texanischen Kongressabgeordneten Ron Paul in einer Kongressanhörung verfolgt wurde, bevor Greenspan sagte, dass er die Ansichten von 1966 nie verraten hat und dass er immer noch Gold als "letztes Zahlungsmittel" aller Währungen betrachtet und dass die Fed den Goldstandard "nachahmt".

Die Situation von Keynes ist anders als die von Greenspan.

Eine aufschlussreiche Darstellung von Keynes' Persönlichkeitsmerkmalen stammt von dem bedeutenden amerikanischen Wissenschaftler Murray Rothbard, der argumentiert, dass Keynes' extremer Egozentrismus, seine Selbstgerechtigkeit gegenüber der britischen herrschenden Elite und seine Verachtung für die gesellschaftlichen Sitten einen direkten Einfluss auf sein Denksystem hatten.

Insbesondere der Apostel, eine Geheimgesellschaft an der Universität Cambridge in England, hatte einen starken Einfluss auf Keynes. Diese Geheimgesellschaften an den europäischen und amerikanischen Universitäten sind keineswegs lose an das angelehnt, was man gemeinhin unter Studentenverbindungen oder literarischen Gesellschaften versteht; sie sind vielmehr der Kern einer Elite mit einer tiefen religiösen Mission, die zum Teil auf eine hundertjährige Geschichte und lebenslange Bindungen zurückblicken kann und die unverwüstlichste Interessengruppe der herrschenden Klasse der westlichen Gesellschaft darstellt.

Die "Apostolic Society" in Cambridge bestand aus zwölf der besten Mitglieder des Trinity College und des King's College, Männer nicht nur von höchster Intelligenz, sondern auch von vornehmer Herkunft, die alle dazu bestimmt waren, Mitglied der englischen Führungsschicht zu werden. Sie treffen sich jeden Samstag an einem geheimen Ort, wo sie über Philosophie und Ästhetik, Politik und Wirtschaft diskutieren. Sie haben ihre eigene strenge Reinheit von Regeln und Vorschriften und gleichzeitig Verachtung für die allgemeine Moral der Gesellschaft; sie denken, sie haben die weisesten Köpfe der Menschheit; sie denken, sie sind die geborenen Herrscher der Welt, und sie schärfen sich diesen Glauben immer wieder ein. In einem Brief an einen Freund formulierte Keynes dies so:

> *"Ist unser Gefühl der moralischen Überlegenheit nicht ein wenig arrogant? Ich habe das Gefühl, dass die überwiegende Mehrheit*

der Menschen auf dieser Welt nie etwas (als das, was es ist) sieht, (weil) sie zu dumm oder zu böse sind. " [111]

In diesem Kreis finden sich neben wissenschaftlichen Eliten wie Kearns und dem berühmten Philosophen Russell auch Finanzriesen wie Baron Rothschild. Nach dem Verlassen von Cambridge wurden die erwachsenen Apostel, die weiterhin jeden Samstag an den Geheimtreffen des "Apostolischen Rates" teilnahmen, "Engel" genannt und waren aktiv an der Auswahl neuer Apostel und anderen Aktivitäten beteiligt.

Victor Rothschild, einige Jahre jünger als Keynes, war der erste Enkel von Nathan Rothschild, der das Recht hatte, im gesamten britischen Empire Geld auszugeben, und der in dritter Generation den Baronet-Titel erbte. Victor und Kearns mit den Vereinigten Staaten "Foreign Affairs Association" (Council of Foreign Relationship) und das britische Royal Institute of International Affairs (Royal Institute of International Affairs) aktive Befürworter, können diese beiden Organisationen als die "zentrale Partei Schule" der europäischen und amerikanischen Politik, in den letzten hundert Jahren für die europäischen und amerikanischen herrschenden Gruppen, um eine große Anzahl von "Kader" zu vermitteln beschrieben werden.

Victor war mit der Wall Street vertraut, wie es bei europäischen und amerikanischen Familienbanken üblich ist, da er eine Zeit lang bei der J.P. Morgan Bank gearbeitet hat. Außerdem ist er Direktor der niederländischen Ölgesellschaft Shell. Victor war ein hoher Beamter des britischen Geheimdienstes (MI5) und diente später als Sicherheitsberater der britischen Premierministerin Margaret Thatcher, und sein Onkel, Baron Edmund Rothschild, war als "Vater Israels" bekannt. Mit Victors Rat und Anleitung durchschaute der aufgeklärte Keynes schnell die Theorie des billigen Schuldgelds und der Inflation, die die Hauptstoßrichtung der internationalen Bankiers jener Zeit war.

Keynes hatte kaum Probleme mit seinen eigenen politischen Lügen, da er nicht an den Moralkodex des einfachen Mannes gebunden war. Er fälscht gewohnheitsmäßig Daten, um sie seiner Wirtschaftsphilosophie anzupassen. Wie Rothbard hervorhebt,

---

[111] Murray N. Rothbard, *Keynes, the Man* (Ludwig von Mises Institute, 2010), S. 15.

> *"Er glaubte, dass Prinzipien seine Chancen, im richtigen Moment an die Macht zu kommen, nur beeinträchtigen würden. Deshalb ist er bereit, seine bisherigen Überzeugungen jederzeit zu ändern, sogar für eine Münze, in einer bestimmten Situation."* [112]

Keynes verstand, dass ein Wirtschaftswissenschaftler, der seine Doktrin "explizit" machen wollte, die großen Namen der Finanzwelt und der Politik hinter und vor der Bühne haben musste, um "populär" zu sein, wie der Begriff heute verwendet wird. Als Keynes "den richtigen Weg in der Geschichte" erkannte, zeigte er sofort seine wahren Gaben: Eloquenz und eine erstaunliche Fähigkeit zu verkaufen.

Unter der Aura von Adam Smith, Li Ka Tu und Marshall schien es nur natürlich, dass Cambridge die Geburtsstätte der Weltwirtschaftstheorie werden würde. Nach der Veröffentlichung seines Hauptwerks *The General Theory of Money, Interest and Employment* im Jahr 1936 waren die internationalen Bankiers natürlich begeistert von der Wirtschaftstheorie, die ihnen so sehr am Herzen lag, und die Politiker zeigten sich bereit, gegen die billige Geldpolitik des "Borgens, Druckens und Ausgebens" vorzugehen, was in der akademischen Welt sofort zu Kontroversen und Beifall führte.

Keynes war seit langem davon überzeugt, dass seine Idee des billigen Geldes von den internationalen Bankern und Politikern nachdrücklich unterstützt werden würde und dass die einfachen Menschen, die am meisten darunter zu leiden hätten, "zu dumm oder zu böse" seien, und dass sich der Rest um die Wissenschaft kümmern solle.

Keynes erklärte zunächst die Dichotomie zwischen den beiden von ihm vertretenen Lagern, der modernen Wirtschaftstheorie und der alten traditionellen Wirtschaftstheorie, und behauptete dann, dass seine harte neue ökonomische "Bibel" nur von "jungen Ökonomen unter 30" verstanden werden könne. Diese Behauptung wurde von jungen Ökonomen sofort bejubelt, und Paul Samuelson freute sich in einem Brief an einen Freund darüber, dass er noch keine 30 Jahre alt war, und sagte: "Es ist gut, jung zu sein". Aber es ist derselbe Samuelson, der

---

[112] *Ebd.*, S. 25.

zugibt, dass der Allgemeine Kommentar ein "schlecht geschriebenes, ungeordnetes, verwirrendes Buch" ist. " [113]

Amerikanische Wissenschaftler sind der Meinung, dass es schwierig gewesen wäre, das Buch überhaupt zu veröffentlichen, geschweige denn berühmt zu werden, wenn es von einem Professor an einem abgelegenen College im Mittleren Westen der USA geschrieben worden wäre.

Präsidentschaftswahlen 1932

Die Präsidentschaftswahlen von 1932 begannen inmitten einer wirtschaftlichen Depression mit 13 Millionen Arbeitslosen und einer Arbeitslosenquote von 25%, die den amtierenden Präsidenten Hoover unter Druck setzte. Angesichts der heftigen Angriffe des demokratischen Präsidentschaftskandidaten Roosevelt auf die Wirtschaftspolitik seit 1928 und seiner vernichtenden Kritik an Präsident Hoovers engen Verbindungen zur Macht der Wall Street-Banker bewahrte Präsident Hoover ein erträgliches Schweigen, hielt aber seine wahren Gedanken in seinem eigenen Memo auf diese Weise fest.

> "Als Antwort auf Roosevelts Äußerung, dass ich für den Spekulationsrausch (1929) verantwortlich gemacht werden sollte, habe ich darüber nachgedacht, ob ich die Verantwortung der Federal Reserve für ihre bewusste Inflationspolitik unter dem Einfluss europäischer Kräfte von 1925 bis 1928, die ich damals ablehnte, ans Licht bringen sollte. " [114]

Es stimmt, dass Präsident Hoover etwas Unrecht getan wurde, und obwohl er der Präsident der Vereinigten Staaten war, hatte er keinen großen Einfluss auf die Wirtschafts- und Währungspolitik. Da die Regierung nicht die Befugnis hat, Geld auszugeben, ist jede Politik nur leeres Gerede, wenn die private Federal Reserve Bank of New York nicht mitspielt.

Präsident Hoovers Sturz in Ungnade an der Wall Street begann mit einer Abweichung vom etablierten Kurs der Banker in der Frage der

---

[113] *Ebd.*, S. 38.

[114] Eustace Mullins, *The World Order - A Study in the Hegemony of Parasitism* (Omnia Veritas Ltd, www.omnia-veritas.com)

deutschen Auszahlungen. Im Mai 1931, nicht lange nach der Umsetzung des Plans, wurde dieser von der Finanzkrise in Deutschland und Österreich eingeholt, und die Rettungsaktion für die Rothschild-Familienbank und die Bank of England konnte die Ausbreitung der Krise nicht eindämmen. Ramon warnte auch davor, dass sich die Rezession in den USA verschärfen würde, wenn das europäische Finanzsystem zusammenbrechen würde.

Präsident Hoover hatte der französischen Regierung bereits zugesagt, dass er sie in allen Fragen der deutschen Kriegsreparationen zuerst konsultieren würde, und als Politiker konnte Hoover sein Wort nicht brechen.

> *"Man kann nicht in New York bleiben, um die Stimmung über die Schulden zwischen diesen Regierungen als Nation als Ganzes zu verstehen. "* [115]

Auch Lamont hat das Wort nonchalant heruntergespielt:

> *"Sie müssen in diesen Tagen viele Gerüchte gehört haben, dass jemand bereit war, Ihre Klasse auf dem (republikanischen) Parteitag 1932 abzulösen. Wenn Sie unseren Plan befolgen, werden sich diese Gerüchte über Nacht in Luft auflösen. "*

Schließlich überreichte Ramon ein Zuckerbrot, und wenn es erfolgreich war, ging die ganze Anerkennung an den Präsidenten. Der Präsident dachte einen Monat lang darüber nach und senkte schließlich nur den Kopf.

Im Juli 1932 schickte Ramon erneut jemanden ins Weiße Haus, um dem Präsidenten mitzuteilen, dass die deutschen Kriegsreparationen überdacht werden sollten, und dieses Mal konnte Hoover das nicht ertragen und schrie vor Verärgerung und Frustration:

> *"Ramon hat die ganze Sache falsch verstanden. Wenn es eine Sache gibt, die das amerikanische Volk hasst und ablehnt, dann ist es die Tatsache, dass diese Absprachen (der Erlass oder die Stundung der deutschen, englischen und französischen Schulden gegenüber den Vereinigten Staaten) ihre Interessen verletzen. Ramon versteht die Wut (auf die Banker) nicht, die das Land erfasst hat. Sie (die Banker) wollen, dass auch wir (die Politiker) in den "Mob" verwickelt werden. Vielleicht hatten sie (die*

---

[115] Ron Chernow, *op. cit.*, S. 328.

> *Banker) sich mit den Deutschen über die Auszahlung geeinigt, aber auf die denkbar schlechteste Weise."* [116]

Daraufhin lehnte Hoover die Forderungen der Wall Street ab, und Frankreich zahlte seine Zahlungsrückstände.

Was die Wall Street-Banker noch wütender machte, war die Tatsache, dass die Serie von Finanzskandalen, die aus Präsident Hoovers unnachgiebiger Verfolgung von Leerverkäufen an der Börse resultierte, zusammen mit einer noch nie dagewesenen Arbeitslosigkeit, einer erschöpften Wirtschaft und einer Bevölkerung, die von der Börse unter den Teppich gekehrt worden war, zu einer einzigen heftigen Wut gegen die Wall Street-Banker zusammenkam. Präsident Hoover, der sich der öffentlichen Meinung sicher war, stürzte sich auf die Banker und war entschlossen, das Problem noch zu vergrößern. Hoover prangerte den New Yorker Aktienmarkt unverblümt als ein großes, von Bankern betriebenes Kasino an, in dem marktschreierische Spekulanten die Erholung des Marktvertrauens behinderten. Er warnte den Präsidenten der New Yorker Börse, Whitney, dass er eine Untersuchung des Kongresses einleiten und den Aktienmarkt regulieren würde, wenn die Leerverkäufe an der Börse nicht eingeschränkt würden. Die Antwort der Wall Street auf die Forderung des Präsidenten war einfach und trocken:

> *"Lächerlich!"*

Präsident Hoover, der bereit war, einen Fisch aus dem Wasser zu ziehen, wies den Banken- und Währungsausschuss des Senats an, eine Untersuchung über Leerverkäufe an der Börse einzuleiten. Die verärgerte Wall Street schickte Ramon sofort zum Weißen Haus, um mit dem Präsidenten und dem Außenminister zu Mittag zu essen und die Ermittlungen zu unterbrechen, doch der Präsident ließ sich nicht beirren. [117]

Als sich die Ermittlungen auf die Börsenskandale der späten 1920er Jahre ausweiteten, wurden wichtige Fälle ans Licht gebracht und viele Börsenskandale, wie z. B. Goldman Sachs und JPMorgan, wurden der Weltöffentlichkeit bekannt.

---

[116] *Ebd.*, S. 351.

[117] *Ebd.*, S. 352.

Als der Öffentlichkeit der logische Zusammenhang zwischen dem Börsenkrach und der Weltwirtschaftskrise klar wurde, richtete sich der Zorn der Menschen schließlich gegen die Banker.

Und auch Präsident Hoover und seine Karriere wurden durch den doppelten Zorn der Banker und des Volkes beendet. An seine Stelle trat der bekannteste amerikanische Präsident des 20 Jahrhunderts - Franklin Delano Roosevelt.

Wer war Franklin Delano Roosevelt?

> *Wie Sie und ich beide wissen, ist es wahr, dass die Finanzkräfte im großen (Macht-)Kern die Regierung seit den Tagen von Präsident Andrew Jackson kontrolliert haben, und dieses Land ist dabei, den Jackson'schen Kampf mit den Banken zu wiederholen, nur auf einer größeren und breiteren Basis.* [118]
> -Roosevelt, 21. November 1933

Dieses "wahre Bekenntnis" Roosevelts entspricht mehr oder weniger dem Wilsons aus jenem Jahr, und wenn es stimmt, dass Wilson ein Gelehrter und nicht mit den Methoden der Bankiers vertraut war, dann ist es etwas weit hergeholt zu behaupten, dass Roosevelts Erfahrung für eine solche Aussage genutzt wurde. In seiner Wahlkampfrede in Ohio am 20. August 1932 sagte Roosevelt wortgewandt.

> *"Wir haben festgestellt, dass 2/3 der US-Industrie in den Händen von einigen hundert Unternehmen konzentriert sind, die in Wirklichkeit von nicht mehr als fünf Personen kontrolliert werden. Wir haben festgestellt, dass die Wertpapierhändler von etwa 30 Banken und Geschäftsbanken den Kapitalfluss in den Vereinigten Staaten bestimmen. Mit anderen Worten, wir stellen fest, dass eine stark zentralisierte Wirtschaftsmacht in den Händen einer konzentrierten Minderheit manipuliert wird, was das Gegenteil von dem ist, was Mr. President (Hoover) Individualismus nennt. "* [119]

Während Roosevelt sich so weit wie möglich als der mit den Bankern verbündete Präsident Jackson fühlte, der vom amerikanischen

---

[118] F.D.R.: *Seine persönlichen Briefe* (Duell, Sloan and Pearce, New York, 1950), S. 373.

[119] Antony C. Sutton, *Wall Street und FDR* (Arlington House Publishers, 1975).

Volk sehr geliebt wurde, ein mutiger Präsident, der bereit war, die Finanzmogule für den kleinen Mann herauszufordern, zeigte Roosevelts Erfahrung leider, dass er nur wenig mehr mit den internationalen Bankern zu tun hatte als Präsident Hoover.

Roosevelts Urgroßvater, James Roosevelt, gründete 1784 die Bank of New York, wohl eine der ältesten Bankiersfamilien Amerikas, und es war die Bank, die beschuldigt wurde, den Preis von US-Schatzpapieren auf dem Auktionsmarkt für Staatsanleihen 2006 manipuliert zu haben. Die Bank war bis zu Roosevelts Präsidentschaftswahlkampf im Geschäft, als sie von seinem Cousin George geleitet wurde. Roosevelts Vater, der ebenfalls James hieß, war ein amerikanischer Industriemagnat, der die Harvard Law School absolvierte und eine Reihe großer Industrieunternehmen wie Kohleminen und Eisenbahnen besaß. Er war der Gründer der Southern Railway Security Company, der ersten Wertpapierholding in den Vereinigten Staaten, die hauptsächlich mit der Eisenbahnindustrie fusionierte. Roosevelt selbst war Harvard-Absolvent und Anwalt, und zu seinen wichtigsten Kunden gehörte JPMorgan. Dank seiner Erfahrung im Bankwesen wurde Roosevelt 1916 im Alter von 34 Jahren zum stellvertretenden Sekretär des US-Marineministeriums ernannt, und es war Morgans Seniorpartner, der Präsident Hoovers Lamont oft dazu drängte, Roosevelt das neue Haus zu geben, das er in Washington eingerichtet hatte.

Roosevelt hatte auch einen Onkel, der Präsident war, Leonardo Roosevelt. Ihr anderer Cousin, George Emmanuel Roosevelt, war ebenfalls eine prominente Figur an der Wall Street. In der Ära der großen Eisenbahnfusionen hatte er mindestens 14 Eisenbahngesellschaften reorganisiert, und als Direktor der Guaranty Trust Company unter J.P. Morgan, der Chemical Bank und der New York Savings Bank ließe sich die Liste weiterer Unternehmen, in denen er Direktor war, in einer Broschüre abtippen.

Roosevelts Mutter, die Familie Delano, war ebenfalls eine Familie der Haarnadeln, und neun Präsidenten waren mit ihrer Familie verwandt. Kein Präsident in der jüngeren amerikanischen Geschichte verfügte über größere politische und Bankressourcen als Roosevelt.

1921 wechselte Roosevelt von der Regierung an die Wall Street und wurde Direktor oder Vizepräsident einer Reihe von Finanzinstituten, wobei er seine weitreichenden Kontakte in der Politik und im Bankwesen nutzte, um seinen Unternehmen große Gewinne zu verschaffen. Als er für ein Finanzunternehmen das Geschäft mit Staatsanleihen abwickelte, schrieb Roosevelt einen unverblümten Brief an seinen alten Freund, den Kongressabgeordneten Meher:

> *"Ich hoffe, dass ich unsere lange Freundschaft nutzen kann, um Sie um Hilfe zu bitten, und wir hoffen, einige Anleiheverträge von den großen Jungs in Brooklyn zu bekommen. Viele Anleihen betreffen kommunale Projekte, und ich hoffe, meine Freunde werden sich an mich erinnern. Ich kann sie im Moment nicht belästigen, aber da mein Freund auch Ihr Freund ist, wäre es eine große Hilfe für mich, wenn Sie dazu eine Meinung hätten. Ich werde Ihre Hilfe in Betracht ziehen."* [120]

In einem Brief an einen Freund, der einen großen Auftrag im Marineministerium erhielt, erwähnte Roosevelt,

> *"Mein Freund im Marineministerium und ich unterhielten uns im Vorbeigehen über einen Auftrag, den Ihr Unternehmen für ein 8-Zoll-Geschütz erhalten hat, was mich an die angenehme Zusammenarbeit erinnerte, die wir hatten, als ich stellvertretender Marineminister war. Ich habe mich gefragt, ob Sie meine Firma dazu bringen könnten, einige Ihrer Anleihen zu zeichnen. Ich würde Sie sehr gerne von einem meiner Vertriebsmitarbeiter anrufen lassen."* [121]

In einigen Geschäftsangelegenheiten von großem Interesse erklärte Roosevelt einmal unverhohlen, dass "rein private Freundschaft nicht ausreicht". Bei der Lektüre der Korrespondenz aus diesen Unternehmen wird Roosevelt noch lebendiger als zuvor.

Im Jahr 1922 beteiligte sich Roosevelt an der Gründung der United European Investors (LTD) und wurde deren Präsident. Zu den Direktoren und Beratern des Unternehmens gehören der ehemalige deutsche Ministerpräsident Wilhelm Cuno, der im Alleingang die deutsche Superinflation von 1923 herbeiführte, und Max Warburg, dessen Bruder Paul der Hauptarchitekt und stellvertretende Vorsitzende der Fed war. Von den 60.000 Vorzugsaktien, die das Unternehmen ausgegeben hat, ist Roosevelt der größte Einzelaktionär. Das Unternehmen war hauptsächlich an verschiedenen Spekulationsgeschäften in Deutschland beteiligt, und während das

---

[120] *Ebd.*

[121] *Ebd.*

deutsche Volk von der Superinflation hinweggefegt wurde, erntete Roosevelts United European Investment Company fieberhaft das nationale Katastrophenglück. [122]

Die Hyperinflation ist seit jeher ein "Super-Raubtier", bei dem es im Zuge der dramatischen Währungsabwertung des Landes zu einem massiven Vermögenstransfer kommt.

> "Der schlimmste moralische Zusammenbruch der Inflation ereignete sich 1923 in Deutschland. Wer ein paar Dollar oder Pfund in der Hand hat, kann in Deutschland wie ein König leben. Mit ein paar Dollar kann man wie ein Millionär leben. Ausländer strömten in Scharen herbei und schnappten sich (deutsche) Familienvermögen, Immobilien, Schmuck und Kunstwerke zu unglaublich günstigen Preisen. " [123]

Wie bei der Hyperinflation in der ehemaligen Sowjetunion Anfang der 1990er Jahre wurden riesige gesellschaftliche Reichtümer in einem Rausch geplündert, die Mittelschicht wurde ausgepresst, die Kaufkraft des Dollars oder des Pfunds wurde um das Tausendfache vergrößert, und der Reichtum wechselte still und leise im Zuge des wilden Sturzes und Anstiegs zwischen diesen Währungen den Besitzer. Wie Keynes sagte,

> "Auf diese Weise (Hyperinflation) können Menschen willkürlich ihres Reichtums beraubt werden, und während die Mehrheit verarmt, kann sich die Minderheit bereichern... Der Prozess akkumuliert potenziell die zerstörerischen Elemente verschiedener Wirtschaftsgesetze, und nicht einer von einer Million Menschen kann die Wurzel des Problems erkennen. "

Als Roosevelt Hoovers Wall-Street-Hintergrund zu Recht kritisierte, stellte er sich selbst als den Retter des einfachen Volkes dar, der sauber und ehrlich sei, doch seine Erfahrung und sein Hintergrund könnten nicht weiter von der Wahrheit entfernt sein.

Abschaffung des Goldstandards: der historische Auftrag der Bankiers an Roosevelt

---

[122] Ebd.

[123] Marjorie Palmer, *1918-1923: German Hyperinflation* (Traders Press, New York, 1967).

Unter den Zwängen des Goldstandards waren die europäischen Länder im Ersten Weltkrieg bereits so hoch verschuldet, dass das Ausmaß des Krieges nur lokal begrenzt hätte sein können, wenn nicht die Federal Reserve gegründet worden wäre, die die finanziellen Ressourcen der Vereinigten Staaten bündelte. Der Erste Weltkrieg ließ die internationalen Bankiers hungrig zurück und sie sehnten sich nach ihrer nächsten Mahlzeit. Doch selbst nachdem die Vereinigten Staaten die Federal Reserve unter den strengen Auflagen des Goldstandards eingerichtet haben, wurden die finanziellen Ressourcen zur Unterstützung eines weiteren Weltkriegs beansprucht, und die Abschaffung des Goldstandards wurde zu einer der obersten Prioritäten der europäischen und amerikanischen Bankiers.

Gold hat sich im Laufe der 5.000-jährigen Entwicklung der menschlichen Gesellschaft allmählich zur letzten, von allen Ländern der Welt anerkannten Währungsform entwickelt, und die unvermeidliche Verbindung zwischen Gold und Reichtum ist längst zur natürlichen Logik des Lebens geworden. Wenn die Menschen von der Politik der Regierung und der wirtschaftlichen Lage nicht begeistert sind, haben sie die Möglichkeit, das Papiergeld in ihren Händen in Goldmünzen umzutauschen und auf eine Verbesserung der schlechten Lage zu warten. Der freie Umtausch von Papiergeld in Gold wurde zum Eckpfeiler der grundlegendsten wirtschaftlichen Freiheit der Menschen, und nur auf dieser Grundlage können Demokratie und andere Formen der Freiheit praktische Bedeutung haben. Wenn Regierungen den Menschen gewaltsam die Möglichkeit nehmen, Gold und Papiergeld frei zu tauschen, berauben sie die Menschen auch ihrer grundlegendsten Freiheiten.

Unter normalen sozialen Bedingungen würde die Abschaffung des Goldstandards unweigerlich zu schweren sozialen Unruhen und sogar zu gewaltsamen Revolutionen führen, und nur unter extrem außergewöhnlichen Umständen wären die Menschen gezwungen, ihre angeborene Macht vorübergehend aufzugeben, weshalb die Banker eine schwere Krise und Rezession brauchen. Unter der Bedrohung durch Krise und Rezession sind die Menschen am leichtesten zu kompromittieren, die Einheit ist am leichtesten zu brechen, die öffentliche Meinung ist am leichtesten zu täuschen, die gesellschaftliche Aufmerksamkeit ist am leichtesten abzulenken und die Pläne der Banker sind am leichtesten zu verwirklichen. Daher wurden Krisen und Rezessionen von den Bankern im Laufe der

Geschichte immer wieder als wirksamste Waffe gegen Regierungen und Menschen eingesetzt.

Die Abschaffung der Ersten Bank der Vereinigten Staaten im Jahr 1812 rief Rothschilds Vergeltung hervor, den Ausbruch des anglo-amerikanischen Krieges von 1812, der damit endete, dass die US-Regierung nachgab und die Zweite Bank der Vereinigten Staaten gründete.

1837 schaffte Präsident Jackson die Zweite Bank der Vereinigten Staaten ab, woraufhin die Banker in London randalierten, US-Anleihen abstießen und alle Arten von Krediten zurückforderten, und die amerikanische Wirtschaft fiel bis 1848 in eine schwere Rezession.

In den Jahren 1857, 1870 und 1907 versuchten internationale Bankiers erneut, eine Rezession herbeizuführen, um die US-Regierung zu zwingen, wieder eine private Zentralbank einzurichten. Schließlich wurde eine private Zentralbank, die Federal Reserve, gegründet und damit die volle Kontrolle über die Geldausgabe in den Vereinigten Staaten übernommen.

Das ultimative Ziel der Großen Rezession von 1929 war die Abschaffung des Goldstandards und die Einführung einer Politik des billigen Geldes, um so den finanziellen Weg für den Zweiten Weltkrieg zu ebnen.

Am 4. März 1933 wurde Roosevelt als 32. Präsident der Vereinigten Staaten inauguriert. Zu Beginn seiner Amtszeit erhob Roosevelt das Banner der Unvereinbarkeit mit der Wall Street und kündigte noch am selben Tag seines Amtsantritts an, dass die Banken der Nation ab dem 6. März (Bank Holiday) ihre Tätigkeit einstellen und erst wieder öffnen würden, wenn eine Untersuchung der Kontenabrechnungen abgeschlossen sei, was das erste Mal in der Geschichte der USA war, dass die Finanzadern der Nation geschlossen wurden. Die größte Volkswirtschaft der Welt befand sich in einem noch nie dagewesenen Zustand fast völliger Banklosigkeit, der mindestens 10 Tage andauerte. [124]

Dann verschärfte Roosevelt die seit der Hoover-Ära laufenden Ermittlungen gegen die Wall Street und zeigte mit dem Finger direkt auf die Familie Morgan. In einer Reihe von Anhörungen wurden Jack

---

[124] Glyn Davies, *op. cit.*, S. 512.

Morgan und seine Partner vor dem gesamten amerikanischen Volk in ein schlechtes Licht gerückt.

Roosevelts harte Hand gegen die Wall-Street-Banker schlug voll durch, als er am 16. Juni 1933 ein weiteres Glass-Steagall-Gesetz unterzeichnete, das schließlich zur Aufspaltung von JPMorgan in die JPMorgan Bank und Morgan Stanley führte, wobei sich erstere auf das traditionelle Geschäftsbankgeschäft und letztere auf das Investmentbanking beschränkte.

Roosevelt ließ sich auch von der New Yorker Börse nicht beirren und erließ den Securities Act von 1933 und den Securities Exchange Act von 1934, mit dem die Securities and Exchange Commission (SEC) zur Regulierung des Aktienmarktes gegründet wurde.

Roosevelts New Deal begann mit einem fulminanten Start, der die Zustimmung der Öffentlichkeit fand und den seit langem aufgestauten Zorn gegen die Banker der Wall Street zum Ausdruck brachte.

Das gibt sogar die Familie Morgan zu,

> "Das ganze Land ist voller Bewunderung für Präsident Roosevelt. Was er in nur einer Woche als Präsident erreicht hat, ist unglaublich, und wir haben noch nie einen ähnlichen Prozess erlebt. " [125]

Der New Yorker Aktienmarkt eröffnete 1933 mit einer atemberaubenden Rendite von 54%.

Der heldenhafte Roosevelt verkündete dies leidenschaftlich,

> "Die Geldwechsler (Money Changers) sind vom Thron des Tempels der Zivilisation geflohen, und wir können nun endlich die alte Wahrheit dieses heiligen Tempels wiederherstellen. " [126]

Das Problem besteht darin, dass zwischen der historischen Wahrheit und dem von den Medien bewusst geprägten öffentlichen Eindruck oft eine große Lücke klafft und zwangsläufig der falsche Eindruck entsteht, dass die Szenen sorgfältig choreografiert sind.

Schauen wir uns die Wahrheit unter der Oberfläche von Roosevelts Donnerbalken an.

---

[125] Ron Chernow, *op. cit.*, S. 357.

[126] *Ebd.*

Nach dem langen Bankfeiertag öffneten viele Banken des Mittleren Westens, die sich hartnäckig weigerten, der Fed beizutreten, nie wieder ihre Pforten, und große Teile des Marktes wurden von Wall Street-Bankern umgestaltet. Roosevelts Wahl für das Amt des Finanzministers fiel auf den Sohn von Henry Morgenthau Sr. und Wall-Street-Insider, Morgenthau Jr., der, wie bereits erwähnt, vor dem Börsencrash von 1929 zuverlässige Informationen erhalten hatte und sich innerhalb von drei Tagen auf Kosten von 5 Millionen Dollar vollständig aus dem Aktienmarkt zurückziehen wollte.

Roosevelts Wahl zum SEC-Vorsitzenden war sogar noch tränenreicher, denn der erste SEC-Vorsitzende war Joseph Kennedy, der berühmte Spekulant, der vor dem Börsenkrach von 1929 verzweifelt Leerverkäufe tätigte. Sein Vermögen stieg von 4 Millionen Dollar im Jahr 1929, nach einem großen Börsencrash, um das 25-fache auf über 100 Millionen Dollar in nur vier Jahren im Jahr 1933. Joseph Kennedy gehörte auch zum Umfeld von Jack Morgan, dessen Sohn der berühmte Präsident Kennedy war.

Die Befürworter des Glass-Steagall-Gesetzes, das seinen Ruf durch die Ausgliederung von J.P. Morgan erlangte, waren Senator Glass, der den Federal Reserve Act jenes Jahres inszenierte, und es traf J.P. Morgan nicht hart, aber Tatsache ist, dass das Geschäft von J.P. Morgan in die Höhe schnellte und florierte, und 25 der 425 Mitarbeiter von J.P. Morgan wurden beiseite gestellt, um Morgan Stanley zu gründen, an dem Jack Morgan und Lamont eine 90-prozentige Kontrollbeteiligung behielten. Tatsächlich blieben die beiden ausgegliederten Unternehmen vollständig unter der Kontrolle von Jack Morgan, der 1935, im ersten Jahr seiner Tätigkeit, Morgan Stanley einen überwältigenden Umsatz von 1 Milliarde Dollar bei der Zeichnung von Anleihen bescherte und damit 25 Prozent des gesamten Marktanteils eroberte.[127] Die wichtigsten Unternehmensanleihen werden immer noch von JPMorgan emittiert, die das Sagen bei der Federal Reserve Bank of New York hat, und jedes größere US-Unternehmen muss sich vor JPMorgan fürchten.

Und die dramatischsten Kongressanhörungen zu JPMorgan waren auch die heißen Nachrichten, die die Aufmerksamkeit der Öffentlichkeit auf sich zogen. Inmitten des ganzen Trubels erließ

---

[127] *Ebd.*, S. 386-390.

Roosevelt im Stillen mehrere wichtige Dekrete zur Abschaffung des Goldstandards.

Nur eine Woche nach seinem Amtsantritt, am 11. März, erließ er im Namen der Stabilisierung der Wirtschaft eine Verfügung, die den Goldumtausch der Banken stoppte. Am 5. April folgte die Anordnung, dass die US-Bürger ihr gesamtes Gold, das die Regierung für $ 20,67 pro Unze gekauft hatte, abgeben müssen. Zusätzlich zu seltenen Goldmünzen und Goldschmuck wird jeder, der privat Gold sammelt, mit einer hohen Gefängnisstrafe von 10 Jahren und einer Geldstrafe von 250.000 Dollar belegt. Obwohl Roosevelt argumentierte, dass es sich nur um eine vorübergehende Maßnahme in einer Notlage handelte, wurde das Gesetz erst 1974 aufgehoben, als im Januar 1934 erneut der Gold Reserve Act verabschiedet wurde, der den Goldpreis auf 35 Dollar pro Unze festlegte, aber das amerikanische Volk hatte kein Recht, es umzutauschen. Die Menschen haben ihr Gold einfach abgegeben, und ihre Ersparnisse wurden im Laufe der Jahre drastisch um die Hälfte reduziert! Die "bevorzugten Kunden" der internationalen Bankiers, die vor dem Börsenkrach von 1929 Insiderinformationen erhalten hatten, konnten große Geldsummen aus dem Aktienmarkt abziehen und in Gold umtauschen, das nach London verschifft und dort für $ 35 pro Unze verkauft wurde, was einen sofortigen Gewinn von 69,33% ergab.

Als Roosevelt Thomas Gore, den gelehrtesten und blindesten der US-Kongressabgeordneten, fragte, was er von seiner Abschaffung des Goldstandards halte, antwortete Gore kühl: "Das ist doch offensichtlich Diebstahl, oder? Mr. President? "Roosevelt war von der Offenheit des Senators Gore schwer enttäuscht. Der Senator war der Großvater des späteren US-Vizepräsidenten Al Gore.

Ein anderer Kongressabgeordneter, Howard Buffett, der sein Leben lang für die Rückkehr zum Goldstandard eintrat, erklärte 1948,

> *"Ich warne Sie, dass Politiker beider Parteien sich einer Rückkehr zum Goldstandard widersetzen werden, und dass diejenigen im In- und Ausland, die ihr Vermögen mit der fortgesetzten Abwertung der amerikanischen Währung gemacht haben, sich einer Rückkehr zu einem ehrlichen Geldsystem widersetzen werden. Sie müssen darauf vorbereitet sein, ihren*

Einwänden mit Intelligenz und Einfallsreichtum zu begegnen. "
[128]

Buffett Senior, der sein Leben lang an Gold als ultimative Währung glaubte, sah die Wiedereinführung des Goldstandards nicht, aber dieser Glaube ist seinem Sohn, dem heutigen großen Aktiengott Warren Buffett, tief eingeprägt. Als Buffett die historische Unvermeidbarkeit des letztendlichen Zusammenbruchs des französischen Währungssystems durchschaute, kaufte er 1997, als der Silberpreis einen nahezu historischen Tiefstand erreichte, entschlossen ein Drittel der weltweiten physischen Silberbestände auf.

Es ist keine einfache und leichte Aufgabe, Gold vollständig aus der Währung zu entfernen, und der Prozess ist in drei Stufen unterteilt, um ihn umzusetzen. Der erste Schritt war die Abschaffung des Umlaufs und des Umtauschs von Goldmünzen innerhalb der Vereinigten Staaten, der zweite Schritt war die Abschaffung der monetären Funktion von Gold in der ganzen Welt, wobei der zweite Schritt durch den Dollar Exchange Standard erreicht wurde, der 1944 durch das bretonische System anstelle des Gold Exchange Standard eingeführt wurde, und der dritte Schritt schließlich durch Nixon im Jahr 1971 vollzogen wurde.

Keynes schwenkte die Fahne, die Banker drängten auf mehr Treibstoff, Roosevelt zog endlich den Deckel vom Goldstandard ab, und die beiden Monster der Defizitfinanzierung und des billigen Schuldgeldes kämpften sich endlich aus ihrem Gefängnis heraus.

Keynes, der nur die Macht schätzte, die vor ihm lag, sagte bekanntlich: "Auf lange Sicht sind wir alle tot", aber die Handlungen der Menschen und ihre Folgen werden für immer in die Geschichte eingehen.

Risikokapital wählte Hitler

Die *New York Times* vom 24. November 1933 berichtete über ein Pamphlet mit dem Titel Sidney Warburg. Das Buch wurde erstmals 1933 in den Niederlanden veröffentlicht und nach nur wenigen Tagen im Handel verboten. Mehrere überlebende Exemplare des Buches wurden ins Englische übersetzt, und die englische Version des Buches

---

[128] *The Commercial and Financial Chronicle*, 6. Mai 1948.

wurde im British Museum ausgestellt und später für die Öffentlichkeit und die Forschung verboten. Es wird angenommen, dass der Autor des Buches, "Sidney Warburg", ein Mitglied der Warburg-Familie ist, einer der größten Bankiersfamilien in den Vereinigten Staaten, und der Inhalt des Buches wurde später von der Warburg-Familie entschieden dementiert.

Dieses geheimnisvolle Pamphlet enthüllt die geheime Geschichte der amerikanischen und britischen Bankiersfamilien, die Hitlers Aufstieg zur Macht finanzierten und unterstützten. Dem Buch zufolge half die Wall Street Deutschland um 1929 bei der Rückzahlung von Kriegsreparationen durch den Dawes-Plan und den Young-Plan. Von 1924 bis 1931 gewährte die Wall Street Deutschland im Rahmen dieser beiden Programme Kredite in Höhe von insgesamt 138 Milliarden DM, während Deutschland in diesem Zeitraum insgesamt nur 86 Milliarden DM an Kriegsreparationen zahlte und von den Vereinigten Staaten eine enorme finanzielle Unterstützung für die Umstrukturierung erhielt. Die Kredite an Deutschland brachten in Wirklichkeit öffentliche Gelder durch den Verkauf deutscher Anleihen an der Wall Street ein, an denen die Familien Morgan und Warburg lukrativ beteiligt waren.

Ein Problem, das sich in diesem Prozess ergeben hat, ist die eigenmächtige Politik der französischen Regierung in der Frage der deutschen Reparationen. Diese Politik führte dazu, dass ein beträchtlicher Teil der US-Kredite in Deutschland und Österreich eingefroren wurde und Frankreich einen großen Teil der deutschen Entschädigung erhielt, wobei die eigentliche Quelle dieses Geldes die Wall Street war. Als Frankreichs zunehmend unzufriedene Wall Street-Banker im Juni 1929 ein Treffen abhielten, kamen die Chefs von JPMorgan, Rockefeller und der Federal Reserve zusammen, um zu besprechen, wie man Deutschland von Frankreichs Unterdrückung "befreien" könnte. Man kam überein, dass die "Revolution" genutzt werden müsse, um Frankreich aus seinen Klauen zu befreien. Ein möglicher Kandidat für die Führung ist Hitler. Bewaffnet mit einem US-Diplomatenpass und persönlichen Briefen von Präsident Hoover und Rockefeller wurde Sidney Warburg beauftragt, persönlichen Kontakt mit Hitler aufzunehmen.

Sidneys Kontakte zu den Nazis verliefen nicht gut, das amerikanische Konsulat in München war unwirksam, und erst mit Hilfe des Münchner Bürgermeisters wurde Hitler später getroffen. Bei dem ersten Treffen boten die Wall-Street-Banker "eine offensive Außenpolitik und Anstiftung zu Vergeltungsmaßnahmen gegen

Frankreich" an, und Hitlers Angebot war nicht gering: Er bot 100 Millionen Mark für alles. Sidney schickte Hitlers Angebot zurück nach New York, und die Bankiers waren der Meinung, dass das Maul des Hitler-Löwen weit aufgerissen war und dass 24 Millionen Dollar unverschämt hoch waren, und machten ein Gegenangebot von 10 Millionen Dollar. Hitler versprach, auf einen Schlag herunterzukommen, bevor es so weit war.

Auf Hitlers Bitte hin wurde das Geld bei einer holländischen Bank (Mendelsohn & Co. Bank) abgerufen und in mehreren Stapeln von Schecks an 10 Städte in Deutschland geschickt. Als Sidney nach New York zurückkehrte, um den Bankiers Bericht zu erstatten, war Rockefeller von Hitlers Nazi-Forderungen zutiefst fasziniert. Unmittelbar danach begann die New York Times, die sich bisher nicht um Hitler gekümmert hatte, plötzlich, regelmäßig über die Nazi-Doktrin und Hitlers Reden zu berichten, und im Dezember 1929 begann die Harvard-Universität, die nationalsozialistische Bewegung in Deutschland zu untersuchen.

Als Präsident Hoover 1931 der französischen Regierung versprach, dass sie bei einer Lösung der Schuldenproblematik als erste konsultiert werden würde, fiel er an der Wall Street sofort in Ungnade, und viele Historiker sind der Meinung, dass die anschließende Wahlniederlage von Präsident Hoover einen direkten Einfluss auf die Angelegenheit hatte.

Im Oktober 1931 schickte Hitler einen Brief an Sidney. Daraufhin berufen die Bankiers der Wall Street ein weiteres Treffen ein, diesmal mit Norman, dem Vorsitzenden der Bank of England. Bei diesem Treffen bildeten sich zwei Denkrichtungen heraus, wobei die von Rockefeller geleiteten Gruppen zu Hitler tendierten und die anderen weniger sicher waren. Norman war der Meinung, dass die 10 Millionen Dollar, die für Hitler ausgegeben wurden, mehr als genug waren, und er bezweifelte, dass Hitler jemals handeln würde. Es wurde schließlich beschlossen, Hitler weiter zu unterstützen.

Erneut kam Sidney nach Deutschland, und bei einem Treffen von Hitlers Anhängern wurde er darauf aufmerksam gemacht, dass die Nazi-Kriegsführung und die SS einen großen Mangel an Maschinengewehren, Karabinern und Pistolen hatten. Zu diesem Zeitpunkt war eine große Menge an Waffen und Ausrüstung in den belgischen, holländischen und österreichischen Städten an der deutschen Grenze kantoniert worden und konnte abgeholt werden, sobald die Nazis bar bezahlten. Hitler erklärte Sidney, er habe zwei Pläne: eine gewaltsame Machtergreifung und eine legale Herrschaft. Hitler fragte,

> "Man braucht 500 Millionen Mark, um gewaltsam an die Macht zu kommen, 200 Millionen Mark, um legal an die Macht zu kommen, was wollt ihr Banker entscheiden?"

Fünf Tage später kam ein Rückruf von der Wall Street: "Ein solcher Betrag ist völlig inakzeptabel. Wir wollen und können das nicht akzeptieren. Dieser Person wurde erklärt, dass die Mobilisierung von Geldern in dieser Größenordnung nach Europa den gesamten Finanzmarkt erschüttern würde."

Sidney erstattete einen weiteren Bericht, und drei Tage später erhielt er einen Rückruf von der Wall Street:

> "Bericht erhalten. Bereiten Sie sich darauf vor, 10 Millionen Dollar zu zahlen, bis zu 15 Millionen Dollar. Es ist notwendig, diesem Mann einen offensiven Ansatz in der Außenpolitik zu empfehlen."

Der Weg zu einer rechtmäßigen 15-Millionen-Dollar-Herrschaft wurde von Wall-Street-Bankern geebnet. Die Zahlungen mussten unter Verheimlichung der Herkunft der Gelder erfolgen, wobei 5 Millionen Dollar an die Mendelsohn & Co. Bank in Amsterdam in den Niederlanden, 5 Millionen Dollar an die Rotterdamsehe Bankvereinigung und 5 Millionen Dollar an die Banca Italiana.

Am 27. Februar 1933, in der Nacht der Reichstagsbrandstiftung, trafen sich Sidney und Hitler zum dritten Mal, und Hitler bot an, dass mindestens weitere 100 Millionen Mark benötigt würden, um die endgültige Machtergreifung zu vollenden, wobei die Wall Street nur bis zu 7 Millionen Dollar versprach. Hitler bot der Italienischen Bank in Rom 5 Millionen Dollar und der Renania-Aktiengesellschaft in Düsseldorf weitere 2 Millionen Dollar an.

Nachdem er seinen Auftrag endlich erfüllt hatte, konnte Sidney nicht anders, als zu lamentieren,

> "Ich habe meinen Auftrag bis ins kleinste Detail erfüllt. Hitler war der größte Diktator in Europa. Die Welt hatte ihn seit Monaten beobachtet. Seine Taten werden ihn letztendlich als gut oder schlecht erweisen, und ich denke, er ist letzteres. Was das deutsche Volk betrifft, so hoffe ich aufrichtig, dass ich mich irre.

Die Welt wird immer noch Hitler erliegen, arme Welt, arme Menschheit. "

Nazi-Deutschland finanziert von der Wall Street

Am 30. Januar 1933 wurde Hitler zum deutschen Reichskanzler ernannt, und Deutschland überwand nicht nur die wirtschaftliche Katastrophe der Superinflation von 1923 vollständig, sondern erholte sich auch schnell von der schweren Rezession, die den ganzen Globus erfasste, und rüstete unter dem enormen wirtschaftlichen Druck, die riesigen Kriegslasten zu tragen, mit erstaunlicher Geschwindigkeit die mächtigsten Streitkräfte Europas auf und begann am 1. September 1939 den Zweiten Weltkrieg - in nur sechs Jahren!

Und die Vereinigten Staaten, damals die Weltmacht Nummer eins, steckten immer noch im Sumpf der Großen Rezession von 1929, und erst 1941, als die Vereinigten Staaten direkt in den Krieg zogen, änderte sich die wirtschaftliche Lage Amerikas radikal.

Der rasche wirtschaftliche Aufschwung Deutschlands und die Vorbereitungen auf einen großen Krieg in nur sechs Jahren wären ohne starke finanzielle Unterstützung von außen völlig undenkbar gewesen. Eine logische Erklärung für einen so großen Zustrom ausländischer Gelder wäre schwer zu finden, wenn es sich nicht um die Vorbereitung eines Krieges handelte.

Tatsächlich war die Wall Street die größte Finanzierungsquelle für Nazi-Deutschland.

Bereits 1924, als die deutsche Hyperinflation gerade abgeklungen war, planten die Banker der Wall Street, wie sie Deutschland bei der Vorbereitung auf den Krieg helfen konnten, und sowohl der Dawes-Plan, der 1924 begann, als auch der Young-Plan von 1929 dienten diesem Zweck.

> *"Der Dawes-Plan von 1924 passt perfekt zu den Plänen der Militärökonomen des deutschen Hauptquartiers. "* [129]

Owen Young, Präsident von J.P. Morgan's U.S. General Electric, ist auch der wichtigste Geldgeber der von Roosevelt gegründeten

---

[129] Zeugenaussage vor dem Senat der Vereinigten Staaten, Ausschuss für militärische Angelegenheiten, 1946.

United European Investment Corporation. Dieser Owen Young war es auch, der die Bank für Internationalen Zahlungsausgleich (BIZ) gründete, die internationale Bankpartnerschaften koordiniert. Wie der bekannte Historiker Carroll Quigley, Clintons Gönner an der Georgetown University, feststellte,

> *"Sie (die Bank für Internationalen Zahlungsausgleich) schuf ein Finanzsystem, um die Welt zu kontrollieren, einen (Mechanismus), der von einigen wenigen kontrolliert wurde und das politische System und die Weltwirtschaft beherrschen konnte. "* [130]

Von 1924 bis 1931 stellte die Wall Street Deutschland im Rahmen dieser beiden Programme insgesamt 138 Mrd. DM an Krediten zur Verfügung, während Deutschland in diesem Zeitraum insgesamt nur 86 Mrd. DM an Kriegsreparationen zahlte, und Deutschland erhielt von den Vereinigten Staaten sogar einen enormen finanziellen Beitrag von 52 Mrd. DM, der es der gesamten deutschen Rüstungsindustrie ermöglichte, rasch zu wachsen. Bereits 1919 sah der britische Premierminister Lloyd George im Friedensvertrag von Versailles die enormen Zahlungen voraus, die sich Deutschland nicht leisten konnte und die unweigerlich dazu führen würden, dass die Deutschen entweder zahlungsunfähig würden oder in den Krieg zögen, was dann leider auch geschah.

Angesichts der Reihen nagelneuer, moderner Militärfabriken in Nazi-Deutschland und der rostigen Produktionsstätten in den Vereinigten Staaten während der Großen Depression ist es kein Wunder, dass der Kongressabgeordnete McFadden die Wall Street Banker und die Federal Reserve anprangerte, weil sie amerikanische Steuergelder zur Finanzierung der deutschen Kriegsmaschinerie verwendeten.

> *"Herr Vorsitzender, wenn das deutsche Unternehmen Noble Explosives dem japanischen Militär Sprengstoff für den Einsatz in der Mandschurei (Nordostchina) oder anderswo verkauft, kann es den Wechsel in US-Dollar begleichen und ihn an den offenen Diskontmarkt in New York schicken, wo die Federal Reserve Bank den Wechsel diskontiert und neue US-Dollar-Noten als Sicherheit ausgibt, hilft die Federal Reserve dem deutschen Sprengstoffunternehmen, sein Inventar in das*

---

[130] Carroll Quigley, *Tragödie und Hoffnung* (MacMillan, 1966), S. 308.

> amerikanische Bankensystem zu stecken. Wenn das der Fall ist, warum schicken wir dann Vertreter nach Genf, um an der (deutschen) Abrüstungskonferenz teilzunehmen? Lassen das Federal Reserve Board und die Federal Reserve Bank unsere Regierung nicht die Schulden der deutschen Rüstungsunternehmen für das japanische Militär abbezahlen?" [131]

Die Fed stellte der deutschen und japanischen Rüstungsindustrie nicht nur kurzfristige Finanzierungen zu niedrigen Zinsen auf dem New Yorker Commercial-Paper-Diskontmarkt zur Verfügung, sondern lieferte auch US-Goldreserven direkt nach Deutschland.

> "Eine riesige Menge an Geld, das den amerikanischen Bankkunden gehört hätte, wurde ohne jegliche Sicherheiten an Deutschland gegeben. Das Federal Reserve Board und die Federal Reserve Bank gaben die US-Währung ausschließlich auf deutsche Geschäftspapiere aus. Milliarden von Dollar wurden in die deutsche Wirtschaft gepumpt, ein Prozess, der bis zum heutigen Tag anhält. Billige deutsche Handelspapiere wurden hier (in New York) bewertet und gestundet, für den Kredit der US-Regierung verpfändet und vom amerikanischen Volk bezahlt, und am 27. April 1932 verschiffte die Federal Reserve Gold im Wert von 750.000 Dollar, das dem amerikanischen Volk gehört hätte, nach Deutschland. Eine Woche später wurden weitere 300.000 Dollar Gold auf die gleiche Weise nach Deutschland verschifft. Allein Mitte Mai wurden von der Federal Reserve Board und der Federal Reserve Bank Gold im Wert von 12 Millionen Dollar nach Deutschland verschifft. Fast jede Woche fahren Goldtransporte nach Deutschland. Herr Vorsitzender, ich glaube, die Sparer der Bank of America haben ein Recht darauf zu erfahren, was die Federal Reserve mit ihrem Geld macht." [132]

Neben der massiven Finanzierung durch die Wall Street spielten Hitlers Reformen des Finanzsystems eine erhebliche Rolle, von denen die wichtigste der Entzug des Rechts zur Geldausgabe an die private deutsche Zentralbank war. Nachdem die ineffiziente und kostspielige Ausgabe von Geld, das durch die Staatsverschuldung abgesichert war,

---

[131] Rede von Louis T. McFadden vor dem Repräsentantenhaus, 10. Juni 1932, Congressional Record.

[132] Ebd.

entfallen war, ging es mit der deutschen Wirtschaft steil bergauf. 1933 erreichte die Arbeitslosigkeit in Deutschland 30 Prozent und 1938 herrschte ein Mangel an Arbeitskräften.

Es ist seit langem kein Geheimnis mehr, dass amerikanische Unternehmen Deutschland enorme technische und finanzielle Unterstützung gewährten, was von späteren Historikern als "Unfall oder kurzsichtiger Akt" interpretiert wurde. Es war diese "unerwartete Kurzsichtigkeit", die die Produktionskapazität der deutschen Rüstungsindustrie erheblich steigerte.

Im Jahr 1934 betrug die deutsche Ölproduktionskapazität 300.000 Tonnen natürliches Öl und 800.000 Tonnen synthetisches Benzin (Kohle zu Öl), der Rest war vollständig von Importen abhängig. Nachdem das Patent von Standard Oil für hydriertes Öl auf Deutschland übertragen wurde, konnte Deutschland bis 1944 5,5 Millionen Tonnen synthetisches Benzin und 1 Million Tonnen natürliches Öl produzieren.

> *"Obwohl das deutsche Militärplanungsamt von den Industriebetrieben verlangte, moderne Produktionsanlagen für die Massenproduktion zu installieren, verstanden die deutschen Militärökonomen und Industriebetriebe die Bedeutung der Massenproduktion erst dann vollständig, als die beiden großen amerikanischen Automobilwerke ihre Augen für den neuen Werkstyp in Deutschland öffneten, um den europäischen Markt zu erschließen. Deutsche Experten wurden nach Detroit entsandt, um das Know-how der Modulproduktion und des Fließbandbetriebs zu erlernen. Die deutschen Ingenieure erhielten nicht nur Führungen durch Flugzeugwerke, sondern durften auch andere wichtige Militäreinrichtungen besichtigen, von denen sie eine Menge an Technologie lernten, die sie schließlich gegen die Vereinigten Staaten einsetzten."* [133]

Andere amerikanische Unternehmen, die enge Beziehungen zum deutschen militärisch-industriellen Produktionssystem unterhalten, sind General Motors, Ford Motor, General Electric, DuPont usw., die alle zu JPMorgan, Rockefeller Chase oder Warburgs Manhattan Bank gehören.

---

[133] Antony C. Sutton, *Wall Street und FDR*, op. cit.

Teurer Krieg und billiges Geld

Churchill hat einmal gesagt: "Es ist viel schwieriger, einen Krieg zu führen, als ihn zu beenden". Auf den ersten Blick mag dies unrealistisch klingen, aber bei genauerem Hinsehen wird man feststellen, dass es sich tatsächlich um eine weise Aussage handelt. Um einen Krieg zu beenden, müssen sich oft nur geheime Vertreter der Regierungen der beiden Kriegsparteien zusammensetzen und verhandeln, nichts weiter als die Bedingungen für eine Beendigung des Konflikts, einen Verlust oder einen Gewinn, kein Deal ist vom Tisch.

Aber es ist viel schwieriger, einen Krieg zu führen, und die Herstellung eines sozialen Konsenses in einer demokratischen Gesellschaft ist eine äußerst anstrengende Aufgabe, was die internationalen Bankiers sehr bedauern.

Wie Morton bemerkt,

> "In ihren (den Augen der internationalen Bankiers) gibt es keinen Krieg oder Frieden, keine Slogans oder Erklärungen, keine Opfer oder Ehre, und sie ignorieren diese Dinge, die die Augen der Welt verwirren."

Auch Napoleon, der das Wesen der internationalen Bankiers erkannte, traf den Nagel auf den Kopf, als er sagte:

> "Geld hat kein Vaterland; Finanziers wissen nicht, was patriotisch und edel ist; ihr einziges Ziel ist es, Profit zu machen."

Das amerikanische Volk, das von den Wall-Street-Bankern ausgeraubt worden war, ließ sich nach dem Ersten Weltkrieg und der Weltwirtschaftskrise von 1929 nicht mehr so leicht täuschen, und niemand wollte als Kanonenfutter für die Banker dienen, bevor er seine Kinder nach Europa schickte, um im Krieg zu kämpfen.

Im Jahr 1935 veröffentlichte ein Sonderausschuss unter der Leitung von Senator Gerald Nye einen mehr als 1 400 Seiten umfassenden Bericht, in dem die Beteiligung Amerikas am Ersten Weltkrieg, die Verschwörungen und Missetaten von Bankern und Rüstungsunternehmen im Rahmen der Kriegsanstrengungen sowie die jüngsten Anhörungen von JPMorgan, die die Skandale des 29 Jahre andauernden Börsencrashs an der Wall Street aufdeckten, dargelegt wurden, was die Antikriegsstimmung extrem verstärkte. Zu dieser Zeit löste Milis' Bestseller "Der Weg zum Krieg" eine hitzige Debatte über die Beteiligung am Krieg aus. Als Reaktion auf diese öffentliche Meinung verabschiedeten die Vereinigten Staaten zwischen 1935 und 1937 drei Neutralitätsgesetze, die es den Vereinigten Staaten strikt untersagten, sich erneut in einen Krieg locken zu lassen.

Mehr als fünf Jahre nach Beginn des Roosevelt'schen New Deal erholte sich die US-Wirtschaft nicht, die Arbeitslosigkeit lag weiterhin bei 17 Prozent, und 1938 befanden sich die USA erneut in einer schweren Rezession.

Sowohl die Banker als auch Roosevelt waren der Meinung, dass nur das superdefizitäre fiskalische, keynesianisch inspirierte Abfeuern von billigem Geld die Wirtschaft retten könne, und dass dies nur durch einen massiven Krieg möglich sei.

Nach der Abschaffung des Goldstandards im Jahr 1933 waren alle Hindernisse auf dem Weg zum Krieg beseitigt, und es fehlte nur noch ein Vorwand für einen Krieg.

Charles C. Tansill, Geschichtsprofessor an der Georgetown University, argumentierte, dass der Krieg gegen Japan schon lange vor Roosevelts Amtsantritt 1933 geplant worden war, und dass die US-Marine bereits 1932 bewiesen hatte, dass ein Angriff 60 Meilen vor Pearl Harbor die Pazifikflotte schwer treffen konnte. Der amerikanische Geheimdienst knackte im August 1940 den Code des japanischen Militärs und konnte alle zuvor abgefangenen japanischen Telegramme entschlüsseln. In den USA hergestellte Entschlüsselungsmaschinen wurden in die ganze Welt geschickt, wobei Pearl Harbor, der größte amerikanische Marinestützpunkt im Pazifik, ausgespart blieb. Viele Historiker glauben, dass Roosevelt im Voraus wusste, dass sich die japanische Marine an Pearl Harbor heranschleichen würde.

Am 13. Januar 1943 erklärten Roosevelt und Churchill in Casablanca, dass Deutschland bedingungslos kapitulieren müsse, eine Erklärung, die die Kräfte in Deutschland überraschte, die sich gegen Hitler stellten und für einen Frieden mit den Alliierten eintraten. Ursprünglich hatte Deutschland den Alliierten bereits im August 1942 die Bedingungen für einen Frieden angeboten, als Deutschland an die

Grenzen vor dem 1. September 1939 zurückkehrte, um einen Krieg zu beenden, den es auf jeden Fall verlieren würde. [134]

Innerdeutsche Kräfte, die den Sturz Hitlers und des Nazi-Regimes befürworteten, arbeiteten bereits an der Planung eines Militärputsches, und Roosevelts Erklärung versetzte dem Einfluss der Antikriegskräfte in Deutschland einen schweren Schlag. Im Folgenden erläutert Kissinger die Beweggründe für die Casablanca-Erklärung von Roosevelt,

> *"Roosevelt gab diese Erklärung aus mehreren Gründen ab (Deutschland muss bedingungslos kapitulieren). Er befürchtete, dass eine Diskussion über die Friedensbedingungen mit Deutschland die Meinungen innerhalb der Alliierten spalten könnte, die sich seiner Meinung nach zunächst darauf konzentrieren sollten, den Krieg zu gewinnen, und er war bestrebt, Stalin, der sich in einer Pattsituation bei Stalingrad befand, zu versichern, dass er niemals allein mit Deutschland Frieden schließen würde. Aber der wichtigste Grund war Roosevelts Versuch zu verhindern, dass sich später deutsche Revisionisten erheben und behaupten, Deutschland sei durch leere Versprechungen zum Waffenstillstand in diesem Jahr betrogen worden."* [135]

Kissinger hat sicherlich Recht, aber die Wahrheit ist, dass sich der brutale und kostspielige Krieg über mehr als zwei Jahre hinzog und unzählige Leben und Reichtümer in Schutt und Asche gelegt wurden. Dazu gehörten auch die sechs Millionen Juden, die durch die Hand der Nazis starben, von denen eine beträchtliche Anzahl höchstwahrscheinlich überlebt hätte, wenn der Krieg 1943 beendet worden wäre, denn schließlich hätten die Alliierten bei der Vereinbarung über die bedingte Kapitulation Deutschlands ein gewichtiges Wort mitreden können.

Die internationalen Banker, die sich gerade erst aufgewärmt haben, werden sich jedoch nicht so leicht von der Möglichkeit, sich zu bereichern, trennen können. Als der Krieg schließlich im August 1945 beendet wurde und die Staatsverschuldung der USA von nur 16 Milliarden Dollar im Jahr 1930 auf 269 Milliarden Dollar im Jahr 1946

---

[134] Walter Schellenberg, *Die Schellenberg-Erinnerungen* (André Deutsch, London, 1956).

[135] Henry Kissinger, *a. a. O.*, S. 346.

in die Höhe schnellte, wurden Keynes' Behauptungen über Defizitfinanzierung und billiges Geld im Rauch des Zweiten Weltkriegs endgültig "getestet". Die internationalen Bankiers hatten im Zweiten Weltkrieg einen weiteren Glücksfall.

Zusammenfassung

★Keynesianische Ideen von billigem Geld werden von internationalen Bankern und Politikern stark unterstützt.

★Präsident Hoover fiel an der Wall Street in Ungnade, weil er von der etablierten Politik der Banker in Bezug auf die Ausschüttung deutscher Gelder abwich, und sein Bestreben, den New Yorker Aktienmarkt zu leerverkaufen, zerriss ihm das Gesicht bei den Bankern und beendete schließlich seine Karriere.

★Roosevelt, der sich vorgeblich als Retter des sauberen und ehrlichen Volkes darstellte, hatte in Wirklichkeit enge Verbindungen zu internationalen Bankern.

★ Mit der Unterstützung von Keynes und den Bankern schaffte Roosevelt das Goldstandard-System ab.

★Hitlers Aufstieg zur Macht und die Finanzierung und Unterstützung durch Bankiers in den Vereinigten Staaten und Großbritannien hatten viel damit zu tun.

★ Die Wall Street war die größte Finanzierungsquelle für Nazi-Deutschland und half Hitler, den wirtschaftlichen Aufschwung schnell zu vollenden und sich in sechs Jahren auf einen Massenkrieg vorzubereiten.

KAPITEL VI

Der elitäre Club, der die Welt regiert

> *Die Kräfte des Finanzkapitals haben einen extrem langfristigen Plan, ein Finanzsystem zu schaffen, das die Welt kontrolliert, einen (Mechanismus), der von einigen wenigen kontrolliert wird und das politische System und die Weltwirtschaft beherrschen kann.*
> *Das System wurde von Zentralbankern nach Art eines feudalen Despotismus kontrolliert, der durch geheime Absprachen bei häufigen Treffen koordiniert wurde.*
> *Das Herzstück des Systems ist die Bank für Internationalen Zahlungsausgleich in Basel, Schweiz, eine Bank in Privatbesitz, und die Zentralbanken, die sie kontrollieren, sind ebenfalls Privatunternehmen. Jede Zentralbank ist bestrebt, die jeweilige Regierung zu kontrollieren, indem sie die Kreditvergabe kontrolliert, Devisengeschäfte manipuliert, das Niveau der Wirtschaftstätigkeit im Lande beeinflusst und Politiker belohnt, die in der Wirtschaft kooperativ bleiben.*[136]
> —Caroll Quigley, Historikerin an der Georgetown University renommierte Historikerin, 1966

In unserem Leben tauchen Begriffe wie "Weltregierung" und "Weltwährung" immer häufiger auf. Ohne den entsprechenden historischen Kontext würde man einen solchen Hinweis mit großer Wahrscheinlichkeit als gewöhnlichen Nachrichtenhype abtun, während in Wirklichkeit ein riesiges Projekt auf den Weg gebracht wird. Es ist beunruhigend, dass China immer noch sehr wenig darüber weiß.

Im Juli 1944, als der gesamte eurasische Kontinent noch mit Leuchtfeuern bedeckt war, und etwas mehr als einen Monat, nachdem Großbritannien und die Vereinigten Staaten das zweite Schlachtfeld auf dem europäischen Kontinent eröffnet hatten, kamen Vertreter von 44 Ländern aus aller Welt nach Bretton Woods, einem berühmten Ferienort in New Hampshire, um den Entwurf für eine neue Weltwirtschaftsordnung für die Nachkriegszeit zu besprechen. Die internationalen Bankiers begannen mit ihrem seit langem geplanten

---

[136] Carroll Quigley, *Tragödie und Hoffnung* (MacMillan, 1966), S. 308.

Plan: die Ausgabe von Währungen auf der ganzen Welt zu kontrollieren!

Zu dieser Zeit hatten die internationalen Bankiers bereits eine Reihe von Organisationen gegründet: Das Royal Institute of International Affairs und der Council on Foreign Relations. In der Folge wurden aus diesen beiden Kerninstitutionen zwei neue Zweige gebildet: die Bilderberg-Gruppe für den wirtschaftlichen Bereich und das Trilaterale Komitee für die Politik.

Das ultimative Ziel dieser Organisationen ist es, eine Weltregierung zu errichten, die von einer sehr kleinen Anzahl angloamerikanischer Eliten regiert wird, und ein einheitliches System zur Ausgabe von Weltwährungen zu schaffen, gefolgt von einer "Weltsteuer" für alle Bürger der Erde, die "Neue Weltordnung" genannt wird!

In einem solchen System müssen alle souveränen Staaten ihres Rechts beraubt werden, währungspolitische und innenpolitische Entscheidungen zu treffen, und die wirtschaftlichen und politischen Freiheiten aller souveränen Staaten und ihrer Völker müssen manipuliert werden. Die Fesseln, die dem modernen Menschen angelegt werden, sind keine Ketten mehr, sondern Schulden. Um den Nutzen jedes modernen "Sklaven" zu maximieren, muss das schlampige Management in eine effiziente wissenschaftliche "Zucht"-Phase übergehen, in der die bargeldlose Gesellschaft, elektronisches Geld, international vereinheitlichte RFID (RFID Identifier), in den menschlichen Körper implantierte ID-Karten und andere Technologien zu den Symbolen werden, die den modernen Menschen schließlich in einen "Sklaven" verwandeln werden. Auf der Grundlage der RFID-Technologie werden internationale Banker schließlich in der Lage sein, jeden Erdbewohner an jedem Ort und zu jeder Zeit zu überwachen. Wenn das Bargeld aus der Gesellschaft verschwindet, kann jeder mit ein paar Fingertipps auf der Computertastatur die Möglichkeit verlieren, sich seinen Reichtum zu jeder Zeit anzueignen. Für jeden, der die Macht der Freiheit schätzt, ist das ein sehr beängstigendes Bild. Aber für die internationalen Banker ist dies der Höhepunkt der "Neuen Weltordnung".

Die Elite glaubt, dass ihr Plan keine "Verschwörung", sondern eine "offene Verschwörung" ist. Im Gegensatz zu herkömmlichen Verschwörungen haben sie keine klare Führungsstruktur, sondern eher einen "losen" "sozialen Kreis von Gleichgesinnten". Was die normalen

Menschen jedoch stört, ist, dass diese "gleichgesinnten" Schwergewichte ihre "Ideale" immer auf Kosten der normalen Menschen zu "bereichern" scheinen.

Colonel House, Gründer der American Foreign Service Association und erster Befürworter des Völkerbundes nach dem Ende des Ersten Weltkriegs, war ein wichtiger Manipulator dieses Systems in den Vereinigten Staaten.

Colonel House, der "geistige Pate"

> *In Washington sind die wahren Machthaber unsichtbar und üben ihre Macht hinter den Kulissen aus.* [137]
> Felix F. Frankfurter, Richter am
> Obersten Gerichtshofs der Vereinigten Staaten

Colonel House hieß mit bürgerlichem Namen Edward House, und der Colonel-Titel war eine Anerkennung des Gouverneurs von Texas für seinen Beitrag zu den Kommunalwahlen in Texas. Als Sohn einer wohlhabenden Bankiersfamilie in Texas geboren, war Haus' Vater Thomas während des amerikanischen Bürgerkriegs ein Agent der europäischen Rothschilds. Haus verbrachte seine frühen Jahre in England, und wie viele amerikanische Bankiers des frühen 20. Jahrhunderts zog er es vor, England als sein Heimatland zu betrachten und unterhielt enge Beziehungen zur britischen Bankengemeinschaft.

Im Jahr 1912 veröffentlichte House einen anonymen Roman, *Philip Dru: The Administrator*, der später für Historiker von großem Interesse war. Darin stellte er sich einen wohlwollenden Diktator vor, der die Macht in beiden Parteien in den Vereinigten Staaten ergreift, eine Zentralbank einrichtet, eine progressive Einkommensteuer auf Bundesebene einführt, Schutzzölle abschafft, ein Sozialversicherungssystem einführt, einen Völkerbund gründet und so weiter. Die künftige Welt, die er in seinem Buch "vorhersagte", war dem, was später in Amerika geschah, so verblüffend ähnlich, dass ihre "Voraussicht" direkt nach Keynes kam.

---

[137] Ted Flynn, *op. cit.*, S. 88.

In der Tat ist das, was Colonel House und Keynes geschrieben haben, genauer als ein prophetisches Buch über die Zukunft, ein Plan für die Umsetzung der künftigen Politik.

Das Buch von Colonel House erregte sofort nach seiner Veröffentlichung die Aufmerksamkeit der amerikanischen Elite, und seine Vorhersagen für die Zukunft der Vereinigten Staaten deckten sich weitgehend mit den Erwartungen der internationalen Bankiers. Colonel House wurde schnell zum "geistigen Paten" der elitären Kreise. Im Hinblick auf die Nominierung der Demokraten für die Präsidentschaftswahlen 1912 arrangierten die hohen Tiere der Demokraten, dass Colonel House Wilson, einen der Kandidaten, "interviewte". Als Wilson in House' Hotel in Yonhue eintraf, unterhielten sich die beiden Männer eine Stunde lang, wobei sie sich gegenseitig zutiefst verärgerten, wie Wilson selbst sagte,

> "Mr. House ist meine zweite Natur. Er ist ein anderes, separates Wesen von mir. Es ist schwer, seine Gedanken von meinen zu trennen. Wenn ich an seiner Stelle wäre, würde ich alles tun, was er vorschlägt. " [138]

House spielte eine kommunikative und koordinierende Rolle zwischen Politikern und Bankern. Vor der Wahl Wilsons versicherte er bei einem Bankett der Wall-Street-Banker den Finanzbossen, dass "der demokratische Esel, der von Wilson geritten wird, niemals auf der Straße zurücktreten wird..." und Schiff, Warburg, Rockefeller, Morgan und andere setzten ihre Hoffnungen auf House. [139] Schiff vergleicht House mit Moses, während er selbst und die anderen Bankiers Aaron sind.

Nach den Präsidentschaftswahlen im November 1912 verbrachte der designierte Präsident Wilson seinen Urlaub auf den Bermudas und las in dieser Zeit sorgfältig das Buch *Philip Dru: Verwalter*. Von 1913 bis 1914 waren Wilsons Politik und Gesetzgebung fast eine Wiederholung von House' Roman.

---

[138] Charles Seymour, *Intimate Papers of Colonel House* (Houghton Mifflin, 1926), Bd. I, S. 114.

[139] George Sylvester Viereck, *Die seltsamste Freundschaft der Geschichte*, 1932.

Als der Federal Reserve Act am 23. Dezember 1913 verabschiedet wurde, schrieb Schiff, ein Banker der Wall Street, an das Repräsentantenhaus,

> *"Ich möchte mich für Ihren stillen und fruchtbaren Beitrag zur Verabschiedung dieses Währungsgesetzes bedanken. "* [140]

Als die schwere Arbeit der Gründung einer privaten US-Zentralbank abgeschlossen war, wandte House seine Aufmerksamkeit internationalen Angelegenheiten zu. Mit seinen umfangreichen Kontakten in Europa und Amerika wurde House schnell zu einem Schwergewicht auf der Weltbühne.

> *"Er (Haas) hat eine sehr enge Verbindung zu internationalen Bankiers in New York. Sein Einfluss erstreckte sich auf viele Finanzinstitute und Bankiers, darunter die Brüder Paul und Felix Warburg, Otto Can, Louis Marburg, Henry McKinza, die Brüder Jacob und Mortimer Schiff und Herbert Lieman. House hat einen ebenso starken Kreis von Bankern und Politikern in Europa. "* [141]

Am 30. Mai 1919 berief Baron Edmund Rothschild in einem Hotel in Paris ein Treffen mit Mitgliedern der Inquiry und des britischen Round Table ein, bei dem es um die Integration der britischen und amerikanischen Eliten ging. Am 5. Juni trafen sich die Teilnehmer erneut und beschlossen, dass es besser sei, die Organisation zu trennen und ihre Aktionen zu koordinieren.

Als Roosevelt unter Wilson stellvertretender Marineminister war, las er House' *Philip Dru: Administrator* und war inspiriert. Der in dem Buch beschriebene "gemäßigte Diktator" war ein getreues Abbild dessen, was Roosevelt später wurde. Als Roosevelt zum Präsidenten gewählt wurde, wurde House sofort zu einem unverzichtbaren Berater im Weißen Haus.

Der Schwiegersohn von Roosevelt schrieb in seinen Memoiren.

> *"Lange Zeit habe ich geglaubt, dass Roosevelt selbst mit all den Forderungen und Möglichkeiten zum Nutzen der Vereinigten Staaten aufwartete. Das ist in der Praxis nicht der Fall. Die meisten seiner Ideen, seine politische 'Munition', wurden von*

---

[140] Charles Seymour, *op. cit.*, S. 175.

[141] Dan Smoot, *Die unsichtbare Regierung* (Dan Smoot Report, 1962).

diplomatischen Vereinigungen und Organisationen, die für eine einheitliche Weltwährung eintraten, im Voraus sorgfältig für ihn ausgeheckt. " [142]

Der Sohn von Paul Warburg, der Bankier James Warburg, der Finanzberater von Roosevelt und Mitglied der Foreign Affairs Association war, sagte am 17. Februar 1950 vor dem Ausschuss für auswärtige Beziehungen des Senats,

> *"Wir sollten eine Weltregierung haben, ob es den Menschen gefällt oder nicht. Die Frage ist nur, ob diese Weltregierung durch (friedlichen) Konsens oder (gewaltsame) Eroberung zustande kommen wird. "* [143]

In einem Leitartikel der *Chicago Tribune* vom 9. Dezember 1950 hieß es,

> *"Die Mitglieder der (diplomatischen) Vereinigung haben einen weitaus größeren Einfluss auf die Gesellschaft als gewöhnliche Menschen. Sie nutzten die durch Reichtum, sozialen Status und Bildungsstand begründete Überlegenheit, um dieses Land auf den Weg des wirtschaftlichen Bankrotts und des militärischen Zusammenbruchs zu führen. Sie sollten sich ihre Hände ansehen, die mit dem Blut befleckt sind, das vom letzten Krieg getrocknet und vom jüngsten noch immer hellrot ist. "* [144]

1971 drückte es der Kongressabgeordnete John Rarick aus Louisiana so aus:

> *"Die Foreign Affairs Association, die sich der Schaffung einer Weltregierung verschrieben hat und von mehreren der größten steuerbefreiten Stiftungen finanziell unterstützt wird, übt den Staffelstab der Macht und des Einflusses aus und verfügt über großen Einfluss in den Finanz-, Geschäfts-, Arbeits-, Militär-, Bildungs- und Massenmediengemeinschaften. Jeder Bürger, dem eine gute Regierung am Herzen liegt, die sich für den Schutz und die Verteidigung der US-Verfassung und den Geist des freien Handels einsetzt, verdient es, dies zu erfahren (Foreign Affairs Association). Die Presse unseres Landes, die das Recht auf Wissen verteidigt, war schon immer sehr aggressiv bei der*

---

[142] Oberst Curtis Dall, *op. cit.*

[143] David Allen Rivera, *Letzte Warnung: Eine Geschichte der neuen Weltordnung* (2004).

[144] *Chicago Tribune*, 9 Dezember 1950.

> *Aufdeckung von Skandalen, war aber immer verdächtig still, wenn es um die Aktivitäten der diplomatischen Vereinigungen und ihrer Mitglieder ging. Die Diplomatische Vereinigung ist eine elitäre Organisation. Sie übt nicht nur Macht und Einfluss auf den höchsten Entscheidungsebenen der Regierung aus, um den Druck von oben nach unten aufrechtzuerhalten, sondern unterstützt auch die Umwandlung einer souveränen konstitutionellen Republik in eine Dienerin einer diktatorischen Weltregierung, indem sie Personen und Institutionen finanziert, um Druck von unten und von oben auszuüben. "* [145]

Die Foreign Affairs Association hat absoluten Einfluss auf die amerikanische Politik. Seit dem Zweiten Weltkrieg waren bis auf drei Ausnahmen fast alle Präsidentschaftskandidaten Mitglieder der Vereinigung. Jahrzehntelang wechselten sich die beiden Parteien an der Macht ab, und die Politik der Regierung blieb konstant, weil Mitglieder der Foreign Affairs Association fast alle wichtigen Positionen in der Regierung besetzt haben. Neben der überwältigenden Mehrheit der Finanzminister seit 1921 und dem Nationalen Sicherheitsberater unter Eisenhower, der im Wesentlichen von der Vereinigung ernannt wurde, hat die Foreign Affairs Association 14 Außenminister (die alle seit 1949 ernannt wurden), 11 Verteidigungsminister und 9 Direktoren der Central Intelligence hervorgebracht.

Aus dieser Perspektive ist die Diplomatische Vereinigung die "zentrale Parteischule" der amerikanischen Eliten.

> *"Sobald sich die Kernmitglieder der Foreign Affairs Association für eine bestimmte Politik der US-Regierung entschieden haben, läuft die große Forschungsorganisation der Foreign Affairs Association auf Hochtouren und sie lancieren eine Vielzahl von rationalen und emotionalen Argumenten, um die Überzeugungskraft der neuen Politik zu stärken. Politisch und ideologisch, um alle gegenteiligen Ansichten zu verwirren und zu erniedrigen."* [146]

Wann immer in Washington eine (wichtige) Stelle frei wird, ruft das Weiße Haus als erstes die New York Foreign Affairs Association an, und der Christian Science Gag behauptet, dass fast die Hälfte der

---

[145] David Allen Rivera, *op. cit.*

[146] Phyllis Ward, Chester Schlafly, *Kissinger on the Couch* (Arlington House, 1975).

Mitglieder der Foreign Affairs Association in die Regierung berufen wurden oder als Berater der Regierung tätig waren.

Die 3.600 Mitglieder der Diplomatic Association müssen US-Bürger sein, darunter einflussreiche Banker, Leiter großer Unternehmen, hochrangige Regierungsbeamte, Medieneliten, prominente Universitätsprofessoren, Denker in führenden Denkfabriken, hochrangige Generäle im Militär usw. Diese Personen bilden den "harten Kern" der amerikanischen politischen Elite.

Was die "Meinungsorientierung" der Mainstream-Medien in den Vereinigten Staaten betrifft, so stellte der Bericht der Foreign Affairs Association von 1987 fest, dass nicht weniger als 262 Journalisten und Medienexperten Mitglieder sind, die die Außenpolitik der Regierung nicht nur "interpretieren", sondern "formulieren". Die Mitglieder der Foreign Affairs Association kontrollieren Fernsehsender wie CBS, ABC, NBC und PBS.

Was die Zeitungen betrifft, so kontrollieren die Mitglieder der Foreign Affairs Association die *New York Times*, die *Washington Post*, das *Wall Street Journal*, den *Boston Globe*, die *Baltimore Sun*, die *Los Angeles Times* und andere große Zeitungen.

Im Bereich der Zeitschriften kontrollieren die Mitglieder der Foreign Affairs Association: *Time, Fortune, Life, Money, People, Entertainment Weekly, Newsweek, Business Week, U.S. News & World Report, Reader's Digest, Forbes, The Atlantic* und andere Mainstream-Magazine. Im Bereich des Verlagswesens kontrollieren die Mitglieder der Diplomatic Association die größten Verlagshäuser wie McMillan, Rand, Simon & Schuster, Harper Brothers und McGraw-Hill.[147]

US-Senator William Jenner sagte einmal,

> *"Der Weg zur Diktatur im heutigen Amerika kann auf eine Weise legitimiert werden, die der Kongress, der Präsident und das Volk weder hören noch sehen können. Oberflächlich betrachtet haben wir eine Regierung unter der Verfassung, aber es gibt auch eine Macht innerhalb unserer Regierung und unseres politischen Systems, die die Ansicht der 'Eliten' vertritt, die glauben, dass unsere Verfassung überholt ist und die Zeit auf ihrer Seite ist."*

---

[147] Ted Flynn, *op. cit.*, p. 89.

Die Macht, über die inneren und äußeren Angelegenheiten Amerikas zu entscheiden, liegt nicht mehr in den Händen der demokratischen und der republikanischen Partei, sondern in dem kleinen Kreis des Clubs der Superelite.

Bank für Internationalen Zahlungsausgleich: eine Bank für Zentralbanker

Der berühmte Währungsexperte Franz Pick hat einmal gesagt,

> "Das Schicksal des Geldes wird schließlich auch das Schicksal der Nation sein."

Ebenso bestimmt das Schicksal der Weltwährung letztlich das Schicksal der Welt.

Obwohl die Bank für Internationalen Zahlungsausgleich (BIZ) die erste internationale Bankorganisation der Welt ist, hat sie sich bewusst bedeckt gehalten und war für die Öffentlichkeit praktisch unsichtbar, so dass sie kaum wissenschaftlich untersucht wurde.

Außer im August und Oktober kommt zehnmal im Jahr eine Gruppe gut gekleideter Mystiker aus London, Washington und Tokio nach Basel in die Schweiz und checkt dann still und leise im Hotel Euler ein. Sie kommen zu den geheimnisvollsten, unauffälligen, aber hochwirksamen regelmäßigen Treffen der Welt. Die etwa ein Dutzend Personen haben jeweils ihr eigenes Büro und geheime Telefonleitungen in ihre jeweiligen Länder, und ein festes Team von mehr als 300 Personen stellt ihnen die gesamte Palette an Dienstleistungen zur Verfügung, von Fahrern, Köchen, Sicherheitsleuten, Boten, Übersetzern, Stenographen, Sekretären und Forschungsarbeiten bis hin zu Supercomputern, vollständig umschlossenen Country Clubs, Tennisplätzen, Schwimmbädern und anderen Einrichtungen für sie.

Es gibt strenge Beschränkungen, wer diesem Superclub beitreten darf, und nur die Zentralbanker, die die täglichen Zinssätze, die Höhe der Kredite und die Geldmenge in jedem Land festlegen, sind zugelassen. Dazu gehören die Direktoren der Federal Reserve, der Bank of England, der Bank of Japan, der Schweizer Nationalbank und der Deutschen Bundesbank. Diese Institution verfügt über 40 Milliarden Dollar an Bargeld, Staatsanleihen und Gold, was 10 Prozent der gesamten Devisenreserven der Welt entspricht, und ihre Goldbestände sind die zweitgrößten nach denen des US-Finanzministeriums. Allein die Gewinne aus dem Goldverleih würden die Ausgaben der Bank vollständig decken. Zweck der monatlichen privaten Treffen ist es, die geldpolitischen Aktivitäten in allen Industrieländern zu koordinieren und zu kontrollieren.

Der Hauptsitz der Bank für Internationalen Zahlungsausgleich verfügt über ein unterirdisches Gebäude, das einem nuklearen Angriff standhalten kann, über eine komplette Krankenhauseinrichtung, drei redundante Brandschutzsysteme und benötigt selbst bei einem Großbrand keine externe Feuerwehr. Im obersten Stockwerk des Gebäudes befindet sich ein luxuriöses Restaurant, das ausschliesslich den rund ein Dutzend Super-VIPs zur Verfügung steht, die am "Basel Weekend" teilnehmen. Die Aussicht von der riesigen Glasterrasse des Restaurants ist atemberaubend, mit einem wunderschönen Blick auf Deutschland, Frankreich und die Schweiz.

Im Rechenzentrum des Gebäudes sind alle Computer über eine Standleitung direkt mit dem Netz der nationalen Zentralbanken verbunden, und die Daten der internationalen Finanzmärkte werden in Echtzeit auf Bildschirmen in der Lobby angezeigt, wo 18 Händler ohne Unterbrechung kurzfristige Kreditgeschäfte auf dem europäischen Geldmarkt abwickeln. Die andere Reihe von Goldhändlern tauscht fast ununterbrochen Goldpositionen zwischen den Zentralbanken am Telefon aus.

Die Bank für Internationalen Zahlungsausgleich (BIZ) hat bei den verschiedenen Transaktionen praktisch kein Risiko, da alle Kredite und Goldtransaktionen durch Einlagen von verschiedenen Zentralbanken abgesichert sind und die BIZ bei den Transaktionen hohe Gebühren erhebt. Die Frage ist, warum diese Zentralbanken bereit sind, diese unkomplizierten Geschäfte der Bank für Internationalen Zahlungsausgleich zu überlassen und ihr extrem hohe Gebühren zukommen zu lassen?Darauf gibt es nur eine Antwort: ein Geheimabkommen.

Die Bank für Internationalen Zahlungsausgleich wurde 1930 gegründet, als die Weltwirtschaftskrise am schlimmsten war und die internationalen Bankiers begannen, eine erweiterte Version der Federal Reserve zu konzipieren und eine Bank mit einem Zentralbanker zu schaffen. Gemäß dem Haager Abkommen von 1930 arbeitet sie völlig unabhängig von den Regierungen und ist vollständig von der Besteuerung von Regierungen befreit, egal ob im Krieg oder im Frieden. Sie nimmt nur Einlagen von nationalen Zentralbanken an und erhebt für jede Transaktion eine beträchtliche Gebühr. In den 1930er und 1940er Jahren, als sich die Weltwirtschaft in einer schweren Rezession und in Turbulenzen befand, hinterlegten die europäischen Zentralbanken ihre Goldreserven bei der Bank für Internationalen Zahlungsausgleich (BIZ), und dementsprechend wurden verschiedene internationale Zahlungen und Kriegsreparationen über die BIZ abgewickelt.

Der Drahtzieher des ganzen Plans war der deutsche Hjalmar Schacht, derselbe Schacht, der sich 1927 mit Strang von der New Yorker Fed und Norman von der Bank of England verschworen hatte, um den Börsenkrach von 1929 zu planen. Ab 1930 folgte er dem Glauben der Nazis. Er entwarf die Bank für Internationalen Zahlungsausgleich, um eine Plattform zu schaffen, auf der Zentralbanker unauffindbare Mittel für geheime Transfers bereitstellen konnten. Tatsächlich war es diese Plattform, über die internationale Bankiers in Großbritannien und den Vereinigten Staaten Nazideutschland während des Zweiten Weltkriegs erhebliche finanzielle Unterstützung zukommen ließen, um Deutschland zu helfen, den Krieg so lange wie möglich hinauszuzögern.

Nachdem Deutschland den Vereinigten Staaten den Krieg erklärt hatte, wurden große Mengen strategischer Güter aus den USA unter dem Deckmantel eines neutralen Staates zunächst an das faschistische Spanien und dann an Deutschland geliefert. Viele dieser Finanzgeschäfte werden über die Bank für Internationalen Zahlungsausgleich abgewickelt.

Der Verwaltungsrat der Bank für Internationalen Zahlungsausgleich setzte sich überraschenderweise aus Bankern beider Seiten des Krieges zusammen: Thomas McKittrick aus den Vereinigten Staaten gehörte dem Gremium ebenso an wie Hermann Schmitz, die Galionsfigur des nationalsozialistischen deutschen Industriekonzerns I. G. Farben, der deutsche Bankier Baron von Kurt Schroeder sowie Walther Funk und Emil Puhl von der Reichsbank, wobei die beiden Letzteren sogar von Hitler selbst nominiert wurden.

Als die Deutschen im März 1938 Österreich besetzten, plünderten sie das Gold Wiens, das in den Tresoren der Bank für Internationalen Zahlungsausgleich deponiert war, zusammen mit dem Gold, das später in der Tschechischen Republik und anderen von Deutschland besetzten europäischen Ländern geplündert wurde. Das Direktorium der Bank für Internationalen Zahlungsausgleich verbot die Erörterung dieses

Themas im Vorstand der Bank. Unter anderem war das tschechische Gold vor der deutschen Besetzung an die Bank of England überwiesen worden, und die Nazi-Besatzungstruppen zwangen die tschechische Bank, es von der Bank of England einzufordern, was Norman von der Bank of England sofort tat.

Als ein britischer Journalist diese Nachricht verbreitete, erregte sie sofort großes Aufsehen. US-Finanzminister Henry McKinsey rief persönlich den britischen Finanzminister John Simon an, um sich zu vergewissern, und Simon machte eine Menge Ausflüchte. Als Premierminister David Chamberlain später dazu befragt wurde, antwortete Chamberlain, dass es so etwas nicht gäbe. Es stellte sich heraus, dass Chamberlain Mehrheitsaktionär der Imperial Chemical Industries war, die ein enger Geschäftspartner der I. G. Farben in Nazideutschland war.

Cochran, der vom Finanzministerium der Vereinigten Staaten bei der Bank für Internationalen Zahlungsausgleich (BIZ) mit der Überprüfung der Situation beauftragt war, beschrieb die Beziehung zwischen den Direktoren der BIZ und den feindlichen Ländern so.

> *„Die Atmosphäre in Basel ist absolut freundlich. Die meisten Zentralbanker kennen sich seit Jahren, und das Wiedersehen aller ist eine angenehme und höchst profitable Angelegenheit. Einige von ihnen haben vorgeschlagen, dass sie das gegenseitige Kreuzverhör aufgeben sollten und dass vielleicht jeder mit Präsident Roosevelt angeln gehen sollte, um seinen Stolz und seine Komplikationen zu überwinden und zu einem guten Verhältnis zu kommen, so dass die gegenwärtigen komplexen politischen Beziehungen vereinfacht werden können."*

Die Bank of England sah sich später gezwungen, zuzugeben, dass tschechisches Gold nach Deutschland transferiert worden war, mit der Begründung, dass es sich nur um einen technischen Vorgang gehandelt und das physische Gold das Vereinigte Königreich nie verlassen habe. Dank der Bank für Internationalen Zahlungsausgleich waren für den Transport des Goldes nach Nazideutschland natürlich nur ein paar Änderungen in den Konten der Bank für Zahlungsausgleich erforderlich. Man muss Yalma Shachter dafür bewundern, dass sie 1930 eine so clevere Finanzplattform entwickelt hat, um Deutschlands zukünftige Kriege zu unterstützen.

1940 wurde der Amerikaner Thomas H. McKittrick zum Präsidenten der Bank für Internationalen Zahlungsausgleich ernannt. Er war Absolvent der Harvard University, ehemaliger Präsident der Britisch-Amerikanischen Handelskammer, sprach fließend Deutsch, Französisch und Italienisch, hatte enge Verbindungen zur Wall Street und war mit umfangreichen Krediten an Deutschland vertraut. Kurz nach seinem Amtsantritt reiste er zu einem geheimen Treffen mit der Deutschen Zentralbank und der Gestapo nach Berlin, um zu erörtern, wie das Bankgeschäft weitergeführt werden sollte, wenn die Vereinigten Staaten in den Kriegszustand mit Deutschland eintraten.

Am 27. Mai 1941 sandte US-Außenminister Hull auf Ersuchen von Finanzminister Morgenthau ein Telegramm an den Botschafter der Vereinigten Staaten im Vereinigten Königreich, um die Beziehungen zwischen der britischen Regierung und der Bank für Internationalen Zahlungsausgleich, die unter der Kontrolle der Nazis stand, eingehend zu untersuchen. Die Ergebnisse der Untersuchung überraschten Morgenthau, und Norman von der Bank of England war Direktor der Bank für Internationalen Zahlungsausgleich. In der Tat waren die amerikanischen, britischen und französischen Bankinstitute mit ihrem Todfeind auf dem Schlachtfeld, den Deutschen, in den Vorständen der Abwicklungsbanken freundlich und herzlich verbunden, und diese kuriose Beziehung dauerte bis zum Ende des Krieges.

Am 5. Februar 1942, zwei Monate nach dem japanischen Überraschungsangriff auf Pearl Harbor, traten die Vereinigten Staaten in einen umfassenden Krieg mit Deutschland ein, und seltsamerweise einigten sich die deutsche Zentralbank und die italienische Regierung darauf, dass McKittrick, ein Amerikaner, bis zum Ende des Krieges Präsident der Bank für Internationalen Zahlungsausgleich bleiben sollte, während die Federal Reserve weiterhin mit der Bank zusammenarbeitete.

Die britische Labour-Partei steht der unklaren Beziehung zwischen der Bank of England und der Bank für Internationalen Zahlungsausgleich skeptisch gegenüber und hat wiederholt darauf gedrängt, dass das Finanzministerium ein Mitspracherecht hat, und erklärt, dass

> *"Dieses Land hat vielfältige Rechte und Interessen an der Bank für Internationalen Zahlungsausgleich, und diese Vereinbarungen beruhen auf Abkommen zwischen Regierungen. Es ist nicht in unserem Interesse, die Beziehungen zu dieser Bank zu kappen."*

In einer Ära des Krieges können sogar die Nichtangriffsverträge zwischen Ländern jederzeit aufgekündigt werden, aber das britische Finanzministerium hält sich strikt an die Vereinbarung zwischen den Bankiers verschiedener Länder, so dass man nicht umhin kann, die "seriöse Haltung" der Briten gegenüber dem Gesetz zu "bewundern". Das Problem war, dass 1944 schließlich entdeckt wurde, dass Deutschland den größten Teil der Dividenden der liquidierenden Banken erhalten hatte, und die Großzügigkeit Großbritanniens konnte nicht anders, als Verwunderung hervorzurufen.

Im Frühjahr 1943 reiste McKittrick "unter Einsatz seiner persönlichen Sicherheit" zwischen den Kriegsparteien. Obwohl er weder italienischer Staatsbürger noch US-Diplomat war, erteilte ihm die italienische Regierung ein Diplomatenvisum, und er wurde von Himmlers Geheimpolizei während seiner gesamten Reise nach Rom, der Hauptstadt der kriegführenden Parteien, und dann zurück in die Vereinigten Staaten über Lissabon an Bord eines schwedischen Schiffes eskortiert; im April reiste er zu Konsultationen mit Beamten der Federal Reserve nach New York, und dann, bewaffnet mit einem U.Im April reiste er nach New York zu Beratungen mit Vertretern der Federal Reserve, und anschließend reiste er mit einem US-Pass nach Berlin, der deutschen Hauptstadt, um Beamten der Deutschen Bundesbank vertrauliche Finanzinformationen und die Haltung der obersten US-Behörden zu übermitteln.

Am 26. März 1943 brachte der kalifornische Kongressabgeordnete Jerry Voorhis im Repräsentantenhaus einen Vorschlag zur Untersuchung der Bank für Internationalen Zahlungsausgleich ein, um herauszufinden, "warum ein amerikanischer Staatsbürger Präsident einer Bank sein sollte, die von den Achsenmächten entworfen und betrieben wird", und weder der US-Kongress noch das Finanzministerium waren an einer Untersuchung interessiert.

Im Januar 1944 erklärte ein anderer "guter" Abgeordneter, John Kaufer, wütend:

> *"Die Nazi-Regierung hatte 85 Millionen Schweizer Franken bei der Bank für Internationalen Zahlungsausgleich. Die meisten Direktoren sind Nazifunktionäre, und unser amerikanisches Geld fliesst dorthin."*

Man hat nie verstanden, wie die Schweiz angesichts des Krieges auf allen Seiten "neutral" bleiben konnte, während das ebenso schwache Belgien, Luxemburg, Norwegen und Dänemark den Nazis nicht entkommen konnten, selbst wenn sie neutral bleiben wollten. Das Problem war, dass die Bank für Internationalen Zahlungsausgleich in der Schweiz angesiedelt war und ihre eigentliche Funktion darin bestand, den Krieg für Deutschland durch amerikanische und britische Bankiers zu finanzieren, damit der Krieg länger dauern konnte.

Am 20. Juli 1944 kam auf der Konferenz von Bretton Woods schließlich das Thema der Abschaffung der Bank für Internationalen Zahlungsausgleich auf den Tisch. Beide Hauptarchitekten, Keynes und Harry Dexter White, hatten zunächst die Abschaffung der Bank für Internationalen Zahlungsausgleich angesichts ihres zweifelhaften Verhaltens im Krieg befürwortet, doch ihre Haltung änderte sich bald. Als Keynes an die Tür des US-Finanzministers Morgenthau klopfte, schaute Morgenthau erstaunt auf den emotionsgeladenen Keynes, dessen Haltung und Auftreten tadellos waren und dessen Gesicht rot angelaufen war, und sagte in möglichst ruhigem Ton, dass er der Meinung sei, dass die Bank für Internationalen Zahlungsausgleich so lange in Betrieb bleiben solle, bis der neue Internationale Währungsfonds und die Weltbank gegründet seien, während Mrs. Keynes sich bei Morgenthau einsetzte. Als Keynes den enormen politischen Druck auf Morgenthau spürte, die Bank für Internationalen Zahlungsausgleich aufzulösen, trat er einen Schritt zurück und räumte ein, dass die Bank geschlossen werden sollte, aber der Zeitpunkt der Schließung war ebenfalls wichtig. Morgenthau seinerseits bestand darauf, dass "je früher, desto besser".

Frustriert kehrte Keynes in sein Zimmer zurück und berief sofort eine Dringlichkeitssitzung der britischen Delegation ein, die bis 2 Uhr morgens dauerte, als Keynes persönlich einen Brief an Morgenthau verfasste, in dem er die Bank für Internationalen Zahlungsausgleich aufforderte, ihre Tätigkeit fortzusetzen.

Bei der Sitzung am nächsten Tag verabschiedete Morgenthaus Delegation überraschend eine Resolution zur Auflösung der Bank für Internationalen Zahlungsausgleich. Als McKittrick von dieser Entscheidung erfuhr, schrieb er sofort an Morgenthau und den britischen Schatzkanzler und betonte, dass die Bank für Internationalen Zahlungsausgleich auch nach dem Krieg noch eine wichtige Rolle spielen würde, wies aber gleichzeitig darauf hin, dass die Konten der Bank für Internationalen Zahlungsausgleich nicht veröffentlicht werden könnten. In der Tat wurden die Konten der Bank für Internationalen Zahlungsausgleich in den 76 Jahren von 1930 bis heute noch nie einer Regierung gegenüber veröffentlicht.

Trotz McKittricks zweifelhaftem Verhalten während des Krieges wurde er von internationalen Bankiers bewundert und später von Rockefeller zum Vizepräsidenten der Chase Manhattan Bank ernannt. Und die Bank für Internationalen Zahlungsausgleich wurde schließlich nicht aufgelöst.

Nach dem Krieg wurden die Aktivitäten der Bank für Internationalen Zahlungsausgleich geheimnisvoller. Sie setzt sich aus sechs oder sieben Zentralbankern in einem so genannten "Kernclub" zusammen, wobei die Direktoren der Federal Reserve, der Schweizerischen Nationalbank, der Deutschen Bundesbank, der Bank von Italien, der Bank von Japan, der Bank von England, der Bank von Frankreich und anderer nationaler Zentralbanken vom Kernclub ausgeschlossen sind.

Die wichtigste Idee des "Core Club" besteht darin, die Regierungen aus dem internationalen währungspolitischen Entscheidungsprozess auszuschließen. Die Schweizerische Nationalbank war ursprünglich eine Privatbank, völlig frei von staatlicher Kontrolle. Die Deutsche Bundesbank ist fast so unkonventionell wie die Schweizer Banken und begrüßt die Regierung bei so wichtigen Entscheidungen wie Zinsänderungen überhaupt nicht, und ihr Präsident Poole würde nicht einmal einen von der Regierung arrangierten Flug zu einer Sitzung nach Basel nehmen, sondern lieber in seiner Limousine in die Schweiz fahren. Obwohl die Fed bestimmten staatlichen Verfahren unterliegt, sind das Weiße Haus und der Kongress völlig gleichgültig gegenüber geldpolitischen Entscheidungen. Die Bank von Italien hätte theoretisch unter die Kontrolle der Regierung gestellt werden müssen, aber ihr Präsident hat sich nie mit der Regierung überworfen, und 1979 drohte die Regierung sogar damit, den Präsidenten der Bank von Italien, Paolo Baffi, unter dem Druck der internationalen Bankiers zu verhaften, aber die Regierung unternahm nichts. Der Fall der Bank von Japan ist eher einzigartig, aber nach dem Zusammenbruch der japanischen Immobilienblase in den 1980er Jahren wurde das Eingreifen des Finanzministeriums in die japanische Zentralbank als Schuldiger bezeichnet, und die Bank von Japan nutzte die Gelegenheit, um sich aus dem Griff der Regierung zu befreien. Die Bank of England wird von der Regierung sehr genau beobachtet, aber ihre Präsidenten sind allesamt handfeste Bonzen, so dass sie als Kernmitglieder gelten. Nicht so gut ergeht es der Bank von Frankreich, die als Marionette der Regierung angesehen wird und aus dem inneren Kreis ausgeschlossen ist.

Internationaler Währungsfonds und Weltbank

> *"Sie würden sagen, dass der IWF sehr arrogant ist. Sie werden sagen, dass der IWF den Entwicklungsländern, denen er zu helfen versucht, nie wirklich zugehört hat. Sie werden sagen, dass die Entscheidungen des IWF geheim und undemokratisch sind. Sie werden sagen, dass die wirtschaftliche "Therapie" des IWF das Problem oft verschlimmert hat - so dass die (wirtschaftliche Entwicklung) langsam in einen Abschwung und von einem Abschwung in eine Rezession überging. Da haben sie Recht. Ich war von 1996 bis September (2000) Chefvolkswirt der Weltbank, als ich die schlimmste Weltwirtschaftskrise seit einem halben Jahrhundert miterlebte (asiatische Finanzkrise, lateinamerikanische und russische Finanzkrise). Ich habe die Maßnahmen, die der IWF und das US-Finanzministerium als Reaktion auf diese Krise ergriffen haben, aus erster Hand miterlebt und war fassungslos."*
>
> -Stiglitz, ehemaliger Chefökonom der Weltbank

Joseph Stiglitz hat als Chefökonom der Weltbank eine Woche vor der Jahrestagung der Weltbank und des IWF im Jahr 2000 diesen heftigen Angriff auf die beiden größten internationalen Finanzinstitutionen vorgetragen und wurde daraufhin von Weltbankpräsident Wolfensohn "zum Rücktritt gezwungen". In Wirklichkeit war es nicht Wolfensohn, der Stiglitz feuerte, sondern US-Finanzminister Lawrence Summers, dem 17% der Weltbank gehören, der die Macht hat, den Präsidenten der Weltbank zu ernennen und zu entlassen, und der ein Vetorecht hat und de facto die Geschäfte der Bank kontrolliert. Samos war von Stiglitz so genervt, dass er es nicht ertragen konnte, Stiglitz zu zwingen, sich stillschweigend zurückzuziehen, sondern ihn durch die extreme Form der "Entfernung" (Removal) demütigen musste.

Stiglitz wurde 2001 mit dem Nobelpreis für Wirtschaft ausgezeichnet und war auch der wichtigste Wirtschaftsberater von Präsident Clinton.

Das Problem ist nicht, dass Stiglitz' ökonomische Kenntnisse unzureichend sind, sondern dass seine "politische Haltung" problematisch ist, vor allem seine negative Einstellung zur "Globalisierung", auf die die internationalen Banker besonders scharf sind. Seine Einschätzungen und Erkenntnisse über die beiden internationalen Finanzinstitutionen beruhen natürlich auf einer Vielzahl von Informationen aus erster Hand, aber er hat überhaupt nicht damit gerechnet, dass es die Aufgabe der beiden Institutionen ist, "diese Probleme zu schaffen und auszunutzen".

Stiglitz glaubt nicht an "Verschwörungstheorien", und auch die meisten Ökonomen und Mitarbeiter der Weltbank und des IWF, einschließlich derer auf chinesischer Seite, sind nicht der Meinung, dass es bei ihrer Arbeit eine "Verschwörung" gibt. In der Tat ist die gesamte Arbeit auf operativer Ebene absolut wissenschaftlich und rigoros, alle Daten haben eine Quelle, jeder Algorithmus hat eine wissenschaftliche Analyse, jedes Schema hat eine Erfolgsgeschichte, wenn es eine "Verschwörung" in ihrer täglichen Arbeit gibt, ist es wirklich falsch zu sagen, dass jeder andere mit dem gleichen mathematischen Modell und der gleichen Methode zu den gleichen Schlussfolgerungen kommen wird.

Hier kommt der Meisterdesigner ins Spiel! Die Details und Operationen sind völlig transparent, wissenschaftlich und fast tadellos, während die eigentliche "Verschwörung" auf der politischen Ebene stattfindet. Der klassische Kriegsfall ist, dass Polen und die ehemalige Sowjetunion sehr unterschiedliche Auswirkungen der wirtschaftlichen Transformation hatten.

Der Harvard-Professor Jeffrey Sachs, Soros sowie der ehemalige Vorsitzende der Federal Reserve Paul Volcker und der Vizepräsident der Citibank Anno Ruding haben die "Oszillationstherapie" ausgeheckt. Soros selbst fasste die Therapie folgendermaßen zusammen.

> *"Ich habe der Notwendigkeit Rechnung getragen, zu zeigen, dass Veränderungen im politischen System zu einer wirtschaftlichen Verbesserung führen werden. Polen ist ein Ort, an dem man es versuchen kann. Ich habe eine Reihe umfassender wirtschaftlicher Reformmaßnahmen vorbereitet, die aus drei Komponenten bestehen: Straffung der Geldpolitik, Strukturanpassung und Umschuldung. Ich denke, es ist besser, alle drei Ziele gleichzeitig zu erreichen als einzeln. Ich plädiere für eine Art makroökonomischen Debt-Share-Swap."*

Infolgedessen wurde die polnische "Oszillationstherapie" mit erheblicher finanzieller Unterstützung des US-Finanzministeriums und internationaler Bankiers durchgeführt, und dank der "Bluttransfusion" großer Geldsummen war die polnische "Oszillationstherapie" sehr wirksam.

Warten auf den "Eisbären" durch die wirtschaftliche "Arzt" auf den Operationstisch gelegt, ein Ausbruch der offenen, die Vereinigten

Staaten Hilfe und internationale Banker ursprünglich versprochen gute finanzielle "Bluttransfusion", aber gestoppt, das Schicksal des Patienten kann man sich vorstellen. Kein Wunder, dass Professor Sachs rief "zu Unrecht beschuldigt", offensichtlich die erfolgreiche "Operation" wurde durch den polnischen Fall, aber der Unfall, "Eisbär" Patient überraschend getötet.

In der Tat war der Erfolg der "Oszillationstherapie" in Polen ursprünglich eine Inszenierung, eine Verschwörung auf der "politischen Ebene", die die Professoren Sachs und Stiglitz auf der "operativen Ebene" nicht verstehen konnten.

Zu Beginn der Entwicklung des bretonischen Systems wurden diese beiden Finanzinstitutionen gegründet, um die Vorherrschaft des Dollars als Weltwährung zu etablieren. Das Ideal der internationalen Bankiers, den Goldstandard abzuschaffen, wurde in drei großen Schritten erreicht, und Roosevelt vollendete den ersten Schritt zur Abschaffung des Goldes, als er 1933 das traditionelle Goldstandard-System abschaffte und die direkte Tauschbeziehung zwischen Gold und Dollar (Goldstandard) durch einen indirekten Tausch von Gold (Gold Exchange Standard) ersetzte. Auf dem international zirkulierenden Markt können ausländische Dollarbesitzer nach wie vor Dollar in Gold umtauschen. Und das Bretton-System ist einen Schritt weiter, mit dem Dollar-Austausch (Dollar Exchange Standard) ersetzt das Gold war Gold indirekten Austausch, das heißt, die nationale Währung und der Dollar-Peg, der Dollar und Gold-Peg, nur ausländische Zentralbanken können den Dollar für Gold, Gold wurde weiter aus dem Währungsumlauf Feld verdrängt, da dann die Abschaffung des Goldes abgeschlossen den zweiten Schritt.

Um zu verhindern, dass die Situation außer Kontrolle gerät, hat das US-Finanzministerium in vielen wichtigen Fragen Bestimmungen erlassen, die mit mehr als 85% der Stimmen umgesetzt werden müssen, so dass das US-Finanzministerium (17% der Stimmen) ein Veto einlegen kann. Bei der Weltbank, wo das US-Finanzministerium den Präsidenten auswählt, wird die Schwelle von 85% Zustimmung nur selten erreicht, um die "Effizienz" zu erhöhen, da das US-Finanzministerium den Präsidenten auswählt und die volle Personalhoheit hat. Dies ist die Kluft zwischen der "Gestaltung der Politik" und ihrer Beschränkung auf "operative Prozesse".

Keynes, der Hauptarchitekt des Bretton-Systems, hatte auch ein noch "brillanteres" Konzept entwickelt: "Sonderziehungsrechte" (SZR) zum Aufbau des künftigen Weltwährungsrahmens, das so genannte "Papiergold" zum Ausgleich des physischen Goldmangels in den Vereinigten Staaten, der durch einen chronischen Geldmangel verursacht wurde. Dabei handelt es sich um eine in der Geschichte der Menschheit noch nie dagewesene "Erfindung", die künstlich festlegt, dass eine bestimmte "Papierwährung" niemals "entwertet" wird, dem Gold gleichwertig ist, aber niemals in Gold umgewandelt werden kann. Das Konzept wurde 1969 während der schweren Goldzahlungskrise in den Vereinigten Staaten "großartig eingeführt", konnte aber den Zusammenbruch der internationalen Bindung an die Dollar-Gold-Tauschbeziehung nicht verhindern. Nach dem Zusammenbruch des Bretton-Systems wurden die "Sonderziehungsrechte" neu definiert und an den Wechselkurs eines "Währungskorbs" gekoppelt. Bis heute hat sich diese von Keynes in den 1940er Jahren konzipierte "Weltwährung" als nicht sehr nützlich erwiesen.

Die historische Aufgabe des IWF und der Weltbank war praktisch beendet, als Nixon 1971 die Aufhebung der Bindung des Goldes an den Dollar ankündigte, aber die internationalen Bankiers fanden bald eine neue Nische für sie: Sie "helfen" den Entwicklungsländern bei der "Globalisierung".

Bevor Stiglitz entlassen wurde, hatte er Zugang zu einer großen Zahl vertraulicher Dokumente der Weltbank und des IWF. Aus diesen Dokumenten geht hervor, dass der IWF von Ländern, die Nothilfe erhalten, die Unterzeichnung von 111 geheimen Klauseln verlangt, darunter der Verkauf von Kernaktiva des Empfängerlandes: Wasser, Strom, Gas, Eisenbahnen, Telekommunikation, Öl, Banken usw.; die Notwendigkeit, dass das Empfängerland extrem zerstörerische wirtschaftliche Maßnahmen ergreift; und die Eröffnung von Bankkonten bei Schweizer Banken für Politiker des Empfängerlandes, für die im Gegenzug heimlich Milliarden von Dollar gezahlt werden. Wenn die Politiker der Empfängerländer diese Bedingungen ablehnen, können sie auf den internationalen Finanzmärkten keine Notkredite aufnehmen.

Deshalb waren die internationalen Banker in letzter Zeit ungewöhnlich wütend über Chinas bedingungslose Kreditvergabe an Länder der Dritten Welt, wo China neue Optionen für verzweifelte Länder angeboten hat. Stiglitz zeigte auf, dass alle Länder die gleiche Art von Rezept haben, das auf sie wartet.

Erstes Nebenprodukt: Privatisierung. Genauer gesagt: "Bestechung". Die Staats- und Regierungschefs der Empfängerländer würden eine 10-prozentige Provision erhalten, die in voller Höhe auf ein geheimes Konto bei einer Schweizer Bank eingezahlt würde, wenn sie sich bereit erklärten, staatliche Vermögenswerte zu Schnäppchenpreisen abzutreten. In Stiglitz' Worten: "Sie werden ihre Augen weit aufreißen", und das werden Milliarden von Dollar sein! Die größte Bestechung der Geschichte fand 1995 bei der Privatisierung Russlands statt,

> "Das US-Finanzministerium fand es großartig, denn wir brauchten Jelzin, um gewählt zu werden, und es ist uns egal, ob es sich um eine korrupte Wahl handelt. Wir wollen, dass das Geld zu Jelzin fließt."

Stiglitz ist kein Verschwörungstheoretiker, er ist einfach ein aufrechter Akademiker, der als Wirtschaftswissenschaftler mit seinem Gewissen und seinem Sinn für Gerechtigkeit die abscheulichen Machenschaften der Weltbank und des US-Finanzministeriums nicht gutheißen konnte, als er mit ansehen musste, wie das Land aufgrund einer beispiellosen Korruption in eine schwere Rezession stürzte, die die russische Wirtschaftsleistung fast halbierte.

Die zweite Nebenpille: Kapitalmarktliberalisierung. In der Theorie bedeutet Kapitalmarktliberalisierung, dass Kapital frei ein- und ausfließen kann. Die Realität der asiatischen Finanzturbulenzen und der brasilianischen Finanzkrise zeigt jedoch, dass der freie Kapitalfluss zu Spekulationen auf den Immobilien-, Aktien- und Devisenmärkten führt. Zu den Bedingungen des IWF für die Rettung gehören die Verknappung der Geldbasis und die Anhebung der Zinssätze auf das absurde Niveau von 30%, 50%, 80%, wobei solch hohe Zinssätze nur die Immobilienwerte rücksichtslos zerstören, die industriellen Produktionskapazitäten vernichten und den von der Gesellschaft über Jahre hinweg angehäuften Reichtum aufzehren.

Drittes Nebenprodukt: Marktpreise. Als der IWF 1998 die Subventionen für Lebensmittel und Treibstoff in Indonesien kürzte, brach ein massiver Aufstand aus. In Bolivien randalieren die Bürger wegen der steigenden Wasserpreise. In Ecuador kam es zu sozialen Unruhen wegen steigender Gaspreise. Und das haben die internationalen Banker längst durchschaut, in ihrer Terminologie "soziale Unruhen" genannt. Und diese "sozialen Unruhen" haben einen sehr guten Effekt, nämlich, dass sich das Geld wie verängstigte Vögel zerstreut und ein extrem billiger Vermögenswert übrigbleibt, der auf die Münder der internationalen Banker wartet, die sich bereits danach verzehren.

Als Äthiopiens erste demokratisch gewählte Präsidentin während der Krise Hilfe von der Weltbank und dem IWF erhielt, war sie gezwungen, diese zu einem mageren Zinssatz von 4 Prozent auf ihr Konto beim US-Finanzministerium einzuzahlen, während sie gleichzeitig bei internationalen Bankern zu einem hohen Zinssatz von 12 Prozent Kredite für die Versorgung der hungernden Bevölkerung aufnehmen musste. Als der neue Präsident Stiglitz anflehte, Hilfsgelder der Weltbank und des IWF für die Katastrophenhilfe zu verwenden, konnte Stiglitz seine Bitte nur ablehnen. Es war eine grausame Prüfung des menschlichen Gewissens, und Stiglitz konnte diese Tortur eindeutig nicht ertragen.

Viertes Nebenprodukt: Strategien zur Armutsbekämpfung: Freihandel. In diesem Zusammenhang verglich Stiglitz die Freihandelsbestimmungen der WTO mit dem "Opiumkrieg". Besonders empört zeigte sich Stiglitz über die Klausel zum "geistigen Eigentum", die bei einem so hohen Niveau der "Zölle" auf "geistiges Eigentum" zur Bezahlung von Markenarzneimitteln, die von Pharmaunternehmen in westlichen Ländern hergestellt werden, darauf hinauslaufe, "die einheimische Bevölkerung zu Tode zu verfluchen, die (westliche Pharmaunternehmen) sich einen Dreck um ihr Leben schert".

Nach Ansicht von Stiglitz sind der IWF, die Weltbank und die WTO unterschiedliche Marken außerhalb derselben Institution, und die Marktöffnung des IWF ist sogar noch lästiger als die der offiziellen WTO.

Und *Confessions of an Economic HitMan*, veröffentlicht im Jahr 2004, fügt eine wunderbare Fußnote zu Stiglitz' Perspektive aus der Sicht des Praktikers hinzu.

Der Autor des Buches, John Perkins, schildert anhand seiner persönlichen Erfahrungen anschaulich und minutiös die Anfänge eines geheimen, nicht erklärten Finanzkriegs, der von internationalen Bankern gegen Entwicklungsländer geführt wird. Als Kunde wurde der Autor Ende der 1960er Jahre von der NSA (National Security Agency), der größten Spionageagentur der Vereinigten Staaten, angeworben und nach einer Reihe von Tests als sehr geeigneter Kandidat für den "Wirtschaftsmörder" angesehen. Um zu verhindern, dass seine Identität aufgedeckt wird, wurde der Autor von einem international renommierten Ingenieurbüro als "Chefökonom" in verschiedene Länder der Welt geschickt, um als "Wirtschaftsattentäter" zu arbeiten, und wenn der Plan des Autors nicht aufgedeckt wurde, konnte das betreffende Land wegen des völligen Fehlens eines offiziellen Hintergrunds nur die Gier privater Unternehmen dafür verantwortlich machen. Die Aufgabe des Autors besteht darin, die Entwicklungsländer dazu zu bewegen, bei der Weltbank hohe Kredite aufzunehmen, die weit über den tatsächlichen Bedarf hinausgehen, um festzustellen, dass die Schulden nicht mehr zurückgezahlt werden können. Hunderte von Millionen Dollar an Bestechungsgeldern werden jederzeit in bar gezahlt, um den Machthabern einen Vorgeschmack auf den "Sweet Spot" zu geben. Wenn die Schulden nicht bezahlt werden können, fordern die Weltbank und der IWF im Namen der internationalen Bankiers "das Pfund Fleisch und Blut, das geschuldet wird", im Austausch für die Abtretung wichtiger nationaler Vermögenswerte wie Wasserversorgung, Gas, Elektrizität, Verkehr, Kommunikation und anderer Industrien.

Wenn die Arbeit der "Wirtschaftsmörder" fehlschlägt, werden die "Schakale" der CIA geschickt, um die Führer des Landes zu ermorden, und wenn auch die "Schakale" versagen, wird schließlich die Militärmaschinerie eingesetzt, um Krieg zu führen.

1971 wurde der Autor nach Indonesien entsandt, wo er seine Mission als "Wirtschaftsmörder" erfolgreich erfüllte, was dazu führte, dass sich das Land stark verschuldete. Später ging der Autor nach Saudi-Arabien und manipulierte persönlich das Programm "Recycling des Petrodollars zurück in die Vereinigten Staaten" (Cycling of Petrodollar), was dazu beitrug, dass Kissinger später erfolgreich Lobbyarbeit in Saudi-Arabien betrieb, um sich von der OPEC-Organisation zu distanzieren. Später reiste der Autor in den Iran, nach Panama, Ecuador, Venezuela und in andere Länder, wo er viele herausragende Dinge tat. Als die Ereignisse des 11. September 2001 den Autor mit dem schmerzlichen Gefühl zurückließen, dass die Vereinigten Staaten wegen der guten Arbeit von "Wirtschaftsmördern" wie ihm von der Welt gehasst wurden, beschloss der Autor schließlich, die Wahrheit zu sagen. Kein großer New Yorker Verlag hat es gewagt, seine Autobiografie zu veröffentlichen, weil das Buch so brisant ist. Er schrieb das Buch schnell in den "Kreis" zu verbreiten, ein international bekanntes Unternehmen mit einem hohen Gehalt, um ihn zu mieten, um "auf der Bank sitzen", ist die Bedingung, nicht das Buch zu veröffentlichen, die eine "legale" Bestechung ist. Als der Autor das Risiko und den Druck auf sich nahm, das Buch im Jahr 2004 zu veröffentlichen, wurde es fast über Nacht zum meistverkauften Roman in Amerika. Die Wahl der fiktionalen Form erfolgte ebenfalls aus der Not heraus, da der Verleger befürchtete, dass eine Veröffentlichung in dokumentarischer Form unweigerlich zu unbeabsichtigten Folgen führen würde.

Die elitäre Gruppe, die die Welt regiert

> "Es ist besser, das "Gebäude der Weltordnung" von unten nach oben zu errichten als andersherum. Die Beendigung der nationalen Souveränität (die Arbeit) kann mit einer schrittweisen Annäherung erfolgen, die uns schneller ans Ziel bringen wird als der alte Ansatz."
> - Richard Gardner, *Zeitschrift Foreign Affairs*, April 1974

Als Clinton am 16. Juli 1992 auf dem Parteitag der Demokraten ihre Kandidatur für die Präsidentschaftskandidatur annahm, gab sie eine Reihe von hochkarätigen Erklärungen über Einheit, Ideale, Volk und Land ab, die nichts Neues waren. Doch am Ende seiner Rede erwähnte Clinton plötzlich den Einfluss seines Mentors aus seiner Zeit an der Georgetown University, des berühmten amerikanischen Historikers Carroll Quigley, und verglich diesen Einfluss mit dem von Präsident Kennedy.[148] Clinton erwähnte Carlo Quigleys Namen während seiner gesamten späteren Präsidentschaft immer wieder. Was genau ist es also, was an Carlo Quigleys Behauptungen so tief in Clintons Knochen sitzt?

Es stellt sich heraus, dass Professor Quigley eine Autorität auf dem Gebiet der anglo-amerikanischen Geheimelite ist, die seiner Meinung nach fast alle wichtigen Ereignisse in der Welt entscheidend beeinflusst, mit anderen Worten: Professor Quigley ist ein Meister der "Verschwörungstheorie".

Professor Quigley ist Absolvent der Harvard University, war für den Brookings Think Tank, das US-Verteidigungsministerium und das

---

[148] Bill Clinton, Dankesrede des Gouverneurs von Arkansas, Bill Clinton, vor dem Demokratischen Nationalkongress", New York - NY, 16. Juli 1992.

Marineministerium tätig und hat eng mit zahlreichen hochrangigen CIA-Beamten zusammengearbeitet. Ein weiterer Grund war, dass er in den 20 Jahren seiner Forschung eine große Anzahl streng geheimer Dokumente erhalten hatte und es in der amerikanischen Geschichte keine zweite Person gab, die die Möglichkeit hatte, seine Forschungen zu wiederholen, so dass es nur wenige Herausforderer für seine Arbeit gab.

Nach Ansicht von Professor Quigley sind die Royal Society of International Affairs, die American Foreign Service Association (CFR), die Bilderberg-Gruppe und die Trilaterale Kommission eindeutig die zentralen Organisationen der weltpolitischen Elite, die die Weltlage manipulieren. Die Mitgliedschaft in der 3.600 Mitglieder zählenden Diplomatic Association, die einer "zentralen Parteischule" in den Vereinigten Staaten entspricht, ist das Tor zur amerikanischen Politik und zur Zukunft der Weltpolitik. Dem Bilderberg Club gehören Eliten aus Europa an, während der Trilateralen Kommission mit 325 Mitgliedern Eliten aus Japan und anderen asiatischen Ländern angehören. Die einflussreichen Mitglieder der American Foreign Service Association sind häufig auch Mitglieder anderer Organisationen. Zur Elite dieser Organisationen gehören Schwergewichte, die die Welt im Sturm erobert haben: der ehemalige US-Außenminister Henry Kissinger, David Rockefeller vom J. P. Morgan International Committee, Nelson Rockefeller, Prinz Philip von England, McNamara, der in der Regierung von Präsident John F. Kennedy und später als US-Verteidigungsminister diente. Kennedy und später als Präsident der Weltbank diente, die ehemalige britische Premierministerin Margaret Thatcher, der ehemalige französische Staatspräsident (und Hauptarchitekt der europäischen Verfassung) Bernie de Stein, US-Verteidigungsminister Rumsfeld, der ehemalige nationale Sicherheitsberater der USA Brzezinski und der Vorsitzende der Federal Reserve Alan Greenspan sowie der große Meister der Generation Keynes. Die internationalen Bankiers sind die großen Bosse hinter diesen Organisationen, und die Rothschild-Familie hat bei vielen Bilderberg-Treffen den Vorsitz geführt, die Treffen 1962 und 1973 im schwedischen Ferienort Sarthebaden wurden von der Warburg-Familie ausgerichtet.

Clinton, die noch auf dem College ist, erkannte sofort, dass der persönliche Kampf zum Scheitern verurteilt ist, wenn man in der Politik Fuß fassen will, und dass man in den Kreis der Macht eintreten muss, um in das Reich des "guten Windes mit Macht, lasst mich an die Spitze kommen" zu gelangen.

Wie sich herausstellte, trat Clinton der Trilateralen Kommission und der Diplomatischen Vereinigung bei, ebenso wie den Rhodes Scholars, einem Ausbildungskurs, der wichtige "Kader" für zukünftige "Weltregierungen" ausbilden sollte. Clinton trat der Diplomatischen Vereinigung 1989 bei, und 1991 erschien Clinton, damals Gouverneur von Arkansas, auf der Jahrestagung des Bilderberg-Clubs in Deutschland, da er [149]wusste, dass viele Gouverneure großer US-Bundesstaaten an diesem Treffen der "Superelite" teilnehmen wollten.

Der Bilderberg Club

> *"Hätten wir in jenen Jahren unsere Türen für die Öffentlichkeit geöffnet, wären wir nicht in der Lage gewesen, einen Entwicklungsplan für die Welt zu entwickeln. Die Welt wird jedoch immer komplexer und ist bereit, sich auf eine Weltregierung zuzubewegen. Eine supranationale souveräne Einheit, die sich aus intellektuellen Eliten und Weltbankern zusammensetzt, ist sicherlich besser als die nationale Selbstbestimmung, wie sie in den vergangenen Jahrhunderten praktiziert wurde."*[150]

-David Rockefeller, 1991

Der Bilderberg Club, benannt nach einem niederländischen Hotel, wurde 1954 von Prinz Bernhard der Niederlande gegründet. Der Bilderberg Club ist die "internationale Version" der American Foreign Service Association und setzt sich aus Bankern, Politikern, Wirtschaftsführern, Medienmogulen und führenden Wissenschaftlern aus den Vereinigten Staaten und Europa zusammen. Jeder von Ihnen wurde einer nach dem anderen von Rothschild und Rockefeller ausgewählt, von denen viele auch Mitglieder der American Foreign Service Association, der Pilgrims Society, des Runden Tisches und der Trilateralen Kommission waren. Der Bilderberg Club ist der Sitz fast

---

[149] "Marc Fisher", *Washington Post*, Dienstag, 27. Januar 1998.

[150] Pepe Escobar, "Bilderberg schlägt wieder zu", *Asia Times*, 10. Mai 2005.

aller gemeinsamen europäischen Institutionen, einschließlich der EU, deren oberstes Ziel die Errichtung einer Weltregierung ist.[151]

Das größte Merkmal der Organisation ist ihre "Mystik".

Der Bilderberg Club hat seinen Sitz in Leiden im Westen der Niederlande und verfügt sogar über eine Telefonnummer. Aber eine Website gibt es nicht. Einige unabhängige Detektive, wie Tony Gosling in England oder James Tucker in den Vereinigten Staaten, mussten große Anstrengungen unternehmen, um Informationen über den Ort und die Tagesordnung des Bilderberg-Treffens zu erhalten, und Tucker verfolgte den Bilderberg-Club 30 Jahre lang. Tucker hat ein Buch über den Bilderberg Club veröffentlicht. Der Historiker Pierre de Villemarest und der Journalist William Wolf haben gemeinsam die Bände 1 und 2 von Facts and Chronicles Denied to the Public veröffentlicht, die die geheime Geschichte der Entwicklung des Bilderberg Clubs erzählen. Auch ein Buch des belgischen Soziologen Geoffrey Geuens widmet dem Bilderberg Club ein eigenes Kapitel.

Etienne Davignon, ehemaliger Vizepräsident der Europäischen Kommission und Mitglied des Bilderberg Clubs, besteht darauf, dass "es sich nicht um eine Verschwörung der Kapitalisten handelt, um die Welt zu manipulieren". Thierry de Montbrial, Direktor des französischen Instituts für internationale Beziehungen und seit fast 30 Jahren Mitglied des Bilderberg-Clubs, sagte, es handele sich lediglich um einen "Club". In der offiziellen Pressemitteilung des Bilderberg-Treffens von 2002 heißt es beispielsweise: "Die einzige Aktivität des Clubs ist die Abhaltung seines jährlichen Treffens. Es wird keine Resolutionen, keine Abstimmungen und keine politischen Erklärungen geben. Der Bilderberg Club ist ein "flexibles, informelles, kleines internationales Forum". In diesem Forum können die Teilnehmer eine Vielzahl von Ansichten zum Ausdruck bringen und ihr Verständnis füreinander verbessern".

Der britische Wirtschaftswissenschaftler Will Hutton sagt, dass die bei jedem Bilderberg-Treffen getroffenen Vereinbarungen "ein Vorspiel für die Gestaltung der Weltpolitik" sind - eine Aussage, die der Wahrheit ziemlich nahe kommt. Die auf dem Bilderberg-Treffen

---

[151] Ebd.

getroffenen Entscheidungen werden später zur etablierten Politik des G8-Gipfels, des IWF und der Weltbank.

Die Medien waren schon immer sanftmütig wie stumme Lämmer vor dem Bilderberg Club, und 2005 stahl die *Financial Times* in typischer Manier die Show, indem sie die überschwänglichen Verschwörungstheorien herunterspielte.

In der Tat wird jeder, der diesen mächtigsten Club der Welt in Frage stellt, als Verschwörungstheoretiker verspottet. Mitglieder des Bilderberg-Clubs, wie britische Parlamentarier oder Politiker aus den Vereinigten Staaten, beschreiben ihn als "nichts weiter als einen Ort, an dem Themen diskutiert werden", ein Forum, in dem jeder "seine Meinung frei äußern" kann.

In seinem Buch *A Century of War: Anglo Americanoil politics and the New World War (Ein Jahrhundert des Krieges: Die angloamerikanische Ölpolitik und der neue Weltkrieg)* beschreibt William Engdahl ein wenig bekanntes Geheimnis, das sich auf der Bilderberg-Konferenz 1973 in Schweden zugetragen hat. In den ersten Jahren nach dem Zusammenbruch des Bretton-Systems befand sich der Dollar weltweit in einer noch nie dagewesenen Krise. Nachdem er vom Gold abgekoppelt worden war, gingen die Glaubwürdigkeit und der Wert des Dollars in den weltweiten Finanzturbulenzen verloren wie ein Drachen mit einer gerissenen Schnur. Die internationalen Banker waren damals noch weit davon entfernt, für die Weltwährung bereit zu sein, und ihre Ideen und Konzepte waren äußerst verworren, und die "großartige" Einführung der Weltwährung "Sonderziehungsrechte" im Jahr 1969 wurde auf den internationalen Finanzmärkten einfach nicht gewürdigt. Als die Situation außer Kontrolle zu geraten drohte, berieten sich die internationalen Banker auf der Bilderberg-Konferenz 1973 dringend, um die damalige Weltfinanzkrise einzudämmen und das Vertrauen in den Dollar wiederherzustellen. Der US-amerikanische Finanzstratege Walter Levy hat einen kühnen und verblüffenden Plan entwickelt, wie man den 400-prozentigen Anstieg des Weltölpreises hinter sich lassen kann und wie man daraus einen Gewinn erzielen kann.

An dem Treffen nahmen 84 Mitglieder von großen Ölgesellschaften und Konsortien teil. Engdahl kam zu dem Schluss, dass,

> "Der Zweck dieser mächtigen Leute, die sich bei Bilderberg versammeln, ist es, das Gleichgewicht der Macht in Richtung

> *der US-Finanzinteressen und des Dollars neu auszurichten. Zu diesem Zweck haben sie beschlossen, ihre wertvollste Waffe einzusetzen - die Kontrolle über die weltweite Ölversorgung. Die Politik des Bilderberg-Clubs besteht darin, ein weltweites Ölembargo auszulösen, um einen Anstieg der weltweiten Ölpreise zu erzwingen. Seit 1945 wurde der Weltölpreis in Übereinstimmung mit den internationalen Gepflogenheiten in US-Dollar angegeben, da die US-amerikanischen Ölgesellschaften den Ölmarkt der Nachkriegszeit kontrollierten. Der plötzliche Anstieg der weltweiten Ölpreise führt also zu einem entsprechenden Anstieg der weltweiten Nachfrage nach dem Dollar (um das benötigte Öl zu kaufen), wodurch der Wert der Dollarwährung stabilisiert wird.* " [152]

Kissinger benutzte den Ausdruck "a steady flow of petrodollars", um das Ergebnis der steigenden Ölpreise zu beschreiben.

Trilaterale Kommission

> *Unser Land kann große Demokratien haben, und wir können großen Reichtum schaffen und ihn in den Händen von wenigen anhäufen, aber wir können nicht beides haben.*
> -Louis Brandeis, Richter am Obersten Gerichtshof der Vereinigten Staaten.

Zbigniew Brzezinski ist eindeutig eine zentrale Figur in der Trilateralen Kommission und ein Think Tank für David Rockefeller. Auf seine Anregung hin war Rockefeller entschlossen, "die besten Köpfe der Welt zusammenzubringen", um die Probleme der Zukunft zu lösen. Die Idee wurde erstmals Anfang 1972 vorgeschlagen und vom "Kollektiv" auf der Bilderberg-Jahreskonferenz 1972 breit diskutiert und akzeptiert.

Brzezinski veröffentlichte 1970 sein berühmtes Werk *"Between Two Ages"*, in dem er ein neues internationales Währungssystem und eine Weltregierung fordert und das als "Bibel" der Trilateralen Kommission gilt. Die Rockefeller Foundation und die Ford Foundation

---

[152] William Engdahl, *A Century of War: Anglo American Oil Politics an the New World War*, Pluto Press, 2004, Kapitel 9.

sind zu Recht "großzügig" in ihrer finanziellen Unterstützung der Operationen der Trilateralen Kommission.

Die wichtigsten Mitglieder der Kommission sind Großbankiers, Unternehmer und prominente Politiker aus Nordamerika, Westeuropa und Japan, mit drei Hauptsitzen in New York, Paris und Tokio, die jeweils von einem Mitglied aus diesen drei Regionen geleitet werden. Den Vorsitz der New Yorker Zentrale hat David Rockefeller inne. Brzezinski wurde dann zum Exekutivdirektor ernannt, der die tägliche Arbeit in dieser Zentrale leitete.

Brzezinski hatte David Rockefeller gedrängt, Carter, damals Gouverneur von Georgia, in die Trilaterale Kommission aufzunehmen, und Carter wurde auf David Rockefellers persönliche Nominierung hin kurzerhand in die Trilaterale Kommission aufgenommen. Dies war ein entscheidender Schritt für ihn, um fünf Jahre später auf die Stufen des Weißen Hauses zu gelangen, und es war die Grundlage und der Beginn dessen, was sein und Brzezinskis Kreuzweg werden sollte.

Als junger Mann bemühte sich Clinton unter der Anleitung seines Mentors Quigley, sich aktiv in Organisationen wie der Trilateralen Kommission und der Diplomatischen Vereinigung einzubringen, um schließlich seinen Traum vom Präsidentenamt zu verwirklichen.

Die Trilaterale Kommission ist ebenso ein peripheres Gremium der American Foreign Service Association wie der Bilderberg Club, und die vertraulichsten und wichtigsten Entscheidungen werden nur in den Kreisen einiger weniger Personen in London und an der Wall Street ausgearbeitet. Die Rolle der Trilateralen Kommission und des Bilderberg Clubs besteht in der "Einheit des Geistes" und der "Koordination des Tempos".

Die wichtigste Aufgabe der Trilateralen Kommission bestand darin, keine Mühen zu scheuen, um die großen Ideale der "Weltregierung" und der "Weltwährung" zu predigen und damit letztlich den Weg für eine "neue Weltordnung" unter der Kontrolle der Achse London-Wall Street zu ebnen, und in einem Bericht mit dem Titel "An Outline for Remaking World Trade and Finance", die 1975 in Tokio, Japan, abgehalten wurde, erklärte die Trilaterale Kommission, dass "eine enge trilaterale (US-amerikanische, europäische und japanische) Zusammenarbeit zur Erhaltung des Friedens, zur Steuerung der Weltwirtschaft, zur Förderung der wirtschaftlichen Entwicklung und zur Verringerung der weltweiten Armut die Chancen für einen friedlichen Übergang zu einem Weltsystem erhöhen wird. "

Die Trilaterale Kommission unterschied sich vom Bilderberg Club dadurch, dass sie die Basis der "Weltelite" durch die Aufnahme einer Reihe prominenter Unternehmer und Bankiers aus Japan, damals eine aufstrebende Wirtschaftsmacht, erweiterte. Die internationalen Bankiers sind sich der Bedeutung des ständigen "frischen Blutes" für die künftige "große Sache" der "Weltregierung", "Weltwährung" und "Weltbesteuerung" wohl bewusst. Später, als sich andere Länder und Regionen in Asien entwickelten, wurden auch die "Eliten" dieser Regionen von den internationalen Bankiers begünstigt.

Die Frage ist nicht, ob eine "Weltregierung" gut ist oder nicht, sondern wer sie führen soll und ob sie wirklich universellen Wohlstand und sozialen Fortschritt weltweit erreichen kann. Im Lichte von mehr als 200 Jahren sozialer Praxis scheint die breite Öffentlichkeit nicht mit den Versprechungen der "Elite" zu rechnen.

Nach vielen Kriegen und Rezessionen hat das einfache Volk endlich verstanden, dass ohne wirtschaftliche Freiheit die politische Freiheit nur ein Trick ist; ohne wirtschaftliche Gleichheit verliert die Demokratie ihre Wurzeln und wird zu einer Spielwiese für das Geld.

Wenn das Wesen der Freiheit darin besteht, dass die Menschen das Recht haben, zu wählen, dann gibt es nur einen Weg zur künftigen "Weltregierung", und die "Weltelite" hat ihn bereits für die Menschen der Welt gewählt. Mit den Worten von Paul Warburgs Sohn, dem Bankier James Warburg:

> *"Wir sollten eine Weltregierung haben, ob es den Menschen gefällt oder nicht. Die Frage ist nur, ob diese Weltregierung durch (friedlichen) Konsens oder (gewaltsame) Eroberung zustande kommen wird."*

Zusammenfassung

★ Nach der Veröffentlichung des Romans *Philip Dru Administrator* wurde Colonel House zum "geistigen Paten" elitärer Kreise und spielte eine Rolle in der Kommunikation und Koordination zwischen Politikern und Bankern.

★Die Mitglieder der Foreign Affairs Association bilden den "harten Kern" der amerikanischen politischen Elite und haben absoluten Einfluss auf die amerikanische Politik, in der die Entscheidung über innen- und außenpolitische Angelegenheiten nicht mehr in den Händen der Demokraten und Republikaner liegt, sondern im kleinen Kreis des Clubs der Superelite.

★Die Bank für Internationalen Zahlungsausgleich, die sich bewusst zurückhält, ist eine Zentralbank, die nur Einlagen von nationalen Zentralbanken annimmt und für jede Transaktion eine beträchtliche Gebühr verlangt.

★ Der Internationale Währungsfonds und die Weltbank werden beide von den Vereinigten Staaten kontrolliert.

★Clinton folgte den Lehren ihres Wohltäters und trat der Trilateralen Kommission und der Diplomatischen Vereinigung des Caucus of Power bei und besiegte schließlich den berüchtigten George W. Bush Sr. bei den Parlamentswahlen und wurde zum Präsidenten gewählt.

★Um den Wert der Dollarwährung zu stabilisieren, manipuliert der Bilderberg Club den internationalen Ölpreis und profitiert davon.

KAPITEL VII

Das letzte Gefecht um ehrliches Geld

> *„Die Geschichte zeigt, dass Kreditgeber alle Mittel einsetzen, einschließlich Machtmissbrauch, List, Täuschung und Gewalt, um ihre Kontrolle über die Geld- und Währungsausgabe zu sichern und so die Regierung zu kontrollieren."*
> James Madison, 4 Präsident der Vereinigten Staaten.

In der gesamten modernen Weltgeschichte hat kein Ereignis die demokratische Politik so unverhohlen, so unverschämt und so rücksichtslos mit Füßen getreten wie die Ermordung von Präsident Kennedy. In den drei kurzen Jahren seit der Ermordung Kennedys sind 18 Kronzeugen ums Leben gekommen, sechs davon durch Schüsse, drei durch Autounfälle, zwei durch Selbstmord, einer durch Aufschlitzen der Kehle, einer durch Genickbruch und fünf "natürliche" Todesfälle. Ein britischer Mathematiker behauptete im Februar 1967 in der *Londoner Sunday Times*, dass die Wahrscheinlichkeit dieses Zufalls 1 zu 10 Billionen beträgt. Von 1963 bis 1993 begingen 115 der beteiligten Zeugen Selbstmord oder wurden bei verschiedenen bizarren Vorfällen ermordet.[153]

Die Koordinierung und Organisation in einem so großen Ausmaß, die Blockierung von Beweisen und Zeugen in einem so offensichtlichen Ausmaß lassen vermuten, dass das Kennedy-Attentat in der Tat kein geheimer Mord mehr war, sondern eher eine öffentliche Hinrichtung, die künftige US-Präsidenten warnen sollte, herauszufinden, wer in diesem Land wirklich das Sagen hat!

Wenn ein Präsident der Vereinigten Staaten während seiner Amtszeit stirbt, ist sich die "öffentliche Meinung" im Allgemeinen einig, dass es sich um einen "natürlichen Tod" handelt. Wäre der Präsident in aller Öffentlichkeit erschossen worden, hätte die

---

[153] Craig Roberts, *JFK: The Dead Witnesses* (Consolidated Press International, 1994), S. 3.

"öffentliche Meinung" berichtet, dass "der Mörder ein einsamer Verrückter war". Wären mehrere Mörder beteiligt gewesen, würde die "öffentliche Meinung" zu dem Schluss kommen, dass "die Mörder einzelne Verrückte waren, die sich nicht kannten". Wer Zweifel hat, wird als "Verschwörungstheoretiker" verspottet. Nur war das Attentat auf Kennedy so offensichtlich, dass niemand, der auch nur ein bisschen normal denken kann, den offiziellen Schlussfolgerungen Glauben schenken würde. Unter diesen Umständen wurde die absichtliche Irreführung von Verschwörungstheorien zum Mittel der Wahl, und mehr als 40 Jahre lang wucherten die Verschwörungsnarrative, während die wirkliche Verschwörung "verborgen" wurde.

In der Kriminalistik geht es um Beweise, ohne die keine Schlussfolgerung gezogen werden kann. Die verschiedenen Beweise und Zeugen für das Kennedy-Attentat haben sich im Laufe von mehr als 40 Jahren längst in Luft aufgelöst, und man wird nie in der Lage sein, schlüssige Beweise zu erhalten, um festzustellen, wer der wahre Mörder ist. Aber die Kriminalpsychologie könnte die Tür zur Wahrheit öffnen, indem sie die Motive für einen Mord aus einer anderen Perspektive untersucht.

Dieses Kapitel beginnt mit einer Analyse der Motive für das Kennedy-Attentat und entschlüsselt eine Reihe dramatischer historischer Ereignisse, die von internationalen Bankern in den 1960er und 1970er Jahren ausgelöst wurden, um Gold und Silber, die "ehrlichen Währungen" der Welt, abzuschaffen.

Präsidialerlass 11110: Die Sterbeurkunde von JFK

Für die Amerikaner war der 22. November 1963 ein ungewöhnlicher Tag, als Präsident John F. Kennedy in Dallas, Texas, ermordet wurde. Ganz Amerika war geschockt und trauerte, als die schlimme Nachricht kam. Wenn die Menschen Jahrzehnte später über diesen Moment sprechen, können sich viele noch genau daran erinnern, was sie zu diesem Zeitpunkt taten. Es herrscht immer noch große Uneinigkeit darüber, wer und warum Kennedy ermordet wurde. Die offizielle US-Warren-Kommission kam schließlich zu dem Schluss, dass ein Mörder namens Oswald allein gearbeitet hat, aber der Fall wurde so sehr angezweifelt, dass in der Gesellschaft seit Jahrzehnten verschiedene Verschwörungstheorien kursieren.

Der naheliegendste Verdacht ist, dass der Mörder weniger als 48 Stunden, nachdem er von der Polizei gefasst worden war, von einem anderen jüdischen Attentäter aus nächster Nähe erschossen wurde, und zwar vor den Augen von Millionen von Menschen, die den Mord im Fernsehen verfolgten, und dass sein Motiv

> "um der Welt den Mut des jüdischen Volkes zu zeigen".

Ein weiteres großes Rätsel ist die Frage, wie viele Personen genau an der Ermordung Kennedys beteiligt waren. Die Warren-Kommission kam zu dem Schluss, dass Oswald innerhalb von 5,6 Sekunden drei Schüsse hintereinander abfeuerte, von denen sich einer löste und Kennedy in den Hals und der andere in den Kopf traf. Kaum jemand glaubte, dass Oswald in so kurzer Zeit drei Schüsse abfeuern konnte, und noch seltsamer war, dass die Kugel, die Kennedy in den Nacken traf, den texanischen Gouverneur traf, der vor Kennedy saß, bevor er ihn traf, und die Wahrscheinlichkeit, dass dies der Fall war, lag bei fast Null, weshalb man von einer "magischen Kugel" sprach. Mehr Experten glauben, dass mehr als eine Person aus verschiedenen Richtungen auf Kennedy geschossen hat, und mehr als drei Kugeln.

Ein Streifenpolizist, der später Kennedys Auto eskortierte, erinnerte sich,

> "Während Kennedy damit beschäftigt war, der Empfangsmenge am Flughafen die Hände zu schütteln, kam Johnsons (Vizepräsident) Geheimdienst auf uns zu, um uns Anweisungen für die Sicherheitsarbeit zu geben. Was mich am meisten überraschte, war, als sie sagten, dass die Reiseroute des Präsidenten am Dealey Plaza (dem Ort des Attentats) vorübergehend geändert wurde. Wenn die ursprüngliche Route beibehalten wird, hat der Mörder möglicherweise gar keine Chance, nach unten zu gelangen. Sie gaben uns auch die unerhörte Anweisung, dass wir vier Motorradwächter uns normalerweise in der Nähe des Präsidentenwagens aufhalten sollten, aber dieses Mal sollten wir uns alle zurückziehen und unter keinen Umständen über die Hinterräder des Präsidentenwagens hinausgehen. Ein anderer Freund von mir sah, wie er (Johnson, Vizepräsident für Schutz) sich 30 oder 40 Sekunden bevor er den ersten Schuss hörte, in seinem Auto bückte, noch bevor der Konvoi in die Houston Street einbog. Vielleicht suchte er etwas auf dem Teppich im Auto, aber er sah

aus, als hätte er eine Vorahnung, dass eine Kugel fliegen würde.
„ 154

Als die First Lady Jacqueline mit dem Leichnam ihres Mannes in der Air Force One auf dem Washingtoner Flughafen ankam, trug sie immer noch einen mit Kennedys Blut bespritzten Mantel. Sie bestand darauf, dies zu tun, damit "sie das begangene Verbrechen sehen würden", während der Mörder, Oswald, noch in Polizeigewahrsam war, und wer waren diese "sie", von denen Jacqueline sprach? Jacqueline hatte in ihrem eigenen Testament verfügt, dass die Kennedy-Bibliothek am 50 Jahrestag ihres Todes (19. Mai 2044) ein 500-seitiges Dokument über Kennedy herausgeben sollte, falls ihr jüngstes Kind gestorben wäre. Was sie nicht bedacht hatte, war, dass ihr jüngster Sohn 1999 bei einem Flugzeugabsturz ums Leben gekommen war.

Kennedys Bruder Robert, ein prominenter Förderer der Bürgerrechtsbewegung, würde nach seiner Wahl zum Präsidentschaftskandidaten der Demokraten im Jahr 1968 mit ziemlicher Sicherheit Präsident werden, doch gerade als er seinen Sieg feierte, wurde er erneut in einer großen öffentlichen Veranstaltung zu Tode gemobbt.

In den drei kurzen Jahren seit der Ermordung Kennedys starben 18 wichtige Zeugen, sechs davon durch Schusswaffen, drei bei Autounfällen, zwei durch Selbstmord, einer durch Aufschlitzen der Kehle, einer durch Genickbruch und fünf "natürliche" Todesfälle. Ein britischer Mathematiker behauptete im Februar 1967 in der *Londoner Sunday Times*, dass die Wahrscheinlichkeit dieses Zufalls 1 zu 10 Billionen beträgt. Von 1963 bis 1993 begingen 115 der beteiligten Zeugen Selbstmord oder wurden bei verschiedenen bizarren Vorfällen ermordet. [155]

Die Warren-Kommission warf auch Fragen zur Versiegelung aller Dokumente, Akten und Beweise für 75 Jahre bis 2039 auf, an der die CIA, das FBI, der Geheimdienst des Präsidenten, die NSA (National Security Agency), das Außenministerium, das Marine Corps und

---

[154] Jean Hill, *JFK: The Last Dissenting Witness* (Pelican Publishing Company, 1992), S. 113-116.

[155] Craig Roberts, *JFK: The Dead Witnesses* (Consolidated Press International, 1994)

andere Behörden beteiligt waren. Darüber hinaus werden das FBI und andere Regierungsbehörden verdächtigt, Beweise zu vernichten.

Anlässlich des 40 Jahrestages der Ermordung von JFK im Jahr 2003 führte ABC Radio eine Umfrage durch, in der 70 Prozent der Amerikaner glaubten, dass die Ermordung von JFK eine größere Verschwörung war.

Die Koordinierung und Organisation in so großem Umfang, die offensichtlichen Beweise und die Unterdrückung von Zeugen legen nahe, dass das Kennedy-Attentat nicht mehr wirklich ein geheimer Mord war, sondern eher eine öffentliche Hinrichtung, die künftige US-Präsidenten warnen sollte, um herauszufinden, wer in diesem Land wirklich das Sagen hat.

Das Problem ist, dass die Kennedys auch in die internationale Bankiersgruppe "eingeweiht" waren. Ihr Vater Joseph machte während des Börsencrashs von 1929 ein Vermögen, wurde später von Präsident Roosevelt zum ersten Vorsitzenden der US-Wertpapier- und Börsenaufsichtsbehörde (SEC) ernannt und gehörte bereits in den 1940er Jahren zu den Milliardären. Wie konnte Kennedy also die gesamte herrschende Elite bis hin zum Mord beleidigen?

Es besteht kein Zweifel, dass Kennedy eine ehrgeizige und talentierte Persönlichkeit war, die, als er in jungen Jahren die Präsidentschaft übernahm, einer so großen Herausforderung wie der Kubakrise mit einer unerschütterlichen und bemerkenswerten Leistung begegnete, kompromisslos angesichts der großen Gefahr eines möglichen Atomkriegs mit der Sowjetunion, die Chruschtschow schließlich zurückdrängte. JFK förderte auch heldenhaft das US-Raumfahrtprogramm, das schließlich die ersten Schritte der Menschheit auf den Mond brachte, und obwohl er diesen großen Moment nicht persönlich erlebte, begleitete seine magische Inspiration das gesamte Programm. Als 1962 der erste schwarze Student versuchte, sich an der Universität von Mississippi zu immatrikulieren und damit den erbitterten Widerstand der Weißen vor Ort auslöste, richteten sich die Augen der gesamten Vereinigten Staaten auf diesen Schwerpunkt der Bürgerrechtsbewegung. Kennedys entschlossene Anordnung, 400 Bundespolizisten und 3.000 Nationalgardisten zu entsenden, um den schwarzen Studenten zur Schule zu begleiten, schockierte die amerikanische Gesellschaft, und Kennedy wurde von den Menschen sofort geliebt. Auf seinen Aufruf hin schlossen sich amerikanische Jugendliche in Scharen dem Friedenskorps an, um als Freiwillige in

Ländern der Dritten Welt bei der Entwicklung von Bildung, Gesundheit und Landwirtschaft zu helfen.

In den kurzen drei Jahren von Kennedys Präsidentschaft ist es in der Tat eine Generationenleistung, eine solch blendende Bilanz zu erzielen. War JFK mit seinem Ehrgeiz und seiner Entschlossenheit, gepaart mit der Liebe des amerikanischen Volkes und der Bewunderung aller Länder der Welt, eine Figur, die bereit war, eine "Marionette" zu sein?

Als Kennedy zunehmend darauf bedacht war, das Land nach seinen eigenen guten Absichten zu regieren, musste er zwangsläufig in einen scharfen Konflikt mit der mächtigen und unsichtbaren Gruppe der herrschenden Elite hinter ihm geraten. Als sich der Konflikt auf das zentralste und heikelste Thema der von internationalen Bankern dominierten herrschenden Elite konzentrierte - das Recht, Geld zu emittieren - wusste Kennedy vielleicht nicht, dass seine große Zeit gekommen war.

Am 4. Juni 1963 unterzeichnete Kennedy eine wenig bekannte Executive Order 11110, die das US-Finanzministerium anwies, "Silberzertifikate" auszugeben, die durch jede Form von Silber im Besitz des Finanzministeriums, einschließlich Silberbarren, Silbermünzen und Standard-Silberdollar, gedeckt sind, und sie sofort in Umlauf zu bringen. Kennedys Absicht war klar: Er wollte der privaten Zentralbank, der Federal Reserve, die Befugnis zur Ausgabe von Geld entziehen! Wenn der Plan endlich umgesetzt wird, wird sich die US-Regierung allmählich von der Absurdität lösen, sich Geld von der Federal Reserve "leihen" und hohe Zinsen zahlen zu müssen, und die mit Silber gedeckte Währung ist keine Schuldenwährung, um "die Zukunft zu überziehen", sondern ein "ehrliches Geld", das auf den Früchten der bereits geleisteten Arbeit der Menschen beruht. "Der Umlauf von "Silberscheinen" wird allmählich die Liquidität der von der Federal Reserve ausgegebenen Federal Reserve Notes verringern, was die Federal Reserve Banken wahrscheinlich schließlich in den Bankrott treiben wird.

Durch den Verlust der Kontrolle über die Geldausgabe würden die internationalen Bankiers den größten Teil ihres Einflusses auf die Vereinigten Staaten, die größte wohlstandsschaffende Nation, verlieren - eine grundlegende Frage auf Leben und Tod. Um die Ursprünge und die Bedeutung des Präsidialdekrets 11110 zu verstehen, müssen wir mit den wenigen Höhen und Tiefen des Silbers in den Vereinigten Staaten beginnen.

Der historische Status des Silberdollars

Die Einführung von Silber als gesetzliches Zahlungsmittel in den Vereinigten Staaten begann mit dem Coinage Act von 1792, mit dem der rechtliche Status des Dollars festgelegt wurde. Ein Dollar enthält 24,1 Gramm reines Silber und ein Verhältnis von 1:15 zwischen Gold und Silber. Die Metrik des Dollars als wichtigster Maßstab für die US-Währung basiert auf Silber. Seitdem haben die Vereinigten Staaten lange Zeit ein zweigleisiges System von Gold- und Silberwährungen beibehalten.

Im Februar 1873 wurde mit dem Minting Act von 1873 auf Druck der europäischen Rothschilds der monetäre Status von Silber abgeschafft und ein einheitlicher Goldstandard eingeführt, und da die Rothschilds den größten Teil der weltweiten Goldmineralien und Goldvorräte besaßen, kontrollierten sie effektiv die gesamte europäische Geldversorgung. Der Ursprung von Silber ist stärker zersplittert als der von Gold, und die Produktion und das Angebot sind viel größer und schwieriger zu kontrollieren, so dass die Rothschilds um 1873 die meisten europäischen Länder dazu zwangen, den Währungsstatus von Silber abzuschaffen und einen vollständigen Goldstandard einzuführen. Die Vereinigten Staaten sind ebenfalls ein Schritt in diese Richtung. Das Gesetz löste in den silberproduzierenden westlichen Staaten der Vereinigten Staaten starken Widerstand aus und wurde als "Verbrechen von 1873" bezeichnet, was zu einer mitreißenden Volksbewegung zur Unterstützung des Silbers führte.

In dem Bemühen, den Einfluss der Bankiers mit europäischem Hintergrund im Raum New York auszugleichen, verabschiedete der US-Kongress 1878 den Bland-Allison Act, der das US-Finanzministerium verpflichtete, monatlich Silbermünzen im Wert von 2 bis 4 Millionen Dollar zu kaufen, wobei das Verhältnis von Gold zu Silber auf 1 zu 16 zurückgesetzt wurde. Silbermünzen hatten die gleiche rechtliche Wirkung wie Goldmünzen und konnten zur Begleichung aller öffentlichen und privaten Schulden verwendet werden. Wie das "Goldzertifikat" gibt das Schatzamt auch "Silberzertifikate" aus, von denen ein Dollar direkt einem Dollar Silber entspricht, um den Umlauf zu erleichtern. (Ein Dollar "Silberschein", direkt konvertierbar in einen Dollar Silberäquivalent)

Später wurde der Brand-Ellerson Act von 1878 durch den Sherman Silver Purchase Act von 1890 ersetzt, und das neue Gesetz erhöhte die Menge des Silbers, die das Schatzamt kaufen musste, um 4,5 Millionen Unzen pro Monat auf die vorherige Basis.

Seit der Gründung der Federal Reserve im Jahr 1913 wurde die Federal Reserve Note ausgegeben, und zur Zeit der Großen Rezession im Jahr 1929 hatte die Federal Reserve Note allmählich einen großen Anteil am Geldumlauf übernommen. Bis 1933 konnten "Federal Reserve Notes" noch in Goldäquivalente umgetauscht werden. (1914- Dollar-"Federal Reserve Note", indirekt konvertierbar in Goldäquivalent)

1933 gab es auch "Gold Certificates" und "U.S. Government Certificates" auf dem Geldmarkt. (1913 $50 Goldnote, direkt konvertierbar in $50 Goldäquivalent, nach 1933 illegal zu halten) "Die United States Note ist die erste von Abraham Lincoln während des Bürgerkriegs ausgegebene Währung, die "Lincoln Greenbacks". Ihre Gesamtauflage war auf 6.681.016 Stück begrenzt. 1960 machte sie nur 1% des gesamten Bargeldumlaufs in den Vereinigten Staaten aus. ("U.S. Government Vouchers", oder "Lincoln Greenbacks")

Neben den vier oben genannten Hauptwährungen gibt es noch eine kleine Anzahl anderer Währungen.

Nachdem Roosevelt 1933 den Goldstandard abgeschafft und den Besitz von Gold verboten hatte, wurden Goldzertifikate aus dem Verkehr gezogen. Das einzige Geld, das in den Vereinigten Staaten noch im Umlauf ist, sind "Federal Reserve Notes", "Silver Notes" und "United States Government Notes", die von den internationalen Bankiers aufgrund ihrer angeborenen Mängel und ihrer Emissionsbeschränkungen nicht als große Bedrohung angesehen werden. "Silver Vouchers" sind wesentlich problematischer.

Da das US-Finanzministerium gesetzlich verpflichtet war, das ganze Jahr über Silber zu kaufen, verfügte das US-Finanzministerium in den 1930er Jahren bereits über mehr als 6 Milliarden Unzen Silber (Troy Once), eine riesige Reserve von etwa 200.000 Tonnen sowie Silbermineralien auf der ganzen Welt und eine beträchtliche Menge an Produktion; wenn all dies monetarisiert und als "Silberanleihen" ausgegeben würde, wäre dies der größte Alptraum für die internationalen Bankiers.

Nachdem Roosevelt 1933 den internationalen Bankern bei der Abschaffung des Goldstandards geholfen hatte, galt für den Geldumlauf in den USA faktisch ein "Silberstandard".

Ohne die Abschaffung des monetären Status von Silber wird das "große Geschäft" des "billigen Geldes" und der "Defizitfinanzierung" ernsthaft behindert und die Pläne der internationalen Bankiers, den Reichtum der Bürger unwissentlich durch ein effizienteres Finanzinstrument, die Inflation, zu plündern, werden erschwert.

Die Nachfrage nach Silber durch die in den 1950er Jahren aufblühende Elektronik- und Raumfahrtindustrie stieg stark an, und als Kennedy Anfang der 1960er Jahre das Weiße Haus übernahm, waren die Silberreserven des Schatzamtes auf 1,9 Milliarden Unzen geschrumpft. Gleichzeitig ist der Marktpreis für Silber in die Höhe geschossen und hat sich allmählich dem Geldwert der Silbermünzen von 1,29 Dollar angenähert. Als die "Silbercoupons" in echtes Silber umgetauscht wurden, zogen sich die "Silbercoupons" natürlich aus dem Umlauf zurück, und der Effekt des "Gresham'schen Gesetzes", dass "schlechte Münzen die guten Münzen verdrängen", trat ein. All dies ist der große Hintergrund für Kennedys Unterzeichnung der Präsidialverordnung 11110. Die Verteidigung des Silbers und die Abschaffung seines monetären Status wurden zum Schwerpunkt des Kampfes von Kennedy und den internationalen Bankiers.

Das Ende des Silberstandards

Für die internationalen Bankiers steht die vollständige Abschaffung des Goldstatus auf der Tagesordnung, aber die Lösung des Silberproblems hat eine höhere Priorität. Da die potenziellen Silbervorkommen so riesig sind, wird es nicht nur schwierig sein, das Ziel der Abschaffung des Goldstandards zu erreichen, sobald die Länder der Welt damit beginnen, sie in größerem Umfang zu erforschen und auszubeuten, wobei sie sich an den Marktpreisen orientieren, sondern sie werden auch in einen Zweifrontenkampf zwischen Gold und Silber verwickelt sein. Sobald das Angebot an Silber stark ansteigt, werden wahrscheinlich "Silberanleihen" wiederbelebt, um mit "Federal Reserve Bonds" zu konkurrieren, denn die US-Regierung hat die Befugnis, "Silberanleihen" auszugeben, und bis dahin ist noch nicht sicher, wer sterben wird. Das Überleben der Federal Reserve ist in großer Gefahr, wenn sich "Silberbarren" durchsetzen.

Die vordringlichste Aufgabe der internationalen Bankiers besteht daher darin, den Silberpreis so weit wie möglich zu drücken, indem sie einerseits die weltweite Silbermineninindustrie mit Verlusten oder geringen Gewinnen dastehen lassen, wodurch die Erforschung und Erschließung von Silber verlangsamt und das Angebot verringert wird, und indem sie andererseits die Menge des Industriesilbers in die Höhe treiben, wodurch die Erforschung und Anwendung alternativer Silbermaterialien unnötig wird und somit die einzigen verbleibenden Silberreserven im Schatzamt der Vereinigten Staaten so schnell wie möglich aufgebraucht werden. Als das Schatzamt das Silber nicht mehr bekommen konnte, fiel die "Silbernote" natürlich kampflos, und die Abschaffung des monetären Status von Silber war eine natürliche Folge. Der Schlüssel ist, Zeit zu kaufen.

Kennedy wusste dies natürlich sehr wohl und wies die internationalen Bankiers zwar darauf hin, dass der richtige Zeitpunkt gekommen sei, um die Abschaffung des monetären Status von Silber in Erwägung zu ziehen, doch traf er andere Vorkehrungen. Leider war sein Finanzminister, Douglas Dillon, nicht auf seiner Seite; Dillon stammte aus einer großen Wall-Street-Bankiersfamilie und wurde als Republikaner von den internationalen Bankiers in Kennedys demokratisches Kabinett gedrängt, für die Dillon in erster Linie für die Steuermacht verantwortlich war. Nachdem Tyrone sein Amt angetreten hatte, bestand seine erste Priorität darin, die Silberreserven des Schatzamtes so schnell wie möglich abzubauen. Die 1947 gegründete Silver Users Association schloss sich Dillons Aufforderung an, "die verbleibenden Einlagen [des Schatzamtes] zu verkaufen, um den Bedarf der Silberverbraucher zu decken".

Die New York Times berichtete am 19. März 1961 Folgendes,

> *"Der Senator Alan Bible (R-Ky.) forderte heute das Finanzministerium auf, seine Politik des Verkaufs großer Mengen Silber zu Preisen unterhalb des internationalen Marktes zu überdenken. Der Demokrat aus Nevada erklärte in einem Schreiben an Finanzminister Douglas Dillon, dass die inländische Silberentwicklung in den USA hinter der Verbrauchernachfrage zurückgeblieben sei und dass das Finanzministerium mit seinem Dumping eine unrealistische Preisobergrenze kontrolliere. Die weltweite Silberknappheit kann nur durch den massiven Aufbau neuer Kapazitäten in Nord- und Südamerika gelöst werden. Er sagte: "Dies wird nur möglich sein, wenn das Schatzamt den harten Preisdruck auf den heimischen Markt und die Nachbarländer mildert. "*

In der *New York Times* vom 19. August 1961 war die folgende Meldung zu lesen,

> Dreizehn demokratische Senatoren aus dem Westen, hauptsächlich aus silberproduzierenden Staaten, haben heute ein gemeinsames Schreiben an Präsident Kennedy gerichtet, in dem sie das Finanzministerium auffordern, den Verkauf von Silber unverzüglich einzustellen. Das Dumping des Finanzministeriums hat die Silberpreise sowohl auf den internationalen als auch auf den heimischen Märkten gedrückt.

Am 16. Oktober 1961 veröffentlichte die *New York Times*,

> Der Verkauf der Silberreserven durch das Finanzministerium hat die Preise auf dem Silbermarkt fest im Griff. Industrielle Abnehmer wissen, dass sie vom Schatzamt 91 bis 92 Cent pro Unze Silber erhalten können, und weigern sich daher, mehr an neue Silberproduzenten zu zahlen.

Am 29. November 1961 veröffentlichte die *New York Times*,

> Die Silberproduzenten waren erfreut, als sie gestern erfuhren, dass Präsident Kennedy das Finanzministerium angewiesen hatte, den Verkauf der Währung Silber an die Industrie einzustellen. Die industriellen Nutzer von Silber waren schockiert.

Am 30. November 1961 veröffentlichte die *New York Times*,

> Der Silberpreis erreichte auf dem New Yorker Markt den höchsten Stand seit 41 Jahren, als Präsident John F. Kennedy am Dienstag eine vollständige Änderung der Silberpolitik der US-Regierung ankündigte und beschloss, den Markt den Silberpreis bestimmen zu lassen. Der erste Schritt bestand darin, dass das Finanzministerium den Verkauf von Silber, das nicht zur Deckung von Papiergeld ("Silberscheine") diente, sofort einstellte.

Präsident Kennedy schlug schließlich zu, wenn auch etwas spät, denn das Schatzamt verfügte zu diesem Zeitpunkt über weniger als 1,7 Milliarden Unzen Silber. Aber seine entschlossenen Maßnahmen haben den Silberproduzenten auf der ganzen Welt ein klares Signal für die Silbermarktpreise gegeben, dass mit einem Anstieg der Silberproduktion und einer Stabilisierung der Bestände des Schatzamtes zu rechnen ist. Die Silberaktien sind in die Höhe geschossen.

Dieser Akt Kennedys untergrub auf subversive Weise die Pläne der internationalen Bankiers. Im April 1963 sagte der Vorsitzende der Federal Reserve, William Martin, bei einer Anhörung im Kongress,

> "Das Federal Reserve Board ist davon überzeugt, dass es keinen Bedarf für Silber im US-Währungssystem gibt. Während einige Leute der Meinung sind, dass die Herausnahme von Silber aus dem Geldsystem, das einen Teil von uns stützt, zu einer Abwertung führen könnte, kann ich mich dieser Ansicht nicht anschließen." [156]

Wenn der Silbermarkt ein klares Signal für steigende Preise erhält, dauert es in der Regel etwa fünf Jahre, bis die Exploration neuer Ressourcen wieder aufgenommen wird, neue Anlagen den Umfang der Produktion erweitern und schließlich das Gesamtangebot erhöht wird, so dass der Schlüsselmoment 1966 sein wird, wenn der monetäre Status von Silber endlich erhalten werden kann und damit die Hoffnung aufrechterhalten wird, dass die US-Regierung direkt Geld ausgibt.

Der Höhepunkt von Kennedys Kampf mit den internationalen Bankiers war der monetäre Status von Silber, und der ganze Kampf drehte sich darum, ob die gewählte Regierung der Vereinigten Staaten endlich das Recht behalten würde, Geld auszugeben. Sobald das Silber wieder in großen Mengen zur Verfügung steht, kann sich Kennedy mit den westlichen silberproduzierenden Staaten zusammentun, um die Gesetzgebung zur Aufwertung des Silbergehalts der Dollarwährung weiter voranzutreiben und die Ausgabe von "Silberscheinen" zu erhöhen, die zwangsläufig wieder steigen werden.

Zu diesem Zeitpunkt wurde das von Kennedy am 4. Juni 1963 unterzeichnete Präsidialdekret 1.110 sofort zu einer Patt-Situation gegen die "Federal Reserve Notes".

Leider sahen die internationalen Bankiers Kennedys Einsatz genauso gut. Der von den Wählern geliebte Präsident wird bei den Wahlen Ende 1964 mit ziemlicher Sicherheit wiedergewählt werden, und wenn Kennedy weitere vier Jahre Präsident bleibt, wird die Situation unhaltbar. JFK loszuwerden, wurde zur einzigen Option.

Als der von den internationalen Bankern favorisierte Vizepräsident am Tag der Ermordung Kennedys im Flugzeug die

---

[156] Federal Reserve Bulletin, April 1963, S. 469.

Nachfolge des 36 Präsidenten der Vereinigten Staaten von Amerika antrat, wusste er genau, was die internationalen Banker von ihm erwarteten, und er konnte und wagte es nicht, dieser "Erwartung" gerecht zu werden.

Im März 1964, kurz nach Johnsons Amtsantritt, wies er das Finanzministerium an, den Umtausch von "Silberzertifikaten" in physisches Silber einzustellen, wodurch die Ausgabe von "Silberzertifikaten" faktisch abgeschafft wurde. Das Finanzministerium begann wieder damit, große Mengen an Silberreserven an die Industrie zu verkaufen, wobei der Preis von 1,29 $ als Unterstützung diente, um die Silberpreise weiter zu drücken, die Produktionsdynamik der Silberproduzenten zu dämpfen und einen Anstieg des Silberangebots zu verhindern.

Unmittelbar danach ordnete Johnson im Juni 1965 die Verdünnung des Reinheitsgrads von Silbermünzen an, wodurch der Stellenwert von Silber im Münzumlauf weiter gesenkt wurde,

> *"Ich möchte ganz kategorisch feststellen, dass diese Änderungen (die Verdünnung des Reinheitsgrads der Silbermünzen) die Kaufkraft unserer Münzen nicht beeinträchtigen werden. Innerhalb der Vereinigten Staaten werden die neuen Silbermünzen mit Banknoten gleichen Nennwerts austauschbar sein."* [157]

Ein Artikel im *Wall Street Journal* vom 7. Juni 1966 reagierte darauf sarkastisch,

> *"In der Tat! Aber die Kaufkraft dieser berühmten Papierwährung ist durch die Inflationspolitik derselben Regierung seit über 30 Jahren allmählich ausgehöhlt worden. Daher ist es kein Wunder, dass sich unsere Währung vollständig von Gold und Silber gelöst hat."*

Nach eigenem Eingeständnis hat die Fed systematisch und "wissenschaftlich" die Kaufkraft des Dollars jedes Jahr um 3 bis 4 Prozent reduziert, damit die Arbeiterklasse "sieht", dass die Löhne steigen. Im Sommer 1967 hatte das Schatzamt praktisch kein

---

[157] Äußerungen von Präsident Lyndon B. Johnson bei der Unterzeichnung des Münzgesetzes am 23. Juli 1965.

"ungenutztes" Silber mehr zu verkaufen. Das große Geschäft, das Silbergeld zu beenden, lag schließlich in Johnsons Händen.

Gold-Investmentfonds

Bei der Abschaffung des monetären Status von Gold und Silber verfolgten die internationalen Bankiers die Strategie "Silber vor Gold". Der Hauptgrund für die Abschaffung des Silbers war, dass Anfang der 1960er Jahre nur noch wenige Länder der Welt Silber als Währung verwendeten und die "Entfernung des Silbers" aus dem US-Währungssystem nur eine Teiloperation mit begrenztem Widerstand und Reichweite war.

Das Problem mit Gold ist viel komplexer und schwieriger. In den 5.000 Jahren menschlicher sozialer Praxis, egal in welcher Epoche, in welchem Land, in welcher Religion, in welcher Rasse, wurde Gold von der Welt als die ultimative Form des Reichtums anerkannt. Dieses tief verwurzelte Bewusstsein kann niemals durch ein paar Worte von "Gold ist ein barbarisches Relikt" von Keynes und anderen aufgelöst werden. Die internationalen Bankiers wissen sehr wohl, dass Gold kein gewöhnliches Edelmetall ist, sondern im Grunde das einzige, hochsensible und zutiefst historische "politische Metall", das, wenn es nicht richtig gehandhabt wird, einen finanziellen Sturm in der Welt auslösen wird. Bevor der Kampf um Silber vorbei ist, muss die Goldseite des Kampfes stabilisiert werden.

Infolge der massiven Inflationspolitik der US-Notenbank seit den 1930er Jahren ist die Geldemission der Fed stark überverkauft, und das überschüssige Papiergeld hat zwangsläufig den Gold- und Silberpreis in die Höhe getrieben, da das Gold- und Silbergeld begrenzt ist. In den Vereinigten Staaten ist das Finanzministerium dafür verantwortlich, den Silberpreis zu drücken, und auf internationaler Ebene muss es eine entsprechende Organisation geben, die die Funktion des Finanzministeriums übernimmt und für den Verkauf von Gold an den Markt und die Unterdrückung der wütenden Goldoffensive in Beachhead-Positionen verantwortlich ist.

Das Aufkommen des Jet-Zeitalters ermöglichte es den internationalen Bankern, sich häufig zu treffen und im Geheimen über Gegenmaßnahmen zu diskutieren. Die Bank für Internationalen Zahlungsausgleich in Basel, Schweiz, wurde dann zum Schauplatz ihrer berühmten "Basel Weekend"-Konferenz.

Im November 1961 einigten sich die internationalen Bankiers nach intensiven Beratungen auf einen "genialen" Plan zur Einrichtung eines "Goldfonds auf Gegenseitigkeit" durch die Vereinigten Staaten und sieben große europäische Länder, dessen Hauptziel es war, den Goldpreis auf dem Londoner Markt zu drücken. Der Fonds wird von der Zentralbank der teilnehmenden Länder, die Gesamtsumme von 270 Millionen US-Dollar Goldäquivalent, von denen die Vereinigten Staaten ist die größte finanzielle Atmosphäre, exklusive der Hälfte, Deutschland Nachkriegswirtschaft nahm, die Geldbörse ist auch zunehmend prall, plus die besiegten Länder fühlen sich zwergenhaft, so dass der Betrag der Zusagen an zweiter Stelle nach den Vereinigten Staaten, erreichen 30 Millionen US-Dollar. 25 Millionen für England, Frankreich und Italien und 10 Millionen für die Schweiz, Belgien und die Niederlande. Die Bank of England war für die Operation verantwortlich, indem sie zunächst Gold aus ihrem eigenen Tresor vorschoss und dann am Ende des Monats anteilig mit den anderen ankommenden Zentralbanken abrechnete.

Das Hauptziel des "Gold Mutual Fund" besteht darin, den Goldpreis zu decken, wenn er 35,20 $ übersteigt, was die Kosten für den Transport des Goldes von New York einschließt. Alle am Fonds beteiligten Zentralbanken verpflichteten sich, weder auf dem Londoner Markt noch in Drittländern wie Südafrika, der Sowjetunion usw. Gold zu kaufen, und die Vereinigten Staaten verpflichteten sich, bei den Zentralbanken anderer Länder darauf hinzuwirken, dass diese nach Möglichkeit dieselbe Politik verfolgen.

Der Inhalt aller "Goldfonds auf Gegenseitigkeit" war damals ein streng gehütetes Finanzgeheimnis, und wie bei den traditionellen Geheimtreffen der Basler Bank für Internationalen Zahlungsausgleich war keine schriftliche Aufzeichnung erlaubt, nicht einmal ein einziges Stück Papier. Jede Vereinbarung wird mündlich getroffen, und so wie die alte JPMorgan riesige Geschäfte mit Handschlag und mündlichen Vereinbarungen abschloss, haben die mündlichen Versprechen der internationalen Bankiers eine gleiche oder sogar höhere Bindungskraft.
[158]

---

[158] Ferdinand Lips, *Gold Wars, The Battle Against Sound Money as Seen From a Swiss Perspective* (The Foundation for the Advancement of Monetary Education, New York, 2002), S. 52.

FINANZIELLE EROBERUNG

In den ersten Jahren seines Bestehens war der "Goldene Fonds auf Gegenseitigkeit" ein großer Erfolg, sogar besser, als man es sich hätte vorstellen können. Goldproduzierende Länder in der Sowjetunion im Herbst 1963, eine schwere landwirtschaftliche Ausfall, hatte eine Menge Gold zu verkaufen, um Lebensmittel zu importieren, die Sowjetunion im letzten Quartal des Jahres 1963 verkauft eine erstaunliche Summe von 470 Millionen US-Dollar Gold-Äquivalent, deutlich mehr als die "Gold-Fonds auf Gegenseitigkeit" der gesamten Gold-Familie, in 21 Monaten, die "Gold-Fonds auf Gegenseitigkeit" der Gold-Munitionsdepot stieg auf 1,3 Milliarden US-Dollar, internationale Banker können kaum glauben, ihr Glück. [159]

Die Eskalation des Vietnamkriegs veranlasste die Federal Reserve jedoch dazu, das Angebot an Dollars zu erhöhen, und die überschwemmten Dollars schluckten bald den Überschuss und den größten Teil des Geldes im "Goldfonds auf Gegenseitigkeit". Frankreich, zu sehen, dass die Dynamik gegangen ist, die erste aus dem "Gold-Fonds" zurückzuziehen, nicht nur, dass die Französisch Regierung trat die Hände eines großen Betrags der wachsenden Verlust der Kaufkraft des US-Dollars in Gold, von 1962 bis 1966, Frankreich aus den Händen der Federal Reserve zu tauschen fast 3 Milliarden Dollar von Gold und zurück nach Paris für die Lagerung transportiert.

Bis Ende November 1967 hatte der "Gold-Fonds auf Gegenseitigkeit" insgesamt 1 Milliarde Dollar in Gold verloren, was fast 900 Tonnen entspricht. Der Dollar befindet sich mitten in einer weltweiten Vertrauenskrise.

Als Präsident Johnson schließlich zu Boden sank, wollte er etwas unternehmen. Präsident Johnson war von einer Gruppe von Nationalbankern umgeben, die als seine leitenden Berater fungierten, und sie flößten dem Präsidenten immer wieder die Idee ein, dass der lange Schmerz besser sei als der kurze Schmerz, und dass es besser wäre, eine Wette einzugehen, das gesamte Gold herauszunehmen, den Londoner Metallhandelsmarkt zu überschwemmen, das Problem der Aufwertung des Goldes gegenüber dem Dollar ein für alle Mal zu lösen und das Vertrauen der Welt in den Dollar wiederherzustellen, anstatt sich von anderen Ländern nach und nach die Goldreserven entziehen zu lassen. Johnson befolgte den fast schon verrückten Rat, und die

---

[159] *Ebd.*, S. 53.

gesamten Goldreserven der Fed wurden in einem noch nie dagewesenen Umfang auf den Tisch gelegt. Zehntausende von Tonnen Goldziegeln wurden an die Bank of England und die Federal Reserve Bank of New York verschifft, bereit, den bullischen Goldspekulanten der Welt eine bittere Lektion zu erteilen. Wenn der Plan aufgeht und die Bank of England und die Federal Reserve Bank of New York sich zusammentun, um Gold in großen Mengen zu verkaufen, was zu einem plötzlichen Überangebot an Gold führt und den Preis unter 35 Dollar drückt, werden die Spekulanten in eine regelrechte Panik verfallen und schließlich ihre Stop-Loss-Linie erreichen, was zu einem größeren Ausverkauf von Gold führt. Nachdem sie die Popularität der Goldkäufer völlig zerstört haben, kaufen sie das Gold nach und nach zu einem niedrigen Preis zurück und bringen es unwissentlich in den Tresor zurück. Das ist wirklich ein traumhafter Plan. Innerhalb weniger Wochen, Anfang 1968, wurde der Plan in die Tat umgesetzt. Zum großen Entsetzen von Präsident Johnson und allen anderen hat der Markt die Goldverkäufe fast vollständig absorbiert. Insgesamt verlor die Fed während dieser Kampagne 9.300 Tonnen Gold. Präsident Johnson, der die Macht liebte, aber kläglich verlor, kündigte bald an, dass er nicht zur Wiederwahl als Präsident antreten würde.[160] Im März 1968 stand der "Golden Mutual Fund" kurz vor dem Zusammenbruch.

Am 9. März schrieb der Sonderassistent des Präsidenten Rostow in einem Memo an Johnson Folgendes.

> *"Die Schlussfolgerung aller (Wirtschaftsberater des Präsidenten) ist, dass man einhellig dagegen ist, den Goldpreis als Reaktion auf die aktuelle Krise steigen zu lassen. Die meisten zogen es vor, den "Goldfonds auf Gegenseitigkeit" weiterlaufen zu lassen, aber sie fanden es schwierig, sich mit der europäischen Seite abzustimmen und den Markt wieder zu beruhigen. Daher waren sie der Meinung, dass wir den "Goldfonds auf Gegenseitigkeit" schließlich schließen müssten. Es herrschte eine gewisse Verwirrung darüber, wie man die Länder, die nicht am "Goldfonds auf Gegenseitigkeit" beteiligt sind, zur Zusammenarbeit mit uns überreden könnte, da sie der Meinung waren, dass der IWF (Internationaler Währungsfonds) von Nutzen sein könnte. Sie sind der Meinung, dass wir eine klare Vorstellung davon haben müssen, wohin wir gehen und innerhalb von 30 Tagen handeln müssen.*

---

[160] *Freemarket Gold & Money Report*, " Thinking The Unthinkable ", 25 avril 1994.

> *FAZIT: Wie Sie sehen können, unterscheiden sich diese Vorstellungen nicht wesentlich von unseren. Nach der Basler Konferenz (Bank für Internationalen Zahlungsausgleich) an diesem Wochenende werden wir uns ein genaueres Bild davon machen können, was die Europäer denken.*

Am 12. März schrieb Rostow in einem weiteren Memo.

> *Herr Präsident.*
> *Nach meinem Verständnis von Bill Martin (Bill Martin, Fed-Vorsitzender, der gerade an der späten Basler Tagung teilnahm) ist Folgendes zu sagen.*
> *1. Die Briten und die Niederländer dürften diese Option (Beibehaltung des "Gold-Fonds auf Gegenseitigkeit") in Bezug auf die Entwicklung des Goldpreises bevorzugen. Die Deutschen waren zögerlich. Die Italiener, Belgier und Schweizer waren strikt dagegen.*
> *2. Er einigte sich darauf, 500 Mio. $ in Gold hinzuzufügen und den weiteren Betrieb des Fonds durch das Versprechen weiterer 500 Mio. $ zu garantieren. (Bei der derzeitigen Verlustrate des Goldes auf dem Londoner Markt wird dieses Gold nur wenige Tage reichen).*
> *3, die Europäer erkennen, dass wir bald vor sehr unangenehmen Entscheidungen stehen werden. Sie waren bereit, den Londoner Goldmarkt zu schließen und das Gold mitgehen zu lassen.*
> *4. Unter diesen Umständen waren das Finanzministerium, das Außenministerium, die Federal Reserve und die Wirtschaftsberater des Präsidenten den ganzen Tag damit beschäftigt, darüber nachzudenken, wie sich die Länder koordinieren werden, sobald wir die Schließung des "goldenen Fonds auf Gegenseitigkeit" bekannt geben.*
> *5, Wir kennen die persönlichen Ansichten von Fowler (Finanzminister) und Bill noch nicht. Wir werden heute Abend oder morgen früh einen Gedankenaustausch mit ihnen führen.*
> *Mein persönliches Gefühl ist, dass wir dem Moment, an dem die Wahrheit ans Licht kommt, immer näher kommen.*

Am 14. März berichtete Rostow weiter über das Thema Gold.

> *Ihr Senior-Berater stimmt dem zu.*
> *1. Die derzeitige Situation kann nicht länger so weitergehen, und hoffentlich wird es besser.*
> *2. Wir müssen an diesem Wochenende ein Treffen der Teilnehmerländer des "Golden Mutual Fund" in Washington einberufen.*
> *3. Wir werden folgende Themen erörtern: Regeln für Gold während der Übergangszeit, Maßnahmen zur Aufrechterhaltung*

> *der Finanzmärkte, Intensivierung der Sonderziehungsrechte (SZR)*
> *4. Während der Übergangszeit tauschen wir die offiziellen Zentralbankdollarbestände zum ursprünglichen Preis um.*
> *5. Wenn keine Einigung erzielt werden kann, werden wir den offiziellen Umtausch von US-Dollar in Gold zumindest vorübergehend aussetzen. Daraufhin wurde eine Dringlichkeitssitzung einberufen.*
> *6. Dies wird die Weltfinanzmärkte wahrscheinlich für einige Zeit ins Chaos stürzen, aber es ist die einzige Möglichkeit, andere Länder zu zwingen, eine langfristige Lösung zu akzeptieren. Wir sind uns einig, dass es die schlimmste Folge wäre, den Goldpreis steigen zu lassen.*
> *Sie müssen nun entscheiden, ob Sie den Londoner Goldmarkt sofort schließen wollen oder nicht.* [161]

Am 17. März 1968 wurde der "Golden Mutual Fund" endgültig geschlossen. Der Londoner Goldmarkt wurde auf Ersuchen der USA für volle zwei Wochen geschlossen.

Zeitgleich mit dem Fiasko des Goldkriegs der Federal Reserve nahm die Lage im Vietnamkrieg eine dramatische Wende, als die vietnamesische Guerilla am 30. Januar 1968 gleichzeitig eine massive Offensive gegen die Provinzhauptstädte von 30 Provinzen in Südvietnam startete und dabei sogar einige wichtige Ziele in Saigon und die alte Hauptstadt Hue einnahm. Kissinger zufolge war die Offensive zwar ein politischer Sieg für Nordvietnam, aber aus militärischer Sicht seine größte Niederlage, da die Guerilla ihre unberechenbare Spielweise aufgab und sich auf einen Stellungskampf mit der US-Armee konzentrierte, die unter der überlegenen Feuerkraft der USA schwere Verluste erlitt. Die Aussichten auf dem vietnamesischen Schlachtfeld hätten sich radikal verbessern können, wenn die USA eine Großoffensive gegen die nordvietnamesische Hauptstreitmacht gestartet hätten, die bereits ihre Guerilladeckung verloren hatte, und zu Kissingers Leidwesen hatte Johnson eine solche Gelegenheit verstreichen lassen.[162] Zu diesem Zeitpunkt hatte Johnsons

---

[161] U.S. Department of State, Foreign Relations of the United States, 1964-1968, Vol. VIII (Government Printing Office, Washington, 1998), Dokumente 187, 188, 189.

[162] Henry Kissinger, *op. cit.*, S. 607-608.

FINANZIELLE EROBERUNG

enttäuschende Niederlage auf dem finanziellen Schlachtfeld ihm den Mut geraubt, am Vietnamkrieg festzuhalten.

Das Fiasko auf dem Londoner Goldmarkt versetzte die politische Elite Amerikas in eine regelrechte Panik, und die Konservativen, die am Goldstandard festhielten, lieferten sich eine hitzige Debatte mit dem Mainstream, der dessen Abschaffung forderte. Beide Seiten waren sich jedoch einig, dass es angesichts einer derart chaotischen Finanzlage an der Zeit war, den Vietnamkrieg zu beenden.

Damit begann ein grundlegender Meinungsumschwung in der amerikanischen Presse, und am 27. Februar 1968 "prophezeite" Walter Cronkite, dass Amerika scheitern würde. Das *Wall Street Journal* fragt,

> "Hat der Stand der Dinge unser ursprüngliches Ziel, navigieren zu können, in Frage gestellt? Wenn wir nicht bereit sind, sollte das amerikanische Volk bereit sein, die düsteren Aussichten der Ereignisse in Vietnam zu akzeptieren."

Die *Times* berichtete am 15. März,

> "1968 hat den Amerikanern klar gemacht, dass ein Sieg in Vietnam oder auch nur eine günstige Situation nicht mehr in der Reichweite (der USA) als Weltmacht liegt."

Zu diesem Zeitpunkt erwachten auch die lange schlafenden Senatoren, und Senator Fulbright begann zu fragen,

> "Hat die Regierung das Recht, den Krieg ohne die Zustimmung des Kongresses auszuweiten?" "Mansfield seinerseits erklärte: "Wir befinden uns am falschen Ort und führen den falschen Krieg."

Am 31. März 1968 kündigte Johnson die Einstellung der Bombardierungen in Gebieten nördlich der 20-Grad-Linie an und erklärte, dass er keine große Anzahl zusätzlicher Truppen nach Vietnam entsenden werde, da "unser Ziel in Vietnam nie die Vernichtung des Feindes war". Außerdem gab er bekannt, dass er seine Kandidatur für die Wiederwahl zum Präsidenten aufgeben würde. [163]

Das Ende des Vietnamkriegs war im Wesentlichen darauf zurückzuführen, dass die herrschende Elite durch das Fiasko auf Londons goldenem Schlachtfeld ihre finanzielle Basis verloren hatte.

---

[163] Henry Kissinger, *op. cit.*, S. 606-607.

Sonderziehungsrechte

Die Monetaristen haben während der immer wiederkehrenden Dollarkrisen darauf bestanden, dass die Währungskrise durch die Goldknappheit verursacht wurde, und aus der Geschichte des Goldstandards geht klar hervor, dass dies die umgekehrte Ursache ist, dass die Goldknappheit nicht die Ursache des Problems ist, und dass die ungezügelte Dollarüberemission die Grundursache der Krise ist. Wie bei der anhaltenden Unterdrückung der Silberpreise besteht einer der Hauptzwecke der langfristigen Verzerrung der Goldpreise darin, das Dilemma einer unzureichenden Goldproduktion zu schaffen. Wenn es zu einer Krise kommt, ist es seltsam, dass man sich in der Regel die Ohren zuhält, anstatt ehrlich über die Natur des Problems zu sprechen. Nachdem der "Goldfonds auf Gegenseitigkeit" alle "Kugeln" verschossen hatte, erinnerten sich die internationalen Banker wieder an Keynes' erste Idee des "Papiergoldes" in den 1940er Jahren, verpackten sie neu und kamen schließlich mit der "großen Erfindung" der "Sonderziehungsrechte" (SZR).

Wie der berühmte französische Wirtschaftswissenschaftler Jacques Rueff feststellte,

> *"Gleichzeitig haben die Monetaristen eine neue Spielerei erfunden, um die Tatsache zu verschleiern, dass die US-Währung bankrott ist. Der Zentralbank eines jeden Landes wird eine spezielle internationale Reservewährung zugewiesen. Um jedoch keine Inflation zu verursachen, müssen die SZR streng begrenzt werden. Auf diese Weise sind die USA selbst mit der Unterstützung der SZR nicht in der Lage, einen Teil ihrer Dollarschulden zurückzuzahlen. "* [164]

Doch die Wall Street stand auf der anderen Seite des fröhlichen Spektrums und bejubelte die Entwicklung als moderne finanzhistorische Schöpfung: ein Sieg Amerikas über das Papiergold.

Der Staatssekretär des Finanzministeriums, Paul Volcker, erklärte den Medien mit einem Lächeln im Gesicht: "Wir haben ihn (den SZR-Plan) endlich umgesetzt. "*Das Wall Street Journal* bejubelte dies als

---

[164] Jacques Rueff, *The Inflationary Impact the Gold Exchange Standard Superimposed on the Bretton Woods System* (Committee for Monetary Research and Education, Greenwich, CT, 1975).

einen großen Sieg für die amerikanische Wirtschaftsschule, weil es ein direkter Schlag gegen die uralte Idee war, dass Gold der einzige Taktstock und das wirtschaftliche Allheilmittel für den Geldwert sein müsse.

Das Wall Street Journal vergaß jedoch zu erwähnen, dass selbst die SZR über ihren Goldgehalt definiert sind, so dass Gold nach wie vor die Währung ist und die SZR nicht "abgewertet" werden können.

Hopper hat eine brillante Darstellung des SZR: Eines Tages wird es (das SZR) von Historikern in eine Reihe mit der großen menschlichen "Erfindung" der "Südseeblase" gestellt werden, die von John Laws Mississippi-Verschwörung geschaffen wurde. Es als Goldäquivalent zu definieren, das nicht in Gold konvertierbar ist, ist einfach absurd und patentierbar. Jede Banknote oder Krediteinheit kann nur dann als "gleichwertig" mit Gold angesehen werden, wenn sie zu einem festen Kurs uneingeschränkt in Gold konvertierbar ist.

Auch der deutsche Wirtschaftswissenschaftler Palyi übte scharfe Kritik am Konzept des "Papiergoldes":

> *"Diese neue SZR-Reservewährung kann nur eine rücksichtslose finanzielle Expansion und Inflation in der ganzen Welt fördern. Die Einführung von SZR ist ein Sieg für das Inflationsmolekül. Sie beseitigt den letzten Stein, der einer vollständig kontrollierten 'Weltwährung' im Wege steht, die in der Welt niemals 'knapp' sein wird. "* [165]

Am 18. März 1969 hob der US-Kongress die zwingende Vorschrift auf, dass die von der Fed ausgegebenen Dollars zu 25 Prozent mit Gold unterlegt sein mussten. Damit wurde die letzte rechtlich verbindliche Beziehung zwischen Gold und der Ausgabe von Dollars aufgehoben.

Die Welt ist nicht weit von der endgültigen Wahrheit entfernt.

Natürlich gingen die Pläne der internationalen Bankiers nicht immer in Erfüllung, und Keynes' Vision einer künftigen "Weltwährung" mit SZR aus den 1940er Jahren war in der Tat ein wenig zu "avantgardistisch". Allerdings war der Optimismus der internationalen Bankiers damals nicht ganz unberechtigt. Der "Prototyp" der Vereinten Nationen als "Weltregierung" war kurz nach

---

[165] Melchior Palyi, " A Point of View ", in *The Chicago Commercial And Financial Chronicle,* 24 juillet 1969.

dem Ende des Zweiten Weltkriegs planmäßig verwirklicht worden, und der Internationale Währungsfonds und die Weltbank, der "einheitliche Währungsemittent der Welt", waren zur gleichen Zeit eingerichtet worden, so dass es eine beschlossene Sache wäre, wenn die SZR wieder planmäßig zur Weltwährung würden. Es ist bedauerlich, dass der Plan nicht mit den Veränderungen Schritt halten kann. Die britisch-keynesianische Version der "schönen Blaupause" der zukünftigen Welt unterscheidet sich deutlich von Whites amerikanischer Version, die Amerikaner sind in einer guten Position, um die Zeit und die Menschen zu nutzen, und sie sind auch reich. Die Amerikaner sind in der Lage, die Zeit und die Menschen auszunutzen, und sie sind auch reich. Auch die heftige Welle der nationalen Unabhängigkeit in den Ländern der Dritten Welt, der Aufstieg Asiens, der den grundlegenden Gegensatz zwischen den Mächten der Welt erschüttert hat, und die Sonderziehungsrechte, die nie repariert wurden, werden nicht vorhergesehen.

Der Generalangriff auf die Abschaffung der Goldwährung

Nixon verstand nicht oder wollte nicht verstehen, wie das Gold wie ein Fluss auf einem Deich abfließen konnte, egal wie sehr die US-Regierung versuchte, es aufzuhalten. Das Problem besteht im Wesentlichen darin, dass die USA ein explosionsartiges Defizit in ihrer Bilanz haben und dass die USA praktisch nicht in der Lage sind, einen festen Goldkurs aufrechtzuerhalten. Es liegt nicht daran, dass es zu wenig Gold gibt, sondern daran, dass das US-Bankensystem zu viele Dollars schafft.

John Exter von der Federal Reserve erzählt die letzte Geschichte dieses goldenen Showdowns:

> *"Am 10. August 1971 traf sich eine Gruppe von Bankern, Wirtschaftswissenschaftlern und Währungsexperten zu einer informellen Diskussion über die Währungskrise an der New Jersey Waterfront. Gegen 15.00 Uhr kam der Wagen von Paul Volcker an. Er war damals Unterstaatssekretär des Finanzministeriums und für Währungsfragen zuständig.*
> *Wir kommen zusammen, um verschiedene mögliche Lösungen zu diskutieren. Wie Sie wissen, habe ich mich immer für eine konservative Geldpolitik eingesetzt, so dass mein Vorschlag einer deutlichen Anhebung der Zinssätze von der Mehrheit abgelehnt wurde. Andere glauben nicht, dass die Fed die Kreditausweitung bremsen wird, weil sie eine Rezession oder*

> *Schlimmeres befürchten. Ich schlug erneut eine Anhebung des Goldpreises vor, die Paul Volcker für sinnvoll hielt, die aber seiner Meinung nach vom Kongress nur schwer zu verabschieden wäre. Führende Politiker in der Welt wie die Vereinigten Staaten sind nicht bereit, ihrem Volk die Realität einer abgewerteten Währung einzugestehen, egal wie ernst das Problem ist. Es ist ihnen einfach zu peinlich, dass die Menschen bis zu diesem Zeitpunkt größtenteils ahnungslos über die (Währungs-)Krise sind, die wir haben. Es ist ja nicht so, dass sich das Land 1933 im Ausnahmezustand befand und Roosevelt tun konnte, was er wollte.*
>
> *An diesem Punkt wandte sich Paul Volcker an mich und fragte mich, was ich tun sollte, wenn ich zu dieser Entscheidung käme. Ich sagte ihm, dass es, da er die Zinssätze nicht anheben und den Goldpreis nicht steigen lassen wollte, sinnlos wäre, das Goldfenster zu schließen und das Gold der Staatskasse weiterhin für $ 35 pro Unze zu verkaufen, und fünf Tage später schloss Nixon das Goldfenster."* [166]

Am 15. August 1971 kam die endgültige Wahrheit ans Licht. Die USA sind nicht mehr in der Lage, ihren internationalen Verpflichtungen nachzukommen, wenn der Dollar an das Gold gebunden ist. Dies ist das zweite Mal, dass die USA die internationale Gemeinschaft im Stich lassen, nachdem Roosevelt 1963 das amerikanische Volk im eigenen Land im Stich gelassen hat. In seiner Rede an diesem Abend griff Nixon die Spekulanten auf den internationalen Finanzmärkten scharf an, weil sie ein Chaos auf den Finanzmärkten verursachten und weil sie den Dollar "vorübergehend" für Gold aufgeben mussten, um den Dollar zu verteidigen. Es stellt sich die Frage, wer die "Opportunisten" sind, auf die sich Nixon bezog? Man muss sich vor Augen halten, dass die Soros damals noch jung waren und der Devisenmarkt aufgrund der Beschränkungen des Bretton-Systems fast unbedeutend war. Nicht jeder Anleger kann sich in den USA mit Gold versorgen, das können nur die Zentralbanken der einzelnen Länder tun. Und es war die französische Regierung, die das "Fiasko" ausgelöst hat.

Als am 15. August 1971 die letzte Verbindung zwischen Gold und Dollar von Präsident Nixon gekappt wurde, war der Moment gekommen, der die internationalen Banker nervös machte, und zum

---

[166] Ferdinand Lips, *op. cit.*, S. 76-77.

ersten Mal in der Geschichte der Menschheit trat die ganze Welt gemeinsam in die Ära des französischen Geldes ein.

Nachdem sich die westlichen Industrieländer vom Bann des Goldes befreit hatten, begannen sie unter der Führung der Federal Reserve eine Ära beispielloser Kreditexpansion, in der die Geldemission ein ungehemmtes und willkürliches Ausmaß erreichte. 2006 belief sich die Gesamtverschuldung der Regierung der Vereinigten Staaten, der Unternehmen und der Privatpersonen auf 44 Billionen Dollar, was bei einem Mindestzinssatz von 5 Prozent allein für die Zinszahlungen 2,2 Billionen Dollar pro Jahr bedeutet.

Das Problem ist, dass eine solche Schuld den Punkt erreicht hat, an dem sie nicht mehr zurückgezahlt werden kann, und die Schuld muss zurückgezahlt werden, entweder von denen, die sie schulden, oder von denen, die sie leihen, oder schlimmer noch, sie wird am Ende von den hart arbeitenden Steuerzahlern der Welt zurückgezahlt werden.

"Wirtschaftskiller" und die Rückkehr der Petrodollars

Am 6. Oktober 1973 brach der vierte Nahostkrieg aus. Ägypten und Syrien griffen gleichzeitig Israel an. Wie von den internationalen Bankern erwartet, setzten der Iran, die Saudis und vier arabische Länder des Nahen Ostens am 16. Oktober ihre "Ölwaffen" ein und kündigten eine 70-prozentige Erhöhung der Ölpreise als Folge der Politik der Vereinigten Staaten an, die Israel bevorzugt. Dies hatte äußerst tiefgreifende Auswirkungen auf die Weltlandschaft nach den 1970er Jahren.

Auf dem Treffen der arabischen Minister in Kuwait forderte der irakische Vertreter nachdrücklich, die Vereinigten Staaten als Hauptziel ins Visier zu nehmen, und er schlug vor, dass sich andere Länder der Beschlagnahmung und Verstaatlichung des kommerziellen Eigentums der Vereinigten Staaten in den arabischen Ländern anschließen, ein Ölembargo gegen die Vereinigten Staaten verhängen und alle Gelder aus dem Bankensystem der Vereinigten Staaten abziehen sollten, was seiner Meinung nach die Vereinigten Staaten in die größte Wirtschaftskrise seit 29 Jahren stürzen würde. Obwohl diese anmaßenden Vorschläge nicht angenommen wurden, einigten sie sich am 17. Oktober darauf, die Ölproduktion um 5% zu kürzen und diese Kürzung monatlich um 5% fortzusetzen, bis ihre politischen Ziele erreicht sind.

Am 19. Oktober forderte Präsident Nixon den Kongress auf, 2,2 Milliarden Dollar Soforthilfe für Israel bereitzustellen, und am 20. Oktober kündigten die Saudis und andere arabische Länder einen vollständigen Stopp der Ölausfuhren in die Vereinigten Staaten an. Die internationalen Ölpreise stiegen von 1,39 Dollar pro Barrel im Jahr 1970 auf 8,32 Dollar im Jahr 1974. Obwohl das Ölembargo nur fünf Monate dauerte und im März 1974 endete, erschütterte das Ereignis die westliche Gesellschaft zutiefst.

Die internationalen Banker ihrerseits planen alles, damit die Petrodollars, die in Länder wie Saudi-Arabien fließen, in die Vereinigten Staaten zurückfließen müssen.

Nach sorgfältiger Analyse beschlossen die Vereinigten Staaten, die Strategie "Teile und herrsche" anzuwenden, um die Erdöl produzierenden Länder des Nahen Ostens von innen heraus zu spalten und zu zerschlagen. Und die Hauptrichtung des Angriffs wurde für die Saudis gewählt. Saudi-Arabien ist ein dünn besiedeltes Land, reich an Öl, im Hinterland des Nahen Ostens gelegen, umgeben von Iran, Syrien, Irak, Israel und anderen starken Nachbarn, die militärische Verteidigungskraft ist extrem dünn, die saudische Königsfamilie hat ein tiefes Gefühl der Unsicherheit. Nachdem die Vereinigten Staaten diese Schwäche erkannt hatten, boten sie den Saudis attraktive Bedingungen an: volle politische Unterstützung, militärischen Schutz, wenn nötig, technische Unterstützung und militärische Ausbildung, um den Fortbestand des saudischen Königshauses zu sichern. Die Bedingungen lauten, dass die Ölgeschäfte in US-Dollar abgewickelt werden müssen, dass die Saudis die erwirtschafteten Petrodollars zum Ankauf von US-Schatzwechseln verwenden müssen, um die Ölversorgung der Vereinigten Staaten zu gewährleisten, dass Ölpreisschwankungen von den Vereinigten Staaten sanktioniert werden müssen, dass die Saudis verpflichtet sind, im Falle eines iranischen, irakischen, indonesischen oder venezolanischen Ölembargos gegen die Vereinigten Staaten den daraus resultierenden Engpass bei der Ölversorgung auszugleichen, und dass die Saudis andere Länder davon "abhalten" müssen, Ölembargos gegen die Vereinigten Staaten zu verhängen.

Mr. "Economic Assassin" Perkins wurde nach Saudi-Arabien geschickt, um den Plan in die Tat umzusetzen. Als "Chefvolkswirt" eines weltbekannten Ingenieurbüros war es Perkins' Aufgabe

> *"seine Vorstellungskraft zu nutzen, um eine beträchtliche Investition in die saudische Wirtschaft vielversprechend*

erscheinen zu lassen, vorausgesetzt, dass amerikanische Ingenieur- und Bauunternehmen den Zuschlag erhalten".

Nach reiflicher Überlegung kam Perkins die plötzliche Eingebung, dass die Schafe auf den Straßen von Riad, der saudischen Hauptstadt, so weit vom Hauch der Moderne entfernt sind, dass ein groß angelegter Städtebau viele Petrodollars zurückbringen könnte. Perkins hingegen weiß sehr wohl, dass die Ökonomen in den OPEC-Mitgliedsstaaten danach rufen, das Öl tief zu verarbeiten und eine eigene Erdölraffinerie zu besitzen, um einen höheren Gewinn zu erzielen als durch den Verkauf von Rohöl. Perkins schlug eine Lösung vor, die "alle" zufriedenstellen würde, angefangen bei den Schafen, die mit den Petrodollar-Einnahmen die teuerste moderne Müllentsorgungsanlage der USA bezahlen könnten und für die Verschönerung der städtischen Bauten in Riad eine große Anzahl hochentwickelter amerikanischer Produkte benötigen würden. Auf der industriellen Seite wird der Petrodollar für den Transport von Rohöl, die Infrastruktur für die Verarbeitung von Rohöl, die riesigen ölverarbeitenden Industriezonen, die in der Wüste entstehen werden, umgeben von großen Industrieparks, großen Kraftwerken, Stromübertragungssystemen, Autobahnen, Ölpipelines, Kommunikationssystemen, Flughäfen, Seehäfen und dem dazugehörigen riesigen Dienstleistungssystem verwendet werden.

Der Plan von Perkins gliedert sich in zwei Hauptkategorien: Verträge über den Bau grundlegender Hardware-Einrichtungen und langfristige Service- und Managementverträge, die von verschiedenen US-Unternehmen über Jahrzehnte hinweg genutzt werden.

Perkins denkt dabei auch an den Schutz der riesigen Industriekette, die auf der arabischen Halbinsel entstanden ist. Der Bau von US-Militärstützpunkten, Verträge mit der Verteidigungsindustrie und alle anderen damit verbundenen Aktivitäten sowie umfangreichere Management- und Dienstleistungsverträge. All dies wird wiederum eine neue Welle von Bauaufträgen nach sich ziehen, wie z.B. für Militärflugplätze, Raketenbasen, Personalausbildungszentren und alle anderen damit verbundenen Projekte.

Perkins' Ziel ist es nicht nur, den größten Teil der Petrodollars in die Vereinigten Staaten zurückfließen zu lassen, sondern auch, dass alle Zinseinnahmen, die durch diese riesige Summe generiert werden, für amerikanische Unternehmen ausgegeben werden.

Die Saudis werden stolz auf die "moderne" industrielle Infrastruktur und die städtischen Annehmlichkeiten sein, und andere OPEC-Länder werden neidisch darauf sein, wie schnell Saudi-Arabien zu einem "modernen Land" geworden ist, und dann werden diese Pläne auch in anderen Ländern angewandt werden.

Sehr zur Zufriedenheit der großen Bosse hinter den Kulissen führten Parkins brillante Planung und seine Lobbying-Fähigkeiten Dr. Kissinger 1974 nach Saudi-Arabien, um den großen Plan des Petrodollars zu vollenden. Der Dollar hat schließlich Zuflucht im Öl gefunden, nachdem er den stürmischen Gewässern des Goldstandards entkommen war.

Das Reagan-Attentat: Die Zerstörung der letzten Hoffnung auf den Goldstandard

Obwohl der Goldstandard weltweit vollständig abgeschafft wurde, mit Ausnahme einiger weniger Länder wie dem Schweizer Goldfranken, wo Gold und Papiergeld völlig unverbunden sind, ist es der kontinuierliche Anstieg des Goldpreises in den 1970er Jahren, der den internationalen Bankern die meisten Probleme bereitet hat, und die Verhinderung der Wiedereinführung des Goldstandards hat für die internationalen Banker höchste Priorität.

Um der Welt zu zeigen, dass Gold nur ein gewöhnliches Metall ist, und um das Vertrauen in den reinen Papierdollar zu stärken, beschloss die Regierung der Vereinigten Staaten am 1. Januar 1975, das der amerikanischen Bevölkerung auferlegte 40-jährige Verbot des Goldbesitzes aufzuheben. Andere Länder haben eine hohe Besteuerung von Gold eingeführt, um die Nachfrage der Bevölkerung nach Gold zu verringern, in einigen Fällen wird sogar eine Mehrwertsteuer von bis zu 50% auf Gold erhoben. Die Amerikaner sind nach 40 Jahren des Verschwindens von Gold sehr eingerostet, und in Verbindung mit der umständlichen und unbequemen Art des Kaufs hat die Entbündelung von Gold nicht die erwarteten Spannungen hervorgerufen, und die internationalen Banker atmen endlich auf. Als der spätere Fed-Vorsitzende Paul Volcker die Goldmünzen sah, mit denen der ehemalige Zentralbanker John Exeter spielte, konnte er nicht umhin, neugierig zu fragen: "John, wo hast du deine Goldmünzen gekauft?"

Ernest Wilke weist in "Why Gold?" auf den Kern der Unterdrückung des Goldes durch die internationalen Bankiers hin:

> *Ab 1975 begannen die Vereinigten Staaten in Zusammenarbeit mit den wichtigsten Mitgliedern des IWF mit der "Unterdrückung" des weltweiten Goldmarktes. Der Zweck der Unterdrückung des Goldpreises ist es, die Menschen in den wichtigsten Ländern davon zu überzeugen, dass Papiergeld besser ist als Gold. Eine erfolgreiche (kontrollierte Goldpreis-) Operation wird sicherstellen, dass der Prozess der Überausgabe von Papiergeld unbegrenzt fortgesetzt werden kann. "* [167]

Wirtschaftswissenschaftler sind einhellig der Meinung, dass Gold nach dem Wegfall der offiziellen staatlichen Kaufnachfrage nur noch einen geringen Wert haben wird. Einige halten sogar $25 pro Unze für den "inneren Wert" von Gold.

Um den Einfluss des Goldes noch weiter auszuschalten, beschlossen die Vereinigten Staaten und die westlichen Industrieländer im August 1975, dass die Goldreserven der einzelnen Länder nicht mehr erhöht werden sollten, und der IWF musste 50 Millionen Unzen Gold verkaufen, um den Goldpreis zu drücken. Doch der Goldpreis blieb fest, und im September 1979 stieg er auf 430 Dollar pro Unze, mehr als ein Dutzend Mal höher als zum Zeitpunkt des Zusammenbruchs des bretonischen Systems im Jahr 1971.

Das US-Finanzministerium begann mit seiner ersten Goldauktion im Januar 1975 und hat seitdem die Menge von 300.000 Unzen auf 750.000 Unzen erhöht, wobei es immer noch Schwierigkeiten hatte, sich gegen Goldkäufe zu wehren. Erst als das Schatzamt im November 1978 eine noch nie dagewesene Menge von 1,5 Millionen Unzen ankündigte, gaben die Marktpreise ein wenig nach. Am 16. Oktober 1979 konnte sich das US-Finanzministerium schließlich nicht mehr zurückhalten und gab bekannt, dass die regulären Auktionen in "Überraschungsauktionen" umgewandelt worden waren.

Der Goldpreis von 400 Dollar wird im Allgemeinen als angemessene Widerspiegelung der Tatsache angesehen, dass der Dollar seit 1933 stark überbewertet ist und stabil und nachhaltig sein sollte.

Aber der Ausbruch der "iranischen Geiselkrise" im November 1979 änderte den Verlauf des langfristigen Goldpreises. Die US-Notenbank kündigte nach dem Ausbruch der Krise schnell das

---

[167] Ernest P. Welker, WHY GOLD?, Economic Education Bulletin (American Institute for Economic Research, Great Barrington, MA, 1981), S. 33.

Einfrieren der iranischen Goldreserven in den Vereinigten Staaten an, ein Schritt, der die Zentralbanken der Welt in Angst und Schrecken versetzte: Wenn das iranische Gold eingefroren werden kann, ist auch das Gold in den Vereinigten Staaten nicht sicher. Infolgedessen kaufen die Länder Gold und verfrachten es direkt zurück in ihre eigenen Bestände. Vor allem der Iran war auf dem internationalen Markt auf Kauftour, und der Irak, der sich nicht unterkriegen ließ, schloss sich den Superkäufern an, so dass der Goldpreis innerhalb weniger Wochen auf $ 850 pro Unze anstieg.

Im Januar 1981 forderte Reagan den Kongress auf, eine "Goldkommission" einzurichten, die die Machbarkeit der Wiedereinführung des Goldstandards untersuchen sollte. In einem direkten Verstoß gegen die No-Go-Zone für internationale Banker wurde Reagan, der erst seit 69 Tagen im Weißen Haus war, am 30. März 1981 von einem Mann namens Hinkley, der von einem Stern getroffen wurde, nur einen Millimeter vom Herzen entfernt ins Herz geschossen. Es heißt, der Mann habe dies getan, um die Aufmerksamkeit des berühmten Filmstars Judy Foster zu erregen. Wie bei den meisten Attentätern auf den Präsidenten der Vereinigten Staaten geht man davon aus, dass dieser Mann ein Nervenproblem hat.

Am 30. März 1981 überlebte Reagan ein Attentat. Im März 1982 lehnte der 17-köpfige "Goldene Rat" die Idee einer Rückkehr zum Goldstandard mit 15:2 Stimmen ab, und Präsident Reagan beeilte sich, "guten Rat zu befolgen".

Seitdem hat es kein amerikanischer Präsident mehr gewagt, die Idee des Goldstandards anzutasten.

Zusammenfassung

Kennedys Absicht, der Federal Reserve die Befugnis zur Geldausgabe zu entziehen und den internationalen Bankiers den größten Teil ihres Einflusses auf die Vereinigten Staaten zu nehmen, führte schließlich zu seiner Ermordung.

★Die Verteidigung des Silbers und die Abschaffung seines monetären Status wurden zum Mittelpunkt des Kampfes zwischen Kennedy und den internationalen Bankiers.

★Johnson kam an die Macht und schaffte die Ausgabe von Silberzertifikaten ab, während er große Mengen an Silberreserven verkaufte, was schließlich das Ende der Silberwährung bedeutete.

★Der Kern des Endes des Vietnamkriegs ist das Fiasko auf dem Londoner Goldmarkt, das dazu führte, dass die finanzielle "Bilanz" der herrschenden Elite erschöpft war.

★Internationale Banker haben die großartige Erfindung der "Sonderziehungsrechte" gemacht, um die Tatsache zu vertuschen, dass die US-Währung bankrott ist.

★Nixon schloss das Goldtauschfenster, und die westlichen Industrienationen, angeführt von der Federal Reserve, begannen eine Ära beispielloser Kreditexpansion, nachdem sie sich von der Fessel des Goldes befreit hatten.

★Perkins, der "Wirtschaftsmörder", hat einen Infrastrukturplan für die Ölverarbeitung in Saudi-Arabien vorgeschlagen, um das Land in einen modernen Staat umzuwandeln, mit dem Ziel, den Großteil des Petrodollars in die Vereinigten Staaten zurückzuholen und einen Ölhafen für den Dollar zu finden.

★ In der Überzeugung, dass nur eine Rückkehr zum Goldstandard die amerikanische Wirtschaft retten könnte, verletzte Reagan direkt die No-Go-Zone für internationale Banker, und am Ende wurde Reagan niedergestochen, was die letzte Hoffnung auf eine Rückkehr zum Goldstandard zunichte machte.

KAPITEL VIII

Der unerklärte Währungskrieg

> *Wir sind wie ein Rudel Wölfe, das auf einem hohen Bergrücken steht und eine Elchherde überblickt. Thailands Wirtschaft gleicht eher einem verwundeten Beutetier als einem kleinen asiatischen Tiger. Wir wählen die Kranken und Schwachen (für die Jagd) aus, um die Hirschherde insgesamt gesünder zu halten.*[168]
>
> -The American Times, 1997

Es ist allgemein bekannt, dass derjenige, der das Angebot einer bestimmten Ware monopolisieren kann, Superprofite machen kann. Und Geld ist eine Ware, die jeder braucht, und wer ein Monopol auf die Ausgabe der Währung eines Landes hat, kann unbegrenzte Superprofite machen. Deshalb haben die internationalen Bankiers jahrhundertelang versucht, die Geldausgabe eines Landes mit allen Mitteln zu monopolisieren. Ihre höchste Berufung ist es, ein Monopol auf die Ausgabe von Geld auf der ganzen Welt zu haben.

Um die Kontrolle über die Weltwährungsfrage als Höhepunkt der Finanzstrategie zu sichern, starteten die internationalen Bankiers ab den 1970er Jahren eine Reihe von Währungskriegen, die darauf abzielten, das Vertrauen in den Dollar zu festigen, die Volkswirtschaften der Entwicklungsländer zu "zerstückeln" und potenzielle Konkurrenten auszuschalten, mit dem ultimativen strategischen Ziel der "kontrollierten Desintegration" der Weltwirtschaft und der Schaffung einer soliden Grundlage für die Vollendung einer "Weltregierung", einer "Weltwährung" und einer "Weltbesteuerung" unter der Achse London-Wall Street.

Beachten Sie, dass die internationalen Bankiers eine "Super-Sonderinteressengruppe" sind, die keinem Land oder keiner Regierung gegenüber loyal ist, sondern diese kontrolliert. Sie nutzten den Dollar

---

[168] Eugene Linden, "How to Kill a Tiger", *Time Asia*, 3. November 1997, Vol. 150. No. 18.

und die Macht der Vereinigten Staaten für einen bestimmten Zeitraum der Geschichte, aber wenn ihre Vorbereitungen bereit waren, konnten sie den Dollar jederzeit angreifen und so eine weltweite Wirtschaftskrise der Klasse von 1929 schaffen, eine schwere Krise, die die Regierungen dazu veranlassen und zwingen würde, mehr Souveränität aufzugeben und regionale Währungen und regionale Regierungen einzuführen.

Die Zerschlagung des chinesischen Finanzsystems hat für sie zweifelsohne höchste Priorität. Es ist nie eine Frage des Ob, sondern des Wann und des Wie, China anzugreifen. Zum jetzigen Zeitpunkt kann jeder Zufall katastrophale Folgen haben. Ihre wahrscheinliche strategische Taktik ähnelt derjenigen, die sie gegen Japan angewandt haben. Sie beginnen mit der Schaffung einer chinesischen Super-Vermögensblase, und mit ihrer "Hilfe" wird die chinesische Wirtschaft einige Jahre extremen Wohlstands erleben, ähnlich wie in Japan von 1985 bis 1990. Dann werden sie sie umbringen und einen "Langstrecken-Nicht-Kontakt"-Finanz-Atomschlag durchführen, der das weltweite Vertrauen in die chinesische Wirtschaft zerstört und internationale und inländische Fonds in Angst und Schrecken versetzt. Schließlich werden die wichtigsten Vermögenswerte Chinas zu einem Spottpreis erworben und die chinesische Wirtschaft "vollständig demontiert", womit der schwierigste Schritt im Prozess der Welteinigung abgeschlossen ist.

1973 Krieg im Nahen Osten: Der Dollar kämpft zurück

Tatsächlich war der Ausbruch des Vierten Nahostkriegs am 6. Oktober 1973 kein Zufall. Auf der Jahrestagung des Bilderberg-Clubs im Mai desselben Jahres trafen sich 84 internationale Bankiers, multinationale Konzerne und ausgewählte Politiker, um zu erörtern, wie man mit dem Kopfzerbrechen eines Dollars fertig werden könnte, der seine Goldunterstützung verloren hatte. David Rockefeller brachte den Frauenschwarm Brzezinski mit, und das Ergebnis der Diskussion war die Notwendigkeit, das Vertrauen in den Dollar wiederherzustellen und die Zügel auf dem außer Kontrolle geratenen finanziellen Schlachtfeld wieder in die Hand zu nehmen.

Internationale Banker haben sich einen erstaunlichen Plan ausgedacht, um die internationalen Ölpreise um 400% steigen zu lassen! Dieser kühne Plan würde mehreren Zwecken dienen: Einerseits würde der vierfache Anstieg der Ölpreise aufgrund der weit verbreiteten

Verwendung des US-Dollars für weltweite Öltransaktionen zu einem Anstieg der weltweiten Nachfrage nach dem Dollar führen und die Nebenwirkungen des Ausverkaufs des Dollars durch die Länder ausgleichen, da er seine Goldunterstützung verliert. Andererseits sind viele Länder Lateinamerikas und Südostasiens dank der hervorragenden Arbeit der "Wirtschaftsmörder" der vergangenen Jahre bereits Opfer einer übermäßigen Kreditvergabe geworden, und diese wirtschaftlich rückständigen und rohstoffreichen Länder werden zu einer Herde fetter Lämmer, die geschlachtet werden, sobald die Ölpreise in die Höhe schießen und die Vereinigten Staaten gleichzeitig die Zinssätze drastisch anheben.

Das Genialste an diesem Plan ist, dass er "die Menschen beschämt". Die Provokation Ägyptens und Syriens, Israel anzugreifen, die offene Unterstützung Israels durch die Vereinigten Staaten, um die Araber zu verärgern, und schließlich die Verhängung eines Ölembargos gegen den Westen durch die arabischen Staaten in einem Anfall von Wut, wobei der Ölpreis zwangsläufig in die Höhe schießt und der ganze Zorn der Welt auf die arabischen Staaten gerichtet ist. Die internationalen Banker, die auf dem Berg saßen und dem Kampf der Tiger zusahen, während sie die zurückfließenden Petrodollar-Banknoten zählten, haben nicht nur den Dollar mit einem Schlag zurückgewonnen und die Initiative auf dem finanziellen Schlachtfeld wiedererlangt, sondern sich auch die Schafe zunutze gemacht, die die Wolle lateinamerikanischer Länder wie Indonesien scheren. Das ist ein brillanter Plan.

Im Laufe der Geschichte haben die internationalen Banker immer einen "optimalen Algorithmus" verfolgt und bei jedem größeren strategischen Schritt mehr als drei Hauptziele erreicht. Internationale Banker waren schon immer Meister des "Kombinationsschlags".

Die beiden internationalen Bankiers, Brzezinski und Kissinger, stimmten voll überein, und die ganze Sache verlief völlig unvorhersehbar. Brzezinski konzipierte den Plan, und Kissinger war als Geheimdienst-"Zar" der Nixon-Regierung direkt an seiner Umsetzung beteiligt. William Engdahl wies in *A Century of War* darauf hin, dass,

> *"Kissinger unterdrückte konsequent den Fluss von (nahöstlichen) Geheimdienstinformationen an die Vereinigten Staaten, einschließlich der Bestätigung von Kriegsvorbereitungen durch arabische Beamte, die von den US-Geheimdiensten abgefangen wurden. Washingtons berühmte 'Pendeldiplomatie' während und nach dem Krieg, Kissinger*

> *führte den Ablauf des Mai-Treffens bei Bilderberg mit Präzision aus. Die arabischen Erdöl produzierenden Länder werden zum Sündenbock für den Zorn der Welt, während sich anglo-amerikanische Interessen im Stillen hinter den Kulissen verbergen. "* [169]

Auf Kissingers Versuchung und Zwang hin waren die Saudis das erste OPEC-Land, das eine Zusammenarbeit mit den Vereinigten Staaten einging und Petrodollars zum Kauf von US-Anleihen und damit "Petrodollars back" verwendete. Dann überschritt Kissinger die Grenze, und 1975 vereinbarten die OPEC-Minister, Öl nur noch in Dollar abzurechnen. Die Weltwährung ist damit in die Ära des "Ölstandards" eingetreten.

Der sprunghafte Anstieg der Ölpreise hat zu einem Anstieg der Nachfrage nach dem Dollar bei der Abrechnung des Ölhandels geführt, wodurch der Dollar endlich wieder eine starke internationale Unterstützung erfährt.

Die Weltölpreise blieben von 1949 bis 1970 stabil bei 1,90 $ pro Barrel. Von 1970 bis 1973 stiegen die Ölpreise allmählich auf 3 $ pro Barrel, und kurz nach Ausbruch des Krieges am 16. Oktober 1973 erhöhte die OPEC den Ölpreis um 70 Prozent auf 5,11 $ pro Barrel, und am 1. Januar 1974 verdoppelte er sich nochmals auf 11,65 $. Vom Ölpreis vor dem Bilderberg-Treffen 1973 bis Januar 1974 waren die Ölpreise um fast 400% gestiegen.

1974 versuchte auch ein nicht genannter Präsident Nixon, das US-Finanzministerium dazu zu bringen, Druck auf die OPEC auszuüben, um die Ölpreise wieder zu senken, wie ein Regierungsbeamter mit Insiderwissen in einem Memo schrieb:

> *"Die Banker ignorierten diesen Vorschlag und betonten stattdessen die fatale Entscheidung, die Strategie der 'Petrodollar-Rückgabe' gegen hohe Ölpreise einzusetzen. "*

In der darauf folgenden Ära hoher Ölpreise, die in den westlichen Ländern eine zweistellige Inflation verursachten, wurden die Ersparnisse der Menschen abgeschöpft. Noch unglücklicher sind die schutzlosen Entwicklungsländer, wie Engdahl erklärt:

---

[169] William Engdahl, *A Century of War: Anglo-American Oil Politics And The New World Order* (Pluto Press, London, 2004), S. 130.

"Der 400-prozentige Anstieg des Ölpreises hat erhebliche Auswirkungen auf die Volkswirtschaften, in denen Öl die Hauptenergiequelle ist. Die meisten Volkswirtschaften, die nicht über Erdölressourcen verfügen, sahen sich plötzlich mit unerwarteten und schwer zu zahlenden 400% der Kosten für importierte Energie konfrontiert, ganz zu schweigen von den steigenden Kosten für Düngemittel usw., die aus dem in der Landwirtschaft verwendeten Öl stammen.

1973 wies Indien einen Handelsüberschuss auf und befand sich in einem gesunden Zustand der wirtschaftlichen Entwicklung. Im Jahr 1974 musste Indien, das über Devisenreserven in Höhe von 629 Millionen Dollar verfügte, doppelt so viel für importiertes Öl bezahlen, nämlich 1.241 Millionen Dollar. Ebenfalls 1974 verzeichneten der Sudan, Pakistan, die Philippinen, Thailand, Afrika und Lateinamerika, ein Land nach dem anderen, Handelsdefizite. Nach Angaben des IWF belief sich das Handelsdefizit der Entwicklungsländer 1974 auf 35 Milliarden Dollar, eine für die damalige Zeit astronomische Zahl. Es überrascht nicht, dass das Gesamtdefizit genau das Vierfache des Wertes von 1973 beträgt, d.h. proportional zum Anstieg der Ölpreise.

An die Stelle der starken Industrieproduktion und des starken Handels der frühen 1970er Jahre trat von 1974 bis 1975 eine weltweite Schrumpfung von Industrie und Handel, die schwerste seit dem Ende des Zweiten Weltkriegs. " [170]

Mitte der 1970er Jahre waren viele Entwicklungsländer, die sich in der Industrialisierung befanden, stark von zinsgünstigen Krediten der Weltbank abhängig geworden, und die steigenden Ölpreise hatten einen großen Teil ihres Kapitals in den hohen Ölpreisen verschlungen. Die Entwicklungsländer sahen sich vor die Wahl gestellt, entweder den Industrialisierungsprozess zu stoppen und damit die überhöhten Kredite der Weltbank nicht zurückzahlen zu können oder mehr Geld von der Bank zu leihen, um Öl zu kaufen und die Hauptschuld und die Zinsen für die enormen Schulden zurückzuzahlen.

Die internationalen Bankiers, die sich mit dem IWF zusammengetan haben, haben schon lange darauf gewartet, und der IWF hat einige harte Hilfsbedingungen angeboten und dann diese Entwicklungsländer, die im Schlamassel stecken, gezwungen, die berühmten "vier Heilmittel des IWF" zu trinken, nämlich die

---

[170] *Ebd.*

Privatisierung des Kernvermögens des Landes, die Liberalisierung des Kapitalmarktes, die Marktisierung der grundlegenden Elemente des Lebens und die Internationalisierung des Freihandels, die meisten Länder, die diese Heilmittel trinken, sind entweder tot oder verwundet, und einzelne Länder mit starkem Widerstand erleiden auch viel Schaden, und die Menschen sind arm und schwach. Gerade jetzt, wo die Entwicklungsländer darum kämpfen, sich überall Dollars zu leihen, um teures Öl zu importieren, erwartet sie ein weiterer Blitz aus heiterem Himmel.

Paul Volcker: Die "kontrollierte Desintegration" der Weltwirtschaft

> *"Volcker wurde gewählt, weil er die Wahl der Wall Street war. Das ist ihr Einstiegspreis. Bekannt ist, dass er klug und konservativ ist, nicht bekannt ist, dass er im Begriff ist, eine große Veränderung herbeizuführen. "*
> Charles Geisst, Historiker.

1973 gründete David Rockefeller, Vorsitzender der Chase Manhattan Bank of the United States, auf Initiative und mit Unterstützung von Brzezinski eine Gruppe namens Trilaterale Kommission zwischen den Vereinigten Staaten, Europa und Japan, um die Beziehungen zwischen den Finanzgemeinschaften Nordamerikas, Westeuropas und Japans zu stärken. Die wichtigsten Mitglieder der Kommission sind bedeutende Bankiers, Unternehmer und prominente Politiker aus Nordamerika, Westeuropa und Japan. Die Kommission hat drei Sitze in New York, Paris und Tokio, die jeweils von einem Mitglied aus jeder dieser drei Regionen geleitet werden. Der Vorsitzende des New Yorker Hauptsitzes war natürlich David Rockefeller, und Brzezinski, der ein enger Berater von David Rockefeller war, wurde zum Exekutivdirektor, der die tägliche Arbeit dieses Hauptsitzes leitete. Brzezinski hatte einen engen Freund, der Professor an der Columbia University war, namens Dean Rask, der aus Georgia stammte und Außenminister war, als Kennedy Johnson das Weiße Haus leitete. Er schlug Brzezinski vor, den Gouverneur von Georgia, Jimmy Carter, in die Trilaterale Kommission einzuladen, und lobte wiederholt Carters unternehmerischen Elan und seine politische Vision.

Brzezinski und Carter trafen sich persönlich in der Wärme von Rask. Brzezinski war auf den ersten Blick in Carter verknallt, und er war sich sicher, dass er in der Zukunft ein großer Mann werden würde, so dass er natürlich darauf erpicht war, ihn anzuwerben. Also sprach Brzezinski eine Empfehlung an David Rockefeller aus und zollte Carter große Anerkennung. Der Vorsitzende des Trilateralen Exekutivausschusses folgte seinem Rat und nominierte ihn persönlich. Und einfach so wurde der Name des kleinen Gouverneurs von Georgia, Jimmy Carter, in die Liste der US-Mitglieder der Trilateralen Kommission aufgenommen. Dies war ein entscheidender Schritt für ihn, um fünf Jahre später die Stufen zum Weißen Haus zu betreten.

Nachdem Carter 1977 ins Weiße Haus einzog, wurde Brzezinski, sein "Parteifreund", logischerweise Präsident Carters nationaler Sicherheitsberater und "regierte" im Namen der internationalen Bankiers in einer ähnlichen Rolle wie Kissinger in der Nixon-Ära.

Als 1978 der Vorsitz der Federal Reserve vakant wurde, der von den internationalen Bankern sehr geschätzt wird, wandte sich David Rockefeller an Carter, um seinen Mitarbeiter Paul Volcker für diesen Posten zu empfehlen, und Präsident Carter konnte diese Bitte nicht ablehnen.

Der bärische New Yorker Aktienmarkt stieg ebenfalls um seltene 9,73 Punkte, da der Dollar auf den internationalen Märkten an Wert gewann, so die *New York Times*

> *"Die Ernennung von Volcker wurde von den europäischen Banken in Bonn, Frankfurt und der Schweiz befürwortet".*

Seit Eugene Meyers Rücktritt von der Federal Reserve im Jahr 1933 haben sich die Mitglieder der internationalen Bankenfamilie von der vordersten Front der Finanzmärkte ins Hinterzimmer zurückgezogen, wo sie die Geschäfte der Fed vor allem durch die strenge Auswahl des Gouverneurs der Bank of New York kontrollieren. Walker eignet sich sehr gut für diese Auswahl. Er studierte in seinen frühen Jahren in Princeton und Harvard, ging dann zu weiteren Studien an die London School of Economics und arbeitete in den 1950er Jahren als Wirtschaftswissenschaftler bei der Federal Reserve Bank of New York, dann bei Chase Manhattan als Wirtschaftswissenschaftler und in den 1960er Jahren im Finanzministerium, wo er in der Nixon-Ära einer der Hauptverantwortlichen für die Abschaffung des Goldstandards war.

Am 9. November 1978 erklärte ein temperamentvoller Volcker in einer Rede an der Universität Warwick in England, dass

"Ein gewisses Maß an 'kontrollierter Desintegration' der Weltwirtschaft war ein vernünftiges Ziel für die 1980er Jahre."

Die Frage ist, wessen Körper? Wie wird er sich auflösen? Natürlich tragen die am höchsten verschuldeten Länder der Dritten Welt die Hauptlast, gefolgt von der Sowjetunion und Osteuropa.

Volcker begann seine Amtszeit damit, dass er sich den Kampf gegen die "weltweite Inflation" auf die Fahnen schrieb und zusammen mit dem engen Verbündeten Großbritannien die Kreditaufnahme in Dollar unerschwinglich machte. Der durchschnittliche Zinssatz für Dollarkredite stieg kontinuierlich von 11,2% im Jahr 1979 auf 20% im Jahr 1981, wobei der Leitzins 21,5% erreichte und die Staatsverschuldung auf 17,3% anstieg.

Als die britische Premierministerin Margaret Thatcher im Mai 1979 gewählt wurde, schwor sie, "die Inflation aus der Wirtschaft zu vertreiben". In nur einem Monat im Amt erhöhte sie den Leitzins innerhalb von 12 Wochen von 12 auf 17 Prozent und trieb die Kreditkosten in allen Sektoren in so kurzer Zeit um 42 Prozent in die Höhe, was in Industrieländern in Friedenszeiten beispiellos ist. Sie hat sich auch den Titel "Eiserne Lady" verdient.

Unter dem Banner der "Inflationsbekämpfung" befindet sich die Wirtschaft in einer tiefen Rezession und die Menschen und Unternehmen leiden unter den Kosten, während amerikanische und britische Banker ein Vermögen machen.

Die Parolen von staatlichen Ausgabenkürzungen, Steuersenkungen, der Liberalisierung der Industrie und der Zerschlagung der Gewerkschaften ertönen, und die Entwicklungsländer, die durch eine schwere Schuldenlast belastet sind, befinden sich in einem Zustand großer Traurigkeit und des Todes. Zu diesem Zeitpunkt hatte sich die Verschuldung der Entwicklungsländer von 130 Milliarden Dollar zum Zeitpunkt des Bilderberg-Treffens im Mai 1973 auf schwindelerregende 612 Milliarden Dollar im Jahr 1982 verfünffacht. Als die Vereinigten Staaten und Großbritannien unter dem Schlagwort der "Inflationsbekämpfung" plötzlich die Zinssätze auf etwa 20 Prozent anhoben, wurden die riesigen Schulden der Entwicklungsländer durch einen so alarmierenden "Wucher" erdrückt, dass sie dazu bestimmt waren, zu Fischen auf dem Messer der internationalen Bankiers zu werden. Die asiatischen, afrikanischen und lateinamerikanischen Länder, die nicht auf einen Finanzkrieg vorbereitet sind, werden für ihre Nachlässigkeit teuer bezahlen.

US-Außenminister Schultz wies auf der Tagung der Vereinten Nationen am 30. September 1982 darauf hin, dass der IWF den Schuldendienst der Entwicklungsländer genau überwachen sollte, er forderte die Entwicklungsländer auf, ihre Exporte "für den Westen attraktiver" zu machen, nur der "freie Handel" könne sie retten, und verstärkte Bemühungen um den Verkauf ihrer Rohstoffe könnten den Prozess der Schuldenrückzahlung beschleunigen.

Der mexikanische Präsident Portillo wies seinerseits im gleichen Atemzug darauf hin, dass die Strategie der internationalen angloamerikanischen Bankiers darin bestehe, die hohen Zinssätze und die damit einhergehenden niedrigen Rohstoffpreise "zu den beiden Schneiden der Schere zu machen, die die von einigen Entwicklungsländern bereits erzielten Aufbaugewinne und die Möglichkeit des Fortschritts für die übrigen Länder zunichte machen". Er drohte ferner damit, die Entwicklungsländer dazu zu bringen, ihre Schuldenzahlungen einzustellen. Er stellte fest, dass

> *"Mexiko und andere Länder der Dritten Welt können ihre Schulden nicht pünktlich und zu Bedingungen bezahlen, die sich stark von der Realität unterscheiden. Wir, die Entwicklungsländer, wollen uns nicht (dem Westen) unterordnen. Wir können es uns nicht leisten, unsere Wirtschaft zu lähmen oder unsere Bevölkerung in eine noch schlechtere Lage zu bringen, um diese Schulden zu bezahlen, deren Kosten sich ohne unser Zutun verdreifacht haben, wofür wir nicht verantwortlich sind. Unsere Bemühungen um die Beseitigung von Hunger, Krankheit, Unwissenheit und Abhängigkeit haben keine internationale Krise ausgelöst."* [171]

Leider wurde Portillo nur zwei Monate nach seiner Rede vor den Vereinten Nationen durch einen von den internationalen Bankiers favorisierten Kandidaten ersetzt, und der IWF griff als "Ordnungshüter" in die Regelung der mexikanischen Schulden ein, eine Geschichte, die Engdahl wie folgt beschreibt:

> *"Der größte organisierte Raub in der modernen Geschichte begann in einem Ausmaß, das weit über dem ähnlicher Aktivitäten in den 1920er Jahren lag. Im Gegensatz zu der ausgeklügelten Vertuschung durch die westeuropäischen oder amerikanischen Medien haben die Schuldnerländer ihre*

---

[171] William Engdahl, *op. cit.*, S. 189.

> *Schulden mehrmals bezahlt, und zwar mit Blut und "einem Pfund Fleisch", mit dem sie die modernen Shylocks von New York und London bezahlt haben, und es ist nicht wahr, dass die Entwicklungsländer nach August 1982 aufgehört haben, ihre Schulden zu bezahlen. Sie wurden mit der Pistole auf den Kopf geschlagen und haben unter dem Druck des IWF das unterschrieben, was die Banker fälschlicherweise als "Schuldenvergleich" bezeichnet haben, an dem die berühmte Citibank oder Chase Bank of New York beteiligt war.* " [172]

IWF-Darlehen werden nur gewährt, wenn das Schuldnerland eine Reihe von "Sonderklauseln" unterzeichnet, darunter Kürzungen der Staatsausgaben, höhere Steuern und Währungsabwertung. Die Schulden werden dann verlängert, und die Entwicklungsländer müssen eine zusätzliche "Servicegebühr" an die internationalen Bankiers zahlen, die auf das Kapital der Schulden angerechnet wird.

Mexiko war gezwungen, die staatlichen Subventionen für Medikamente, Lebensmittel, Treibstoff und andere lebensnotwendige Güter zu kürzen, während der Peso auf ein katastrophales Niveau abgewertet wurde; Anfang 1982, unter der Reihe von Wirtschaftsreformen von Präsident Portillo, wurde der Peso im Verhältnis zum Dollar mit 12 zu 1 bewertet, während er bis 1989 auf 2.300 zu 1 abgewertet wurde und die mexikanische Wirtschaft von internationalen Bankern faktisch "kontrolliert demontiert" worden war.

Nach Angaben der Weltbank zahlten mehr als 100 Schuldnerländer in der Welt von 1980 bis 1986 allein 326 Milliarden Dollar an Zinsen an internationale Bankiers, weitere 332 Milliarden Dollar an Tilgungszahlungen und insgesamt 658 Milliarden Dollar an Entwicklungsländer für eine Verschuldung von 430 Milliarden Dollar (1980). Trotzdem schuldeten 1987 109 Schuldnerländer den internationalen Bankiers 1,3 Billionen Dollar. Die einzige Befürchtung ist, dass die Entwicklungsländer niemals die Zeit haben werden, ihre Schulden zu begleichen, wenn sie in einem so alarmierenden Ausmaß weiterlaufen. Infolgedessen begannen die internationalen Bankiers und der IWF, Konkursvergleiche gegen die Schuldnerländer durchzuführen. Länder, die die "Schuldenlösung" der Banker akzeptierten, wurden gezwungen, eine große Anzahl von Kernaktiva wie Wasser, Strom,

---

[172] William Engdahl, *op. cit.*, S. 190.

Gas, Eisenbahnen, Telefone, Öl, Banken usw. zu Schleuderpreisen zu verkaufen.

Man kann endlich sehen, wie tödlich der von internationalen Bankern orchestrierte "kontrollierte Zerfall" der Weltwirtschaft sein kann!

Die Weltnaturschutzbank: 30% der Landfläche der Erde umkreisen

In einer Zeit, in der die Entwicklungsländer Asiens, Afrikas und Lateinamerikas hoch verschuldet sind, haben die internationalen Bankiers begonnen, eine größere Operation zu planen, die die Grenzen der Vorstellungskraft der normalen Menschen übersteigt, und Menschen mit normaler Intelligenz wären nie auf die Idee gekommen, dass der "Umweltschutz" ein Einstieg in ein größeres Vorhaben ist.

Es ist unmöglich, die enorme Macht der schillernden "Kombinationen" der internationalen Bankiers zu verstehen, ohne das Thema aus einer historischen Perspektive zu betrachten!

Anfang August 1963 erhielt ein Soziologieprofessor an einer angesehenen Universität im Mittleren Westen unter dem Pseudonym "John Do" einen Anruf aus Washington, in dem er zur Teilnahme an einem geheimen Forschungsprojekt eingeladen wurde, an dem 15 Experten teilnahmen, die zu den besten Wissenschaftlern an angesehenen amerikanischen Universitäten gehörten. Professor "John Do" meldete sich neugierig an einem Ort namens "Iron Mountain". "Iron Mountain" liegt in der Nähe von Hudson City im Bundesstaat New York, wo sich die riesigen unterirdischen Anlagen befinden, die während des Kalten Krieges zur Abwehr sowjetischer Atomangriffe gebaut wurden und in denen Hunderte der größten amerikanischen Unternehmen vorübergehend ihren Sitz haben. Zu diesen Unternehmen gehören u. a. Standard Oil of New Jersey, Shell Oil Company und Hanover Manufacturing Trust. Im Falle eines Atomkriegs wäre dies das wichtigste Zentrum der amerikanischen Wirtschaft, um sicherzustellen, dass das amerikanische Wirtschaftssystem auch nach einem Atomkrieg lebensfähig bleibt. In normalen Zeiten lagern diese Unternehmen hier ihre vertraulichen Dokumente.

Diese rätselhafte Forschungsgruppe untersucht die Herausforderungen, die sich den Vereinigten Staaten stellen würden, wenn die Welt in eine Phase des "permanenten Friedens" eintreten würde, und die Antwortstrategie der USA. Diese Forschungsarbeit dauerte 2 1/2 Jahre. [173]

Im Jahr 1967 stellte die 15-köpfige Gruppe einen streng geheimen Bericht fertig, dessen Verfasser von der Regierung aufgefordert wurden, ihn streng vertraulich zu behandeln. Einer von ihnen, Professor "John Do", war jedoch der Meinung, dass der Bericht zu wichtig sei, um ihn vor der Öffentlichkeit zu verbergen. Er fand daraufhin den berühmten Autor Leo Levin, und mit dessen Hilfe wurde das Buch mit dem Titel The Report from Iron Mountain 1967 offiziell von Dell Publishing veröffentlicht. Bei seinem Erscheinen schockierte das Buch sofort alle Teile der amerikanischen Gesellschaft. Jeder rätselt, wer zum Teufel "John Doe" ist. Es wird angenommen, dass der Bericht vom damaligen Verteidigungsminister McNamara, einem Mitglied der Foreign Affairs Association und späteren Präsidenten der Weltbank, inszeniert wurde. Als Forschungsinstitut wird das Hudson Institute vermutet, dessen Gründer, Herman Cain, ebenfalls Mitglied der Diplomatic Association ist.

Als Reaktion auf die undichte Stelle meldete sich John Xuns Sonderassistent für nationale Sicherheit, Rostow, sofort zu Wort, um den Bericht, der seiner Meinung nach schlichtweg unwahr war, zu "bereinigen". Die Time, die ebenfalls von Henry Ruth, einem Mitglied der Foreign Affairs Association, kontrolliert wird, nannte den Bericht ebenfalls eine "clevere Lüge". Ob der Bericht wahr oder falsch ist, wird in der amerikanischen Gesellschaft bis zum heutigen Tag diskutiert.

Die *Washington Post* hatte das Buch jedoch am 26. November 1967 in ihrer Rubrik "Book Review" vorgestellt. Galbraith, ein angesehener Professor an der Harvard-Universität und Mitglied der Diplomatischen Vereinigung, stellte das Buch vor und erklärte, dass er über Informationen aus erster Hand verfüge, die die Richtigkeit des Berichts bestätigten, da er selbst zu den Eingeladenen gehörte. Obwohl er später nicht an der Arbeit des Projekts teilnehmen konnte, wurde er zu verschiedenen Fragen konsultiert und zur Vertraulichkeit verpflichtet.

> "Ich bin bereit, für die Echtheit dieses Dokuments ('Iron Mountain Report') mit meinem persönlichen Ruf zu bürgen, und ich bin bereit, die Gültigkeit seiner Schlussfolgerungen zu

---

[173] Larry Abraham, *The Greening* (Second Opinion Pub., Inc., 1993).

bestätigen. Ich habe lediglich Bedenken, ob es klug ist, es einer unvorbereiteten Öffentlichkeit zugänglich zu machen. " [174]

Die Echtheit des Berichts wurde später zweimal von Galbraith in anderen Medien bekräftigt. Was also waren die schockierenden Schlussfolgerungen des Berichts, die die "Elite" so nervös machten?

Es stellt sich heraus, dass der Bericht im Detail die Pläne der "Weltelite" für die Zukunft der Welt offenbart. Der Grundgedanke des Berichts ist, dass es sich um einen "rein objektiven" Bericht handelt, der die Frage von Recht und Unrecht nicht erörtert, der sich nicht mit so leeren Begriffen wie Freiheit und Menschenrechte befasst und der keinen Platz in allen Positionen wie Ideologie, Patriotismus und Religion einnimmt.

Der Bericht beginnt mit einer Feststellung:

> *"Dauerhafter Frieden ist zwar theoretisch nicht unmöglich, aber nicht nachhaltig. Selbst wenn (das Ziel des Friedens) erreichbar ist, ist es sicherlich nicht die beste Option für eine stabile Gesellschaft ... Krieg ist eine besondere Funktion unserer sozialen Stabilität. Wenn keine anderen Alternativen entwickelt werden können, sollte das Kriegssystem beibehalten und gestärkt werden.* " [175]

Der Bericht argumentiert, dass die Menschen nur in Kriegszeiten oder bei Kriegsgefahr am ehesten bereit sind, der Regierung klaglos zu gehorchen. Der Hass auf den Feind und die Angst vor Unterwerfung und Ausplünderung machen die Menschen fähiger, die übermäßigen Steuern und Opfer zu ertragen, und der Krieg ist wiederum der Katalysator für die starken Emotionen der Menschen, und im Geiste des Patriotismus, der Loyalität und des Sieges können die Menschen bedingungslos gehorchen, und jede abweichende Meinung wird als ein Akt des Verrats angesehen. Umgekehrt werden die Menschen in einer friedlichen Situation instinktiv gegen eine hohe Steuerpolitik sein und eine übermäßige Einmischung der Regierung in das Privatleben hassen.

> *"Das System des Krieges ist nicht nur für die Existenz eines Staates als unabhängiges politisches System notwendig, sondern*

---

[174] *News of War and Peace You're Not Ready For*, de Herschel McLandress (alias Galbraith), (Book World, Washington Post, 26 novembre 1967, S. 5).

[175] Léonard C. Lewin, *Report from Iron Mountain - On the Possibility and Desirability of Peace* (Dial Press, 1967).

auch für die politische Stabilität unerlässlich. Ohne Krieg wäre die "Legitimität" der Regierung, das Volk zu regieren, in Frage gestellt. Die Möglichkeit eines Krieges bildet die Grundlage für die Macht einer Regierung. Die Geschichte ist voll von Beispielen von Regimen, die durch die Kriegsdrohung ihre Glaubwürdigkeit verloren und schließlich zum Zerfall der Macht geführt haben, eine zerstörerische Wirkung, die auf übersteigerte Einzelinteressen, Ressentiments gegen soziale Ungerechtigkeit und andere zersetzende Faktoren zurückzuführen ist. Die Möglichkeit eines Krieges wird zu einem politischen Stabilitätsfaktor, der die Struktur der sozialen Organisation aufrechterhält. Sie hält die Gesellschaft stratifiziert und garantiert den Gehorsam der Bevölkerung gegenüber der Regierung. "

In dem Bericht wird jedoch argumentiert, dass der traditionelle Ansatz des Krieges auch seine historischen Grenzen hat, in denen die große Sache der Weltregierung schwer zu erreichen sein wird, insbesondere im Zeitalter des Atomkrieges, in dem der Ausbruch eines Krieges zu einem unvorhersehbaren und riskanten Problem wird. Wenn man bedenkt, dass die Studie kurz nach der Kubakrise begonnen wurde, muss der Schatten des Atomkriegs mit der Sowjetunion die Autoren in gewissem Maße beeinflusst haben.

Die Frage ist: Wenn es einen "permanenten Frieden" in der Welt gibt, was ist dann der Ausweg für die amerikanische Gesellschaft? Das ist genau die Antwort, nach der dieses geheime Forschungsteam sucht.

Mit anderen Worten: Sie müssen eine neue Alternative zum "Krieg" für die Vereinigten Staaten finden. Nach sorgfältiger Prüfung schlagen die Experten vor, dass neue Alternativen zum Krieg mit drei Bedingungen einhergehen müssen: (1) sie müssen wirtschaftlich "verschwenderisch" sein und mindestens 10 Prozent des jährlichen BIP verbrauchen; (2) sie müssen eine große, groß angelegte, glaubwürdige Bedrohung darstellen, die mit der Kriegsgefahr vergleichbar ist; und (3) sie müssen eine logische Rechtfertigung für den Zwang der Menschen bieten, ihren Regierungen zu dienen.

Ein einfaches Stück Arbeit. Die Experten dachten zunächst an einen "Krieg gegen die Armut". Das Problem der Armut war zwar groß genug, aber nicht furchterregend genug, um schnell aufgegeben zu werden. Die Alternative war eine Invasion von Außerirdischen, die zwar beängstigend genug war, aber in den 1960er Jahren nicht glaubwürdig genug, so dass sie wieder fallen gelassen wurde.

Schließlich denkt man an die "Umweltverschmutzung", die zu einem beträchtlichen Teil eine Tatsache ist und die Glaubwürdigkeit hat, unter der Propaganda der Umweltverschmutzung bis zum Ausmaß des apokalyptischen Schreckens nach dem Atomkrieg zu funktionieren; es ist in der Tat wirtschaftlich sehr "verschwenderisch", die Umwelt weiter zu verschmutzen; es ist sehr logisch, dass die Menschen hohe Steuern und geringere Lebensqualität ertragen und staatliche Eingriffe in das Privatleben akzeptieren, um "Mutter Erde zu retten".

Das ist eine fantastische Wahl!

Wissenschaftliche Schätzungen gehen davon aus, dass die Zeitspanne, in der die Umweltverschmutzung den Punkt erreicht, an dem sie eine schwere weltweite Krise verursacht, etwa anderthalb Generationen oder 20 bis 30 Jahre beträgt. Der Bericht wurde im Jahr 1967 veröffentlicht. Zwanzig Jahre später ...

Im September 1987 fand in Denver, Colorado, USA, die vierte Generalversammlung der World Wildlife Conservation Commission statt, an der 2.000 Delegierte aus über 60 Ländern teilnahmen. Die 1.500 Delegierten, die an der Konferenz teilnahmen, waren überrascht, als sie ein Dokument mit der Bezeichnung "Erklärung von Denver" vorfanden. In der Erklärung von Denver heißt es:

> *"Da neue Mittel mobilisiert werden müssen, um den Umfang der Umweltschutzmaßnahmen zu erweitern, sollten wir ein neues Bankmodell schaffen, um die internationale Hilfe für das Umweltmanagement mit den Bedürfnissen der Empfängerländer im Bereich des Ressourcenmanagements zu verbinden."* [176]

Dieses neue Bankmodell ist das Programm "Weltbank für die Umwelt". Im krassen Gegensatz zu früheren ähnlichen Treffen waren zahlreiche internationale Bankiers anwesend, allen voran Baron Edmund Rothschild, David Rockefeller und US-Finanzminister Jamie Baker. Diese vielbeschäftigten Leute verbrachten sechs volle Tage auf einer Umweltkonferenz, um der Generalversammlung das Finanzprogramm der "Weltumweltbank" vorzustellen und zu vermarkten.

---

[176] Vierter Weltwildniskongress, Interview mit George Hunt: "Vorsicht vor Bankern, die Geschenke bringen".

In seiner Rede vor der Generalversammlung bezeichnete Edmund Rothschild diese "Weltumweltbank" als den "zweiten Marshallplan", dessen Einrichtung die Entwicklungsländer aus dem Schuldensumpf "retten" und gleichzeitig die ökologische Umwelt schützen würde. Es sei darauf hingewiesen, dass sich die Gesamtverschuldung der Entwicklungsländer 1987 auf 1,3 Billionen Dollar belief.

Der Kerngedanke der Weltbank für Umwelt ist "natürliche Ressourcen durch Schulden zu ersetzen". Das "ökologische Land" der Entwicklungsländer, das die internationalen Banker eingekreist haben, erstreckt sich über Lateinamerika, Afrika und Asien und umfasst eine Gesamtfläche von 50 Millionen Quadratkilometern, was der Fläche von fünf Ländern oder 30 Prozent der Landfläche der Erde entspricht. Die internationalen Banker planen, die Schulden der Entwicklungsländer in Höhe von 1 Billion Dollar zu refinanzieren, die Schulden an die Weltbank für Umwelt zu übertragen, das Land am Rande der ökologischen Krise zu besichern und von der Weltbank für Umwelt Schuldenerweiterungen und neue zinsgünstige Kredite zu erhalten!

In den 1970er Jahren waren die Kredite der Entwicklungsländer an den IWF und die internationalen Bankiers überwiegend unbesichert und basierten ausschließlich auf nationalen Krediten, und wenn Schuldenkrisen ausbrachen, war es für die internationalen Bankiers weniger wahrscheinlich, in Konkurs zu gehen. Als diese Schulden auf die Weltbank für Umwelt übertragen wurden, war es schwer mit anzusehen, wie sich die zweifelhaften Konten der internationalen Bankiers in hochwertige Vermögenswerte verwandelten. Da der WEF das Land als Sicherheit besitzt, gehören die großen, mit Hypotheken belasteten Landflächen rechtlich dem WEF, sobald die Entwicklungsländer nicht mehr in der Lage sind, ihre Schulden zu bezahlen, und die internationalen Bankiers, die den WEF kontrollieren, sind natürlich die eigentlichen Eigentümer der großen, fruchtbaren Landflächen. Angesichts des Ausmaßes der menschlichen Enklavenbewegung ist die Weltbank für die Umwelt beispiellos.

Es ist kein Wunder, dass sich Leute wie Rothschild und Rockefeller um die sechstägige Umweltkonferenz "kümmern" müssen, um so große Vorteile zu erzielen.

Dr. Cuesta, ein hoher Beamter im brasilianischen Finanzministerium, blieb über Nacht auf, nachdem er von Rothschilds Weltumweltbank-Vorschlag gehört hatte. Er argumentiert, dass zinsgünstige Kredite von Umweltbanken der brasilianischen Wirtschaft kurzfristig helfen mögen und zumindest der Wirtschaftsmotor wieder anspringen kann, aber langfristig wird Brasilien ohnehin nicht in der Lage sein, diese Kredite zurückzuzahlen, und das Endergebnis wird sein, dass die Feng-Shui-Schätze des Amazonas, die als Sicherheit für die Kredite dienen, nicht mehr im Besitz Brasiliens sein werden.

Die verpfändeten Ressourcen beschränken sich nicht auf den Boden, sondern es werden auch Wasserquellen und andere natürliche Ressourcen über und unter der Erde verpfändet.

Die Weltbank für die Umwelt mit einem bekannteren Namen wurde schließlich 1991 als Globale Umweltfazilität gegründet, die von der Weltbank verwaltet wird, deren größter Aktionär das US-Finanzministerium ist. Die langfristigen Pläne der internationalen Bankiers werden nun schrittweise umgesetzt.

Finanzielle Atombombe: Tokio im Visier

> *Japan hat auf internationaler Ebene enormen Reichtum angehäuft, während die Vereinigten Staaten sich in einem nie dagewesenen Maße verschulden. Die militärische Überlegenheit, die Präsident Reagan anstrebte, war eine Illusion, die um den Preis des Verlustes unseres Status als Kreditgeber in der Weltwirtschaft erkauft wurde. Trotz der Versuche Japans, sich weiterhin im Schatten der Vereinigten Staaten zu verstecken und im Stillen zu wachsen, ist Japan in Wirklichkeit ein Bankier von Weltrang geworden. Der Aufstieg Japans zur weltweit dominierenden Finanzmacht ist sehr beunruhigend.*
>
> -George Soros, 1987. [177]

Als Großbritannien im Ersten Weltkrieg seinen Status als internationaler Kreditgeber an die Vereinigten Staaten abtrat, ging gleichzeitig die globale Hegemonie des britischen Empire verloren. Dieses Ereignis ist den internationalen Bankern sicherlich noch in frischer Erinnerung, und der rasante wirtschaftliche Aufstieg der ostasiatischen Länder nach dem Zweiten Weltkrieg war ein Weckruf für die Londoner Wall-Street-Banker, dass alles, was einen potenziellen Rivalen der von ihnen beherrschten Weltregierung und Welt-

---

[177] George Soros, *Die Alchemie der Finanzen*. Wiley.

Einheitswährung vereiteln und untergraben könnte, wachsam bewacht werden muss.

Japan, das als erste asiatische Volkswirtschaft einen Aufschwung erlebte, hat rasch ein Niveau erreicht, das die internationalen Bankiers alarmiert hat, sowohl was die Qualität seines Wirtschaftswachstums, die Wettbewerbsfähigkeit seiner Exporte von Industrieprodukten als auch die Geschwindigkeit und das Ausmaß seiner Vermögensbildung betrifft. Um es mit den Worten des US-Finanzministers Samos aus der Clinton-Ära zu sagen,

> *"Eine asiatische Wirtschaftszone mit Japan an der Spitze löste bei den meisten Amerikanern Angst aus, die in Japan eine noch größere Bedrohung für die Vereinigten Staaten sahen als in der Sowjetunion".*

Nach dem Krieg begann Japan mit der Nachahmung des westlichen Produktdesigns, senkte dann schnell die Produktionskosten und eroberte schließlich den europäischen und amerikanischen Markt. In der Ölkrise der 1970er Jahre verlor die in den USA gebaute Achtzylinder-Limousine mit hohem Kraftstoffverbrauch schnell an die billigen und sparsamen japanischen Autos. Die USA haben allmählich ihre Fähigkeit verloren, dem japanischen Angriff in der Low-Tech-Autoindustrie zu widerstehen. Seit den 1980er Jahren hat Japans Elektronikindustrie rasche Fortschritte gemacht, Sony, Hitachi, Toshiba und eine große Anzahl von anderen elektronischen Unternehmen von der Nachahmung zur Innovation, zusätzlich zu den zentralen Recheneinheit, fast alle integrierten Schaltungen und Computer-Chip-Fertigungstechnologie, in der Industrie-Roboter und billige Arbeitskräfte unter den Vorteil der US-Elektronik und Computer-Hardware-Industrie, Japan hat sogar das Ausmaß der US-made Raketen müssen japanische Chips verwenden erreicht. Zu einer Zeit glaubte fast jeder in den Vereinigten Staaten, dass es nur eine Frage der Zeit sei, bis Toshiba und Hitachi IBM und Intel in den Vereinigten Staaten aufkaufen würden, während amerikanische Industriearbeiter befürchteten, dass japanische Roboter ihnen schließlich die Arbeitsplätze wegnehmen würden.

Während die Hochzinspolitik der Vereinigten Staaten und Großbritanniens in den frühen 1980er Jahren das Vertrauen in den Dollar rettete und vielen Entwicklungsländern in Afrika und Lateinamerika den Todesstoß versetzte, schadete der hohe Zinssatz auch der industriellen Stärke der Vereinigten Staaten, was dazu führte, dass in den 1980er Jahren japanische Produkte auf den amerikanischen Markt drängten.

Während sich die japanische Nation in einer "Japan kann Nein sagen"-Euphorie befand, wurde von den internationalen Bankiers bereits ein Zermürbungskrieg gegen das japanische Finanzwesen geführt.

Im September 1985 begannen die internationalen Bankiers schließlich zuzuschlagen. Die Finanzminister der Vereinigten Staaten, Englands, Japans, Deutschlands und Frankreichs unterzeichneten im Plaza Hotel in New York das "Plaza Agreement", um eine "kontrollierte" Abwertung des Dollars gegenüber anderen wichtigen Währungen zu ermöglichen, und die Bank of Japan wurde unter dem Druck von US-Finanzminister Baker gezwungen, einer Aufwertung zuzustimmen. Innerhalb weniger Monate nach der Unterzeichnung des Square Agreement wertete der Yen von 250 Yen für einen Dollar auf 149 Yen für einen Dollar auf.

Im Oktober 1987 stürzte der New Yorker Aktienmarkt ab. US-Finanzminister Baker übte Druck auf den japanischen Premierminister Nakasone aus, damit die Bank of Japan die Zinssätze weiter senkte und den US-Aktienmarkt etwas attraktiver als den japanischen Aktienmarkt erscheinen ließ, um Kapitalströme vom Tokioter Markt in die Vereinigten Staaten zu locken. Baker drohte, wegen des amerikanisch-japanischen Handelsdefizits hart mit Japan ins Gericht zu gehen, falls die Demokraten an die Macht kämen, dann zog Baker wieder die Reißleine und versprach, dass die Republikaner an der Macht bleiben würden, Bush Sr. würde dem amerikanisch-japanischen Wohlwollen sicher einen großen Schub geben, Nakasone senkte den Kopf, bald fielen die Yen-Zinsen auf nur noch 2.5%, das japanische Bankensystem begann mit Liquidität zu überschwemmen, riesige Mengen billigen Kapitals flossen in den Aktienmarkt und in Immobilien, Tokios Aktien stiegen um bis zu 40% pro Jahr, Immobilien sogar um über 90%, und eine riesige Finanzblase begann sich zu bilden.

In einem so kurzen Zeitraum, diese dramatische Veränderung in der Währung zu wechseln, schlagen Japans Export-Produzenten das blutende Herz, um für den Verlust der Exportrückgang durch die Aufwertung des Yen verursacht auszugleichen, haben die Unternehmen von der Bank niedrigen Zinssatz Kreditaufnahme Spekulation in Aktien, die Bank of Japan's Overnight-Darlehen Markt wurde schnell das weltweit größte Zentrum. Bis 1988 wurden die Top 10 der größten

Banken der Welt von Japan aufgerieben. Zu diesem Zeitpunkt war der Tokioter Aktienmarkt innerhalb von drei Jahren um 300% gestiegen, und der Immobilienmarkt hatte atemberaubende Ausmaße erreicht, wobei der gesamte Immobilienmarkt in einem Tokioter Gebiet den Gesamtwert der Immobilien in den Vereinigten Staaten zu dieser Zeit in Dollar überstieg. Japans Finanzsystem hat einen prekären Punkt erreicht.

Was Japan nicht erwartet hatte, war eine unangekündigte finanzielle Strangulierung durch internationale Banker, die ohne die verheerenden externen Schocks vielleicht eine weiche Landung mit moderaten Sparmaßnahmen gewesen wäre. Angesichts der finanziellen Stärke Japans gibt es keine Gewissheit über einen Sieg auf dem traditionellen, konventionellen finanziellen Schlachtfeld.

1982 "entwickelte" die Chicago Mercantile Exchange in den Vereinigten Staaten als erste die erfolgreichen Aktienindex-Futures, eine noch nie dagewesene Finanzwaffe. Damit sollte der New Yorker Börse das Geschäft entzogen werden. Wenn die Menschen in Chicago im Vertrauen auf den New Yorker Aktienindex handelten, mussten sie den New Yorker Aktienhändlern keine Provisionen mehr zahlen. Ein Aktienindex ist nichts anderes als eine Liste börsennotierter Unternehmen, die gewichtet werden, um Daten zu produzieren, und Aktienindex-Futures sind Wetten auf die zukünftige Kursentwicklung der Unternehmen auf dieser Liste, die weder Käufer noch Verkäufer selbst besitzen oder zu besitzen beabsichtigen.

Die Börse spielt mit dem Wort Vertrauen, und massive Leerverkäufe von Aktienindex-Futures führen unweigerlich zu einem Börsencrash, wie der New Yorker Börsenkrach vom Oktober 1987 eindrucksvoll gezeigt hat.

Der wirtschaftliche Aufschwung Japans in den 1980er Jahren vermittelte den Japanern ein Gefühl der Überlegenheit gegenüber der Welt. In einer Zeit, in der die japanischen Aktienkurse so hoch sind, dass kein vernünftiger westlicher Kommentator sie nachvollziehen kann, haben die Japaner immer noch viele Gründe, sich für einzigartig zu halten. Ein amerikanischer Anlageexperte, der zu dieser Zeit in Japan war, drückte es so aus:

> "Hier herrscht der Glaube, dass der japanische Aktienmarkt nicht untergehen kann, und das war auch '87, '88 und sogar '89 noch der Fall. Sie waren der Meinung, dass ihre (Aktien-)Märkte und die gesamte japanische Nation etwas ganz

Besonderes waren, etwas Besonderes, das Japan dazu bringen konnte, allen Gesetzen der Welt zu trotzen. "

Die Versicherungsgesellschaft ist ein sehr wichtiger Investor auf dem Aktienmarkt in Tokio. Als die internationalen Banker eine Gruppe von Investmentbanken wie Morgan Stanley und Solomon Brothers als große Überraschungsmacht nach Japan schickten, sahen sie sich nach potenziellen Zielen um, mit großen Mengen an Bargeld in der Hand und ihren Aktenkoffern voller "Aktienindex-Put-Optionen", einem neuen Finanzprodukt, das es damals in Japan noch nicht gab. Die japanischen Versicherungsgesellschaften sind diejenigen, die daran interessiert sind, und in den Augen der Japaner müssen diese Amerikaner in ihre Köpfe eingedrungen sein und eine Menge Geld eingesetzt haben, um die Möglichkeit eines unwahrscheinlichen japanischen Börsencrashs zu kaufen, und infolgedessen ist die japanische Versicherungsindustrie schnell dabei, sich zu engagieren. Beide Seiten wetten auf die Richtung des Nikkei, wenn der Index fällt, verdienen die Amerikaner Geld und die Japaner verlieren Geld, wenn der Index steigt, ist die Situation genau umgekehrt.

Vielleicht kann nicht einmal die japanische Provinz Okura zählen, wie viele solcher Derivatkontrakte gehandelt wurden, bevor der Aktienmarkt abstürzte und dieser unentdeckte "Finanzvirus" in einer boomenden Illusion eines fast unregulierten, geheimen, außerbörslichen Untergrundmarktes gedieh.

Am 29. Dezember 1989 erreichte der japanische Aktienmarkt ein Allzeithoch, der Nikkei-Index stieg auf 38915 Punkte, und die massiven Leerverkäufe von Optionen auf den Aktienindex begannen endlich zu greifen. Am 12. Januar 1990 schlugen die Amerikaner zu, als plötzlich ein neues Finanzprodukt, der Nikkei-Put-Optionsschein, an den amerikanischen Börsen auftauchte und Aktienoptionen, die Goldman Sachs der japanischen Versicherungsbranche abgekauft hatte, an das Königreich Dänemark weiterverkauft wurden, das sie an die Käufer der Optionsscheine verkaufte und versprach, den Besitzern der Nikkei-Put-Optionsscheine den Erlös im Falle eines Nikkei-Abschwungs auszuzahlen. Das Königreich Dänemark ist nur hier, um Goldman Sachs die Glaubwürdigkeit der Nikkei-Optionsverkäufe in den Händen von Goldman Sachs zu verleihen, aufgeladen. Die Optionsscheine sofort in den Vereinigten Staaten verkauft, eine große Anzahl von US-Investmentbanken haben nachgezogen, kann der japanische Aktienmarkt nicht mehr essen, "Nikkei Put-Optionsscheine" in weniger als einem Monat zu verkaufen heißen Zusammenbruch des gesamten Zusammenbruchs aufgeführt.

Der Zusammenbruch des Aktienmarktes griff zunächst auf das japanische Banken- und Versicherungswesen und schließlich auf das verarbeitende Gewerbe über. Japans verarbeitendes Gewerbe konnte sich früher an der Börse zu mindestens der Hälfte der Kosten seiner amerikanischen Konkurrenten Geld beschaffen, was mit dem Einbruch des Aktienmarktes von gestern ist. [178]

Seit 1990 befindet sich Japans Wirtschaft in einer jahrzehntelangen Rezession, wobei der japanische Aktienmarkt um 70 Prozent einbrach und die Immobilienpreise 14 Jahre in Folge fielen. In Financial Defeat argumentiert der Autor Motobu Yoshikawa, dass die Folgen der finanziellen Niederlage Japans im Jahr 1990 in Bezug auf den Anteil des verlorenen Wohlstands fast denen der Niederlage im Zweiten Weltkrieg gleichkamen.

William Engdahl drückte es so aus, als er das Finanzdebakel in Japan kommentierte:

> *"Kein Land der Welt hat die Politik der Reagan-Ära mit ihren Haushaltsdefiziten und massiven Ausgaben treuer und aktiver unterstützt als der ehemalige Feind der Vereinigten Staaten, Japan. Nicht einmal Deutschland hat Washingtons Forderungen jemals so bedingungslos erfüllt. Und in den Augen der Japaner ist Tokios loyaler und großzügiger Aufkauf von US-Staatsanleihen, Immobilien und anderen Vermögenswerten im Gegenzug für das verheerendste Finanzdesaster der Weltgeschichte."* [179]

Im Sommer 2006 besuchte der neue US-Finanzminister Paulson China. Als er hörte, wie er China enthusiastisch "Erfolg wünschte", lief es den Leuten eiskalt den Rücken herunter. Ich frage mich, ob sein Vorgänger Baker das Gleiche gesagt hat, als er dem japanischen Premierminister Nakasone die Hand reichte.

---

[178] Gregory Millman, *Vigilante Economics: How Wall Street Shattered Tokyo and London gave Frankfurt Woe* (The Alicia Patterson Foundation, 1992).

[179] William Engdahl, op. cit., S. 225-226.

Soros: Der Finanzhacker des internationalen Bankiers

Lange Zeit haben die Medien in aller Welt Soros als "Außenseiter" oder "eigenbrötlerisches" Finanzgenie dargestellt, und die Legenden über ihn haben zu seiner Mystik beigetragen, wie Grumman einmal scherzte, dass dieser Nachname, der sich sowohl positiv als auch negativ liest, anders ist.

Soros ist wirklich ein Außenseiter, der mit seinem "Finanz-Hacking-Genie" allein gegen die Bank of England antritt, um die Deutsche Mark zu erschüttern und den asiatischen Finanzmarkt aufzumischen? Ich fürchte, nur einfältige Menschen würden an eine solche Legende glauben.

Der Quantum-Fonds von Soros, der die Finanzmärkte der Welt in Atem hielt, war in Curaçao registriert, einer Steueroase auf den Niederländischen Antillen, einer niederländischen Dependenz in der Karibik, die es ermöglichte, die Hauptinvestoren des Fonds und die Geldbewegungen zu verbergen.

Da die US-Wertpapiergesetze vorschreiben, dass nicht mehr als 99 US-Bürger "erfahrene" Investoren in Hedgefonds sein dürfen, hat Soros große Anstrengungen unternommen, um sicherzustellen, dass keiner der 99 Superreichen Amerikaner ist. Bei einem solchen Offshore-Hedgefonds sitzt Soros nicht einmal im Vorstand, sondern ist als "Anlageberater" an den Geschäften des Fonds beteiligt. Und nicht nur das, er hat sich auch dafür entschieden, diese beratende Funktion im Namen der von ihm in New York gegründeten Soros Fund Management zu übernehmen. Wenn die US-Regierung ihn auffordert, Einzelheiten zu den Operationen des Fonds mitzuteilen, könnte er sich darauf berufen, dass er lediglich als Anlageberater tätig ist, um sich der Verantwortung zu entziehen.

Soros' Quantum Fund ist nicht leicht zu durchschauen. Zu seinem Verwaltungsrat gehören:

Direktor Richard Cates ist Direktor der Rothschild Bank in London und Präsident der Rothschild Family Bank of Milan in Italien.

Direktor, Nice Tob ist Partner des Londoner Syndikats, das ebenfalls größtenteils von der Familie Rothschild geleitet wird.

-Regisseur William Rees-Mogg, Kolumnist und Kritiker der Londoner *Times*, ist ebenfalls ein Partner, der von der Familie Rothschild kontrolliert wird.

Direktor Edgar Pisito ist die umstrittenste Figur im Schweizer Private Banking und wurde als "der klügste Banker in Genf" bezeichnet. Zu Pisitos engen Freunden gehört Safra, der Eigentümer der Republican Bank of New York, der von den US-Strafverfolgungsbehörden als mit dem Moskauer Bankenkartell in Verbindung stehend identifiziert wurde und von der Schweiz offiziell als in die Drogengeldwäsche in der Türkei und Kolumbien verwickelt bezeichnet wird.

Zu Soros' "Kreis" gehören auch die prominenten Schweizer Spekulanten Mark Rich und Terry Ivey sowie der Waffenhändler des israelischen Geheimdienstes Shal Eisenberg.

Soros' geheime Beziehung zum Rothschild-Kreis macht ihn zum Frontmann der mächtigsten und geheimnisvollsten Finanzgruppe der Welt. Die Rothschilds waren nicht nur einst die Herrscher der Finanzstadt London, die Gründer Israels, die Großmeister des internationalen Geheimdienstnetzes, die Hintermänner der fünf größten Banken an der Wall Street, die Bestimmer des Weltgoldpreises, sondern sie leiten immer noch die Wall-Street-Achse in London. Niemand weiß, wie viel Reichtum sie wirklich besitzen, und während Rothschild und andere internationale Banker den reichsten Mann der Welt, Bill Gates und den Aktiengott Warren Buffett, ins Rampenlicht rücken, versteckt sich ihr eigener Reichtum, der um mehrere Größenordnungen höher ist als der des "reichsten Mannes", auf Offshore-Konten in der Schweiz oder in der Karibik.

Soros verfügt auch über außergewöhnliche Verbindungen zu Amerikas elitären Kreisen, denn er hat 100 Millionen Dollar seines persönlichen Geldes in das angesehene US-Rüstungsunternehmen Carlyle Investment Group investiert, zu dem Schwergewichte wie Bush Sr. und der ehemalige US-Finanzminister Jamie Baker gehören. Bereits in den 1980er Jahren gründete Soros zusammen mit einer Reihe amerikanischer Politiker wie den ehemaligen Außenministerinnen Brzezinski und Madeleine Albright die National Endowment for Democracy, eine Organisation, die eigentlich ein Joint Venture zwischen der CIA und dem Privatkapital war.

Abgestimmt von den internationalen Bankern, hat Soros die Weltfinanzmärkte seit den 1990er Jahren im Sturm erobert. Im

Mittelpunkt jeder der großen Aktionen von Soros steht die strategische Absicht der internationalen Bankiers, die "kontrollierte Desintegration" der Volkswirtschaften der Welt herbeizuführen, um die Vorbereitungen für eine "Weltregierung" und eine "Weltwährung" unter der Kontrolle der Achse London-Wall Street endgültig abzuschließen.

In den frühen 1980er Jahren gelang es den internationalen Bankern, die Volkswirtschaften der Entwicklungsländer in Lateinamerika und Afrika "kontrolliert zu desintegrieren", und Mitte bis Ende der 1980er Jahre gelang es ihnen, die Expansion der japanischen Finanzmacht einzudämmen. Nachdem sie die Kontrolle über Asien übernommen hatten, rückte Europa wieder in den Fokus der internationalen Bankiers, und der Zusammenbruch Osteuropas und der Sowjetunion war ihr nächster großer Angriff.

Soros, der diese wichtige Aufgabe übernahm, wurde zu einem berühmten "Philanthropen", der in Osteuropa und der ehemaligen Sowjetunion zahlreiche Stiftungen nach dem Vorbild des von ihm in New York gegründeten "Open Society Institute" ins Leben rief, die die Idee einer extrem irrationalen individuellen Freiheit förderten, wie z. B. die von ihm finanzierte Central European University, die das Konzept eines souveränen Staates als böse und "antiindividualistisch" gegenüber den in einem sozialistischen System lebenden jungen Menschen, den Wirtschaftsliberalismus als Allheilmittel und den "Autoritarismus" bei der rationalen Analyse sozialer Phänomene propagierte. Die Hauptvorträge der Schule befassten sich häufig mit Themen wie "Das Individuum und die Regierung", und diese pädagogischen Ideen wurden natürlich von der American Foreign Service Association hoch gelobt.

Der berühmte amerikanische Kommentator Gilles Emery hat die wahren Absichten der Soros und der von ihnen "großzügig" finanzierten internationalen Organisationen genau beschrieben:

> *Hinter dem Schleier der Legitimität und der Humanität verbirgt sich immer dieselbe Gruppe von milliardenschweren "Philanthropen" und die verschiedenen von ihnen finanzierten Organisationen wie das "Open Society Institute" von Soros, die Ford Foundation, die American Peace Association, das National Endowment for Democracy, Human Rights Watch, Amnesty International, World Crisis Group usw. Unter ihnen ist Soros der auffälligste, der sich wie eine Riesenkrake über ganz Ost- und Südosteuropa, die Kaukasusregion und die ehemaligen Sowjetrepubliken ausbreitet. Mit der Zusammenarbeit dieser*

> *Organisationen kann (Soros) Nachrichten, öffentliche Agenden und die öffentliche Meinung nicht nur formen, sondern auch schaffen, um die Welt und ihre Ressourcen zu kontrollieren und das von den Amerikanern geschaffene Ideal einer perfekten Welteinheit voranzutreiben. "* [180]

Soros spielte eine unermessliche Rolle beim Zerfall der sozialistischen Staaten Osteuropas. In Polen wird der Soros-Fonds für die Machtergreifung der Solidarność verantwortlich gemacht und hat direkten Einfluss auf die ersten drei Präsidenten des neuen Polens.

Zusammen mit Paul Volcker, dem ehemaligen Vorsitzenden der Federal Reserve, Arnold Rudin, dem Vizepräsidenten der Citibank, und Geoffrey Sachs, Professor in Harvard, entwickelte Soros die "Oszillationstherapie", die Osteuropa und der ehemaligen Sowjetunion einen Aufschwung bescherte. Soros selbst fasste die Therapie folgendermaßen zusammen:

> *"Ich habe berücksichtigt, dass es notwendig ist, zu zeigen, dass Veränderungen im politischen System zu einer wirtschaftlichen Verbesserung führen würden. Polen ist ein Ort, an dem man es versuchen kann. Ich habe eine Reihe umfassender wirtschaftlicher Reformmaßnahmen vorbereitet, die aus drei Komponenten bestehen: Straffung der Geldpolitik, Strukturanpassung und Umschuldung. Ich denke, es ist besser, alle drei Ziele gleichzeitig zu erreichen als einzeln. Ich plädiere für eine Art makroökonomischen Debt-Share-Swap. "*

Die Umstrukturierung der Industriestruktur ist gleichbedeutend mit einer vollständigen Operation der makroökonomischen Ordnung, während die gleichzeitige Verknappung der Geldmenge einer großen Operation gleichkommt, bei der den Patienten keine Bluttransfusionen verabreicht werden.

Zurzeit kaufen internationale Banker die wichtigsten Vermögenswerte dieser Länder in einem Blutbad von "debt-to-equity"-Verkäufen auf. Polen, Ungarn, Russland und die Ukraine wurden einer nach dem anderen geplündert, und ihre Volkswirtschaften haben sich seit 20 Jahren nicht mehr erholt. Ganz im Gegensatz zu den schwachen und wehrlosen afrikanischen und lateinamerikanischen Ländern wurden die ehemalige Sowjetunion und die osteuropäischen Länder,

---

[180] Gilles d'Aymery, "Der Kreis der Täuschung: Mapping the Human Rights Crowd in the Balkans", 23 Juli 2001.

die über so starke militärische Kräfte verfügten, dass die Vereinigten Staaten nicht schlafen konnten, zum ersten Mal in der Geschichte der Menschheit einem organisierten Plünderungswahn unterworfen, während sie sich noch im Zustand der militärischen Macht befanden.

Es ist Soros' Meisterschaft, kein Blut vergießen zu müssen, die ihn so mächtig macht. Es scheint, dass die Zerstörung eines Landes vor der Zerstörung seines Geistes tatsächlich eine bewährte Lösung ist.

Den "Krisenbogen" der europäischen Währung spannen

Als das strategische Ziel des "kontrollierten Zerfalls" Osteuropas und der Sowjetunion weitgehend erreicht war, wurde der Kern des alten Europas, Deutschland und Frankreich, die nie aus dem Kern der Macht ausgeschlossen worden waren, unruhig. Unmittelbar nach dem Verlust der großen äußeren Bedrohung durch die Sowjetunion entstand der Wunsch, ein neues Unternehmen, den Euro, zu gründen, um sich von den anglo-amerikanischen Finanzmächten abzugrenzen. Ist der Euro erst einmal etabliert, wird er eine ernsthafte destabilisierende Wirkung auf die Hegemonie des Dollarsystems haben. Der Währungskonflikt zwischen der Achse London-Wall Street und dem deutsch-französischen Bündnis verschärft sich.

Die Wurzel des Problems liegt in der Auflösung des Bretton-Systems im Jahr 1971, die zu einer schweren Störung des Weltwährungssystems führte. Im Rahmen des indirekten, auf Gold basierenden Bretton-Systems sind die Wechselkurse der wichtigsten Länder der Welt fast völlig stabil, und es gibt keine schwerwiegenden Ungleichgewichte im Handel und in den Finanzen der Länder, da Länder, die ein Defizit aufweisen, zwangsläufig realen nationalen Reichtum verlieren und damit die Kreditkapazität ihrer Bankensysteme verringern, was automatisch zu Sparmaßnahmen und Rezession, schrumpfendem Verbrauch, zwangsläufig sinkenden Importen und verschwindenden Handelsdefiziten führt. Wenn die Menschen zu sparen beginnen, nimmt das Bankkapital zu, die Produktion wird ausgeweitet, der Handel erzielt einen Überschuss, und der gesamte gesellschaftliche Reichtum steigt. Dieses wunderbare System natürlicher Zyklen und Kontrollen hat sich in allen sozialen Praktiken der Menschheit vor 1971 wiederholt bewährt, in denen sich schwere Defizite nirgendwo verstecken können, die Absicherung von Währungsrisiken fast überflüssig ist und Finanzderivate keine Voraussetzung für das Überleben darstellen. Unter den Zwängen des

Goldes müssen alle Nationen ehrlich und hart arbeiten, um Reichtum anzuhäufen, was die eigentliche Ursache für die Abneigung der internationalen Banker gegen Gold ist.

Nach dem Verlust des Goldes ist das internationale Währungssystem natürlich im Chaos, nach der künstlich erzeugten "Ölkrise", die durch die starke Nachfrage nach dem Dollar verursacht wurde, und durch die hohen Zinssätze seit 79 Jahren hat der Dollar allmählich einen festen Halt gefunden. Der Dollar, die Weltreservewährung, ist so stark im Auf und Ab begriffen, und seine Manipulation liegt ganz in den Händen der Achse London-Wall Street, dass die europäischen Länder gezwungen sind, der Währungsachterbahn zu folgen, die natürlich voller Elend ist. In den späten 1970er Jahren trat der deutsche Finanzminister Schmidt an den französischen Staatspräsidenten Der Stein heran, um ein europäisches Währungssystem zu schaffen, das den Handel zwischen den europäischen Ländern nicht mehr durch die Instabilität der Wechselkurse belasten würde.

1979 nahm das Europäische Währungssystem seine Arbeit auf und funktionierte gut, und die europäischen Länder, die noch nicht beigetreten waren, bekundeten ihr Interesse daran, dies zu tun. In den elitären Kreisen der Londoner Wall Street machte sich die Besorgnis über die mögliche künftige Entwicklung des Systems zu einer einheitlichen europäischen Währung breit.

Noch beunruhigender ist die Tatsache, dass sich Deutschland und Frankreich seit 1977 in die Angelegenheiten der OPEC einmischen, als sie planten, bestimmte Erdöl exportierende Länder mit High-Tech-Produkten zu beliefern und ihnen bei der Industrialisierung zu helfen, wenn die arabischen Länder im Gegenzug eine langfristige stabile Versorgung Westeuropas mit Erdöl garantieren und die Öleinnahmen in das europäische Bankensystem einzahlen würden. Die Londoner Seite lehnte den deutsch-französischen Plan von Anfang an strikt ab und weigerte sich, dem Europäischen Währungssystem beizutreten, nachdem alle Bemühungen gescheitert waren.

Deutschland hatte zu dieser Zeit ein größeres Ziel, nämlich die Vollendung seiner Vereinigung, und ein geeintes und mächtiges Deutschland würde schließlich den europäischen Kontinent beherrschen. Zu diesem Zweck begann Deutschland, auf die Sowjetunion zuzugehen, bereit, moderate und für beide Seiten vorteilhafte Beziehungen und Kooperationen mit ihr zu unterhalten.

Um mit der deutschen und französischen Versuche, London-Wall Street Intriganten legte die Theorie der "Krise Bogen Gürtel", deren Kern ist die Freisetzung von radikalen islamischen Kräften, so dass der Nahe Osten ölproduzierenden Regionen in Aufruhr, der Rest der Wellen kann sogar auf die muslimische Region im Süden der Sowjetunion, Diese Regelung hat nicht nur die Aussichten auf eine Zusammenarbeit zwischen Europa und dem Nahen Osten geschlagen, behindert das Tempo der europäischen Einheitswährung, sondern auch zurückhaltend die Sowjetunion, und für die Vereinigten Staaten für die künftige militärische Intervention in der Golfregion vorzubereiten, ist es wirklich ein Drei-Vögel-Effekt von einem Stein.

Der Nationale Sicherheitsberater Brzezinski und Außenminister Vance haben gute Arbeit geleistet, und die Lage im Nahen Osten war mit der Revolution im Iran 1979 und der zweiten Ölkrise der Welt in ernster Aufruhr. In der Tat hat es noch nie einen wirklichen Engpass bei der Ölversorgung in der Welt gegeben, und das durch den Iran unterbrochene Defizit von 3 Millionen Barrel Öl pro Tag kann durchaus durch die saudische und kuwaitische Produktion unter strenger US-Kontrolle ausgeglichen werden. Die Öl- und Finanzoligarchen an der Wall Street in London haben die Ölpreise natürlich in die Höhe schnellen lassen, auch um die Nachfrage nach dem Dollar weiter anzukurbeln.

Ein weiterer Trick Brzezinskis bestand darin, die "China-Karte" zu spielen. Im Dezember 1978 nahmen die Vereinigten Staaten offiziell diplomatische Beziehungen zu China auf, und China kehrte bald darauf in die Vereinten Nationen zurück. Die Sowjetunion spürte sofort, dass sie mit der NATO im Osten, China im Westen und dem "Krisenbogen" im Süden Feinde auf allen Seiten hatte. Die Sowjetunion, die einen kalten Krieg geführt hatte, brach sofort ihre bereits brüchige Partnerschaft mit Deutschland ab.

Als im November 1989 die Berliner Mauer fiel und die Deutschen die Wiedervereinigung feierten, hatte die Wall Street etwas anderes im Kopf: [181]

> *"Als die Finanzgeschichte der 1990er Jahre geschrieben wurde, hätten Analysten den Fall der Berliner Mauer mit den finanziellen Erschütterungen des lange befürchteten*

---

[181] William Engdahl, *op. cit.*, S. 211.

> *japanischen Erdbebens vergleichen können", so ein amerikanischer Wirtschaftswissenschaftler. Der Fall dieser Mauer bedeutet, dass Hunderte von Milliarden Dollar an Kapital in eine Region fließen werden, die auf den Weltfinanzmärkten seit über 60 Jahren unbedeutend ist.*
> *Obwohl Deutschland in den letzten Jahren kein großer ausländischer Investor in den USA war und Großbritannien seit 1987 der größte ist, sollten die Amerikaner die Tatsache nicht auf die leichte Schulter nehmen, dass Großbritannien nicht in so großem Umfang in den USA hätte investieren können, ohne erhebliche Einsparungen von Deutschland zu erhalten. "* [182]

In London war die Stimmung stärker, und Thatchers Strategen riefen sogar aus, das "Vierte Reich" sei erschienen. Der Herausgeber des Londoner *Sunday Telegraph* kommentierte dies am 22. Juli 1990 so:

> *"Nehmen wir an, dass ein vereinigtes Deutschland ein Riese des Guten sein wird, und was ist damit? Was ist, wenn wir weiter annehmen, dass ein vereinigtes Deutschland Russland gelehrt hat, ebenfalls ein Riese des Guten zu sein? In der Tat kann eine solche Bedrohung nur größer werden. Selbst wenn ein vereinigtes Deutschland entschlossen wäre, nach unseren Regeln zu konkurrieren, wer in dieser Welt könnte Deutschland wirksam daran hindern, unsere Macht zu übernehmen? "* [183]

Im Sommer 1990 wurde auf Londoner Seite ein neuer Nachrichtendienst gegründet, der die nachrichtendienstlichen Aktivitäten gegen Deutschland erheblich verstärkte. Britische Geheimdienstexperten schlugen den amerikanischen Partnern nachdrücklich vor, Mitglieder aus dem alten ostdeutschen Geheimdienstpersonal zu rekrutieren, um amerikanische Geheimdienst-"Aktivposten" in Deutschland aufzubauen.

Die deutsche Seite ist dankbar für Russlands mögliche Unterstützung der deutschen Einheit und ist entschlossen, Russland beim Wiederaufbau seiner lahmenden Wirtschaft zu helfen. Der deutsche Finanzminister stellte sich eine glänzende Zukunft für das neue Europa vor: eine moderne Eisenbahn, die Paris, Hannover und

---

[182] David D. Hale. *The Weekly Money Report. Chicago*, Kemper Financial Services, 29 janvier 1990, in William Engdahl, op. cit., S. 252.

[183] Peregrine Worsthorne, "Der gute Deutsche", *Daily Telegraph*, 22 Juli 1990.

Berlin und schließlich Warschau und Moskau miteinander verbindet, eine einheitliche Währung, eine gemischte Wirtschaft, ein Europa, in dem es keinen Krieg und keinen Rauch mehr gibt, sondern nur noch eine traumhafte Zukunft.

Aber das ist keineswegs der Traum der internationalen Banker, die sich überlegen, wie sie die Mark und die noch zu formende Idee des Euro besiegen können, und die den Wiederaufbau des neuen Deutschlands nicht gelingen lassen dürfen.

Dies ist der große Hintergrund der Soros-Blockade des Pfunds und der Lira in den frühen 1990er Jahren im Rahmen eines Komplotts zwischen London und der Wall Street.

Im Jahr 1990, die britische Regierung tatsächlich missachtet die Opposition der Londoner Financial City, unverhohlen trat der europäischen Währung Exchange-System, beobachten die Euro-System allmählich Gestalt annehmen, wird unweigerlich zu einem großen versteckten Gefahr der London-Wall Street Achse, internationale Banker dann geplant, um die verschiedenen Methoden der Bekämpfung zu brechen, wollen die Euro-System in der Wiege hängen.

Im Jahr 1990 fiel die Berliner Mauer und Deutschland wurde wiedervereinigt. Die darauf folgenden enormen Ausgaben kamen in Deutschland unerwartet, und die Bundesbank musste die Zinssätze anheben, um den Inflationsdruck zu bekämpfen. Dem Vereinigten Königreich, das im selben Jahr dem europäischen Währungssystem beitrat, erging es ebenfalls nicht so gut: Die Inflation war dreimal so hoch wie in Deutschland, die Zinssätze betrugen bis zu 15% und die Blasenwirtschaft der 1980er Jahre drohte zu platzen. Bis 1992 waren die Währungen des Vereinigten Königreichs und Italiens aufgrund des Drucks der doppelten Defizite erheblich überbewertet, und die von Soros angeführten Spekulanten sahen diese Gelegenheit, um am 16. September 1992 einen Generalangriff zu starten, indem sie den Gesamtwert des Pfunds mit 10 Milliarden Dollar leerverkauften. Um 19.00 Uhr kündigte das Vereinigte Königreich seine Kapitulation an, und in dieser Schlacht erbeutete Soros auf einen Schlag 1,1 Milliarden Dollar, um das Pfund und die Lira aus dem europäischen Währungssystem zu werfen. Unmittelbar danach nutzte Soros den Sieg, um den Franc und die Mark mit einem Knall zu Fall zu bringen, wobei er die Wette in Höhe von 40 Milliarden Dollar nicht nutzte. Soros war in der Lage, einen so großen Geldbetrag mit einer 25-fachen

Hebelwirkung zu leihen, und das mächtige geheime Finanzimperium, das dahinter stand, spielte eine entscheidende Rolle.

Asiatische Währung im Würgegriff

In den frühen 1990er Jahren hat die Achse London-Wall Street an der Ostfront die aggressive Dynamik der japanischen Wirtschaft ausgebremst, an der Westfront die Wirtschaft Osteuropas und der Sowjetunion zerschlagen, Deutschlands und Frankreichs Traum von einer einheitlichen europäischen Währung ist mit dem Aufwiegeln von Soros ebenfalls vorübergehend gestrandet, Lateinamerika und Afrika sind schon lange im Sack, mit dem Ehrgeiz, sich in der Welt umzusehen, nur um das florierende südostasiatische "asiatische Wirtschaftsmodell" zunehmend unangenehm zu sehen. Diese breit angelegte Politik der staatlich gelenkten Wirtschaftsentwicklung, bei der der Staat seine Ressourcen auf die Durchbrechung kritischer Bereiche, eine exportorientierte Entwicklung und eine hohe Ersparnis der Bevölkerung als Hauptmerkmale konzentriert, hat in Südostasien seit den 70er Jahren rasch an Popularität gewonnen, und die Wirkung ihrer Umsetzung war ein beispielloser wirtschaftlicher Wohlstand, eine erhebliche Steigerung des Lebensstandards der Bevölkerung, ein stetiger Anstieg des durchschnittlichen Bildungsniveaus und ein rascher Rückgang der absoluten Armut. Dieses alternative Modell, das eine völlige Abkehr von der durch den Washington Consensus so stark geförderten "freien Marktwirtschaft" darstellt, zieht zunehmend das Interesse anderer Entwicklungsländer auf sich und untergräbt ernsthaft den von den internationalen Bankern entwickelten grundlegenden strategischen Ansatz der "kontrollierten Desintegration".

Das wichtigste strategische Ziel des asiatischen Währungskrieges ist es, das Schild "Asiatisches Entwicklungsmodell" zu zerschlagen und die asiatischen Währungen gegenüber dem US-Dollar stark abwerten zu lassen, um einerseits die Importpreise in den USA zu inflationären Zwecken zu drücken und andererseits die wichtigsten Vermögenswerte der asiatischen Länder zum Nennwert an europäische und amerikanische Unternehmen zu verkaufen, um die Durchführung der "kontrollierten Desintegration" zu beschleunigen. Es gibt auch einen sehr wichtigen Zweck, der darin besteht, die Nachfrage nach dem Dollar in den asiatischen Ländern zu stimulieren. Die asiatischen Länder, die die finanziellen Turbulenzen erlebt haben, wissen, wie "wertvoll" die Dollarreserven im kritischen Moment waren, und die bittere Lektion wird sie dazu bringen, niemals daran zu denken, sie aufzugeben.

Im Dezember 1994 prognostizierte Grumman in seinem Meisterwerk "The Myth of the Asian Miracle", das in Foreign Affairs veröffentlicht wurde, daß die asiatische Wirtschaft auf eine hohe Mauer stoßen würde. Die Feststellung des Artikels, daß in den asiatischen Ländern generell zu wenig in die Produktivitätssteigerung investiert wird und daß die Steigerung der Produktivität allein an ihre Grenzen stößt, ist sicherlich richtig. Das Problem besteht jedoch darin, dass die Ausgangsbasis der asiatischen Länder im Allgemeinen sehr niedrig ist, und der Schlüssel zur Entwicklung liegt in der Anpassung an den lokalen Kontext, in der Anpassung an die Zeit, in der Nutzung der Vorteile der Situation und im Ausbau der Stärken und der Vermeidung von Schwächen. Diese Probleme sind ein natürliches Phänomen des rasanten Aufschwungs dieser Länder, und es ist durchaus möglich, sie im Laufe der Entwicklung auf angenehme Weise zu lösen. Nach der Wirkung des Grumman-Artikels zu urteilen, kommt die Wirkung dem Aufflackern eines asiatischen Währungsstaukrieges gleich.

Die internationalen Banker haben es zuerst auf Thailand abgesehen.

Die *Times* interviewte einmal einen Finanzhacker, der direkt zur wilden Abwertung des thailändischen Baht beigetragen hatte, und seine Beschreibung war brutal ehrlich:

> *"Wir waren wie Wölfe, die auf einem hohen Bergkamm stehen und auf eine Elchherde herabblicken. Thailands Wirtschaft gleicht eher einer verwundeten Beute als einem kleinen asiatischen Tiger. Wir wählen die Kranken und Schwachen (für die Jagd) aus, damit die Hirschherde insgesamt gesünder bleibt."*

Seit 1994 hat die Krise Gestalt angenommen, da die thailändischen Exporte unter dem Auf- und Abwertungsdruck des Renminbi und des Yen geschwächt wurden, während der an den Dollar gekoppelte thailändische Baht durch den starken Dollar bis zur äußersten Leere geschleift wurde. Während die Exporte zurückgegangen sind, hat ein ständiger Zustrom von heißem Geld aus dem Ausland die Immobilien- und Aktienmarktpreise weiter in die Höhe getrieben. Gleichzeitig sind Thailands Devisenreserven zwar nur 38 Milliarden Dollar, aber die gesamte Auslandsverschuldung liegt bei 106 Milliarden Dollar, was seit 1996 einem Nettomittelabfluss von 8% des thailändischen BIP entspricht. Die Situation des hoch verschuldeten Thailands wurde durch die Tatsache verschärft, dass die Bank of Thailand die Zinssätze zur Bekämpfung der Inflation anheben musste.

Für Thailand gibt es nur einen Ausweg, nämlich die aktive und schnelle Abwertung des Baht. Internationale Banker schätzen, dass der Verlust vor allem in Form einer Verteuerung der auf Dollar lautenden Schulden und einer Schrumpfung der Devisenreserven um etwa 10 Mrd. Dollar zu Buche schlagen wird, dass dieser Verlust aber schnell wieder ausgeglichen werden wird, da die internationalen Finanzmärkte entschlossen reagieren. Die Finanzhacker sind jedoch zu dem Schluss gekommen, dass die thailändische Regierung bis zum Tod kämpfen wird, um den Baht zu schützen, und vor nichts zurückschrecken wird.

Spätere Entwicklungen haben sich als sehr zutreffende Einschätzungen von Finanzhackern erwiesen. Im Gegensatz zu der Situation gegen Japan zu dieser Zeit hat Japan extrem starke Finanzkraft und Devisenreserven, ein direkter Angriff auf die japanische Währung ist gleichbedeutend mit einem Stein mit einem Ei zu schlagen, so dass die internationalen Banker neue Finanzderivate Waffen verwendet, nahm die Zeit "Langstrecken" und "ultra-visuelle Reichweite" Streik, die Wirkung ist genau wie die neue Flugzeugträger Taktik gegen Schlachtschiffe während des Zweiten Weltkriegs, so dass die japanischen Riesen Schlachtschiffe mächtige Kanone Macht kann nicht verwendet werden, um das Meer zu begraben. Angesichts der festgefahrenen Kriegsposition Thailands, der völligen Entlarvung der strategischen Absichten, des Mangels an taktischer Flexibilität und Schnelligkeit sowie des überwältigenden Machtgefälles zwischen dem Feind und uns ist ein endgültiges Scheitern unvermeidlich. In ihrem Kampf gegen Thailand und andere südostasiatische Länder haben die Finanzhacker vor allem deren Währungen selbst angegriffen, indem sie eine Zangenoffensive durch Terminkontrakte auf lokale Währungen und Aktienindex-Futures bildeten, die über einen Zeitraum von sechs Monaten über Südostasien und Thailand hinwegfegte.

Nach einer vollständigen Niederlage im Kampf gegen Finanzhacker hat Thailand fälschlicherweise die Initiative ergriffen und ist in die Falle des IWF getappt. Das blinde Vertrauen in "internationale Organisationen" und die Leichtigkeit, mit der die Sicherheit von Staaten Außenstehenden überlassen wird, ist einmal mehr ein irreparabler Fehler.

Die enorme Auslandsverschuldung ist die Hauptursache für die Krise in den Entwicklungsländern. Mit den Staaten ist es eigentlich dasselbe: Eine hohe Verschuldung führt zu einem fragilen Zustand der wirtschaftlichen Gesundheit, und das Überleben kann nur durch Zufall erreicht werden, wenn das externe finanzielle Umfeld völlig unkontrollierbar ist. In der realen Welt können die internationalen Banker durch Manipulation der internationalen geopolitischen Trends das scheinbar verlässliche finanzielle Umfeld leicht umkehren und so die Schuldenlast der Entwicklungsländer erheblich erhöhen, und die Finanzhacker können dann die Situation nutzen, um einen Angriff mit hoher Erfolgswahrscheinlichkeit zu starten.

Es mangelt an Risikobewusstsein und vor allem an der Bereitschaft, sich auf die Möglichkeit eines unerklärten Krieges durch die riesigen und unsichtbaren Kräfte der Londoner Wall Street einzustellen. Dies ist der zweite Hauptgrund für Thailands finanzielle Niederlage.

Eine völlige Fehleinschätzung der Hauptangriffsrichtung des Gegners führte zur ersten Niederlage der Finanzhacker und dann zur Abschlachtung des IWF, was zwei Niederlagen entspricht. Die südostasiatischen Länder haben im Allgemeinen den Prozess der finanziellen Niederlage in Thailand wiederholt.

Wölfe haben ihre eigene Wolfslogik, und Wölfe haben eine noch größere Wolfsdivision. Als die Soros ihre Jagd begannen, verschworen von einer großen Gruppe angesehener Banken wie Citibank und Goldman Sachs, wurde die verwundete und gefallene Beute dem IWF zur Schlachtung und Versteigerung übergeben, und der Auktionstisch war voll mit gierigen europäischen und amerikanischen Unternehmen.

Wenn Investmentbanker, die ein Unternehmen zur Ausgliederung erwerben, um es an andere Unternehmen zu verkaufen, Hunderte von Millionen Dollar verdienen können, kann die Ausgliederung und Versteigerung des Kernvermögens eines souveränen Staates mindestens zehnmal, wenn nicht hundertmal so viel Geld einbringen.

Als die asiatischen Länder versuchten, einen eigenen "Asien-Fonds" einzurichten, um notleidenden Ländern in der Region Nothilfe zu leisten, stieß dies zu Recht auf den breiten Widerstand der westlichen Länder. U.S. Under Secretary of State Talbot sagte,

> *"Wir sind der Meinung, dass das geeignete Gremium, um diese Art von Fragen zu behandeln, ein überregionales und*

internationales ist und nicht einer neu geschaffenen regionalen Organisation übergeben wird, da das Problem selbst weitreichend ist und die Grenzen der asiatisch-pazifischen Region überschreitet."

In einer Rede vor der Japan Association in New York betonte US-Finanzminister Summers, dass "diese Idee der finanziellen Regionalisierung, die sich in Krisenzeiten auf regionale Hilfe verlässt, echte Risiken birgt. "Er wies darauf hin, dass ein solcher Ansatz die verfügbaren Ressourcen zur Bewältigung künftiger Stürme und die Fähigkeit zur Bewältigung "transkontinentaler Krisen" verringern würde. "Dies ist ein wichtiger Grund, warum wir glauben, dass der IWF eine zentrale Rolle spielen muss".

Der erste stellvertretende Vorsitzende des Internationalen Währungsfonds (IWF), Fisher, warnte davor, dass regionale Fonds nicht so streng sein könnten wie der IWF, wenn es darum geht, von den Ländern im Gegenzug für die Hilfe umfassende Wirtschaftsreformen zu verlangen. "Wir glauben nicht, dass es hilfreich wäre, einen großen Fonds oder eine langfristige Institution mit unterschiedlichen Bedingungen zu haben", sagte Fisher.

Japan sollte ein aktiver Befürworter des "Asienfonds" sein, musste sich aber dem Druck von London und der Wall Street beugen, und der japanische Finanzminister Hiroshi Mitsuka sagte, dass

"Der Internationale Währungsfonds hat in den internationalen Finanzinstitutionen stets eine zentrale Rolle bei der Aufrechterhaltung der weltweiten Finanzstabilität gespielt. Dieser Fonds, dessen Einrichtung die asiatischen Länder vorgeschlagen haben, wird als Nebenorgan des Internationalen Währungsfonds dienen".

Das neue Konzept, das von Tokio entworfen wurde, wird ein nicht kapitalgedeckter Fonds sein. Nach Tokios neuem Konzept wäre dies eine Rettungsagentur, die in der Lage wäre, im Voraus mit einem Plan und in raschem Tempo Mittel zu mobilisieren, um Währungen zu helfen, die unter dem Beschuss internationaler Spekulanten stehen. Als der Vorschlag, einen asiatischen Fonds einzurichten, auf der Jahrestagung der Weltbank und des Internationalen Währungsfonds in Hongkong vorgestellt wurde, löste er in den Vereinigten Staaten und im Westen sofort Alarm aus, da man befürchtete, er würde die Arbeit des IWF untergraben.

Am Ende konnte der japanische Premierminister Ryutaro Hashimoto nur sagen, dass

> "Wir sind nicht so arrogant zu glauben, dass wir in der Lage sind, als Lokomotive für den (wirtschaftlichen) Aufschwung der asiatisch-pazifischen Region zu fungieren";

Japan habe zwar einen Beitrag zur Unterstützung einiger traumatisierter asiatischer Länder geleistet und werde dies auch weiterhin tun, doch sei es nicht seine Aufgabe, Asien aus dem wirtschaftlichen Sumpf zu ziehen.

Der stellvertretende Premierminister Singapurs, Lee Hsien Loong, wies mit Blick auf den Asienfonds darauf hin, dass die Einrichtung eines Asienfonds, der die Rolle des Internationalen Währungsfonds ersetzen soll, ein "moralisches Risiko" darstellen würde.

Die Einrichtung eigener Fonds durch die asiatischen Länder, um sich in Zeiten der Not gegenseitig zu unterstützen, was eine Selbstverständlichkeit ist, wurde von der Achse London-Wall Street entschieden und ungerechtfertigt abgelehnt, während Japan als größte Volkswirtschaft der Region völlig ausgeliefert war und nicht das Mindestmaß an Mut und Courage aufbrachte, um die asiatischen Volkswirtschaften aus ihrer misslichen Lage herauszuführen, was die verzweifelten Länder Südostasiens nur kalt lassen konnte. Am rätselhaftesten ist Singapurs Ansicht, wie "moralisches Risiko" entstehen kann, wenn man sich selbst und seinen Nachbarn das Minimum an Macht gibt, um sich im Falle einer Plünderung gegenseitig zu helfen. Wessen "Moral" ist eine solche "gefährdete Moral"?

Der malaysische Premierminister Mahathir, ein asiatischer Staatschef, der das Wesen der Krise besser erkannt hat, sagte:

> "Wir wissen nicht, woher ihr Geld kommt oder wer das Geschäft wirklich macht, geschweige denn, wer hinter ihnen steht. Wir wissen nicht, ob sie Steuern zahlen, nachdem sie Geld verdient haben? Und an wen fließen diese Steuern? Wir wissen auch nicht, wer hinter ihnen steht?"

Er wies darauf hin, dass bei dem derzeitigen System des Geldverkehrs niemand weiß, ob das Geld aus legalen Kanälen stammt oder ob jemand es wäscht, "weil niemand fragen kann und es keine Möglichkeit gibt, dies herauszufinden". Sobald diese Leute eine Offensive gegen ein Land starten, strömen ungeheure Mengen an Geld in dieses Land oder führen eine Verkaufskampagne durch, der niemand widerstehen kann. Egal, ob es sich um einen Markt für Waren, Termingeschäfte oder Wertpapiere handelt, er muss in geordneten Bahnen verlaufen, "wir müssen also die Devisentransaktionen regulieren und transparent machen". Mahathir wurde daraufhin von den westlichen Meinungsführern in großem Stil belagert. Mahathirs vernichtende Fragen sind vielleicht nicht für einen diplomatischen Rahmen geeignet, aber er stellt die Fragen, die allen Asiaten auf der Seele brennen.

Südkorea, ein weiterer treuer Partner der Vereinigten Staaten im Kalten Krieg, bat die Vereinigten Staaten um Hilfe, nachdem es von der Finanzkrise mitgerissen worden war, ohne zu erwarten, dass die USA so schnell und so entschieden ablehnen würden. In den Augen der internationalen Banker ist die enge Beziehung zu Korea zu einem Wrack des Kalten Krieges geworden. Die Regierung der Vereinigten Staaten hat die Angelegenheit heftig diskutiert, wobei Außenministerin Albright und der nationale Sicherheitsberater dafür plädierten, dem kleinen Bruder die Hand zu reichen, während das Finanzministerium als Vertreter der Wall Street vehement dagegen war und Albright sogar vorwarf, keine Ahnung von Wirtschaft zu haben. Am Ende gab Clinton dem Finanzministerium nach.

Die Krise ist nach Ansicht von Finanzminister Rubin der perfekte Zeitpunkt, um der südkoreanischen Wirtschaft die Tür einzutreten. Er hat den IWF dazu gedrängt, Südkorea härtere als die üblichen Bedingungen aufzuerlegen, um mit dem bettelnden Verbündeten fertig zu werden, der vom US-Finanzministerium unter Druck gesetzt wurde. Die Südkoreaner beschuldigen den IWF wütend, den USA stets unzumutbare Bedingungen zu stellen. Sie fordern, dass Südkorea alle Handelsstreitigkeiten mit den USA unverzüglich zu für die USA günstigen Bedingungen beilegt.

Stiglitz, der Chefökonom der Weltbank, argumentiert, dass Südkoreas Abstieg in die Finanzkrise auf die verzweifelten Bemühungen des US-Finanzministeriums zurückzuführen ist, das Land zu einer vollständigen und raschen Öffnung des Finanzkapitalmarktes zu zwingen. Stiglitz, der auch Clintons wichtigster Wirtschaftsberater ist, spricht sich entschieden gegen eine solche Rücksichtslosigkeit aus und argumentiert, dass eine solche Öffnung nicht den Sicherheitsinteressen der USA zugunsten der Banker der Wall Street dient.

Die koreanische Regierung war gezwungen, viele harte Bedingungen der Vereinigten Staaten zu akzeptieren, die die Einrichtung von Bankfilialen in den Vereinigten Staaten erlauben, den Anteil ausländischer Unternehmen an börsennotierten Unternehmen von 26% auf 50% und den Anteil ausländischer Personen an Unternehmen von 7% auf 50% erhöhen, koreanische Unternehmen müssen internationale Rechnungslegungsgrundsätze anwenden, Finanzinstitute müssen von internationalen Wirtschaftsprüfungsgesellschaften geprüft werden, die koreanische Zentralbank muss unabhängig arbeiten, freier Währungsumtausch bei voller Kapitalisierung, Transparenz bei den Einfuhrlizenzverfahren, Überwachung der Unternehmensstrukturen, Arbeitsmarktreformen usw. Die US-Banker sind schon lange scharf auf südkoreanische Unternehmen und sind bereit, ihre Beute in Stücke zu reißen, sobald Südkorea das Abkommen unterzeichnet.

Aber die internationalen Banker unterschätzen das starke Nationalbewusstsein der Koreaner, und Länder, die dieses Bewusstsein im Rücken haben, können kaum von äußeren Kräften beherrscht werden. Die isolierten Koreaner haben ihr Gold und Silber dem Land gespendet, und da ihre Devisenreserven aufgebraucht sind, sind Gold und Silber, die das ultimative Zahlungsmittel sind, zu einer Form der Schuldenrückzahlung geworden, die ausländische Gläubiger sehr gerne und ungehindert akzeptieren. Noch überraschender für die internationalen Banker ist die Tatsache, dass es in Südkorea nicht zu der massiven Welle von Unternehmens- und Bankenpleiten gekommen ist, die sie sich vorgestellt hatten, und dass westliche Unternehmen kaum große koreanische Firmen aufgekauft haben. Als Südkorea schließlich den schwierigsten Frühling des Jahres 1998 überstanden hatte, stieg der südkoreanische Exportüberschuss rasch wieder an, und die südkoreanische Regierung, die die Tricks der Wall Street durchschaut hatte, verzichtete entschlossen auf das Gift des IWF. Alle Fälle von Großunternehmen, die sich darauf vorbereiteten, Konkurs anzumelden, wurden eingefroren, und die Regierung schritt entschlossen ein, um 70 bis 150 Milliarden Dollar an faulen Krediten aus dem Bankensystem abzuschreiben, und als die Regierung diese faulen Kredite übernahm, wurde die Kontrolle über die Banken wieder an die Regierung zurückgegeben, wodurch der IWF von der Sanierung des Bankensystems ausgeschlossen wurde.

Die internationalen Banker und das US-Finanzministerium haben nicht nur eine leere Freude gemacht, sondern auch Korea die absolute

Notwendigkeit einer staatlich geführten Wirtschaft vor Augen geführt. Microsofts Versuch, Südkoreas größtes Softwareunternehmen zu annektieren, scheiterte, und acht lokale südkoreanische Softwareunternehmen erhielten schließlich den Zuschlag. Der Plan von Ford, das südkoreanische Unternehmen KIA Motors zu kaufen, scheiterte, und das einheimische Unternehmen zerstörte die guten Träume von Ford. Die Übernahme von zwei großen lokalen Banken durch ausländische Banken wurde ausgesetzt, und die koreanische Regierung stellte die beiden Banken vorübergehend unter Verwaltung.

Südkoreas Wirtschaft hat sich unter der vollen Führung der Regierung stark erholt. Das Komische daran ist, dass Korea vom IWF als klassisches Beispiel für eine erfolgreiche Rettungsaktion angepriesen wird.

Als Thailand sich 2003 endlich vom IWF freikaufte, indem es 12 Milliarden Dollar Schulden im Voraus abzahlte, stand Premierminister Thaksin vor der riesigen Flagge und schwor, dass Thailand "nie wieder eine verwundete Beute (des internationalen Kapitals)" sein und nie wieder um "Hilfe" vom IWF betteln würde. Die thailändische Regierung ermutigte sogar privat thailändische Unternehmen, sich zu weigern, die Schulden internationaler Bankiers zurückzuzahlen, als Vergeltung für die rasante Plünderung ausländischer Banken im Jahr 1997, und im September 2006 kam es in Thailand zu einem Militärputsch und Thaksin trat zurück.

Die Fabel von Chinas Zukunft

Der Anwohner Mahathir macht den Polizeibeamten Greenspan ausfindig und berichtet, dass etwas aus dem Haus gestohlen wurde und dass es sich bei dem Dieb möglicherweise um den Wiederholungstäter Soros handelt.

Der Polizeibeamte Greenspan lachte und sagte,

> "Wir können nicht alle Diebe beschuldigen, wir sollten den Grund bei uns selbst suchen. Wer hat Ihr Haus zu einem gut zu knackenden Schloss gemacht?"

sagte der Einwohner Mahathir verärgert,

> "Warum gehen die Diebe dann nicht nach China und Indien und stehlen dort?"

Polizist Greenspan seufzte und sagte,

> "Die chinesischen und indischen Hofmauern sind zu hoch, Soros ist unbequem zum Rein- und Rausklettern, wenn du wieder runterfällst und jemand stirbt, ist das nicht trotzdem meine Sache?"

Der Dieb Soros hörte von der Seitenlinie aus zu und grinste,

> "Würden ein paar Löcher in ihren Hofmauern das Problem nicht lösen?"

Polizeibeamter Greenspan sah sich eilig um und flüsterte,

> "Paulson ist nach China geschickt worden, und ich habe gehört, dass bis Ende 2006 ein paar große Löcher gegraben werden können".

Der Dieb Soros hörte genüsslich zu, zückte sein Handy und begann, seinen Begleitern eine SMS zu schreiben,

> "Die Leute sind dumm, haben viel Geld und gehen schnell nach China."

Zusammenfassung

★Internationale Banker haben in dem Bemühen, das Vertrauen in den Dollar wiederherzustellen, die Kontrolle über das außer Kontrolle geratene finanzielle Schlachtfeld zurückgewonnen und die internationalen Ölpreise um 400% steigen lassen, um den Dollar auf einen Schlag wieder zu stärken, während sie gleichzeitig die Konflikte in den arabischen Ländern und der Welt verschärften und die Wirtschaft der Entwicklungsländer weiter in Verlegenheit brachten.

★ Der Vorsitzende der Federal Reserve, Paul Volcker, nutzte den "Kampf gegen die weltweite Inflation", um die Weltwirtschaft zum "geplanten Zerfall" zu zwingen.

★In dem Bestreben, einen neuen Weg für Amerika in Friedenszeiten zu finden, haben internationale Banker einen Umweltplan vorgeschlagen, der natürliche Ressourcen durch Schulden ersetzt und internationale Banker de facto zu Eigentümern großer Teile fruchtbaren Landes macht.

★Zur Zeit des rasanten Wirtschaftswachstums Japans erzwangen internationale Banker eine Aufwertung des Yen, was zu einer Finanzblase in Japan führte, und "Aktien-Verkaufsoptionen", die die japanischen Finanzmärkte abwürgten und Japan in eine jahrzehntelange Rezession stürzten.

★Die Finanzmärkte der Welt wurden von Soros seit den 1990er Jahren unter der Vormundschaft der internationalen Bankiers gestürmt, und jede seiner wichtigsten Aktionen spiegelte die wichtigsten strategischen Absichten der internationalen Bankiers wider, deren Kern die "kontrollierte Auflösung" der nationalen Volkswirtschaften und der letztendliche Abschluss der Vorbereitungen für die "Weltregierung" und die "Weltwährung" unter der Kontrolle der Achse London-Wall Street ist.

★Internationale Banker schmiedeten Anfang der 1990er Jahre einen Plan, um das Pfund und die Lira zu zerstören, um die Mark und die noch nicht ausgereifte Idee des Euro zu besiegen und den Wiederaufbau des neuen Deutschlands zu verhindern.

★In dem Bestreben, die asiatischen Währungen gegenüber dem Dollar stark abwerten zu lassen und gleichzeitig die asiatische Nachfrage nach dem Dollar zu stimulieren, haben die internationalen Bankiers einen Würgegriff über die asiatischen Währungen ausgeübt, der zur finanziellen Niederlage Thailands führte, aber die südkoreanische Regierung widerstand dem Druck und die Wirtschaft erholte sich stark.

KAPITEL IX

Der tote Punkt des Dollars und der Gold One Yang Index

> *„Wenn alle Bankkredite zurückgezahlt würden, gäbe es keine Bankeinlagen mehr und der gesamte Geldkreislauf wäre erschöpft. Das war ein erschreckender Gedanke. Wir (die Federal Reserve) sind völlig abhängig von den Geschäftsbanken. Jeder Dollar in unserem Geldkreislauf, ob in bar oder auf Kredit, muss von jemandem geliehen werden, um ihn herzustellen. Wenn die Geschäftsbanken (durch die Vergabe von Krediten) genug Geld verdienen, wird unsere Wirtschaft florieren; andernfalls werden wir in eine Rezession geraten. Wir haben definitiv kein dauerhaftes Geldsystem. Die erbärmliche Absurdität unseres (Geldsystems) und die unglaubliche Hilflosigkeit (der Fed) wird so offensichtlich, wenn man den Kern des Ganzen begreift. Geld ist das wichtigste Thema, das die Menschen untersuchen und über das sie nachdenken sollten, und es ist deshalb so wichtig, weil unsere gegenwärtige Zivilisation zusammenbrechen wird, wenn die Menschen dieses (Geld-)System nicht umfassend verstehen und nicht sofort Schritte unternehmen, um es zu reparieren."*[184]
>
> Robert Hamphill, Federal Reserve Bank von Atlanta

Geld lässt sich seinem Wesen nach in zwei Kategorien unterteilen: Schuldgeld und Nicht-Schuldgeld. Schuldgeld ist das System der Aufrüstung, das heute in den großen Industrieländern besteht und dessen Hauptbestandteil die "monetarisierten" Schulden von Regierungen, Unternehmen und Privatpersonen sind.

Der Dollar ist ein Paradebeispiel dafür. Dollars werden geschaffen, wenn Schulden entstehen, und vernichtet, wenn die Schulden zurückgezahlt werden. Jeder im Umlauf befindliche Dollar ist ein Schuldschein, und jeder Schuldschein erzeugt täglich Zinsen auf die Schulden, die sich gewinnbringend summieren, und an wen gehen die astronomischen Zinserträge? an das Bankensystem, das den Dollar

---

[184] Irving Fisher, *100% Money* (Pickering & Chatto Ltd., Nur Satzausgabe, Forward, 1996).

geschaffen hat. Die Zinsen auf den Schulddollar kommen zur ursprünglichen Geldsumme hinzu und erfordern zwangsläufig die Schaffung neuer Schulddollar zusätzlich zur bestehenden Geldsumme, mit anderen Worten, je mehr Geld die Menschen leihen, desto mehr Geld müssen sie leihen. Die logische Folge der Sackgasse zwischen Schulden und Währung ist, dass die Schulden immer weiter wachsen, bis die Schuldenwährung vollständig aufgegeben wird oder ihre Zinslast die eigene wirtschaftliche Entwicklung erdrückt, was schließlich zum Zusammenbruch des gesamten Systems führt. Die Monetarisierung der Schulden ist einer der schwerwiegendsten potentiellen Destabilisierungsfaktoren der modernen Wirtschaft, die darin besteht, die Bedürfnisse der Gegenwart durch Überziehung der Zukunft zu befriedigen. Es gibt ein altes chinesisches Sprichwort: "Yin eat dao grain" bedeutet genau das.

Die andere Art von Währung ist eine nicht verschuldete Währung, die durch Gold- und Silbergeld repräsentiert wird. Diese Währung hängt nicht von den Versprechungen von irgendjemandem ab, sie ist niemandem geschuldet, sie repräsentiert die Früchte menschlicher Arbeit, die vollbracht wurde und sich durch Tausende von Jahren menschlicher sozialer Praxis natürlich entwickelt hat. Sie erfordert keinen staatlichen Zwang, kann Zeiten und Grenzen überwinden und ist das ultimative Zahlungsmittel in Geld.

Von allen Währungen bedeutet Gold- und Silbergeld "tatsächlicher Besitz", während Freigeld "Note + Versprechen" bedeutet. Es gibt einen wesentlichen Unterschied im "Goldgehalt" der beiden Werte.

Der chinesische Yuan liegt irgendwo dazwischen. Obwohl der RMB auch ein Element von "Schuldgeld" enthält, ist er in seinem Gegenstand immer noch ein Maß für die Produkte und Dienstleistungen, die in der Vergangenheit erbracht wurden. Die Emission des Renminbi ist nicht wie im Falle des US-Dollars durch Staatsschulden besichert, sondern durch eine private Zentralbank, wodurch die enormen Zinszahlungen vermieden werden, die in die privaten Taschen fließen. Da der Renminbi nicht durch Gold und Silber gedeckt ist, hat er die grundlegenden Eigenschaften einer französischen Währung und muss sich auf die Zwangsgewalt der Regierung verlassen, um seinen Wert zu garantieren.

Ein echtes Verständnis des Wesens des westfranzösischen Währungssystems, insbesondere des Dollarsystems, ist eine notwendige Voraussetzung für die künftige Reform des RMB.

Das fraktionierte Reservesystem: eine Quelle der Inflation

> *"Die (moderne) Bank war ursprünglich ungerecht, und sie wurde mit Sünde geboren. Die Bankiers besitzen die Erde. Wenn man ihnen alles wegnimmt, ihnen aber die Macht überlässt, Ersparnisse zu schaffen, brauchen sie nur den Stift zu bewegen, um genügend Ersparnisse zu schaffen, um alles, was sie verloren haben, zurückzuzahlen. Aber wenn man ihnen die Macht nimmt, Ersparnisse zu schaffen, wird alles Glück im Reichtum verschwinden, einschließlich meines eigenen, und sie (die Macht, Ersparnisse zu schaffen) sollten verschwinden, weil dies zu einer glücklicheren und besseren Welt führen wird. Aber wenn Sie bereit sind, weiterhin Sklaven der Banker zu sein und für Ihre Versklavung zu bezahlen, dann sollen sie weiterhin Ersparnisse schaffen."* [185]
>
> Sir Josiah Stamp, Gouverneur der Bank von England, (1928-1941) zweitreichster Mann Englands.

Die ersten Goldschmiede-Bankiers boten ein reines "Goldmünzen-Einlagengeschäft" an, bei dem die Einleger den Bankiers Goldmünzen übergaben, die diese mit standardisierten Quittungen, den so genannten "Banknoten", versahen, und diese "Derivate" von Goldmünzen wurden allmählich zum Medium gesellschaftlicher Transaktionen, dem so genannten Geld.

Zu diesem Zeitpunkt unterlag die Bank einem vollständigen Reservesystem und konnte jederzeit "Banknoten" in Goldmünzen umtauschen. Ihre Haupteinnahmequelle sind die von den Einlegern gezahlten "Treuhandgebühren".

Im Laufe der Zeit, die "clevere" Goldschmied Banker festgestellt, dass in der Regel nur eine kleine Anzahl von Einlegern kommen, um die "Banknoten" in Goldmünzen zu beantragen, Blick auf das Gold in der Gold-Keller liegen dort zu schlafen, konnte der Banker nicht helfen,

---

[185] Sir Josiah Stamp, informelle Diskussion vor 150 Professoren der Geschichte, Wirtschafts- und Sozialwissenschaften an der Universität von Texas, 1920er Jahre. Quelle: *The Legalized Crime of Banking*, von Silas W. Adams (Meador Publishing Company, Boston, 1958, Omnia Veritas Ltd., www.omnia-veritas.com), Kapitel VII.

aber beginnen zu jucken, wie kann "revitalisieren" diese schlafenden Vermögenswerte?

Es gibt immer Menschen in der Gesellschaft, die dringend Geld brauchen, also sagen die Banker ihnen, dass sie zur Bank kommen und sich Geld leihen können, solange sie das Kapital innerhalb des festgelegten Zeitraums zurückzahlen und einige Zinsen zahlen. Wenn der Kreditnehmer zur Bank kommt, stellt der Bankier mehr "Quittungen" und mehr "Banknoten" aus, um Kredite zu vergeben und Zinsen zu kassieren. Solange er die Zahl der Ausgaben nicht zu sehr erhöht, erregt er im Allgemeinen kein Misstrauen bei den Einlegern. Langjährige Erfahrungen zeigen, dass es unbedenklich ist, z. B. das Zehnfache an "Banknoten" auszugeben. Da die Zinseinnahmen aus den Krediten ein Glücksfall waren, der aus dem Nichts entstand - je mehr, desto besser -, begannen die Banker, die Einleger anzulocken, und um die Leute anzulocken, begannen sie, Zinsen auf das Treuhandgeschäft zu zahlen, die ursprünglich erhoben wurden.

Als der Goldschmied-Bankier, der sich mit der Lagerung von Goldmünzen beschäftigte, das Kreditgeschäft aufnahm, bot er den ursprünglichen Einlegern zwei sehr unterschiedliche Dienstleistungsprodukte an: zum einen die reine "Lagerung von Goldmünzen" und zum anderen das "Anlagesparen". Der wesentliche Unterschied zwischen den beiden ist das "Eigentum an den Goldmünzen". Im ersten Fall hat der Einleger absolutes Eigentum an den bei der Bank hinterlegten Goldmünzen, die ihm zusichern muss, dass er die Goldmünzen jederzeit in Empfang nehmen kann. Im zweiten Fall verliert der Einleger das Eigentum an den Goldmünzen im Laufe der Zeit, und der Bankier tätigt eine risikoreiche Investition, so dass der Einleger das Eigentum wiedererlangt, wenn die Investition zurückgezahlt ist.

Die erste "Goldmünzeneinlage" entspricht einer "De-facto-Existenz" von Banknoten, die volle Reserven darstellen, während die zweite "Investitionsersparnis" einem "Schuldschein + Versprechen" entspricht, bei dem die Anzahl der ausgegebenen Banknoten größer ist als die tatsächliche Menge der von der Bank gehaltenen Goldmünzen und eine Teilreserve darstellt. Diese Art von "Schuldschein + Versprechen" ist von Natur aus risikobehaftet und inflationär, was sie als Tauschmittel für soziale Güter und Dienstleistungen sehr ungeeignet erscheinen lässt.

Das Mindestreservesystem hat einen angeborenen Drang, die Grenzen zwischen den beiden Bankdienstleistungsprodukten zu verwischen. Die Banker haben das Design der Banknoten "standardisiert", so dass es für den Normalbürger schwierig ist, die wesentlichen Unterschiede zwischen den beiden Arten von Banknoten zu erkennen, und die angelsächsischen Länder waren deshalb jahrhundertelang streitlustig. Als verärgerte Einleger die Bankiers verklagten, weil sie die Goldmünzen, die sie als "Treuhandmünzen" betrachteten, ohne ihre Erlaubnis an andere verliehen hatten, behaupteten die Bankiers, sie hätten das Recht, über die Goldmünzen der Einleger zu verfügen. Am bekanntesten ist der Fall Frey gegen Hill und andere aus dem Jahr 1848.

> *"Wenn (das Geld des Einlegers) in der Bank deponiert ist, gehört es nicht mehr dem Einleger, sondern dem Bankier, der verpflichtet ist, den entsprechenden Betrag zurückzugeben, wenn der Einleger dies verlangt. Geld, das bei einer Bank eingezahlt und von einem Bankier verwaltet wird, ist in jeder Hinsicht das Geld des Bankiers, der darüber nach Belieben verfügen kann. Er ist nicht verpflichtet, darauf zu antworten, ob der Einleger dieses Geldes in Gefahr ist, ob er schädliche Spekulationen betreibt, und er ist nicht verpflichtet, es aufzubewahren und so zu behandeln, wie er das Eigentum eines anderen behandeln würde; aber er ist auf jeden Fall an den Betrag (des vom Einleger eingezahlten Geldes) gebunden, weil er durch den Vertrag gebunden ist."* [186]

Im Rahmen des Common-Law-Systems wurde diese Entscheidung des englischen Richters zweifellos zu einem wichtigen Wendepunkt in der Finanzgeschichte, als das eigene, hart verdiente Geld der Einleger, das sie bei den Banken deponiert hatten, plötzlich den Schutz des Gesetzes verlor, was eine schwere Verletzung der Eigentumsrechte der Bürger darstellte. Danach weigerten sich die Banken der angelsächsischen Länder vollständig, die Rechtmäßigkeit von "Sparguthaben" anzuerkennen, die vollen Reserven verloren ihren rechtlichen Status und alle Ersparnisse wurden zu "Risikokapital". Das Monopol des fraktionierten Reservesystems wurde gesetzlich verankert.

---

[186] Murray N. Rothbard, *op. cit.*, S. 92.

Bei der Schlacht von Waterloo 1815 erfuhr die Bank der Familie Rothschild das Ende des Krieges mit einer Zeitverschiebung von 24 Stunden vor dem britischen Offiziellen und beherrschte so den britischen Anleihemarkt, kontrollierte die Währungsausgabe des britischen Empire und bald darauf auch die Währungsausgabe von Frankreich, Österreich, Preußen, Italien und anderen Ländern und hielt fast 200 Jahre lang die Preisbildungsmacht auf dem Weltgoldmarkt. Die von den jüdischen Bankenfamilien Rothschild, Schiff, Warburg und anderen in verschiedenen Ländern eingerichteten Bankennetze, die das erste internationale Finanzsystem und die erste weltweite Clearingstelle bildeten, ließen die Schecks anderer Banken nur dann grenzüberschreitend zirkulieren, wenn sie sich ihren Clearingnetzen anschlossen, und bildeten nach und nach ein Bankenkartell. Diese familiären Banknormen sind heute zur "internationalen Praxis" der weltweiten Finanzindustrie geworden.

Das Bankenkartell ist der wichtigste Motor des Mindestreservesystems und der größte Nutznießer. Wenn die Energie solcher "finanziellen Sonderinteressen" ein beträchtliches Ausmaß erreicht, sind sie gezwungen, die Spielregeln in Politik und Justiz in ihrem Interesse zu fördern oder sogar direkt festzulegen.

Als es dem internationalen Bankenkartell 1913 schließlich gelang, die Federal Reserve zu gründen, das "Modell" des fraktionierten Reservesystems in den Vereinigten Staaten, wurde die Währung des Vollreservesystems nach und nach als "schlechte Währung" aus dem Wettbewerb verdrängt. Die damals von der US-Regierung ausgegebenen "Silber-" und "Goldnoten" können als die Überlebenden des Vollreservesystems bezeichnet werden, beide Noten sind zu 100% durch das reale Gold und Silber der US-Regierung gedeckt, eine Unze Gold und Silber entspricht dem entsprechenden Papiergeld, selbst wenn alle Schulden des Bankensystems zur gleichen Zeit bezahlt werden, hat der Markt immer noch volle Reserven an "Gold- und Silberdollar" im Umlauf, die Wirtschaft kann sich immer noch entwickeln, genau wie vor der Existenz der Federal Reserve im Jahr 1913.

Seit 1913 begann der "schlechte Dollar" der Fed, die volle Reserve an echtem Gold und Silber, den "guten Dollar", allmählich vom Markt zu verdrängen und die internationalen Bankiers vor vollendete Tatsachen zu stellen, um das Monopol des fraktionierten Reservesystems in der modernen Finanzwelt zu schaffen, und die Regierungen aus dem Bereich der Währungsausgabe zu verdrängen, griffen sie zu allen Mitteln, um Gold und Silber zu verteufeln, und schafften es schließlich in den 1960er Jahren, den Silberdollar abzuschaffen, und 1971 kappten sie die letzte Verbindung zwischen Gold und Dollar, und seitdem hat das fraktionale Reservesystem das Monopol endgültig vollendet.

Wie der Debt Dollar hergestellt wird

Die Bank of New York der Fed beschreibt den Dollar folgendermaßen,

> "Der Dollar kann nicht gegen Staatsgold oder einen anderen Vermögenswert eingetauscht werden. Die Frage nach den Vermögenswerten, mit denen die "Fed-Noten" unterlegt sind, hat keine praktische Bedeutung, es ist nur der buchhalterische Aspekt der Notwendigkeit ... die Bank erzeugt die Währung, wenn der Kreditnehmer verspricht, sie zurückzuzahlen. Die Banken schaffen Geld, indem sie diese privaten und kommerziellen Schulden "monetarisieren". "

Die Bank of Chicago der Fed erklärt,

> "In den Vereinigten Staaten haben weder Papiergeld noch Bankeinlagen den gleichen inneren Wert wie Waren; der Dollar ist nur ein Stück Papier. Auch die Bankeinlagen sind nur eine Reihe von Zahlen in den Büchern. Münzen haben zwar einen gewissen inneren Wert, liegen aber meist weit unter ihrem Nennwert.
> Was ist es also, das diese Instrumente wie Schecks, Banknoten, Münzen usw. für die Menschen akzeptabel macht, um Schulden und andere monetäre Zwecke zum Nennwert zu begleichen? Das Wichtigste ist das Vertrauen der Menschen, dass sie diese Währungen jederzeit gegen andere finanzielle Vermögenswerte und reale Produkte und Dienstleistungen eintauschen können. Dies liegt zum Teil daran, dass die Regierung per Gesetz vorschreibt, dass diese "Fiat"-Münzen akzeptiert werden müssen. " [187]

Das heißt, die "Monetarisierung" von Schulden schafft den Dollar, und der Nennwert des Dollars muss durch externe Kräfte erzwungen werden. Wie genau werden also Schulden zu Dollar? Um die Einzelheiten der "Umwandlung von Schulden in Geld" zu verstehen,

---

[187] *Modern Money Mechanics*, Federal Reserve Bank of Chicago.

müssen wir den Mechanismus der Geldgeschäfte in den Vereinigten Staaten mit der Lupe suchen.

Als nicht im Finanzbereich tätiger Leser müssen Sie das Folgende möglicherweise mehrmals lesen, um den "Geldschöpfungsprozess" der Federal Reserve und der Bankinstitute vollständig zu verstehen. Dies ist das zentrale "Geschäftsgeheimnis" der westlichen Finanzindustrie.

Da die US-Regierung nicht das Recht hat, Geld zu emittieren, sondern nur Anleihen auszugeben und diese dann an die Fed, eine private Zentralbank, zu verpfänden, um über die Fed und das Geschäftsbankensystem Geld auszugeben, liegt die Quelle des Dollars in den Staatsanleihen.

Der erste Schritt besteht darin, dass der Kongress den Umfang der Emission von Staatsanleihen genehmigt und das Finanzministerium die Staatsanleihen in verschiedene Arten von Anleihen unterteilt, von denen diejenigen mit einer Laufzeit von weniger als einem Jahr als T-Bills, diejenigen mit einer Laufzeit von 2 bis 10 Jahren als T-Notes und diejenigen mit einer Laufzeit von 30 Jahren als T-Bonds bezeichnet werden. Diese Anleihen werden zu unterschiedlichen Zeiten und in unterschiedlichen Abständen auf dem offenen Markt versteigert. Das Finanzministerium sendet schließlich alle Anleihen, die bei der Auktion nicht verkauft wurden, an die Federal Reserve, die sie in voller Höhe einkassiert, woraufhin diese Anleihen in den Büchern der Federal Reserve unter "Wertpapiervermögen" verbucht werden.

Die Staatsverschuldung gilt als der "zuverlässigste Vermögenswert" der Welt, weil sie von der US-Regierung gegen künftige Steuern abgesichert ist. Wenn die Fed diesen "Vermögenswert" erwirbt, kann sie ihn verwenden, um eine Verbindlichkeit zu schaffen, nämlich den von der Fed gedruckten "Fed-Scheck". Dies ist ein wichtiger Schritt bei der "Schaffung von etwas aus dem Nichts". Hinter diesem ersten Scheck der Fed verbirgt sich kein Geld, um diesen "kurzen Scheck" zu stützen.

Es handelt sich um einen sorgfältig konzipierten und getarnten Schritt, der es der Regierung erleichtert, "Angebot und Nachfrage" bei der Versteigerung von Anleihen zu kontrollieren, die Fed erhält "Zinsen" auf das Geld, das sie der Regierung leiht, und die Regierung erhält bequem Geld, ohne Anzeichen dafür zu zeigen, dass sie eine Menge Geld druckt. Offensichtlich ein weißer Wolf mit leeren Handschuhen der Federal Reserve, in der Buchhaltung ist die Bilanz völlig ausgeglichen, die "Aktiva" der Staatsschulden und die "Passiva" der Währung sind genau gleich. Das gesamte Bankensystem ist subtil unter dieser Schale verpackt.

Es ist dieser einfache, aber entscheidende Schritt, der die größte Ungerechtigkeit in der Welt geschaffen hat. Die zukünftigen Steuereinnahmen des Volkes werden von der Regierung an die private Zentralbank verpfändet, um Dollar zu "leihen", und da das Geld von privaten Banken "geliehen" wird, schuldet die Regierung einen riesigen Betrag an Zinsen. Diese Ungerechtigkeit spiegelt sich in:

Die zukünftigen Steuern des Volkes sollten nicht verpfändet werden, da das Geld nicht verdient wurde und die Verpfändung der Zukunft unweigerlich zu einer Abwertung der Kaufkraft der Währung führen wird, was die Ersparnisse des Volkes beeinträchtigt.

-Die zukünftige Besteuerung des Volkes sollte nicht an eine private Zentralbank verpfändet werden, und die Banker haben plötzlich das Versprechen der zukünftigen Besteuerung des Volkes mit fast keinem Geld, was ein typischer "weißer Wolf mit leeren Handschuhen" ist.

-Regierung schuldet ohne ersichtlichen Grund riesige Zinsbeträge, und diese Zinszahlungen werden schließlich zu einer Belastung für die Bürger. Das Volk hat nicht nur auf unerklärliche Weise eine Hypothek auf seine Zukunft aufgenommen, sondern zahlt jetzt auch noch sofort Steuern, um die Zinsen zurückzuzahlen, die die Regierung der privaten Zentralbank schuldet. Je mehr Dollars ausgegeben werden, desto höher ist die Zinslast für das Volk, und desto mehr wird sie über Generationen hinweg nicht zurückgezahlt werden!

Schritt zwei: Wenn die Bundesregierung einen "Fed-Scheck" von der Federal Reserve erhält und indossiert, wird dieser magische Scheck zurück in die Federal Reserve Bank eingezahlt und in "staatliche Ersparnisse" umgewandelt und auf dem Konto der Regierung bei der Federal Reserve hinterlegt.

Im dritten Schritt, wenn die Bundesregierung anfängt, Geld auszugeben, bilden große und kleine Bundesschecks die "erste Welle" von Geld, das in die Wirtschaft fließt. Die Unternehmen und Privatpersonen, die die Schecks erhalten, zahlen sie auf ihre Geschäftsbankkonten ein, die wiederum zu "Geschäftsbanksparen" werden. Zu diesem Zeitpunkt haben sie eine "doppelte Persönlichkeit": Einerseits sind sie Verbindlichkeiten der Bank, da das Geld den Einlegern gehört und früher oder später zurückgezahlt werden muss.

Andererseits stellen sie aber auch "Aktiva" der Bank dar und können zur Kreditvergabe verwendet werden. In der Buchhaltung ist noch alles im Gleichgewicht, und dieselben Aktiva entsprechen denselben Passiva. Hier beginnen die Geschäftsbanken jedoch, sich darauf vorzubereiten, mit Hilfe des "fraktionierten Reserveverstärkers" Geld zu "schaffen".

In **einem vierten Schritt wurden die** Ersparnisse der Geschäftsbanken als "Bankreserven" auf den Bankkonten umklassifiziert. Zu diesem Zeitpunkt sind diese Ersparnisse von gewöhnlichen "Vermögenswerten" der Bank zu "Reserven" für Startkapital geworden. Im Rahmen des "fraktionierten Reservesystems" erlaubt die Federal Reserve den Geschäftsbanken, nur 10 Prozent ihrer Ersparnisse als "Reserven" zu halten (im Allgemeinen halten die Banken der Vereinigten Staaten nur 1 bis 2 Prozent der gesamten Ersparnisse in bar und 8 bis 9 Prozent der Banknoten in ihren "Tresoren" als "Reserven") und 90 Prozent ihrer Ersparnisse zu verleihen. Somit werden 90 Prozent dieses Geldes von den Banken zur Kreditvergabe verwendet.

Hier gibt es ein Problem: Was ist, wenn der ursprüngliche Sparer einen Scheck ausstellt oder das Geld verwendet, nachdem 90% der Ersparnisse an jemand anderen verliehen wurden? Als die Kredite vergeben wurden, handelte es sich in der Tat nicht um ursprüngliche Ersparnisse, sondern um "neues Geld", das aus dem Nichts geschaffen wurde. Dieses "neue Geld" erhöhte die Gesamtmenge des von den Banken gehaltenen Geldes sofort um 90 Prozent gegenüber dem "alten Geld". Im Gegensatz zu "altem Geld" kann "neues Geld" Zinserträge für die Bank generieren. Dies ist die "zweite Welle" von Währungen, die in die Wirtschaft gelangen. Als die "zweite Welle" des Geldes zu den Geschäftsbanken zurückkehrte, wurden weitere Wellen der "neuen Geldschöpfung" ausgelöst, mit abnehmender Tendenz.

Am Ende der "zwanzigsten Welle" hatte ein Dollar an Staatsanleihen in enger Abstimmung mit der Federal Reserve und den Geschäftsbanken eine zusätzliche Geldmenge von 10 Dollar im Umlauf geschaffen. Wenn das Volumen der Staatsverschuldung und ihre geldschöpfenden Residuen zu einem Anstieg des Geldumlaufs führen, der größer ist als für das Wirtschaftswachstum erforderlich, sinkt die Kaufkraft des gesamten "alten Geldes", was die grundlegende Ursache der Inflation ist. Als die Vereinigten Staaten zwischen 2001 und 2006 neue Staatsschulden in Höhe von 3 Billionen Dollar aufnahmen, ging ein beträchtlicher Teil davon direkt in den Geldumlauf, was in

Verbindung mit der Tilgung von Staatsschulden und Zinszahlungen, die Jahre zuvor geleistet wurden, zu einer dramatischen Abwertung des Dollars und einem erheblichen Anstieg der Preise für Rohstoffe, Immobilien, Öl, Bildung, Gesundheitsversorgung und Versicherungen führte.

Der Großteil der vermehrten Emission von Staatsanleihen fließt jedoch nicht direkt in das Bankensystem, sondern wird von ausländischen Zentralbanken, Nicht-Finanzinstituten in den Vereinigten Staaten und Privatpersonen gekauft. In diesem Fall geben diese Käufer bereits vorhandene Dollar aus, sie "schaffen" also keine neuen Dollar. Nur wenn die Federal Reserve und die amerikanischen Bankinstitute US-Staatsanleihen kaufen, werden neue Dollar geschaffen, weshalb die USA die Inflation eine Zeit lang unter Kontrolle halten konnten. Treasuries in den Händen von Nicht-US-Banken werden jedoch früher oder später fällig und die zusätzlichen Zinsen müssen halbjährlich gezahlt werden (30-jährige Treasuries), und dann wird die Fed unweigerlich neue Dollars schaffen.

Im Grunde genommen ist das System der Mindestreserven in Verbindung mit dem Schuldgeldsystem die Ursache für die langfristige Inflation. Beim Goldstandard führt dies zwangsläufig dazu, dass das Volumen der ausgegebenen Banknoten das Volumen der Goldreserven allmählich bei weitem übersteigt, was unweigerlich zum Zerfall des Goldstandards führt. Beim Bretton-Woods-System ist es der unausweichliche Zusammenbruch des Goldtauschsystems. Und unter einem reinen gesetzlichen Zahlungsmittelsystem würde es unweigerlich zu einer Hyperinflation kommen, die schließlich zu einer schweren weltweiten Rezession führen würde.

Mit einer Schuldenwährung werden die Vereinigten Staaten niemals in der Lage sein, ihre Staats-, Unternehmens- und Privatschulden zu begleichen, denn der Tag, an dem die Schulden beglichen sind, ist der Tag, an dem der Dollar verschwindet. Es ist nicht nur unwahrscheinlich, dass die Gesamtverschuldung der Vereinigten Staaten sinkt, sondern sie wird durch den Schneeballeffekt der Zinsen, die auf die Schulden anfallen, und durch das natürliche Wachstum der Geldnachfrage in der Wirtschaft immer weiter ansteigen.

Der "Schuldenfluss" der Vereinigten Staaten und die "weißen Flecken" der asiatischen Völker

Der beispiellose Umfang der in den 1980er Jahren ausgegebenen US-Schatzanleihen mit ihren hohen Zinssätzen zog Investoren aus privaten und Nicht-Bankinstituten sowie ausländische Zentralbanken in hohem Maße an, und es wurden weniger neue Dollars durch die Wiederverwendung der bestehenden Dollars geschaffen. In den 1990er Jahren erlebten die Vereinigten Staaten ein goldenes Zeitalter hohen Wachstums und niedriger Inflation, da die wichtigsten konkurrierenden Währungen der Welt besiegt wurden, auf Dollar lautende Staatsanleihen weiterhin gefragt waren und die Preise für importierte Waren des täglichen Bedarfs angesichts der weit verbreiteten Abwertung der Währungen der Dritten Welt außerordentlich billig wurden, so dass die Vereinigten Staaten gezwungen waren, mehr Staatsanleihen auszugeben, um die alten zu ersetzen, da die massiven Ausgaben für den Krieg gegen den Terror und die Fälligkeit der verschiedenen Laufzeiten der seit den 1980er Jahren in großer Zahl ausgegebenen Staatsanleihen sowie die Zinszahlungen stiegen. Von 1913 bis 2001 haben die Vereinigten Staaten in 87 Jahren insgesamt 6 Billionen Dollar an Staatsschulden angehäuft, aber von 2001 bis 2006, also in etwas mehr als fünf Jahren, haben die Vereinigten Staaten ihre Staatsverschuldung um fast 3 Billionen Dollar erhöht, und die Gesamtverschuldung der US-Bundesregierung hat inzwischen 8 Billionen Dollar erreicht und steigt mit einer Rate von 2,55 Milliarden Dollar pro Tag. Die US-Bundesregierung hat bereits die dritthöchsten Zinszahlungen bei den Staatsausgaben, nach dem Gesundheitswesen und der Verteidigung, mit fast 400 Milliarden Dollar pro Jahr, oder 17 Prozent ihrer gesamten Steuereinnahmen.

Staatsverschuldung der Vereinigten Staaten: Von 1982 bis 1992 war das Geldmengenwachstum in den Vereinigten Staaten ein "bescheidener Anstieg" von 8% pro Jahr. Von 1992 bis 2002 ging das Geldmengenwachstum in den Vereinigten Staaten jedoch auf die "Überholspur" und erreichte 12%. Ab 2002, als Folge des Krieges gegen den Terror und der Notwendigkeit, die von der Rezession gebeutelte Wirtschaft anzukurbeln, stieg die Ausgabe von US-Währung um schwindelerregende 15 Prozent, während die Zinssätze in der Nachkriegszeit ihren Tiefstand erreichten. Wenn man sich den steilen Anstieg der US-Staatsverschuldung ansieht, ist das alles bereits eine Selbstverständlichkeit. Es ist kein Zufall, dass die US-Notenbank im März 2006 ankündigte, den Bericht über die weit gefasste Geldmenge M3 einzustellen.

(Kein Land in der Geschichte der Menschheit hat jemals seine Zukunft so stark überzogen, und die Vereinigten Staaten haben nicht nur den Wohlstand ihrer eigenen Bevölkerung, sondern auch den zukünftigen Wohlstand der Bevölkerung anderer Länder ebenso stark überzogen, und jeder, der sich mit Aktieninvestitionen auskennt, kann klar voraussehen, was diese steile Kurve letztendlich bedeuten wird).

Seit dem 11. September 2001, als Greenspan die Zinssätze rücksichtslos von 6 Prozent auf 1 Prozent senkte, um die Aktien- und Anleihemärkte zu retten, und damit den Dollar dazu brachte, die Welt mit Krediten zu überschwemmen, haben die Menschen endlich verstanden, dass der Dollar in Wirklichkeit ein Stück Papier mit einem grünen Muster darauf ist. Die wichtigsten Dollarbesitzer der Welt stürzten sich fast gleichzeitig auf Immobilien, Öl, Gold, Silber, Rohstoffe und andere Dinge, die die Fed nicht erkennen kann. Ein französischer Investor sagte: "New Yorker können Dollarscheine ausgeben, aber nur Gott kann Öl und Gold ausgeben. "In der Folge stieg der Rohölpreis von 22 auf 60 Dollar pro Barrel, und die Preise für Gold, Silber, Platin, Nickel, Kupfer, Zink, Blei, Sojabohnen, Zucker, Kaffee und Kakao betrugen jeweils 120 bis 300 Prozent der Preise von 2002. Aber die Ökonomen schwören immer noch darauf, dass die Inflation nur 1 oder 2 Prozent beträgt, und man kommt nicht umhin, sich an das berühmte Zitat von Mark Twain zu erinnern, dass es drei Arten von Lügen auf der Welt gibt: Lügen, verdammte Lügen und Statistiken.

Noch beunruhigender ist die Tatsache, dass sich die Gesamtverschuldung der Vereinigten Staaten auf 44 Billionen Dollar beläuft, was die Summe der Schulden des Bundes, der Länder und Kommunen, der internationalen Schulden und der privaten Schulden umfasst. Diese Schulden verteilen sich gleichmäßig auf jeden Amerikaner in Höhe von fast 150.000 Dollar, wobei eine vierköpfige Familie fast 600.000 Dollar Schulden zu tragen hat. Bei den privaten Schulden sind vor allem die zahlreichen Hypotheken und Kreditkartenschulden zu nennen. Bei einem konservativen Zinssatz von 5 Prozent würden 44 Billionen Dollar eine jährliche Zinszahlung von bis zu 2,2 Billionen Dollar erfordern, was fast den gesamten Steuereinnahmen der US-Bundesregierung für das gesamte Jahr entspricht. Nahezu 70 Prozent der Gesamtverschuldung wurden nach 1990 "geschaffen". Es ist für die USA heute nicht mehr möglich, die Länder der Dritten Welt mit dem Lasso einzufangen, indem sie die Hochzinskriege der frühen 80er Jahre führen, weil die USA selbst so hoch verschuldet sind, dass jede Hochzinspolitik einem wirtschaftlichen Selbstmord gleichkommt.

Die "Monetarisierung" der Schulden in Verbindung mit dem Super-Verstärker, der die fraktionierten Reserven darstellt, hat den zukünftigen Wohlstand des amerikanischen Volkes stark geschwächt. Bis 2006 wurde der Gesamtbetrag der von den Amerikanern gezahlten Einkommenssteuer nach einem nur kurzen Aufenthalt bei der Bundesregierung sofort an das Bankensystem überwiesen, um die Zinsen für die Schulden zu bezahlen. Keine der von Einzelpersonen gezahlten Einkommenssteuern fließt an die Regierung, die Bildungsausgaben in jeder Region hängen weitgehend von den lokalen Grundsteuereinnahmen ab, der Bau und die Instandhaltung von Autobahnen in den gesamten USA erfolgt über eine Benzinsteuer, und die Kosten für die Kriegsführung ausländischer Truppen fallen mit der von US-Unternehmen gezahlten Körperschaftssteuer zusammen. Mit anderen Worten: 300 Millionen Amerikaner werden seit Jahrzehnten von den Bankern "indirekt besteuert" und Jahr für Jahr weiter ausgebeutet. Die Ersparnisse des amerikanischen Volkes werden dann von den "potenziellen Steuern" der Banker durch die langfristige Inflation abgeschöpft.

Unabhängig davon, ob die US-Schuldner diese lukrativen Schulden noch zurückzahlen können, besteht das Problem darin, dass die US-Regierung nicht die Absicht hat, die Staatsschulden überhaupt zurückzuzahlen. Die US-Regierung ersetzt einfach immer wieder die alten Anleihen und die auf die alten Schulden aufgelaufenen Zinsen durch neue, die sich ewig summieren, und der Kreislauf geht immer weiter. Wie die Federal Reserve Bank of Philadelphia hervorhebt,

> *"Andererseits hält eine wachsende Zahl von Analysten Treasuries für sehr nützlich, ja sogar für ein (wirtschaftliches) Evangelium. Sie glauben nicht, dass die Staatsverschuldung überhaupt reduziert werden muss.* " [188]

Ja, wenn man ein verschwenderisches Leben führen kann, indem man immer mehr Schulden aufnimmt und sie nie zurückzahlen muss, kann man nur befürchten, dass es solche guten Dinge unter dem Himmel nie wieder geben wird. Diese "gute Sache", die sich wie ein

---

[188] *Die Staatsverschuldung, Reihe für wirtschaftliche Bildung,* Federal Reserve Bank of Philadelphia.

"wirtschaftliches Perpetuum mobile" anhört, setzt sich nun in den Vereinigten Staaten durch. Die Vorstellung, dass diese Ökonomen das "gute Leben" für immer genießen können, indem sie die Schulden erhöhen, unterscheidet sich nicht grundlegend von der Vorstellung, dass ein Land reich werden kann, indem es mehr Geld druckt.

Diese Wissenschaftler sind dazu übergegangen, Asien und andere Länder der übermäßigen Ersparnis als Ursache für die strukturelle Dysfunktion der Weltwirtschaft zu beschuldigen, ein Argument, das den alarmierenden Verfall ihrer akademischen Moral belegt. Übermäßiges Sparen in den asiatischen Ländern? Wo haben sie denn übermäßige Ersparnisse? Diese jahrzehntelang hart erarbeiteten Ersparnisse werden von den Vereinigten Staaten durch den Kauf von US-Staatsanleihen in das "große Experiment" des "wirtschaftlichen Perpetuum mobile" in einem in der Geschichte der Menschheit noch nie dagewesenen Ausmaß eingesaugt.

Die Nachfrage nach US-Staatsschulden durch die "exportorientierten" Volkswirtschaften der asiatischen Länder ist wie eine Drogensucht, die nicht so schnell in den Blutkreislauf aufgenommen werden kann. Und die Vereinigten Staaten sind auch gerne bereit, diese im Grunde "unendliche" Staatsverschuldung auf die Menschen in Asien abzuwälzen. Irgendwann werden die asiatischen Länder jedoch erkennen, dass das reale Risiko einer irreversiblen und dramatischen Abwertung der Dollarwerte für eine nominale Rendite von nur 5% auf US-Staatsanleihen in keinem Fall eine solide Investition ist.

Der ehemalige US-Finanzminister Summers wies darauf hin, dass die US-Wirtschaft in große Schwierigkeiten gerät, wenn China aufhört, wöchentlich Staatsschulden in Höhe von durchschnittlich mehreren Milliarden Dollar zu kaufen, dass aber auch die chinesische Wirtschaft in große Schwierigkeiten gerät, weil die Exporte in die USA schrumpfen.

Das "Hegemoniegeschäft" des Finanzderivatemarktes

Wenn mindestens 2 Billionen Dollar der jährlichen Zinszahlungen, die laufend hinzukommen, früher oder später im Geldsystem "geschaffen" werden, obwohl ein Teil davon in die Zukunft auf Kosten höherer Schulden verschoben werden kann, und ein Teil der zusätzlichen Zinsdollars ausreicht, um eine erhebliche Inflation zu verursachen, ist es seltsam, dass die Inflation in den Vereinigten Staaten nicht offensichtlich zu sein scheint. Wie funktioniert die Magie der internationalen Banker?

Der Trick besteht darin, dass es einen Ort geben muss, an den man gehen kann, um die massiven Währungsadditionen zu absorbieren, die in den letzten zehn Jahren auf dem Derivatemarkt ungeheuerlich aufgebläht wurden.

Vor zwanzig Jahren lag der Gesamtnominalwert der Finanzderivate weltweit bei fast Null, und 2006 hatte der Gesamtumfang dieses Marktes 37 Billionen Dollar erreicht! Das ist mehr als das Achtfache des weltweiten BIP insgesamt. Sein Wachstum ist schnell und groß genug, um jede normale menschliche Vorstellungskraft zu überfordern.

Was ist das Wesen der Finanzderivate? Wie der Dollar, so sind auch sie Schulden! Sie sind verpackte Schulden, sie sind Sammlungen von Schulden, sie sind Container von Schulden, sie sind Lagerhäuser von Schulden, sie sind Himalayas von Schulden.

Es handelt sich um dieselben Verbindlichkeiten, die als Aktiva in die Portfolios von Hedgefonds fließen, und um dieselben Verbindlichkeiten, die als Aktiva auf den Konten von Versicherungsgesellschaften und Pensionsfonds liegen. Diese Schulden wurden gehandelt, verschoben, gequetscht, gestreckt, gerollt, gefüllt, herausgerupft, und es war ein Fest der Schulden und ein Fest des Glücksspiels. Hinter den schwerfälligen mathematischen Formeln, mit nur leeren und zwei weiteren Optionen, ist jeder Vertrag ein Glücksspiel, und jedes Glücksspiel ist an Gewinn oder Verlust gebunden.

Da es sich um eine Multi-Milliarden-Dollar-Wette handelt, muss es in diesem Casino einen Dealer geben. Wer ist der Buchmacher? Die fünf größten Banken in den Vereinigten Staaten, die nicht nur schwergewichtige Spieler sind, sondern auch im Geschäft der "Beherrschung" sind.

Das US-Finanzministerium veröffentlichte den Bericht über den Finanzderivatemarkt der Geschäftsbanken für das zweite Quartal 2006 und wies darauf hin, dass auf die fünf größten US-Banken, JPMorgan Chase, Citigroup usw., 97% aller 902 Finanzderivate der Banken zusammengenommen entfallen, mit 94% der Einnahmen. Die größte Kategorie unter den Finanzderivaten der Banken ist die Kategorie

"Zinsprodukte", die mit einem Nominalwert von 98,7 Billionen Dollar 83% der gesamten Platte ausmacht. [189]

In der Kategorie der Zinsprodukte überwiegen die "Zinsswaps". Die Hauptform eines "Zinsswaps" ist ein "variabler Zins-Cashflow" im Austausch gegen einen "festen Zins-Cashflow" für einen bestimmten Zeitraum, und die Transaktion beinhaltet im Allgemeinen keinen Kapitalbetrag. Sein Hauptzweck besteht darin, den Betrieb langfristiger festverzinslicher Anleihen zu "niedrigeren Kosten" zu "simulieren". Die beiden Unternehmen, die dieses Instrument am häufigsten einsetzen, sind Freddie Mac und Fannie Mae in den Vereinigten Staaten. Die beiden Mega-Finanzierer geben kurzfristige Anleihen aus, um 30-jährige festverzinsliche Immobilienkredite zu finanzieren, die durch "Zinsswaps" ergänzt werden, um sich gegen das Risiko künftiger Zinsänderungen abzusichern.

JPMorgan Chase ist allein mit einem Anteil von 74 Billionen Dollar an den 98,7 Billionen Dollar an Zinsderivaten beteiligt. Im Finanzbereich ist ein Leverage-Verhältnis von 10:1 für Investitionen bereits sehr "abenteuerlich", 100:1 ist eine "verrückte Art" von Investitionen. In den 1990er Jahren baute der berühmte Super-Hedge-Fonds "Long-Term Capital Management Fund" unter der Leitung von zwei Nobelpreisträgern das komplexeste mathematische Modell zur Risikoabsicherung der Welt auf, mit den modernsten Computer-Hardware-Einrichtungen der Welt, um in dieses Leverage-Verhältnis zu investieren, verlor versehentlich das gesamte Geld und brachte fast das gesamte Weltfinanzsystem zum Einsturz. Das potenzielle Leverage-Verhältnis von JPMorgan Chase für Zinsderivate beträgt 626:1 und ist damit das höchste der Welt. [190]

J.P. Morgan ist eigentlich im "hegemonialen" Geschäft des Zinsderivatemarktes tätig, in dem fast alle Unternehmen mit abgesicherten Zinsrisiken zu Hause sind. Mit anderen Worten: Die große Mehrheit der Menschen muss gegen einen plötzlichen Anstieg der künftigen Zinssätze investieren, und JPMorgan Chase, das allen

---

[189] U.S. Treasury Report, OCC's Quarterly Report on Bank Derivatives Activities, zweites Quartal 2006.

[190] Adam Hamilton, *The JPM Derivatives Monster*, Zeal Research, 2001.

versichert, dass die Zinssätze nicht in die Höhe schnellen werden, verkauft genau eine solche Versicherungspolice.

Welche geheimnisvolle Kristallkugel würde es JPMorgan Chase erlauben, ein solch erstaunliches Risiko einzugehen, um Zinsänderungen vorherzusagen, die nur Greenspan und die Fed bis dahin kennen? Es gibt nur eine vernünftige Antwort: JPMorgan Chase ist selbst einer der größten Aktionäre der Federal Reserve Bank of New York, und die Federal Reserve Bank of New York ist ein kompromissloses Privatunternehmen. JPMorgan Chase kann nicht nur die Nachrichten über Zinsänderungen früher als andere kennen, sondern auch den wirklichen Urheber der Zinsänderungspolitik, während der "Ausschuss" der Federal Reserve in Washington nur ein Exekutivorgan ist, die Änderung der Zinspolitik ist nicht so, wie die Welt es sich in der regulären Fed-Sitzung vor der Abstimmung über die vorläufige Entscheidung vorstellt. Sicherlich war der Abstimmungsprozess realistisch, aber die Wähler wurden von den internationalen Bankern von Anfang an manipuliert.

JPMorgan Chase macht also ein todsicheres Geschäft, bei dem man nichts verlieren kann. Als wäre JPMorgan Chase ein Unternehmen, das Niederschläge künstlich steuern kann und Überschwemmungsversicherungen verkauft, weiß es mit Sicherheit, wann es zu Überschwemmungen kommen wird, und es weiß sogar, in welchen Gebieten es zu Überschwemmungen kommen wird. Einstein sagte einmal, dass Gott nicht würfelt. JPMorgan hat es gewagt, das "hegemoniale" Geschäft des Derivatemarktes zu spielen, aber auch nicht gewürfelt.

Mit dem explosionsartigen Wachstum des Finanzderivatemarktes ist die staatliche Regulierung seit langem weit hinterhergehinkt. Eine große Anzahl von Derivatkontrakten wird außerhalb des formellen Handelsmarktes abgewickelt, auch bekannt als "Over-the-Counter-Transaktionen", und es ist schwierig, Derivatetransaktionen im Buchhaltungssystem mit regulären Handelsgeschäften zu vergleichen, ganz zu schweigen von Steuerberechnungen und Aktiv-Passiv-Rechnungen. Aufgrund ihrer Größe, der hohen finanziellen Hebelwirkung, der schwierigen Kontrolle der inländischen Risiken und der laxen staatlichen Regulierung sind sie eine Zeitbombe für die Finanzmärkte.

Es ist dieser beispiellose Boom auf dem Spekulationsmarkt, der die astronomische Liquidität absorbiert hat, die durch die

Zinszahlungen auf die US-Schulden "geschaffen" wurde. Solange riesige Mengen neuer Dollars, die ausgegeben werden, und Dollars, die aus dem Ausland zurückkehren, in diesen sich schnell drehenden Markt fließen, ohne dass sie in Scharen in andere Märkte durchsickern, wird der Kerninflationsindex auf wundersame Weise eingedämmt werden. Sobald die Finanzderivatemärkte zusammenbrechen, werden wir Zeugen der schlimmsten Finanzturbulenzen und Wirtschaftskrisen werden, die die Welt je gesehen hat.

Staatlich gefördertes Unternehmen: "Zweite Federal Reserve"

> *"Viele Finanzinstitute scheinen sich des Risikos dieser (kurzfristigen) Anleihen der GSE nicht bewusst zu sein. Die Anleger haben fälschlicherweise geglaubt, dass ihre Anlagen gegen das Kreditrisiko der GSE völlig immun sind, weil sie glaubten, dass im Falle einer Krise genügend Vorwarnzeit zur Verfügung steht, um die Fälligkeit dieser kurzfristigen Anleihen in einigen Monaten abzuwarten und dann bequem Kasse zu machen. Das Problem ist, dass im Falle einer Finanzkrise die kurzfristigen Anleihen der GSE innerhalb von Stunden, höchstens Tagen, völlig illiquide werden können. Zwar kann jeder einzelne Anleger aussteigen, aber wenn alle Anleger gleichzeitig fliehen, kann niemand fliehen. Wie bei einem Bank-Run werden Versuche, die GSEs als Ganzes zu verkaufen, nicht erfolgreich sein, da die Immobilien, die diesen kurzfristigen Anleihen zugrunde liegen, nicht schnell liquidiert werden können."* [191]
>
> -William Poole, Präsident,
> Federal Reserve Bank von St. Louis, 2005

Der Begriff "Government Sponsored Enterprise" bezieht sich hier auf Fannie Mae und Freddie Mac, die beiden größten von der US-Regierung zugelassenen Unternehmen für Immobilienkredite. Die beiden Unternehmen sind für den Aufbau eines Sekundärmarktes für US-Immobilienkredite verantwortlich, wobei insgesamt 4 Billionen Dollar an immobiliengesicherten Anleihen (MBS) ausgegeben wurden. Tatsächlich wurden die meisten der vom US-Bankensystem

---

[191] GSE Risks, Federal Reserve Bank of St. Louis, Review, März/April 2005 (Bd. 87, Nr. 2, Teil 1), S. 85.

ausgegebenen Immobilienkredite in Höhe von 7 Billionen Dollar an diese beiden Unternehmen weiterverkauft. Sie verpacken diese langfristigen Immobilienhypotheken in MBS-Anleihen, die dann an der Wall Street an Finanzinstitute in den USA und Zentralbanken in Asien verkauft wurden. Zwischen den von ihnen emittierten MBS-Anleihen und den Immobilienhypotheken, die sie von den Banken erwarben, bestand eine Spanne, die für beide Unternehmen eine Gewinnquelle darstellte. Statistisch gesehen halten 60 Prozent der US-Banken mehr als 50 Prozent des Bankkapitals in den Anleihen dieser beiden Unternehmen. [192]

Als börsennotierte Unternehmen sind sowohl Fannie Mae als auch Freddie Mac gewinnorientiert, und es ist für sie profitabler, Immobilienhypotheken direkt zu halten, wobei sie Zinsschwankungen, vorzeitige Hypothekenrückzahlungen und Kreditrisiken auf sich nehmen. Während die Fed ab 2002 den langen Prozess der Zinserhöhung einleitete, begannen Fannie Mae und Freddie Mac, Immobilienhypotheken in großem Umfang zu übernehmen und direkt zu halten, was sich bis Ende 2003 auf 1,5 Billionen Dollar belief.

Eine der wichtigsten Strategien ist es, die Laufzeiten von Vermögenswerten und Schulden aufeinander abzustimmen, da sonst das Risiko von Zinsschwankungen nur schwer zu kontrollieren ist. Zweitens sollte eine kurzfristige Finanzierung zur Unterstützung langfristiger Schulden vermieden werden. Der traditionelle konservative Ansatz besteht darin, langfristige, rückzahlbare Anleihen zu begeben, die die Fristen von Vermögenswerten und Schulden synchronisieren und gleichzeitig die Spreads festschreiben, so dass die beiden Risiken von Zinsschwankungen und vorzeitiger Hypothekenrückzahlung vollständig vermieden werden können. In Wirklichkeit finanzieren sich die beiden Unternehmen jedoch in erster Linie mit langfristigen festverzinslichen und kurzfristigen Anleihen, wobei die kurzfristige Finanzierung so groß ist wie 30 Mrd. $ an kurzfristigen Anleihen, die wöchentlich verlängert werden müssen, wodurch sie sich einem hohen Risiko aussetzen.

Um sich gegen das Risiko von Zinsschwankungen abzusichern, müssen sie ausgeklügelte Hedging-Strategien anwenden, wie z. B. den

---

[192] *Fannie Mae, Freddie Mac und die Notwendigkeit einer GSE-Reform, jetzt,* Office of Federal Housing Enterprise Oversight (OFHEO).

Einsatz von Schulden und "Zinsswaps", um eine Kombination aus kurzfristigen Schulden + künftigen festverzinslichen Cashflows zu erzeugen, um die Auswirkungen langfristiger Anleihen zu "simulieren". Eine "Swap-Option" wird zur Absicherung des Risikos einer vorzeitigen Hypothekenrückzahlung eingesetzt. Darüber hinaus verwenden sie "unvollkommene dynamische Absicherungsstrategien", die auf die Verteidigung gegen potenzielle kurzfristige Zinsschwankungen ausgerichtet und gegen langfristige, unwahrscheinliche Zinsschocks "ungeschützt" sind. Mit diesen Maßnahmen sieht alles solide und ziemlich preiswert aus, was ein perfekter Weg zu sein scheint.

Neben einem ausgeprägten Gewinnstreben haben sie in den Portfolios von Fannie Mae und Freddie Mac auch die von ihnen selbst emittierten MBS-Anleihen stark in Anspruch genommen. Auf den ersten Blick mag es kontraintuitiv erscheinen, wo macht es Sinn, eigene kurzfristige Anleihen zu emittieren und eigene langfristige Anleihen zu kaufen?

An seltsamen Dingen ist etwas Wahres dran. Fannie Mae und Freddie Mac sind Monopolisten auf dem Sekundärmarkt für Immobilienkredite, die von der US-Regierung zugelassen sind, die beiden Unternehmen indirekte Garantien gewährt. Indirekt bedeutet dies, dass die US-Regierung den beiden Unternehmen einen bestimmten Betrag an Krediten zur Verfügung stellt, der im Notfall genutzt werden kann. Außerdem kann die Fed die Anleihen von Fannie Mae und Freddie Mac diskontieren, was bedeutet, dass die Zentralbanken ihre Anleihen direkt monetarisieren können, was seit fast einem halben Jahrhundert bei keiner Unternehmensanleihe mehr der Fall war, mit Ausnahme von US-Schatzpapieren. Als der Markt erfuhr, dass die von Fannie Mae und Freddie Mac ausgegebenen Anleihen fast gleichwertig mit Bargeld in US-Dollar waren, war ihre Kreditwürdigkeit nur noch von der von US-Schatzpapieren übertroffen. Die kurzfristigen Anleihen, die sie ausgeben, werden also nur geringfügig höher verzinst als Schatzanleihen, und bei einer so günstigen Finanzierungsquelle gibt es sicherlich noch Spielraum für Arbitrage durch den Kauf eigener langfristiger Anleihen.

Es ist nicht übertrieben zu sagen, dass die Anleihen dieser beiden Unternehmen bis zu einem gewissen Grad die Rolle von US-Staatsanleihen spielen und dass sie tatsächlich zur "zweiten Federal Reserve" geworden sind, die dem US-Bankensystem viel Liquidität zur Verfügung stellt, insbesondere wenn es der Regierung nicht passt. Das ist der Grund, warum der Finanzmarkt nach 17 aufeinanderfolgenden Zinserhöhungen durch die Fed immer noch eine Flut von Liquidität aufweist, nämlich die Liquidität, die ursprünglich von der Fed abgesaugt wurde, und die GSEs fressen sich in die Immobilienkredite der Banken und fließen zurück in den Finanzmarkt. Diese Situation ähnelt dem Film "Tunnel War", in dem die Geister immer wieder Wasser aus dem Brunnen und dann in den Tunnel des Dorfes pumpen, die schlauen Guerillas durch den Tunnel, um das in den Tunnel geflossene Wasser wieder zurück zum Brunnen zu schicken, was die Geister dazu bringt, sich zu fragen, wie tief der Tunnel wirklich ist.

Das Arbitrage-Verhalten der GSE, die langfristige MBS-Anleihen mit kurzfristigen Anleihen kauften, gepaart mit der Finanzierung der internationalen Banker aus dem Yen-Markt zu sehr niedrigen Kosten und dem Kauf von Optionen auf US-Treasuries mit hoher Hebelwirkung, schuf künstlich einen "Boom" bei langfristigen US-Anleihen (Treasuries und 30-jährige MBS-Anleihen), der die Renditen langfristiger Anleihen drückte, und nach der Schönfärberei sieht es so aus, als seien die Sorgen des Marktes über die langfristige Inflation unbegründet. Ausländische Anleger zögerten also, auf den Markt für langfristige US-Anleihen zurückzukehren, so dass die Ersparnisse anderer Länder weiterhin das "wirtschaftliche Perpetuum mobile" der USA finanzieren konnten, und so ging das Fest der Begierde munter weiter.

Es ist nur so, dass jede Illusion, die schöner ist, eben doch eine Illusion ist. Während die GSEs weiterhin den Karneval mit Alkohol versorgen, sind ihre eigenen Kapitalmittel unwissentlich auf extrem gefährliche 3,5% gesunken. Mit Billionen von Dollar an lähmenden Schulden auf dem Buckel ist ihre Kapitalisierung inmitten eines heftig schwankenden internationalen Zinsmarktes so niedrig, dass es reicht, um Greenspan den Schlaf zu rauben. Die russische Schuldenkrise hat dazu geführt, dass der perfekte, international bewunderte Hedgefonds unter der Leitung des "wirtschaftlich versiertesten" Gurus der Welt und mit dem umfassendsten und komplexesten Risikoabsicherungsmodell blitzschnell verschwunden ist. Kann eine GSE-Absicherungsstrategie, die sich stark auf Finanzderivate stützt, dem Unerwarteten und Unerwarteten standhalten?

Die Schwäche der GSE besteht darin, dass ihr Schutz gegen kurzfristige Zinsschwankungen ernsthaft mangelhaft ist. Der Präsident der Federal Reserve Bank of St. Louis, William Poole, zeigte sich besorgt über die Widerstandsfähigkeit der GSE gegenüber Zinsschocks und kam nach einer Analyse des Ausmaßes der täglichen Zinsschwankungen bei US-Staatsanleihen in den letzten 25 Jahren zu dem Schluss:

> *"Bei mehr als 1% aller Kursschwankungen von Schatzanweisungen überschreiten etwa 3/4 von ihnen die Standardabweichung von 3,5 ihres absoluten Werts, was 16-mal höher ist als die üblichen Schätzungen des Normalverteilungsmodells. Geht man von 250 Handelstagen im Jahr aus, so ist die Wahrscheinlichkeit, dass Zinsschwankungen dieser Intensität auftreten, zweimal pro Jahr und nicht, wie man schätzen würde, einmal in acht Jahren. Das Normalverteilungsmodell schätzt das Risiko dramatischer Zinsschwankungen völlig falsch ein. Superintensive Schwankungen über einer Standardabweichung von 4,5 oder mehr, nicht sieben Teile pro Million, wie man erwarten würde, sondern 11 Mal in 6.573 Handelstagen, würden ausreichen, um ein Unternehmen zu erschüttern, das in hohem Maße von einem finanziellen Leverage abhängig ist. Ein weiterer Punkt ist, dass drastische Schwankungen in der Regel konzentrierte Ausbrüche sind. Dieses Merkmal ist wichtig, denn es bedeutet, dass ein Unternehmen innerhalb eines sehr kurzen Zeitraums mehrmals heftig erschüttert wird. Eine unvollständige Absicherung angesichts dramatischer Zinsschwankungen könnte zum völligen Scheitern dieses Unternehmens führen."* [193]

Wenn Finanzhacker plötzlich den Dollar angreifen, Terroristen einen nuklearen oder biologischen Anschlag auf die Vereinigten Staaten verüben, die Goldpreise weiter steigen und andere unerwartete Ereignisse eintreten, wird der US-Schatzmarkt zwangsläufig heftig erschüttert, GSE, wenn es ein Problem gibt, können Billionen von Dollar an Anleihen innerhalb weniger Stunden ihre Liquidität verlieren, die Federal Reserve ist sogar zu spät dran, um zu retten, und ein solches Ausmaß des Zusammenbruchs kann selbst die Federal Reserve nur bereit, aber nicht in der Lage sein zu retten. Schließlich könnten 60 Prozent der US-Banken in Mitleidenschaft gezogen werden, der äußerst anfällige Markt für Finanzderivate in Höhe von 3,7 Billionen Dollar käme unter die Räder, und auf den Weltfinanzmärkten würde eine wilde Flucht des Schreckens einsetzen.

---

[193] William Poole, GSE Risks, Federal Reserve Bank of St. Louis, Review, März/April 2005, 87 (2, Teil 1), S. 88.

Die enormen Risiken auf dem Markt für Finanzderivate, die sich in der GSE widerspiegeln, sind nur die Spitze des Eisbergs.

Kiyosaki, Autor von "Poor Dad Rich Dad", beschreibt den "Schuldenboom" in der heutigen Welt in seinem Artikel "The Extravagant Desire for Debt" wie folgt.

> *"Das Problem ist meiner Meinung nach, dass diese Unternehmen, die (himmelhoch) gekauft wurden, nicht mit Geld und Kapital gekauft wurden, sondern mit Schulden. Mein gesunder Menschenverstand sagt mir, dass jemand diese Schulden in der Zukunft bezahlen muss. Der letztendliche Zusammenbruch des spanischen Reiches war auf die übermäßige Gier nach Krieg und Eroberung zurückzuführen, und ich fürchte, dass die Welt heute aufgrund der teuren Extravaganz der Schulden dieselben Fehler wiederholen wird. Was ist also mein Rat? Genießen Sie vorerst das (Fest der Begierde), aber trinken Sie nicht zu viel und bleiben Sie in der Nähe des Ausgangs. "* [194]

Inmitten eines riesigen, farbenfrohen und lebhaften Kasinos, in dem die Leute eifrig auf den Dollar setzten, den Kiyosaki "lustiges Geld" nannte, gingen diejenigen, die noch nicht betrunken und nüchtern genug waren, um den in den Ecken des Kasinos aufsteigenden Rauch zu sehen, so ruhig wie möglich zum engen Ausgang. Zu diesem Zeitpunkt waren die Flammen bereits sichtbar, und die Leute nahmen sie immer noch nicht wahr, aber immer mehr Leute rochen den Rauch, sahen sich um, und jemand begann zu flüstern. Der Kasinobesitzer befürchtete, dass alle das Feuer bemerken würden, rief und spielte noch mehr spannende Spiele, und die meisten Leute zog es zurück an die Tische. Das Feuer ging schließlich in Flammen auf, und immer mehr Menschen begannen sich zu rühren, einige liefen davon, die meisten waren ratlos. Die Kasinobesitzer begannen zu schreien, dass es normal sei, dass Feuer und Rauch das Kasinogeschäft ankurbeln würden, und dass das Feuer (die Inflation) völlig beherrschbar sei, so wie es seit 1971 der Fall ist. Die Rufe hatten eine stabilisierende Wirkung auf die Herzen und Köpfe, so dass die Leute weiterhin Geld setzten. Nur drängten immer mehr Menschen zum Ausgang. In diesem Moment habe ich am meisten Angst vor einem Schrei...

---

[194] Robert Kiyosaki, " A Taste for Debt ", in Yahoo Finance Experts Column, 27. Oktober 2006.

Wenn die Katastrophe zuschlägt, sucht jeder nach seinem eigenen Ausweg. Für Kiyosaki ist der Export des Kasinos Gold und Silber. In seinem Artikel "Bet on Gold, Don't Bet on Funny Money" stellt er fest,

> *"Ich denke, dass Gold billig ist und steigen wird, wenn der Ölpreis steigt und Russland, Venezuela, die arabischen Länder und Afrika zunehmend zögern, unseren Dollar zu akzeptieren. Im Moment können wir die Produkte und Dienstleistungen anderer Länder noch mit unserer 'komischen Währung' bezahlen, aber die Welt wird des Dollars überdrüssig. Meine Strategie lautet seit Jahren: investiere echtes Geld, das sind Gold und Silber. Ebenso leihe ich weiterhin komisches Geld, um Immobilien zu kaufen. Wann immer der Gold- und Silberpreis gefallen ist, habe ich mehr physisches Geld gekauft. Welcher kluge Investor würde zögern, lustiges Geld zu leihen, um billiges echtes Geld zu kaufen? "* [195]

Der König des Geldes unter Hausarrest

> *"Gold hat viele destabilisierende Faktoren, von denen mehrere große Regierungen versucht haben, den Goldpreis zu erschüttern. Wenn Sie sich die Goldpolitik der Regierungen in den letzten 20 Jahren ansehen, werden Sie feststellen, dass zu einer Zeit, als der Goldpreis so hoch wie $800 pro Unze war (1980), keine Regierung Gold verkauft hat. Es sollte ein gutes Geschäft sein, zu diesem Zeitpunkt zu verkaufen, und es würde den Goldpreis stabilisieren. Aber die Regierung verkaufte (1999) Gold zum niedrigsten Preis, und genau das hat die britische Regierung getan. Diese Praxis der Regierung, Gold zum niedrigsten Preis zu verkaufen, ist einer der Faktoren, die zur Instabilität des Goldpreises beitragen. "*

Robert Mundell, 1999

Was Mundell als die Instabilität des Goldes bezeichnet, ist ein wichtiger Teil der Gesamtstrategie der internationalen Bankiers zur Dämonisierung des Goldes seit 1980. Aber die Manipulation des Goldpreises war das erste Mal in der Geschichte der Menschheit, dass ein gut geplanter, meisterhafter, unentdeckbarer Genieplan den

---

[195] Robert Kiyosaki, " Bet on Gold, Not on Funny Money ", in Yahoo Finance Experts Column, 24 Juli 2006.

Goldpreis über einen Zeitraum von mehr als 20 Jahren unterdrücken konnte.

Am unverständlichsten ist die kühne Ankündigung der Bank of England vom 7. Mai 1999, die Hälfte ihrer Goldreserven (415 Tonnen) zu verkaufen. Dies war der größte Goldverkauf in Großbritannien seit den Napoleonischen Kriegen. Die schockierende Nachricht ließ den ohnehin schon schwachen internationalen Goldpreis auf $280 pro Unze abstürzen.[196] Man fragt sich, was die Bank of England vorhat. Eine Investition? Im Gegensatz dazu. Wäre die Investition getätigt worden, hätte sie 1980 für $ 850 je Unze verkauft werden können und mit dem Kauf der 30-jährigen US-Schatzanleihe, die damals eine Rendite von 13 Prozent aufwies, eine Menge Geld verdient. Daher bestand die Bank of England darauf, Gold 1999 auf einem Rekordtief von 280 Dollar zu verkaufen und dann in US-Schatzanleihen zu investieren, die damals eine Rendite von weniger als 5 Prozent abwarfen – kein Wunder also, dass Mondale das nicht lesen konnte.

Ist es die Bank of England, die nicht weiß, wie man Geschäfte macht? Nein, natürlich nicht. Die Bank of England wurde 1694 gegründet, von Anfang an, und dominierte den internationalen Finanzmarkt für fast 300 Jahre, kann der Vorfahre der modernen Finanzindustrie genannt werden, welche Art von Turbulenzen noch nie gesehen hat, die Federal Reserve vor ihr ist nur ein Schuljunge, zu sagen, dass es nicht versteht, die Begründung der niedrigen Kauf und hohen Verkauf, ist einfach ein Alptraum.

Die Bank of England handelt aus einem Grund gegen die Grundgesetze der Wirtschaft, und das ist die Angst! Was sie hingegen fürchtet, ist nicht ein anhaltender Rückgang des Goldpreises, der zu einer Entwertung der Goldreserven führt, sondern was sie fürchtet, ist ein anhaltender Anstieg des Goldes! Denn das Gold, das auf den Konten der Bank of England verbucht war, ist längst verschwunden, und das Gold, das unter den Forderungen als Gold gekennzeichnet war, wird möglicherweise nie wieder auftauchen.

Der Schweizer Bankier Ferdinand Phillips machte einmal die faszinierende Bemerkung, dass, wenn das englische Volk erfahren würde, wie seine Zentralbank wahnsinnig und rücksichtslos mit dem wirklichen Reichtum, den das Volk im Laufe der Jahrhunderte

---

[196] Ferdinand Lips, *a.a.O.*, S. 215.

FINANZIELLE EROBERUNG

angehäuft hatte - dem Gold -, umging, Köpfe auf der Guillotine rollen würden. Eigentlich müsste man eher sagen, dass das größte Finanzverbrechen der Menschheitsgeschichte ans Licht kommen würde, wenn die Menschen auf der Welt endlich erfahren würden, wie die Zentralbanker den Goldpreis manipulieren.

Wo ist das Gold der Bank of England geblieben? Wie sich herausstellt, wurde es bereits an "Goldbarren-Banker" "verpachtet".

Als es der Achse London-Wall Street Anfang der 1990er Jahre gelang, die japanische Wirtschaft zu zerschlagen und den Prozess der europäischen Währungsunion zu stoppen, wurde der wahre Feind, das Gold, trotz des Frühlings und des Ruhmes des Augenblicks, leichtfertig behandelt. Wissen Sie, der Euro und der Yen sind für die Achse London-Wall Street nur die Krätze, das Gold ist das große Problem. Wenn Gold umkippen würde, wären alle französischen Währungssysteme unterworfen. Obwohl Gold nicht mehr die Weltwährung ist, war es immer das größte Hindernis für die internationalen Banker, die den Reichtum der Weltbevölkerung durch Inflation plündern. Obwohl es außerhalb des Währungssystems stillschweigend "unter Hausarrest" steht, übt sein historischer Status und sein Status als Symbol für echten Reichtum stets eine starke Anziehungskraft aus. Beim kleinsten Windhauch auf der internationalen Bühne rennen die Menschen unwillkürlich zum Gold und akzeptieren seinen soliden Schutz. Diesen "König der Währung" vollständig zu entmachten, würden selbst die einhändigen internationalen Bankiers nicht zu hoffen wagen, und sie würden nur versuchen, "Gold für immer unter Hausarrest zu stellen".

Um den "Hausarrest des Goldes" zu erreichen, muss die Welt "sehen", wie inkompetent und schwach Gold, der "König des Geldes", weder die Ersparnisse der Menschen schützen, noch stabile Indikatoren liefern oder gar das Interesse von Spekulanten auf sich ziehen kann. Der Goldpreis muss also streng kontrolliert werden.

Nach dem Fiasko des "Goldfonds auf Gegenseitigkeit" im Jahr 1968 haben die internationalen Bankiers ihre Lektion gelernt und werden nie wieder den dummen Fehler begehen, physisches Gold gegen die riesige Marktnachfrage einzusetzen. Nachdem die Einführung eines extremen Zinssatzes von 20% im Jahr 1980 den Goldpreis vorübergehend gedrückt und das Vertrauen in den Dollar wiederhergestellt hatte, begannen sie, die neue Waffe der Finanzderivate massiv einzusetzen.

Die Kunst des Krieges besagt, dass der Angriff auf das Herz die Spitze und der Angriff auf die Stadt die Basis ist. Die internationalen Banker haben dazu eine Menge zu sagen. Gold oder der Dollar oder Aktien, Anleihen, Immobilien - wer nach oben spielt, spielt mit Vertrauen! Und Finanzderivate sind super Vertrauenswaffen. Nachdem die "Finanzderivat-Bombe" während des Börsencrashs 1987 erfolgreich getestet worden war, wurde diese hochwirksame Waffe 1990 an der Tokioter Börse erneut eingesetzt, zur Freude der internationalen Banker über ihre tödliche Wirkung. Der Einsatz von Atomexplosionen hat jedoch sowohl kurzfristige als auch starke Auswirkungen, und im Falle von Gold, einer chronischen und langfristigen Bedrohung, müssen mehrere Vertrauenswaffen eingesetzt und in einer Art "Cocktail" auf hybride Weise angegriffen werden.

Die Zentralbanken, die von privaten Banken kontrolliert werden, gehören zu denjenigen, die die Goldreserven des Landes "leasen". In den frühen 1990er Jahren begannen internationale Banker die Idee zu fördern, dass Gold in den Lagern der Zentralbanken ohne jegliche Zinseinnahmen aufbewahrt wurde und dass seine Aufbewahrung neben Staub einen weiteren Aufwand erforderte, so dass es an seriöse "Goldbarren"-Bankiers "vermietet" werden konnte, mit Zinssätzen von nur 1 Prozent, aber zumindest einem stabilen Einkommen, und dass diese Methode bald in Europa populär wurde. [197]

Wer sind die sogenannten "Gold-Banker", die internationalen Banker unter der Führung von JPMorgan? Mit ihrem eigenen "guten" Ruf von der Zentralbank mit einem sehr niedrigen Zinssatz von 1% "geliehen" Gold, und dann verkaufen sie auf dem Goldmarkt, erhalten das Geld in der Hand, um die 5% Rendite der US-Staatsanleihen zu kaufen, essen eine stetige 4% Spread, die "Gold Arbitrage Trading" genannt wird. Auf diese Weise unterdrückte der Verkauf von Zentralbankgold sowohl den Goldpreis, aber auch aß die Ausbreitung der Mahlzeit, sondern auch die Nachfrage nach US-Staatsanleihen stimuliert, drückte die langfristigen Zinssatz, kann wirklich als ein Pfeil geschnitzt einen wunderbaren Plan beschrieben werden. [198]

Dies birgt jedoch ein Risiko. Die Goldbarrenbanker leihen sich Gold von den Zentralbanken meist für kurzfristige Friedensverträge

---

[197] *Ebd.*, S. 149.

[198] *Ebd.*, S. 150.

von etwa sechs Monaten, investieren aber in langfristige Anleihen, die sie in eine prekäre Lage bringen können, wenn die Zentralbank fällig wird, um das Gold einzufordern, oder wenn der Goldpreis weiter steigt.

Um dieses Risiko "abzusichern", haben sich die Finanzgenies der Wall Street auf die Goldproduzenten eingeschossen. Sie haben den Goldproduzenten immer wieder die "historische Gewissheit" eingeflößt, dass der Goldpreis langfristig fallen wird und dass nur durch die Festschreibung künftiger Verkaufspreise zukünftige Verluste vermieden werden können. Hinzu kommt, dass die internationalen Banken den Goldproduzenten zinsgünstige Darlehen von etwa 4% anbieten können, um die Exploration und Erschließung fortzusetzen, was man nicht ablehnen kann, sowie die Tatsache, dass der internationale Goldpreis von Jahr zu Jahr sinkt, so dass es besser ist, die künftige Goldproduktion, die sich noch im Boden befindet, jetzt zu einem guten Preis zu verkaufen, anstatt auf einen künftigen Verkauf zu einem niedrigeren Preis zu warten. Dies wird als "Goldterminkontrakt" bezeichnet.

Die Goldbarrenbanker hatten also die zukünftige Produktion der Goldproduzenten als Sicherheit für die Rückzahlung der Goldpachtverträge der Zentralbank in der Hand. In Verbindung mit der Tatsache, dass der Zentralbanker und der Goldbarrenbanker ursprünglich eine Familie waren, bedeutete dies, dass der "Pachtvertrag" fast unbegrenzt verlängert werden konnte. Der Goldbarrenbankier war also doppelt abgesichert.

Kurz nach dieser ersten Idee führten talentierte Wall-Street-Banker immer neue Derivate ein, wie z. B. aufgeschobene Spotkontrakte, bedingte Termingeschäfte, variable Termingeschäfte, Delta-Hedges und verschiedene Optionskontrakte.

Angetrieben von den Investmentbanken sind die Goldproduzenten in diese beispiellose Finanzspekulation verwickelt worden. Die Länder haben die Goldproduzenten für die Zukunft "überzogen", die möglichen unterirdischen Reserven werden in die bestehende Produktion zum "Vorverkauf" umgewandelt. Australische Goldproduzenten verkaufen sogar die Goldproduktion der nächsten sieben Jahre aus. Ashanti, ein großer ghanaischer Goldproduzent in Westafrika, kaufte unter dem "Personal" von Goldman Sachs und 16 Banken insgesamt 2.500 Finanzderivatkontrakte und verfügte im Juni 1999 über ein Finanzvermögen auf seinem Hedge-Konto in Höhe von 290 Millionen Dollar. Kommentatoren haben darauf hingewiesen, dass die heutigen

Goldproduzenten kein Gold fördern, sondern gefährliche Finanzspekulationen betreiben, bei denen der Goldabbau als Gimmick dient.

In der Welle der "Hedging-Revolution", die von den Goldproduzenten ausgelöst wurde, kann Barrick Gold Company als ein wahrhaft großer Bruder betrachtet werden. Das Ausmaß der Absicherung von Barrick geht schon lange über das hinaus, was unter dem Gesichtspunkt der Risikokontrolle vernünftig ist, und es ist keine Übertreibung zu sagen, dass die Strategie von Barrick finanzieller Boosterismus ist. Mit seinen massiven einseitigen Leerverkäufen von Gold hat Barrick auf unsichtbare Weise einen Wettlauf nach unten ausgelöst, der unweigerlich zu einer Selbstzerstörung des Marktes führt. In seinem Jahresbericht führte Barrick die Anleger systematisch in die Irre, indem es sich damit brüstete, dass seine ausgeklügelten Hedging-Strategien es stets ermöglichten, Gold zu Preisen über dem Marktpreis zu verkaufen. In Wirklichkeit verkaufte Barrick einen beträchtlichen Teil des Goldes auf dem Markt durch die "Goldbarrenbanker" an die Zentralbanken verschiedener Länder zu niedrigen Zinsen "geliehenes" Gold, das es auf dem Markt verkaufte, um diese "geliehenen" Golderlöse zum Kauf von US-Staatsanleihen zu verwenden, wobei die Rendite der Spanne die so genannten "komplexen Absicherungsinstrumente" ist, die von der wirklichen Quelle wunderbarer Effekte erzeugt werden. Dies ist ein typischer Finanzbetrug.

Es liegt im Interesse aller Beteiligten, dass der Goldpreis aufgrund der gemeinsamen Anstrengungen mehrerer Parteien weiter fällt. Da die Goldproduzenten den Verkaufspreis seit langem festgeschrieben haben, halten sie in ihren Büchern Leerverkäufe von verschiedenen "Finanzanlagen" aus Gold und freuen sich, wenn der Goldpreis fällt. Auf diese Weise sind die Goldproduzenten auf seltsame Weise zum Komplizen des fallenden Goldpreises geworden. Was die Produzenten gewinnen, ist ein kurzlebiges Bonbon, was sie verlieren, ist ein langfristiger Gewinn.

Bill Murphy, Vorsitzender des Gold Antitrust Action Committee, bezeichnete die Interessengruppe, die den Goldpreis zu Fall bringen will, als "Goldkartell", zu dessen Kernmitgliedern JP Morgan, die Bank of England, die Deutsche Bank, Citibank, Goldman Sachs, die Bank für Internationalen Zahlungsausgleich (BIZ), das US-Finanzministerium und die Federal Reserve gehören.

Wenn der Goldpreis durch die starke Nachfrage am Markt immer weiter in die Höhe getrieben wird, stürzen sich die Zentralbanken an die Spitze der Schlange und verkaufen öffentlich große Mengen Gold, bis sie die Anleger verschrecken.

erklärte Greenspan bei einer Anhörung des Bankenausschusses des Repräsentantenhauses im Juli 1998,

> *"Gold ist ein weiterer Rohstoff, der in großem Umfang über Finanzderivate außerbörslich gehandelt wird, und die Anleger haben keine Kontrolle über das Goldangebot, und die Zentralbanken sind bereit, Goldreserven zu 'leasen', um das Angebot zu erhöhen, wenn der Goldpreis steigt."* [199]

Mit anderen Worten: Greenspan gab offen zu, dass der Goldpreis bei Bedarf vollständig unter der Kontrolle der Zentralbanker steht.

Mit dem Ausbruch des Kosovo-Krieges im März 1999 änderte sich die Situation geringfügig. Die Luftangriffe der NATO zahlten sich nur langsam aus, und der Goldpreis begann, gestützt durch eine starke Kaufkraft, an Sprengkraft zu gewinnen. Wenn der Goldpreis außer Kontrolle gerät und weiter steigt, müssen die "Bullionbanker" das Gold zu hohen Preisen vom Markt zurückkaufen und an die Zentralbanker zurückgeben. Wenn es nicht so viel Spot auf dem Markt gibt, oder die anfängliche "unterirdische zukünftige" Goldproduktion als Sicherheit für den Konkurs des Goldproduzenten, und vielleicht gibt es einfach nicht genug Gold unter der Erde, müssen nicht nur die internationalen Banker riesige Verluste tragen, die Goldreservekonten der Zentralbanker werden auch ein riesiges Defizit aufweisen, wenn die Angelegenheit aufgedeckt wird, kennen die Menschen die Wahrheit, haben nur Angst, dass jemand wirklich guillotiniert wird. In ihrer Verzweiflung eilte die Bank of England schließlich am 7. Mai 1999 an die vorderste Front. Wenn es gelingt, die Anleger zu verschrecken, und der Goldpreis weiter fällt, sind natürlich alle glücklich, selbst wenn man es verpasst und das Gold mit uneinbringlichen Forderungen verkauft, dann ist man tot. Wie das Sprichwort sagt: "Gold wird schlecht und wird verkauft, sobald es verkauft ist". Wenn die Zentralbanker Gold verkaufen, weiß man deshalb nie, wer der Käufer ist.

---

[199] Alan Greenspan, Vorsitzender der US-Notenbank, Anhörung im Parlament, 24. Juli 1998.

Obwohl der Kosovo-Krieg am 10. Juni 1999 zu Ende ging und die schockierten Zentralbanker das Gefühl hatten, dass sie sich übernommen hatten, und obwohl die Anleger auf dem internationalen Goldmarkt begonnen hatten, die Zentralbanker wegen Manipulation des Goldpreises zu verklagen, hatten auch die Politiker in verschiedenen Ländern begonnen, sich mit dem Goldpreis zu beschäftigen. Es sieht so aus, als würden die Dinge bald groß werden.

In diesem Zusammenhang einigten sich die europäischen Zentralbanker im September 1999 auf das "Washingtoner Abkommen", das die Goldmenge begrenzt, die die Länder in den nächsten fünf Jahren verkaufen oder vermieten können. Es kam die Nachricht, dass der Gold-"Miet"-Satz innerhalb weniger Stunden von 1% auf 9% angestiegen war. Produzenten und Spekulanten, die Leerverkäufe von Gold getätigt hatten, erlitten hohe Verluste bei Finanzderivaten.

Die fast 20 Jahre andauernde Goldbaisse ist endlich zu Ende und läutet einen großen Bullenmarkt bei den Rohstoffen ein.

Das Jahr 1999 war ein wichtiger strategischer Wendepunkt auf dem goldenen Schlachtfeld, der in seiner Bedeutung mit der Verteidigung von "Stalingrad" im Zweiten Weltkrieg vergleichbar ist. Seitdem ist es den Versuchen, den Goldpreis zu drücken, nicht mehr gelungen, die strategische Initiative auf dem goldenen Schlachtfeld zu gewinnen. Das vom Dollar geführte französische Währungssystem wird angesichts einer starken Goldoffensive weiter ins Wanken geraten, bis es schließlich zusammenbricht.

Neben dem Hauptschlachtfeld, der Kontrolle des Goldpreises, haben die Nationalbanker ein zweites Schlachtfeld eröffnet, nämlich den Meinungskrieg und den akademischen Krieg. Die internationalen Bankiers waren sehr erfolgreich bei der systematischen Gehirnwäsche der Wirtschaftswelt, indem sie akademische Knöpfe in mathematische Formelspiele verwandelten, die mit der realen Weltwirtschaft nichts zu tun haben. Während sich die meisten modernen Ökonomen verwundert fragen, wozu Gold eigentlich gut ist, sollten sich die internationalen Banker damit trösten, dass alles noch unter Kontrolle ist.

Man fragt sich natürlich, was mit dem französischen Währungssystem nicht stimmt. Leben wir nicht schon seit über 30 Jahren unter dem französischen Währungssystem? Wächst die Wirtschaft nicht so wie sie ist?

John Exter, ehemaliger Vizepräsident der Federal Reserve Bank of New York und Vizepräsident der Citigroup, antwortete,

> *"In einem solchen System müsste kein Land einem anderen Land eine wirklich wertbeständige Währung zahlen. Denn sie haben keine Disziplin zu tauschen (Goldmünzen). Wir können Papiergeld verwenden, um Öl zu kaufen, egal wie viele solcher Scheine wir drucken. Sie (die Ökonomen) haben sich entschieden, den Wunsch der Menschen nach einer soliden Währung zu ignorieren, die ihren Reichtum speichert. Sie weigern sich sogar, Gold als Geld anzuerkennen, und kommen willkürlich zu dem Schluss, dass es nur ein gewöhnlicher Rohstoff ist, der wie Blei und Zink keinen Platz im Geldsystem hat. Sie schlugen sogar vor, dass das Schatzamt kein Gold mehr lagern müsse und dass es nach und nach auf den Markt geworfen werden sollte. Nachdem sie das Gold entnommen haben, legen sie den Wert des Papiergeldes willkürlich fest. Sie sagen uns nicht, wie dieser "IOU" (I owe you), der sich ständig mit einer magischen Rate erhöht, die Funktion der Geldaufbewahrung erfüllen kann. Es scheint ihnen völlig gleichgültig zu sein, dass die Vermehrung des Papiergeldes mit dieser magischen Rate eines Tages zu Schuldenproblemen führen könnte."* [200]

Keynes und Friedman sind lediglich Abzocker von John Law aus dem 20. Sie haben sich dafür entschieden, das eiserne Gesetz von Papiergeld gegen Gold zu ignorieren und absichtlich Papiergeld in der Geschwindigkeit zu drucken, die irgendein Wirtschaftswissenschaftler oder Politiker für richtig hält, um die Naturgesetze zu überlisten und Wohlstand aus dem Nichts zu "erschaffen", den Konjunkturzyklus auszuschalten und Vollbeschäftigung und ewigen Wohlstand zu gewährleisten. Das bedeutet, dass bestimmte Wirtschaftswissenschaftler Politik für eine bestimmte politische Richtung machen, indem sie ihr eigenes Geld auf dem Markt riskieren, ohne ihr eigenes zu verwenden, in der allgemeinen Weisheit von John Law von damals, allwissend in wirtschaftlichen Angelegenheiten zu sein, willkürlich über Geld-, Steuer-, Handels-, Preis-, Einkommensfragen usw. zu entscheiden und uns zu sagen, dass es das Beste für uns ist. Also haben sie unsere Wirtschaft "feinjustiert".

---

[200] John Exter, "The International Means of Payment", in Inflation and Monetary Crisis (Hrsg. G. C. Wiegand, Public Affairs Press, Washington, DC, 1975), S. 137.

Die meisten der heutigen Wirtschaftswissenschaftler wurden von Keynesianern ausgebildet, darunter auch Nobelpreisträger wie Paul Samuelson, Autor des berühmten Lehrbuchs *Economics*. Seine Lehrbücher sind voll von mathematischen Formeln und verschiedenfarbigen Diagrammen. Aber wenn man seine Ansichten über Gold liest, wird klar, dass seine Ansichten kaum historische Tiefe haben und sehr oberflächlich erscheinen. Er ist ein klassisches Beispiel für die akademische Welt des 20 Jahrhunderts, in der die Wirtschaftswissenschaftler die Geschichte des Geldes völlig ignoriert haben oder sie aus irgendeinem Grund absichtlich ignorieren. [201]

Samuelson sagte in seinem berühmten Kommentar über das zweigleisige System der Goldpreise nach 1968, dass Gold außerhalb des IWF (Internationaler Währungsfonds) schließlich vollständig entmonetarisiert wurde. Sein Preis wird vollständig durch Angebot und Nachfrage bestimmt, genau wie bei Kupfer, Weizen, Silber oder Salz.

> *"Ein Scheich aus dem Nahen Osten, der Gold für $55 pro Unze gekauft und für $68 verkauft hat, hätte viel Geld verdient. Wenn er jedoch $55 kaufte und $38,50 oder sogar $33 verkaufte, würde er sein letztes Hemd verlieren."* [202]

Samuelson ist der festen Überzeugung, dass sich die Nachfrage nach Gold, sobald es aus dem Geldsystem verschwunden ist, auf einige wenige industrielle Bedürfnisse wie die Schmuckindustrie beschränken wird. Nachdem Nixon also am 15. August 1971 das Goldfenster schloss und das Bretton-System zusammenbrach, war Gold nicht mehr die Währung, wer braucht schon Gold? 1973, als der große Professor diese großartige Erklärung veröffentlichte, stellte er fest, dass der Goldpreis von 1972 in Höhe von $ 75 pro Unze mit Sicherheit nicht halten würde und dass Gold schließlich unter $ 35 fallen könnte. Was dem Professor den Kiefer verrenkte, war die Tatsache, dass der Goldpreis sieben Jahre später auf $ 850 je Unze gestiegen war. Zum Glück ist Samuelson kein Hedgefondsmanager an der Wall Street, sonst hätte er mehr als nur sein Oberkörperhemd verloren.

---

[201] Ferdinand Lips, *op. cit.*, S. 86-87.

[202] Paul E. Samuelson, *Economics* (McGraw-Hill, New York, 1973), S. 722.

Alarmstufe 1: Rothschild zieht sich 2004 aus der Goldpreisgestaltung zurück]

Die Quelle und letzte Form der Macht aller Hegemonie spiegelt sich in dem Recht wider, Preise festzulegen. Der Prozess der Preiskontrolle dient dazu, eine Verteilung des Reichtums zu erreichen, die einen selbst begünstigt und andere benachteiligt. Der Kampf um die Preissetzungsmacht ist so erbittert wie der Kampf um den Thron, voller Macht und Täuschung, und Preise entstehen selten auf natürliche Weise im Zuge des Funktionierens eines gleichen, freien und vernünftigen Marktes, und die Partei mit dem Vorteil nutzt immer alle Mittel, um ihre eigenen Interessen zu sichern, was sich in keiner Weise vom Krieg unterscheidet.

Die Erörterung der Preisfrage muss mit der Einstellung erfolgen, Kriege und Kriegsfälle zu studieren, um den Dingen auf den Grund zu gehen. Die Festsetzung von Preisen, ihre Umwälzung, Verzerrung und Manipulation sind das Ergebnis wiederholter und intensiver Kämpfe zwischen den Parteien, und es ist unmöglich, den Verlauf der Preisbildung ohne den menschlichen Faktor als Referenzhintergrund zu verstehen.

Es ist leichter zu verstehen, warum jemand an der Stelle des Chefs das Sagen hat, während die meisten Menschen nur gehorchen können, weil alles auf den Punkt gebracht wird. Aber der Chef des Chefs, der indirekt die Menge kontrolliert, indem er den Chef kontrolliert, ist nicht so klar und intuitiv, und je weiter oben in dieser Machtkette, desto kleiner ist die Zahl der Menschen. Das Gleiche gilt für den Erwerb von Preissetzungsmacht, denn die Kontrolle des Preises einer Ware ist niemals ein Akt von oben nach unten.

Im Falle von Gold kontrolliert derjenige den Goldpreis, der den größten Goldhändler der Welt kontrolliert. Mit Kontrolle ist gemeint, dass die Händler aktiv oder passiv die Vereinbarungen der Machthaber zu ihrem eigenen Vorteil oder zur Erzwingung ihrer Macht übernehmen.

Es ist fast 200 Jahre her, dass die Rothschilds in den napoleonischen Kriegen von 1815 mit einem Schlag die Goldpreisrechte an sich gerissen haben. Das moderne Goldpreissystem wurde am 12. September 1919 eingeführt, als fünf Vertreter der verschiedenen Konsortien in der Rothschild-Bank zusammenkamen und der Preis auf 4 Pfund, 18 Shilling und 9 Pence, also etwa 7,50

Dollar, festgelegt wurde. Obwohl er 1968 in US-Dollar notiert wurde, ist seine Funktionsweise im Wesentlichen unverändert geblieben. Die Vertreter, die an der ersten Goldpreisfestsetzung teilnahmen, waren neben den Rothschilds Mocatta & Goldsmid, Pixley & Abell, Samuel Montagu & Co. und Sharps Wilkins. Die Rothschilds übernahmen dann regelmäßig den Vorsitz und die Einberufung. Von diesem Tag an trafen sich fünf Vertreter zweimal täglich in der Rothschild-Bank, um den Lieferpreis für physisches Gold zu besprechen. Der Vorsitzende schlägt einen Eröffnungspreis vor, der sofort telefonisch an den Handelssaal übermittelt wird, wo der Vorsitzende dann fragt, wer wie viele 400-Unzen-Standardgoldbarren in welcher Menge kaufen und verkaufen möchte, und zwar auf der Grundlage der Gebote und des Preises, zu dem das Geschäft abgeschlossen wird, woraufhin der Vorsitzende verkündet, dass der Goldpreis "endgültig festgelegt" wurde (The London Good Fix).

Dieses Goldpreissystem war bis 2004 in Kraft. Am 14. April 2004 kündigte die Familie Rothschild abrupt ihren Rückzug aus dem Londoner Goldpreissystem an, und die schockierende Nachricht schockierte sofort die Anleger in aller Welt. David Rothschild erklärte:

> *"Unsere Einnahmen aus dem Handel auf dem Londoner Rohstoffmarkt (einschließlich Gold) sind in den letzten fünf Jahren auf weniger als 1% unserer gesamten Geschäftseinnahmen gesunken, und aus Sicht der strategischen Analyse ist der Goldhandel nicht mehr unser Kerngeschäft, so dass wir uns aus diesem Bereich zurückgezogen haben."* [203]

Die britische *Financial Times* schloss sich dieser Aussage am 16. April sofort an,

> *"Wie Keynes sagte, wandert dieses 'wilde Relikt' (Gold) auf den Müllhaufen der Geschichte. Das Ende des Goldes als Anlageform ist noch näher gerückt, wenn wir sehen, wie die angesehene Familie Rothschild aus dem Goldmarkt aussteigt und sogar die Bank von Frankreich, die von sich behauptet, der härteste 'Goldfan' zu sein, ihre Goldreserven abwägen muss."*
> [204]

---

[203] *BBC Nachrichten*, 15. April 2004.

[204] *Financial Times*, "Going, Going, gold", 16. April 2004.

Es ist kein Zufall, dass der große Bruder des Silbermarktes, die AIG Group, am 1. Juni ankündigte, dass sie sich aus der Preisgestaltung des Silbermarktes zurückziehen und freiwillig zum regulären Händler herabgestuft werden würde. Diese beiden Dinge sind von innen heraus verdächtig. Sind die Rothschilds wirklich bärisch auf Gold eingestellt? Wenn ja, warum sind sie dann nicht 1999 ausgestiegen, als der Goldpreis einen historischen Tiefstand erreichte, sondern erst 2004, als Gold und Silber in vollem Aufschwung waren?

Eine andere Möglichkeit ist, dass der Gold- und Silberpreis schließlich außer Kontrolle gerät und die Preismanipulatoren zum Staatsfeind der Welt werden, sobald das Komplott zur Kontrolle des Gold- und Silberpreises aufgeflogen ist. Wenn in 10 Jahren der Gold- und Silberpreis in die falsche Richtung läuft, kann niemand den Rothschilds die Schuld geben.

Es darf nicht vergessen werden, dass die Rothschilds nicht nur über das am besten organisierte und effizienteste strategische Geheimdienstnetz der Welt verfügten und immer noch verfügen, sondern dass sie auch über Informationsquellen verfügen, die für normale Menschen unerreichbar sind. Ihre Weitsicht, kombiniert mit ihren enormen finanziellen Ressourcen und ihrer Fähigkeit, Informationen effizient zu sammeln und zu analysieren, hat es ihnen ermöglicht, das Schicksal fast der gesamten Welt in den letzten 200 Jahren zu bestimmen. Es war schon etwas ungewöhnlich, als sie plötzlich ihren Rückzug aus dem Kerngeschäft der Familie ankündigten, das sie über 200 Jahre lang mühsam geführt hatten.

Die Totenglocke der Dollar-Blasenwirtschaft

In jüngster Zeit sind die internationalen Ölpreise in die Höhe geschnellt, und die Achse London-Wall Street hat die wirtschaftliche Entwicklung Chinas als Schuldigen ausgemacht, um Unzufriedenheit mit China zu schüren und zu verbergen, dass der Ölboom die Nachfrage nach dem Dollar ankurbeln sollte. Infolgedessen wurde das Gerücht nicht zerstört und ein Satellit, der das "Mega-Ölfeld" über Nacht entdeckt hatte, wurde für die Halbzeitwahlen freigegeben. Dies steht im Einklang mit dem Ölembargo von 1973, bei dem sie einen 400-prozentigen Anstieg des Ölpreises inszenierten, um die Nachfrage nach dem Dollar anzukurbeln, und gleichzeitig die Länder des Nahen Ostens für den starken Anstieg der Ölpreise verantwortlich machten.

Aufgrund der Unvermeidbarkeit der Dollarflut wird sich das Nahost-Atom-Problem bald wieder aufheizen, der Iran-Krieg wird schließlich unvermeidlich sein, ob Israel es tut oder die Vereinigten Staaten, kurz gesagt, den Iran provozieren, die Straße von Hormuz mit Wasserminen oder Raketen zu blockieren und 2/3 des weltweiten Ölkanals abzuschneiden, so dass der Ölpreis leicht die 100-Dollar-Marke erreichen wird, die weltweite Nachfrage nach dem Dollar wird wieder steigen, diesmal ist der Hauptschuldige der Iran. Solange die Welt keine "ungesunde" Assoziation mit Dollarfragen hat.

Seit dem "Hausarrest" des Goldes in den 1970er Jahren besteht zwischen den weltweiten Wertpapiermärkten und den Rohstoffmärkten ein umgekehrtes Verhältnis. Die 1970er Jahre, als die Rohstoffmärkte in Flammen aufgingen, waren auch ein Jahrzehnt, in dem die Aktienmärkte seltsam schlecht abschnitten. Der 18-jährige Bullenmarkt bei Wertpapieren, der Anfang der 1980er Jahre begann, stellt eine Ära der Baisse an den Rohstoffmärkten dar. Seit 2001 befindet sich der Rohstoffmarkt in einer Aufwärtsbewegung, während gleichzeitig der Aktienmarkt, der Anleihemarkt, der Immobilienmarkt und der Markt für Finanzderivate gewachsen sind. Was auf den ersten Blick wie eine Aufwertung der Dollarwerte aussieht, ist in Wirklichkeit das Ergebnis der explosionsartigen Ausweitung des Schuldendollars, für den alle Zinsen zahlen müssen, und das unvermeidliche Ergebnis dieser Schuldenausweitung bei rollierendem Zinssatz ist, dass das, was früher nur die Aufstockung eines Tanks auf den Rohstoff- oder Wertpapiermärkten erforderte, die überschüssigen Dollars verdauen konnte, und nun, wenn alle Tanks mit überschwemmten Dollars gefüllt sind, müssen sie nach außen überlaufen.

Die Frage ist nur, wo man einen so großen Wassertank findet. Deshalb haben die Genies der Wall Street wieder angefangen, über das Konzept der unbegrenzten Kapazität auf dem Markt für Finanzderivate zu reden. Sie führen ständig Hunderte von neuen "Finanzprodukten" ein, nicht nur im Bereich der Währungen, Anleihen, Rohstoffe, Aktienindizes, Kredite, Zinssätze usw., Wenn sie theoretisch jeden guten oder schlechten Tag des nächsten Jahres auf dem Markt mit einem Dollarzeichen verkaufen können, können sie auch "Finanzderivate" für jede Stunde jedes Tages oder sogar jede Minute jedes Erdbebens, Vulkans, jeder Überschwemmung, Dürre, Seuche, Grippe, Verkehrsunfalls, jeder Hochzeit usw. auf der Welt für die nächsten 100 Jahre herstellen und auf dem Finanzmarkt zu realen Preisen handeln. In diesem Sinne sind die Märkte für Finanzderivate tatsächlich "unbegrenzt". Aber dieses Argument klingt mehr oder weniger wie die IT-Blase von 1999 auf ihrem Höhepunkt, als die Wall-Street-Analysten schworen, jedem Sandkorn auf dem Planeten eine IP-Adresse zuzuweisen, dieselben Leute, deren Vorfahren in der Ära der "Südchinesischen Seeblase" lebten, machten sich aber auch Sorgen um das Geld der Welt, das nicht in gute Projekte investiert werden konnte, so dass jemand vorschlug, das Wasser des Roten Meeres abzulassen, um zu sehen, wie viel Gold, Silber und Schätze auf dem Grund des Meeres vergraben waren, als der ägyptische Pharao Moses und die Juden verfolgte.

Während das Fieber bei dieser Temperatur bereits "hoch" ist, ist die Finanzkrise bereits in greifbarer Nähe. Gold, die lange und systematisch verteufelte Währung der "barbarischen Relikte", der "wahre Drachensohn des Himmels", hat es wie ein weiser Mann, der durch dick und dünn gegangen ist, nicht eilig, eine große Sache daraus zu machen, er schaut einfach mit kalten Augen zu. Es gibt nichts, was die Welt dagegen tun könnte. Verunglimpfung, Spott, Unterdrückung, Beschimpfung, Sarkasmus, als der "Pseudowährungskaiser" alle Tricks durchspielte, ist Gold immer noch glorreich, während der "starke Dollar" längst das Ende der Starken ist.

Die Menschen sahen schließlich einige Türen.

In der Tat mangelt es den Chinesen nie an einem Gespür für echten Reichtum. Die Menschen bezeichnen geldbezogene Aktivitäten als "Gold"-Finanzierung, der Ort, an dem Reichtum gelagert wird, wird als "Silber"-Geschäft bezeichnet, und das wirkliche Ding ist "echtes Gold und Silber". Wenn die Menschen in der Welt wieder einmal erkennen, dass das Wesen einer Schuldwährung nichts anderes ist als eine Note +

Versprechen, und dass der so genannte Dollar-Reichtum nichts anderes ist als "eine super-übertriebene weiße Note" und "ein unendliches Versprechen von Reichtum", werden diese weißen Schuldscheine niemals für immer entwertet, und die Rate der Entwertung hängt von der Gier derer ab, die sie drucken. Die breite Öffentlichkeit, die keine Ahnung von Finanzen hat, wird schließlich ihre Intuition und ihren gesunden Menschenverstand nutzen, um sich für die "Arche Noah" zu entscheiden, in der ihr hart verdientes Vermögen aufbewahrt wird - Gold und Silber. Die mit Finanzderivaten "bis an die Zähne bewaffneten" internationalen Banker werden im "Meer der Volkskriege" enden.

Der hartnäckige und stetig steigende Goldpreis wird die langfristigen Schuldzinsen in den Vereinigten Staaten unaufhaltsam in die Höhe treiben, und da die internationalen Banker Billionen von Dollar an "Zinsversicherungs"-Verträgen an die Finanzmärkte verkaufen, um zu garantieren, dass die langfristigen Zinsen nicht steigen werden, werden sie den extremen Risiken ausgesetzt, die durch ihre eigene Gier entstehen, falls die langfristigen Schuldzinsen durch den Goldpreis in die Höhe getrieben werden.

Als erstes wird der anhaltende Anstieg des Goldpreises den Finanzderivatemarkt zum Platzen bringen - die 74 Billionen Dollar (nur die von den US-Geschäftsbanken gemeldeten Daten) schwere Superblase der "Zinsswaps". Mit nur 3,5% der GSEs in der Hand wird die Situation kritisch sein. Der Goldpreis wird so plötzlich und heftig einbrechen, die Zinsschwankungen der Staatsanleihen werden ungewöhnlich heftig und konzentriert sein, die zerbrechliche Zinsabsicherung der GSEs wird als erstes durchbrochen werden, die 4 Billionen Dollar an kurzfristigen GSE-Anleihen werden innerhalb von "ein paar Stunden, höchstens ein paar Tagen" völlig illiquide sein, gleichzeitig wird JPMorgan Chase, der Superspieler des Finanzderivatemarktes und des Goldderivatemarktes, versuchen, den Goldpreis und die langfristigen Zinsmanipulatoren zu unterdrücken, in eine Zwangslage geraten.

Die Finanzderivatemärkte, die den Zusammenbruch herbeigeführt haben, werden eine noch nie dagewesene Liquiditätspanik auslösen, wenn sich die panischen Anleger aus aller Welt zusammentun, um die verschiedenen "Versicherungsverträge" in ihren Händen zu liquidieren, und die Wachstumsbasis all dieser Derivate - Währungen, Anleihen, Rohstoffe, Öl, Aktien - wird gleichzeitig einen "Stromschlag" erhalten, und auf den internationalen Finanzmärkten wird eine noch größere

Liquiditätspanik ausbrechen. Um die uneinlösbaren Ruinen des Finanzmarktes zu retten, wird die Federal Reserve unweigerlich die Ausgabe von Dollars erhöhen, so wie der Gelbe Fluss die Bank durchbrach, um "die Flut zu bekämpfen und die Katastrophe zu retten", wenn die Milliarden zusätzlicher Dollars wie ein Tsunami in das Weltwirtschaftssystem strömen, wird die Weltwirtschaft im Chaos versinken.

Etwas mehr als 30 Jahre nach dem Plan der internationalen Bankiers, die Goldwährung abzuschaffen, haben die Vereinigten Staaten 80 Prozent der weltweiten Ersparnisse abgehoben. Bis zum heutigen Tag müssen die Vereinigten Staaten den Völkern der Welt täglich 2 Billionen Dollar an Ersparnissen "entziehen", um dieses "wirtschaftliche Perpetuum Mobile" der Vereinigten Staaten aufrechtzuerhalten, deren Schulden und Zinsen weit schneller gestiegen sind, als die Weltwirtschaft wachsen kann. Der Tag, an dem die "überschüssigen Ersparnisse" aller Länder von echtem Geld abgezogen werden, wird der Tag des weltweiten finanziellen Zusammenbruchs sein. Die Frage ist nicht mehr, ob es dazu kommt, sondern wann und auf welche Weise.

Die scheinbar riesige Dollar-Blase System, seine fatalen Punkt des Todes liegt in dem Wort Vertrauen, während Gold ist der Punkt des Treffens dieses Schicksal der "ein Yang-Finger".

Zusammenfassung

★Die internationalen Bankiers haben alles in ihrer Macht stehende getan, um den Silberdollar abzuschaffen und die Beziehung zwischen Gold und Dollar zu kappen, um das Monopol zu vervollständigen, damit das fraktionierte Reservesystem die moderne Finanzwelt monopolisiert und die Regierungen aus der geldausgebenden Welt verdrängt.

★Das fraktionierte Reservesystem in Verbindung mit dem Schuldwährungssystem ist der Schuldige für die langfristige Inflation. Unter der Schuldwährung werden die Vereinigten Staaten niemals in der Lage sein, die Staatsschulden sowie die Unternehmens- und Privatschulden zurückzuzahlen, da der Tag der Rückzahlung auch der Tag ist, an dem der Dollar verschwindet.

★Wenn China aufhört, jede Woche im Durchschnitt Milliarden von Dollar an Staatsschulden zu kaufen, wird die US-Wirtschaft in große Schwierigkeiten geraten, aber wenn die Exporte in die USA schrumpfen, wird auch die chinesische Wirtschaft in große Schwierigkeiten geraten, die beiden Seiten sind in ein "finanzielles Terrorgleichgewicht" geraten.

★Das Wesen der Finanzderivate ist auch die Verschuldung, der beispiellose Boom dieses Spekulationsmarktes, der die astronomische Liquidität, die durch die Zinszahlungen auf die US-Schulden geschaffen wurde, massiv absorbiert hat und auf wundersame Weise den Kerninflationsindex kontrolliert, der in die schlimmsten Finanzturbulenzen und die Wirtschaftskrise ausbrechen wird, sobald der Markt für Finanzderivate zusammenbricht.

★Fannie Mae- und Freddie Mac-Anleihen übernehmen in gewissem Maße die Funktion der US-Staatsanleihen, sie sind tatsächlich zur "zweiten Federal Reserve" geworden und stellen dem US-Bankensystem eine große Menge an Liquidität zur Verfügung.

★Gold ist zwar nicht mehr die Weltwährung, aber es war schon immer das größte Hindernis, um die internationalen Banker daran zu hindern, den Reichtum der Weltbevölkerung durch Inflation zu rauben. Wenn die Goldpreise durch die starke Nachfrage auf dem Markt ständig nach unten gedrückt werden, stürzen sich die Zentralbanken an die vorderste Front und verkaufen offen große Mengen Gold, bis sie die Anleger verschrecken.

★Die Steigerungsrate der Schulden und Zinsen in den Vereinigten Staaten früh weit über die Wachstumskapazität der Weltwirtschaft, scheinbar Riesen-Dollar-Blase System, das tödliche Punkt des Todes ist in dem Wort Vertrauen, und Gold ist der Punkt dieser Hit die Tür des "ein Yang Finger".

KAPITEL X

Die Sucher der Welt

Wie die Freiheit sinkt auch das Gold nie in eine Unterbewertung.
Morrill, 1878

Im Jahr 1850 war London zweifellos die Sonne des Weltfinanzsystems, 1950 wurde New York zum Zentrum des globalen Reichtums, und wer wird im Jahr 2050 den Thron der internationalen Finanzherrschaft beanspruchen?

Die Geschichte der Menschheit zeigt, dass Länder oder Regionen, die sich im Aufschwung befinden, stets großen Reichtum mit höherer Produktivität geschaffen haben, und um ihren Reichtum im Handel vor dem Diebstahl durch die verwässerte Währung anderer zu schützen, haben diese Regionen einen inhärenten Drang, eine hohe Reinheit der Währung beizubehalten, wie das starke Goldpfund des 19 und der Gold-Silber-Dollar des 20 Eine starke und stabile Währung wiederum trägt wesentlich zur gesellschaftlichen Arbeitsteilung und zur rationalen Verteilung der Marktressourcen bei, was zu einer effizienteren Wirtschaftsstruktur und zur Schaffung von mehr Wohlstand führt.

Umgekehrt, wenn es mit starken Ländern bergab geht, wenn die gesellschaftliche Produktivität schrumpft, wenn riesige Staatsausgaben oder Kriegskosten die bisherigen Ersparnisse allmählich leeren und wenn die Regierungen immer wieder ihre Währungen abwerten, um der hohen Verschuldung zu entgehen und das Vermögen der Menschen zu plündern, wird es einen unumkehrbaren Abfluss von Vermögen geben, das an anderen Orten Zuflucht findet.

Die Stärke der Währung wird zum ersten Indikator für die Geschicke eines Landes. Als die Bank of England 1914 ankündigte, den Goldumtausch von Pfund einzustellen, war es mit der Majestät des britischen Empire vorbei. Als Nixon 1971 einseitig das Goldfenster schloss, waren die Vereinigten Staaten von Amerika an einem Wendepunkt des Glanzes angelangt. Großbritanniens nationale Stärke löste sich schnell im Rauch des Ersten Weltkriegs auf, und die Vereinigten Staaten hatten das Glück, eine Zeit lang in einer Welt ohne große Kriege wohlhabend zu bleiben. Die Tür des Hauses, das angeblich mit Blumen und Öl geschmückt ist, wurde jedoch nach und nach durch eine riesige Schuld entleert.

Historisch gesehen wurden Länder, die ihre Währungen manipuliert haben, um ihren Reichtum zu betrügen, schließlich von ihr im Stich gelassen.

Geld: ein Maßstab für die Wirtschaftswelt

Geld ist das grundlegendste und zentrale Maß der gesamten Wirtschaftssphäre, und seine Rolle ist vergleichbar mit den wichtigsten Maßstäben in der physikalischen Welt, wie dem Kilogramm, dem Meter und der Sekunde, einem Geldsystem, das sich täglich in heftigen Turbulenzen befindet, so absurd und gefährlich, wie sich die Definition von Kilogramm, Meter und Sekunde von Zeit zu Zeit ständig ändert.

Wie soll ein Ingenieur, der jeden Tag ein anderes Lineal in der Hand hält, ein hohes Gebäude mit Dutzenden von Stockwerken bauen? Selbst wenn es repariert wird, wer würde es wagen, darin zu wohnen?

Wie können die Athleten die Ergebnisse von Wettkämpfen vergleichen, die an verschiedenen Orten ausgetragen werden, wenn sich die Normen für die Zeitmessung bei Sportveranstaltungen ständig ändern?

Welcher Käufer würde bei einem Händler kaufen wollen, der etwas verkauft, wenn der Kilogramm-Standard des Wiegens jeden Tag schrumpft, als würden sich die Gewichte ständig verschieben?

Eines der grundlegenden Probleme der heutigen Weltwirtschaft ist das Fehlen eines stabilen und vernünftigen monetären Maßstabs, was dazu führt, dass die Regierungen nicht in der Lage sind, das Ausmaß der Wirtschaftstätigkeit genau zu messen, dass es für die Unternehmen schwierig ist, die Rationalität langfristiger Investitionen richtig zu beurteilen, und dass die Menschen keinen sicheren Bezugspunkt für eine langfristige Planung ihres Wohlstands haben. Die Rolle des Geldes gegenüber der Wirtschaft, unter der willkürlichen und willkürlichen Kontrolle der Banker, hat die rationale Allokation der Marktressourcen ernsthaft verzerrt.

Bei der Berechnung der Rendite von Investitionen in Aktien, Anleihen, Immobilien, Produktionsanlagen und Warenhandel ist es fast unmöglich, die tatsächliche Rendite zu berücksichtigen, da es schwierig ist, das Ausmaß des Kaufkraftverlustes des Geldes abzuschätzen.

Der US-Dollar hat seit 1971, als er vollständig vom Gold abgekoppelt wurde, 94,4 Prozent seiner Kaufkraft verloren, und heute ist ein Dollar nur noch 5,6 Cent von Anfang der 1970er Jahre wert.

In China war der "10.000-Yuan-Haushalt" in den 1980er Jahren ein Zeichen von Wohlstand, während der "10.000-Yuan-Haushalt" in den 1990er Jahren ein durchschnittliches städtisches Einkommen darstellte, und heute kann ein jährliches Haushaltseinkommen von 10.000 Yuan nahe der "Armutsgrenze" liegen.

Die Ökonomen sind nur "besorgt" über die Höhe der Inflation der Verbraucherpreise, aber die alarmierend hohe Inflation der Vermögenswerte bleibt unbemerkt. Ein solches Geldsystem ist eine grausame Strafe für Sparer, weshalb es trotz der sehr gefährlichen Aktien- und Immobilienmärkte noch gefährlicher sein wird, nicht zu investieren.

Wenn die Leute ein Haus kaufen, ist der Kredit, der bei der Bank beantragt wird, nur ein Schein, das Bankkonto verfügt nicht über einen so großen Geldbetrag, aber zur gleichen Zeit, in der die Schulden geschaffen werden, sondern "geschaffenes" Geld aus dem Nichts, wird dieser Schein sofort vom Bankensystem "monetarisiert", so dass die Geldmenge sofort die Zirkulation von Hunderttausenden von Dollars erhöht, diese zusätzliche Währung wird in Echtzeit ausgegeben, um das durchschnittliche Preisniveau der Gesellschaft als Ganzes nach oben zu treiben, insbesondere im Bereich der Vermögenswerte. Deshalb konnten die Immobilienpreise nicht so hoch sein, als es keine Immobilienkredite gab und die Banken behaupteten, den Menschen helfen zu wollen, sich Wohnraum zu leisten, aber das Gegenteil war der Fall. Die Immobilienkredite der Banken sind gleichbedeutend mit einer Überziehung des Einkommens der Menschen für die nächsten 30 Jahre, die "Zukunft" von 30 Jahren Geld, das heute in Geld umgewandelt werden soll, eine so große Menge an Geld ist in die Höhe geschossen, die Hauspreise, der Aktienmarkt, der Schuldenmarkt, gibt es einen Grund, nicht zu steigen?

Nachdem sie das Vermögen der Menschen in den nächsten 30 Jahren überzogen haben, sind die Immobilienpreise bereits so hoch, dass sie für den Durchschnittsbürger unerschwinglich sind. Um den Menschen zu "helfen", sich mehr Schulden leisten zu können, um die höheren Hauspreise zu stützen, erproben die Banker die "große

Innovation" der "lebenslangen Immobilienschuld" im Vereinigten Königreich und in den Vereinigten Staaten, das Vereinigte Königreich wird eine Hypothek von bis zu 50 Jahren einführen, die Vereinigten Staaten, Kalifornien, sind bereit, eine Hypothek von 45 Jahren zu erproben, wenn das Pilotprojekt erfolgreich ist, Wenn das Pilotprojekt erfolgreich ist, wird ein größerer Schuldenanstieg zu Ende gehen, Immobilien werden einen "glorreichen Frühling" einläuten, Menschen, die sich bei den Banken Geld leihen, werden lebenslang fest an die Ketten der Schulden gebunden sein, diejenigen, die kein Haus kaufen, werden noch schlechter dastehen, sie werden so arm sein, dass sie sich nicht einmal die Mühe machen, die Ketten der Bankschulden zu bevormunden. Was ist, wenn die 50-jährige Schuldendiät der Menschen den Appetit der Banker nicht mehr stillt? Ich fürchte nur, dass eines Tages auch die "Schulden des Vaters und des Sohnes", die "Schulden des Vaters und des Enkels" der "generationenübergreifenden Hypothekenkredite" entstehen werden.

Wenn eine Billion Dollar an Devisenreserven die Menschen jubeln lässt, müssen 8 Billionen Yuan ausgegeben werden, um diese "schweren weißen US-Noten" zu kaufen, und diese zusätzliche Währung wird, wenn sie vollständig in das Bankensystem einfließt, dank des "westlichen Himmels" aus der "Bibel" des Teilreservesystems um das Sechsfache vergrößert. Die Regierungen haben die Möglichkeit, mehr Staatsschulden zu emittieren, um diese schnellen Wellen des Geldwachstums (oder Zentralbanknoten) auf einer begrenzten Basis zu absorbieren, die Frage ist, wer wird die Zinsen auf die Staatsschulden bezahlen? Oder die "ehrbaren" Steuerzahler.

Wenn das Bildungs- und das Gesundheitswesen ebenfalls "industrialisiert" werden, wenn diese sozialen Ressourcen, die ursprünglich sehr unzureichend waren, mit einem Schlag zu "Monopolgütern" werden, die von der Gesellschaft als Ganzes geteilt werden, wie sollten dann ihre Gewinne nicht in der Welle der Geldvermehrung in die Höhe schnellen?

Wenn Dokumente über Transaktionen zwischen Unternehmen zu solchen "Scheinen" werden, "diskontieren" die Banken sie und sammeln sie als "Vermögenswerte" der Bank mit einem Abschlag ein, während sie neues Geld "schaffen".

Wenn die Menschen ihre Kreditkarten durchziehen, wird jedes unterschriebene Stück Papier zu einem Schuldschein, jeder Schuldschein wird zu einem "Vermögenswert" der Bank, und jeder

"Vermögenswert" der Bank wird zu einer zusätzlichen Währung, mit anderen Worten, jeder Durchzug "schafft" eine neue Währung.

Schulden, Schulden oder Schulden. Der Yuan rutscht schnell in den Abgrund des Schuldgeldes.

Im Gegensatz zu den Vereinigten Staaten verfügt China nicht über einen so "gut entwickelten" Finanzderivatemarkt wie die Vereinigten Staaten, um diese zusätzlichen Währungen zu absorbieren, und diese Liquiditätsfluten werden sich auf die Immobilien- und Aktienmarktschuldenmärkte konzentrieren, wo es kaum wirksame Mittel zur Eindämmung der "Super-Asset-Inflation" gibt. Der japanische Börsenmythos des Jahres, die Immobilienmanie, wird sich in China wiederholen.

Die internationalen Banker warten darauf, dass sich die ostasiatische Superblase erneut zeigt. Frau Thatcher war nicht alarmistisch oder eifersüchtig, als die "Insider" abschätzig sagten, dass Chinas Wirtschaft nicht groß herauskommen würde, sondern dass sie viel über die schuldenlastige Blasenwirtschaft wussten. Wenn sich die Schulden-Währungsblase bis zu einem gewissen Grad aufbläht, werden international renommierte Wirtschaftswissenschaftler aus allen Ecken auftauchen, alle Arten von negativen Nachrichten und lauten Warnungen über Chinas Wirtschaft werden in den Mainstream-Medien der Welt mit großen Schlagzeilen überhäuft, während sie zähneknirschend und ungeduldig darauf warten, dass die Finanzhacker wie bösartige Wölfe ausschwärmen und die internationalen und inländischen Investoren sich zerstreuen und in Angst und Schrecken geraten.

Sobald die gefährlichen Zwillingsdämonen des Mindestreservesystems und der Schuldwährungen aus der Zauberflasche befreit sind, ist die Polarisierung der Welt in Arm und Reich bereits dem Untergang geweiht, und die Schuldwährungen werden mit der starken Verstärkung des Mindestreservesystems dazu führen, dass diejenigen, die sich Geld von den Banken leihen, um Vermögenswerte zu kaufen, die "Vorteile" der Vermögensinflation und der Verschuldung "genießen", während diejenigen, die an die traditionelle Vorstellung glauben, schuldenfrei und schuldenarm zu sein, unweigerlich die hohen Kosten der Vermögensinflation tragen werden. Mit dem Monopol der Zwillingsbrüder auf die internationalen "Praktiken" des Bankwesens haben die Sparer keine andere

Möglichkeit mehr, ihr Vermögen zu schützen, und der Bankensektor ist zum größten Gewinner geworden.

Wie kann sich die Wirtschaft stabil und harmonisch entwickeln unter der "Metrik" der fortgesetzten Abwertung der Schuldenwährung und des fraktionierten Reservesystems, das zweifellos zu einer Abwertung dieser "Rückstände + Versprechen"-Währung führen wird?

Ist es in einem Zeitalter, in dem alles "standardisiert" ist, nicht seltsam, dass es keine Standards für monetäre Metriken gibt? Wenn man die Natur des Schuldgeldes und des fraktionierten Reservesystems gründlich versteht, wird seine absurde, unmoralische und unhaltbare Natur ohne den Schatten eines Zweifels enthüllt.

Ohne ein stabiles monetäres System wird es keine ausgewogene Entwicklung der Wirtschaft und keine rationelle Verteilung der Marktressourcen geben, was unweigerlich zu einer Polarisierung der Gesellschaft zwischen Arm und Reich führen wird, was zwangsläufig zu einer allmählichen Konzentration des gesellschaftlichen Reichtums auf den Finanzsektor führen wird, und eine harmonische Gesellschaft wird ein unerreichbarer Pavillon in der Luft sein.

Gold und Silber: Preisturbulenzen sind die Nadel im Heuhaufen

Keynes hat einmal eine große Wahrheit gesagt:

> "Durch einen kontinuierlichen Inflationsprozess können die Regierungen einen Teil des Vermögens ihrer Bürger heimlich und ohne deren Wissen beschlagnahmen. Auf diese Weise können die Menschen willkürlich ihres Reichtums beraubt werden, und während die Mehrheit verarmt, kann sich die Minderheit bereichern." [205]

Ähnlich äußerte sich Greenspan im Jahr 1966,

> "Ohne einen Goldstandard gibt es keine Möglichkeit, (die Ersparnisse des Volkes) vor der Inflation zu schützen, und es gibt keinen sicheren Ort für das Vermögen. Das ist das Geheimnis des erbitterten Widerstands der Wohlfahrtsstatistiker gegen Gold. Die Defizitfinanzierung ist einfach eine

---

[205] John Maynard Keynes, *op. cit.*, S. 235.

Verschwörung zur Konfiszierung von Vermögen, und Gold steht diesem heimtückischen Prozess im Wege, indem es als Beschützer der Eigentumsrechte fungiert. Wenn man sich diesen Kernpunkt vergegenwärtigt, ist es nicht schwer, die gegen den Goldstandard gerichtete Hetze zu verstehen. " [206]

Das Wesen der Inflation ist der Transfer von gesellschaftlichem Reichtum durch Entwertung der Kaufkraft des Geldes. Dabei wurden diejenigen, die in der Lage waren, die Währung zu erwerben, bevor die Basiswährung verwässert wurde, zu den größten Gewinnern, und zweifelsohne war das Bankgewerbe der größte Nutznießer der Inflation. Zweitens: Je näher am Bankkredit, desto größer der Vorteil, desto größer der Nachteil, während diejenigen, die sparsam sparen und diejenigen, die auf ein festes Einkommen angewiesen sind, die größten Opfer der Inflation sein werden. Die Spaltung zwischen Arm und Reich ist in der Gestaltung des heutigen Weltfinanzsystems fest verankert, wobei die Inflation den Diebstahl des Reichtums anderer ohne Einbruch erreicht, indem sie den Reichtum der Mehrheit der Gesellschaft in die Taschen einiger weniger abzieht!

Am 13. Juli 1974 veröffentlichte die Zeitschrift *The Economist* einen schockierenden Bericht über die Preisstatistiken in Großbritannien während der Zeit der industriellen Revolution. 250 Jahre lang, von 1664 bis 1914, befanden sich die Preise in England während der Anwendung des Goldstandards in einem stetigen, leicht rückläufigen Trend. Es gibt heute kein zweites Land auf der Welt, das in der Lage war, solch lange Preisdaten ohne Unterbrechung aufrechtzuerhalten. Die Kaufkraft des Pfundes ist erstaunlich stabil geblieben. Wenn der Preisindex 1664 auf 100 festgesetzt wurde, lag er die meiste Zeit unter dem Wert von 1664, außer während der Napoleonischen Kriege (1813), als die Preise kurzzeitig auf 180 anstiegen. Bei Ausbruch des Ersten Weltkriegs im Jahr 1914 lag der britische Preisindex bei 91. Mit anderen Worten: Unter dem Goldstandard hatte ein Pfund im Jahr 1914 mehr Kaufkraft als sein Gegenwert im Jahr 1664, also 250 Jahre zuvor. [207]

Die Situation ist in den Vereinigten Staaten unter dem Gold- und Silberstandard sehr ähnlich, wo 1787 die Verfassung der Vereinigten

---

[206] Ayn Rand, Alan Greenspan, *op. cit.*, S. 35.

[207] Ferdinand Lips, *op. cit.*, S. 10-11.

Staaten in Kapitel I, Abschnitt 8, den Kongress ermächtigte, Geld auszugeben und zu definieren. In Abschnitt 10 wird klargestellt, dass kein Staat zur Begleichung seiner Schulden eine andere Währung als Gold und Silber verlangen darf, womit deutlich wird, dass die Währung der Vereinigten Staaten auf Gold und Silber basieren muss. Der Minting Act von 1792 legte den Dollar als grundlegendes Maß für die US-Währung fest, wobei ein Dollar genau definiert war, dass er 24,1 Gramm reines Silber enthielt und 10 Dollar, dass er 16 Gramm reines Gold enthielt. Silber ist der Eckpfeiler des Dollar-Währungssystems. Das Gold-Silber-Verhältnis beträgt 15:1. Auf jeden, der die Reinheit des Dollars verwässert und ihn entwertet, steht die Todesstrafe.

Im Jahr 1800 lag der Preisindex in den Vereinigten Staaten bei 102,2, und bis 1913 waren die Preise auf 80,7 gefallen. Während der Ära der großen Industrialisierung in den Vereinigten Staaten schwankten die Preise um nicht mehr als 26 Prozent, und während des Goldstandards von 1879 bis 1913 schwankten die Preise um weniger als 17 Prozent. In den 113 Jahren, in denen die Vereinigten Staaten ein schnelles Produktionswachstum und eine vollständige Industrialisierung des Landes erlebt haben, lag die durchschnittliche Inflationsrate bei fast Null, und die durchschnittliche jährliche Preisschwankung hat 1,3 Prozent nicht überschritten. [208]

Auch unter dem Goldstandard bewahrten die großen europäischen Länder ein hohes Maß an Währungsstabilität in einer kritischen Zeit beispielloser wirtschaftlicher Entwicklung beim Übergang von Agrar- zu Industrieländern.

> Der **französische Franc** hielt seine Währung von 1814 bis 1914 100 Jahre lang stabil.

> Der **niederländische Gulden**, der von 1816 bis 1914 galt, hielt die Währung 98 Jahre lang stabil.

> Der **Schweizer Franken**, der von 1850 bis 1936 galt, hielt die Währung 86 Jahre lang stabil.

> Der **belgische Franc**, der von 1832 bis 1914 galt, hielt die Währung 82 Jahre lang stabil.

> Die **schwedische Krone**, die von 1873 bis 1931 galt, hielt die Währung 58 Jahre lang stabil.

---

[208] Ferdinand Lips, *a.a.O.*, S. 10.

> Von 1875 bis 1914 hielt die **Deutsche Mark** ihre Währung 39 Jahre lang stabil.

> Die **italienische Lira** hielt ihre Währung von 1883 bis 1914 31 Jahre lang stabil.[209]

Kein Wunder, dass die österreichische Schule von Mises den Goldstandard als die höchste Errungenschaft der gesamten westlichen Zivilisation im goldenen Zeitalter des Kapitalismus hochschätzte. Ohne ein stabiles und vernünftiges monetäres Maß wäre es für die westliche Zivilisation unvorstellbar, die enorme Kreativität des Reichtums zu entfalten, die sie während der Periode der rasanten kapitalistischen Entwicklung an den Tag gelegt hat.

Das hochstabile Preissystem, das Gold und Silber in der natürlichen Evolution des Marktes entwickelt haben, kann alle "genialen" Wirtschaftsplaner des 20 Jahrhunderts ins Schwitzen bringen. Gold und Silber als Geld sind das Produkt der natürlichen Evolution, das Produkt einer echten Marktwirtschaft, eine ehrliche Währung, der die Menschen vertrauen.

Die so genannte monetäre Metriken, ist nicht auf die gierige Natur der Finanzoligarchie für die Übertragung, nicht auf die gute oder schlechte der Regierung für die Übertragung, nicht auf die "Genie" Ökonomie Interesse Spekulation für die Übertragung, die Geschichte, nur die natürliche Entwicklung des Marktes Gold und Silber Geld, dies zu tun, die Zukunft auch nur Gold und Silber kann diese historische Verantwortung zu tragen, nur Gold und Silber kann ehrlich schützen den Reichtum der Menschen und die rationale Verteilung der sozialen Ressourcen.

Unter den heutigen Wirtschaftswissenschaftlern ist die Ansicht weit verbreitet, dass die Zunahme von Gold und Silber nicht mit der Zunahme des Wohlstands Schritt gehalten hat und dass ein Gold- und Silberwährungssystem zu Deflation führen würde, die der Erzfeind aller Volkswirtschaften ist. Dies ist in Wirklichkeit eine Illusion, die auf Vorurteilen beruht. Das Argument der "gerechtfertigten Inflation" ist eine theoretische Grundlage für das Komplott der internationalen Bankiers mit den Keynesianern, um den Goldstandard abzuschaffen und so die Menschen durch inflationäre Mittel "heimlich zu besteuern"

---

[209] *Ebd.*, S. 15.

und ihren Reichtum spurlos zu rauben und zu stehlen. Die sozialen Praktiken großer europäischer und amerikanischer Länder wie Großbritannien und die Vereinigten Staaten seit dem 17 Jahrhundert zeigen mit unwiderlegbaren Fakten, dass eine große sozioökonomische Entwicklung nicht zwangsläufig zu einer Inflation führt; in der Tat haben beide Länder die industrielle Revolution in einem Zustand leichter Deflation abgeschlossen.

Die eigentliche Frage sollte lauten, ob Gold und Silber nicht so schnell wachsen wie der Wohlstand, oder ob sie nicht so schnell wachsen wie die Schuldenwährungen. Ist Schuldgeldmissbrauch wirklich gut für die gesellschaftliche Entwicklung?

Schulden Geld Fett und BIP Gewichtsverlust

Ein wirtschaftliches Entwicklungsmodell, das auf BIP-Wachstum ausgerichtet ist, gleicht einem Lebensstil, bei dem die Gewichtszunahme eine zentrale Gesundheitsaufgabe ist. Eine Regierungspolitik, die das Wirtschaftswachstum mit einem Haushaltsdefizit ankurbelt, ist so, als würde man sich auf Hormonspritzen verlassen, um die Gewichtszunahme zu fördern. Und die Schuldenwährung, das Fett, das aus ihr wächst.

Ist eine Person, die zunehmend aufgebläht aussieht, wirklich sehr gesund?

Es gibt nur zwei Arten des Wirtschaftswachstums in einem Land: Die eine ist die Anhäufung von realem Reichtum durch Ersparnisse, die dann investiert werden, um mehr realen Reichtum und damit sozioökonomischen Fortschritt zu erzeugen, was zur Entwicklung von Wirtschaftsmuskeln, zur Stärkung der wirtschaftlichen Knochen und zur ausgewogenen Verteilung von Nährstoffen in der Wirtschaft führt. Obwohl die Auswirkungen langsam sind, ist die Qualität des Wachstums hoch und die Nebenwirkungen sind gering. Ein anderes Modell ist das schuldengetriebene Wirtschaftswachstum, bei dem sich der Staat, die Unternehmen und Einzelpersonen stark verschulden und diese Schulden vom Bankensystem monetarisiert werden. Die enorme Verschuldung führt zu einer Wohlstandsblase, einer unvermeidlichen Währungsabwertung, einer künstlichen Verzerrung der Ressourcenallokation auf dem Markt und einer zunehmenden Polarisierung zwischen Arm und Reich, mit der Folge eines massiven Wirtschaftswachstums. Die potenziellen Nebenwirkungen einer schuldengetriebenen Wirtschaft, die auf Hormonspritzen zur raschen Mästung angewiesen ist, werden, auch wenn sie kurzfristig Wunder bewirken, schließlich zu Komplikationen führen, so dass die Wirtschaft immer mehr Medikamente einnehmen muss, die das eigene endokrine System weiter verschlechtern und eine völlige Störung des ökologischen Umfelds des Körpers verursachen, was letztlich hoffnungslos ist.

Das erste, was aus der Schulden-Geld-Schwemme resultiert, ist wirtschaftliche Hyperglykämie - Inflation, insbesondere Vermögensinflation. Diese wirtschaftliche Hyperglykämie wiederum hat zu Überkapazitäten im Produktionssektor, zu schwerwiegenden Doppelarbeiten, zu einer großen Verschwendung von Marktressourcen und zu einem erbitterten Preiskrieg im Produktionssektor geführt, der die Preise für Konsumgüter drückt, so dass Vermögensinflation und Konsumgüterdeflation nebeneinander bestehen. Der Haushalt als Grundeinheit der Wirtschaft wird nicht nur durch die Vermögensinflation in Bedrängnis gebracht, sondern ist auch von den Entlassungen der Arbeitgeber infolge des Produktionsrückgangs betroffen, was die Kaufkraft und die Wünsche des Durchschnittshaushalts schmälert und zum Verlust der Vitalität zahlreicher Zellen der Wirtschaft führt.

Ein weiteres Problem, das durch das Schuldengeld verursacht wird, ist die wirtschaftliche Hyperlipidämie. Wenn die Schulden monetarisiert werden, wird das Geld nicht mehr knapp sein, die Liquiditätsflut, die durch die vermehrte Ausgabe von Geld verursacht wird, wird sich in allen Ecken der Gesellschaft auftürmen, und die Menschen werden immer mehr "Geld" finden, aber immer weniger Möglichkeiten, zu investieren. Unter dem Goldstandard sind die Hauptmerkmale des Aktienmarktes, dass die Finanzstruktur der börsennotierten Unternehmen solide ist, dass die Verbindlichkeiten des Unternehmens gut sind, dass das Eigenkapital des Unternehmens ausreichend ist, dass die Gewinne des Unternehmens stetig wachsen, dass die Aktiendividenden von Jahr zu Jahr steigen, dass der Aktienmarkt zwar riskant ist, dass er aber ein echter Markt ist, in den es sich zu investieren lohnt.

Die großen Aktienmärkte der Welt sind heute so sehr mit Schuldenwährungen überhäuft, dass sie stark überbewertet sind, und kaum ein Anleger erwartet Dividenden aus Aktien, sondern setzt seine ganze Hoffnung auf die Erwartung steigender Aktienkurse, die so genannte "Boondoggle-Theorie". Von Tag zu Tag verliert der

Aktienmarkt seinen Investitionsaspekt und entwickelt sich zu einem ungewöhnlich überfüllten Mega-Kasino. Die Situation im Immobilienbereich ist sehr ähnlich.

Die Schulden selbst führen dazu, dass die Wände der Blutgefäße der Wirtschaft brüchiger werden, die Massenvermehrung der Schuldenwährung macht das Blut der Wirtschaft klebrig, die riesigen Geldmengen, die auf den Aktien- und Immobilienmärkten deponiert werden, lassen die Blutgefäße der Wirtschaft noch mehr aufblähen, und die Symptome des Bluthochdrucks in der Wirtschaft werden unvermeidlich sein.

Ein lang anhaltender Zustand wirtschaftlicher Hypertonie wird die Belastung des wirtschaftlichen Herzens erhöhen. Das wirtschaftliche Herz ist die natürliche ökologische Umgebung und die sozialen Ressourcen, die die Menschen nutzen, um Wohlstand zu schaffen.

Die schwere monetäre Schuldenlast führt zu einer zunehmenden Überziehung des gesamten ökologischen Umfelds, Umweltverschmutzung, Ressourcenerschöpfung, ökologische Schäden, Klimaanomalien, häufige Katastrophen sind die schneeballsicheren Zinszahlungen auf die Schuldenwährung. Die Polarisierung von Arm und Reich, wirtschaftliche Turbulenzen, soziale Widersprüche und Korruption sind die Strafen einer Schuldenwährung gegen eine harmonische Gesellschaft.

Wenn diese Komplikationen der wirtschaftlichen Hyperlipidämie, Hyperglykämie, Hypertonie usw., die durch das Schuldgeldfett hervorgerufen werden, nebeneinander bestehen, wird das natürliche endokrine System der gesamten Wirtschaft in einen Zustand der Störung geraten, mit Malabsorption von Nährstoffen, schwerer Schädigung der inneren Organe, Versagen des Stoffwechsels und Verlust der Widerstandsfähigkeit des Autoimmunsystems. Ein Ansatz, bei dem der Kopf zum Kopf und die Füße zu den Füßen gehen, würde zu einer größeren Drogenabhängigkeit führen und somit das endokrine System der Wirtschaft verschlechtern.

Wenn wir das Wesen von Schuldgeld und seine Gefahren erkennen, müssen wir unsere Strategien für die wirtschaftliche Entwicklung entsprechend anpassen. Das alte Wachstumsmodell, das auf BIP-Wachstum, Schuldgeld und Defizitfinanzierung beruht, sollte in ein neues Modell des akkumulationsbasierten Wachstums umgewandelt werden, das auf eine harmonische soziale Entwicklung ausgerichtet ist und an ehrlichem Geld gemessen wird.

Allmähliche Einführung eines stabilen metrischen Geldsystems in China, das sich auf Gold und Silber stützt, schrittweiser Ausschluss von Schulden aus dem Geldkreislauf, stetige Erhöhung des Anteils der Bankreserven als wichtiges Mittel der finanziellen Makrokontrolle, [210]damit die Rentabilität der Finanzindustrie auf dem Niveau der durchschnittlichen Rentabilität der verschiedenen gesellschaftlichen Sektoren bleibt. Nur durch die Beseitigung der beiden hartnäckigen Probleme der Schuldwährung und des fraktionierten Reservesystems können schließlich soziale Gerechtigkeit und Harmonie gewährleistet werden.

Der Prozess, die Schulden aus dem Geldkreislauf zu verdrängen, ist ein langer und schmerzhafter Prozess, ähnlich wie das Abnehmen. Die Reduzierung der Ernährung, die Umstellung der Mahlzeiten und die Steigerung der körperlichen Aktivität sind in der Tat etwas schmerzhafter als das Verlassen auf den warmen Trost einer Schulden-Geld-Anhäufung.

Die sich anschließende milde Deflation ist wie das morgendliche Aufstehen zum Winterschwimmen, ein Test des Willens und der Ausdauer. Wenn der anfängliche Schmerz allmählich überwunden ist, wird die Flexibilität der Wirtschaft erheblich gesteigert, das Abwehrsystem gegen verschiedene wirtschaftliche Schocks wird robuster, der ökologische Druck wird verringert, die Zuteilung von Marktressourcen wird rationalisiert, die Symptome von hohem Blutzucker, hohen Blutfetten und hohem Blutdruck in der Wirtschaft werden wirksam gelindert, das natürliche endokrine System der Wirtschaft wird allmählich wieder ins Gleichgewicht gebracht, und die Gesellschaft selbst wird harmonischer und gesünder sein.

---

[210] Der Begriff "makroökonomische Kontrolle und Regulierung", oder einfach "makroökonomische Kontrolle" oder "Makrokontrolle", bezieht sich hier auf das direkte Eingreifen der Zentralregierung der Volksrepublik China zur Beruhigung der überhitzten Wirtschaft. Diese Politik wurde erstmals 1993 von Zhu Rongii, dem damaligen Premierminister und Gouverneur der People's Bank of China, eingeführt. Seine Politik umfasste kollektive Maßnahmen zur Einschränkung der Geldpolitik, zur Dämpfung des Aktienmarktes und des Immobilienmarktes, zur Kontrolle der Inflation, zur Senkung des Rohstoffangebots und zur Reduzierung des Binnenkonsums. Ziel war es, eine sanfte Landung der zu schnell wachsenden Wirtschaft zu erreichen. Da all diese Maßnahmen erhebliche Auswirkungen auf die Wirtschaft und die politische Stabilität haben können, ist die Makrokontrolle zu einem heißen Thema für wirtschaftliche und politische Beobachter in der Volksrepublik China geworden (Quelle: Wikipedia).

Während China den Finanzsektor vollständig öffnet, muss es die Vor- und Nachteile des westlichen Finanzsystems erkennen, eine aufgeschlossene Haltung einnehmen, es aufgeben und den Mut und die Kühnheit haben, umfassende Innovationen vorzunehmen.

Alle Großmächte, die in der Geschichte aufgestiegen sind, haben bahnbrechende Beiträge zur Entwicklung der menschlichen Gesellschaft geleistet. China befindet sich an diesem besonderen "strategischen Wendepunkt".

Finanzindustrie: Chinas "strategische Luftwaffe" für die wirtschaftliche Entwicklung

Der Status der Weltreservewährung ist die höchste Stufe der Währungsausgabe für alle souveränen Nationen und stellt eine unvergleichliche Autorität dar, die weltweites Vertrauen genießt. Für die Wirtschaft des Landes mit der Reservewährung geht ihr Schicksal über seine Grenzen hinaus.

Die Menschen sind oft verwirrt darüber, warum China keine Preissetzungsmacht auf dem internationalen Markt hat. Wirtschaftswissenschaftler erklären, dass Wal-Mart die Gewinnspannen chinesischer Unternehmensprodukte bis zum Äußersten drücken kann, und da Wal-Mart der größte Verbraucher ist und den größten Verbrauchermarkt in den Vereinigten Staaten darstellt, haben die Verbraucher eine Preissetzungsmacht. Es wurde auch erklärt, dass Wal-Mart den Verkaufskanal für den US-Markt innehat und dass die Rechte des Kanals die Preisgestaltung bestimmen.

Was ist mit Eisenerzen? Was ist mit Öl? Wo sind die Medikamente? Wo ist das Passagierflugzeug? Was ist mit Windows-Software? China ist fast immer einer der größten Märkte der Welt, und auch die vollständige Kontrolle über die Vertriebskanäle des chinesischen Marktes, als der größte Verbraucher, wie können andere sagen, gehen, sagen, wie viel China muss ehrlich zu zahlen?

Das Hauptproblem der mangelnden Preissetzungsmacht Chinas ist der Mangel an finanzstrategischer Luftherrschaft!

Die wirtschaftliche Entwicklung Chinas ist seit langem von ausländischem Kapital abhängig, und ohne die Politik der Öffnung für ausländische Investitionen hätte China nicht die wirtschaftliche Entwicklung, die es heute hat. Ausländische Investoren können sich für

China entscheiden, aber auch für Indien, und sie können sich entscheiden, in das Land zu gehen, aber auch, sich wieder zurückzuziehen. Die Partei, die das Recht hat, das Geld fließen zu lassen, ist der wahre Besitzer der Preissetzungsmacht.

Alle Unternehmen der Welt, ob sie zu den Top 100 oder den Top 500 gehören, ob sie die Herrscher der Automobilindustrie oder die Giganten der Computerindustrie sind, müssen sich finanzieren, und Geld ist für sie so unverzichtbar wie Luft und Wasser. Der Finanzsektor ist ein absoluter Herrscher über alle Bereiche der Gesellschaft. Wer den Geldfluss kontrolliert, kann über Aufstieg und Fall eines jeden Unternehmens entscheiden.

Für die internationalen Bankiers, die das Monopol auf die Ausgabe von Dollarwährungen haben, würde ein Anruf genügen, wenn Australiens Eisenerzunternehmen ihre Preise senken müssten. Wollen Sie eine Finanzierung? Wenn nicht, wird das Unternehmen überall auf den internationalen Finanzmärkten gegen Wände laufen. Einfacher wäre es, den Preis seiner Aktienanleihen auf dem internationalen Aktienmarkt zu untergraben, bis das Unternehmen auf den Knien um Gnade bettelt. Die Killerapplikation der Finanzindustrie ist die Fähigkeit, den "Nahrungskanal" des Unternehmens jederzeit zu unterbrechen, um die Konkurrenten zum Handeln zu zwingen.

Der Finanzsektor ist wie die strategische Luftwaffe eines Landes, und ohne die Unterstützung von Luftangriffen werden die verschiedenen Industrien vor Ort zwangsläufig in einen erbitterten Kampf mit anderen Ländern verwickelt oder töten sich sogar gegenseitig. Es geht um niedrige Preise, Ressourcenverbrauch und schlechte Arbeitsbedingungen.

Kurz gesagt, ohne finanzielle Kurzsichtigkeit gibt es auf dem internationalen Markt kein Recht auf Produktpreise und keine Initiative für wirtschaftliche Entwicklungsstrategien.

Deshalb muss Chinas Währung die Reservewährung der Welt werden.

Welche Art von Währung könnte dann als Reservewährung für die Nationen der Welt dienen? Die Geschichte des britischen Pfunds und des US-Dollars, die beide einst die führenden Währungen der Welt waren, als Reservewährungen ist in Wirklichkeit die Geschichte der raschen Entwicklung der materiellen Produktion im Rahmen des wirtschaftlichen Koordinatensystems, das durch ein stabiles monetäres

System in den britischen und amerikanischen Binnenwirtschaften aufgebaut wurde, die schließlich das System zur Abwicklung des Welthandels beherrschten. Der Grundstein für den guten Ruf von Pfund und Dollar sind Gold und Silber. Im Zuge des Aufstiegs der beiden Länder verbreiteten sich ihre Bankennetze allmählich in der ganzen Welt, das Pfund Sterling und der US-Dollar können auf internationaler Ebene frei und bequem in Gold umgetauscht werden, sind auf dem Markt sehr begehrt und sind fest als "harte Währung" bekannt. Am Ende des Zweiten Weltkriegs im Jahr 1954 besaßen die Vereinigten Staaten 70 Prozent des weltweiten Goldes, und der Dollar wurde als "Dollar" bekannt. Das stabile Maß an Reichtum, das der Gold- und Silberstandard bietet, ist nicht nur die Garantie für den Aufstieg der anglo-amerikanischen Wirtschaft, sondern auch die historische Voraussetzung dafür, dass das Pfund und der Dollar zur Weltreservewährung wurden.

Nachdem das Weltwährungssystem 1971 endgültig vom Gold abgekoppelt wurde, wetteiferte die Kaufkraft der nationalen Währungen unwiederbringlich damit, im Glanz des Goldes wie Eis am Stiel zu zerfließen. Im Jahr 1971 war eine Unze Gold 35 Dollar wert, und im Jahr 2006 war eine Unze Gold 630 Dollar wert (23. November 2006). 35 Jahre lang, relativ zum Goldpreis.

> - Die Kaufkraft der **italienischen Lira** sank um 98,2 Prozent (umgerechnet in Euro nach 1999)
> - Die Kaufkraft der **schwedischen Krone** ist um 96% gesunken
> - Die Kaufkraft des **Pfundes** ist um 95,7 Prozent gesunken
> - Die Kaufkraft des **französischen Franc** ist um 95,2 Prozent gesunken (umgerechnet in Euro nach 1999)
> - Die Kaufkraft des **kanadischen Dollars** ist um 95,1 Prozent gesunken
> - Die Kaufkraft des **US-Dollars** ist um 94,4 Prozent gesunken
> - Die Kaufkraft der **D-Mark** sank um 89,7 Prozent (umgerechnet in Euro nach 1999)
> - Die Kaufkraft des **Yen** fiel um 83,3 Prozent
> - Die Kaufkraft des **Schweizer Frankens** ist um 81,5 Prozent gesunken.

Der letztendliche Zusammenbruch des Dollarsystems ist eine logische Notwendigkeit, und wenn man sich nicht auf den verschuldeten Dollar verlassen kann, wer soll dann noch glauben, dass andere Schuldnerwährungen letztlich besser abschneiden als der Dollar?

Von allen "modernen" Schuldwährungen des Westens ist der Schweizer Franken die stärkste. Der Grund für das hohe Vertrauen der Welt in den Schweizer Franken ist einfach: Der Schweizer Franken war zu 100% durch Gold gedeckt und hat die gleiche Glaubwürdigkeit wie Gold. Bei einer Bevölkerung von nur 7,2 Millionen Einwohnern beliefen sich die Goldreserven der Zentralbank auf 2590 Tonnen (1990), was 8% der gesamten Goldreserven aller Zentralbanken der Welt ausmachte, die zweitgrößten nach den Vereinigten Staaten, Deutschland und dem IWF. Als die Schweiz 1992 dem Internationalen Währungsfonds (IWF) beitrat, verbot der IWF den Mitgliedsländern, ihre Währungen an Gold zu koppeln, und die Schweiz wurde schließlich durch den Druck gezwungen, den Schweizer Franken vom Gold abzukoppeln, woraufhin die Goldunterlegung des Schweizer Frankens von Jahr zu Jahr abnahm und 1995 nur noch 43,2% betrug. Im Jahr 2005 verfügte die Schweiz nur noch über 1.332,1 Tonnen Gold, was immer noch mehr als doppelt so viel ist wie die offiziellen Goldreserven Chinas (600 Tonnen). Da die Goldunterstützung für den Schweizer Franken abnahm, verringerte sich die Kaufkraft des Schweizer Frankens.

Japans Goldreserven betrugen 2005 nur 765,2 Tonnen, nicht weil Japan nicht bereit war, seine Goldreserven zu erhöhen, sondern weil es von den Vereinigten Staaten verboten wurde, seine Goldbestände zu erhöhen, weil Japan sich dem Willen der Vereinigten Staaten zur Verteidigung des Dollars beugen musste. Der weltweit anerkannte Goldexperte Ferdinand Lips, ein berühmter Schweizer Bankier, der zusammen mit der Familie Rothschild die Züricher Rothschild-Bank gründete und viele Jahre lang leitete, gründete 1987 seine eigene Bank, die Lips Bank, und ist der "Insider" des internationalen Finanzimperiums. In seinem Buch *"Der Goldkrieg"* wird enthüllt, dass sich ein japanischer Bankier, der anonym bleiben möchte, auf der Jahrestagung der World Gold Association 1999 in Paris bei Lips darüber beschwerte, dass es der japanischen Regierung verboten sei,

Gold zu kaufen, solange die US-Pazifikflotte in Japan bleibe, "um ihre Sicherheit zu schützen. "[211]

Gegenwärtig verfügt China bereits über Devisenreserven in Höhe von 1 Billion Dollar, und die richtige Verwendung dieses enormen Reichtums wird für die Zukunft von Chinas nationalem Vermögen in den nächsten hundert Jahren entscheidend sein, was niemals eine einfache Frage der Streuung finanzieller Risiken ist. Für China ist es wichtig zu überlegen, wie es die strategische Initiative im bevorstehenden internationalen Finanzkrieg gewinnen und letztlich die monetäre Hegemonie in einem internationalen "Post-Dollar-System" erlangen kann.

Bis Ende 2006 wird China den Finanzsektor vollständig öffnen, die internationalen Banker haben längst ihre Messer gewetzt, ein Währungskrieg steht bevor. Diesmal werden die Menschen nicht die Gewehre und Kanonen sehen und das Schlachtfeld niederreißen hören, aber der endgültige Ausgang dieses Krieges wird über das künftige Schicksal Chinas entscheiden. Ob China sich dessen bewusst ist oder nicht, und ob es bereit ist oder nicht, China befindet sich bereits in einem nicht erklärten Währungskrieg. Nur eine klare und genaue Einschätzung der wichtigsten strategischen Ziele und Stoßrichtungen der internationalen Banker kann eine bewährte Antwortstrategie entwickeln.

Die grundlegenden strategischen Ziele des Vorstoßes der internationalen Bankiers nach China sind zweierlei: die Kontrolle über Chinas währungspolitische Macht und die Schaffung einer "kontrollierten Desintegration" der chinesischen Wirtschaft, um letztlich das letzte Hindernis für die Errichtung einer Weltregierung und einer Weltwahrung zu beseitigen, die von der Achse London-Wahl Street dominiert wird.

Es ist allgemein bekannt, dass derjenige, der das Angebot einer bestimmten Ware monopolisieren kann, Superprofite machen kann. Und Geld ist eine Ware, die jeder braucht, und wer ein Monopol auf die Ausgabe der Währung eines Landes hat, kann unbegrenzte Superprofite machen. Deshalb haben die internationalen Bankiers jahrhundertelang versucht, die Geldausgabe eines Landes mit allen Mitteln zu monopolisieren, mit allen Mitteln, mit allen Mitteln. Ihre höchste

---

[211] Ferdinand Lips, *a.a.O.*, S. 143.

Berufung ist es, ein Monopol auf die Ausgabe von Währungen in der ganzen Welt zu haben.

Der chinesische Bankensektor ist in Bezug auf Finanzphilosophie, Humanressourcen, Geschäftsmodell, internationale Erfahrung, technische Infrastruktur und unterstützendes Rechtssystem um Größenordnungen schlechter als internationale Banker, die seit mehr als ein paar hundert Jahren mit Geld spielen. Die einzige Möglichkeit, eine totale Niederlage zu vermeiden, ist "du kämpfst gegen die deinen, ich gegen die meinen" und niemals nach den Regeln zu spielen, die die andere Seite aufgestellt hat.

Es ist ein Währungskrieg, bei dem es nur zwei Wege aus dem Krieg gibt: den des Siegers und den des Verlierers. Entweder wurde China in diesem Krieg vom "neuen Römischen Reich" erobert oder es hat im Zuge des Sieges über seine Rivalen eine rationale neue Weltwährungsordnung geschaffen.

Chinas finanzielle Zukunftsstrategie: "Eine Mauer bauen, Nahrungsmittel anhäufen und König sein"

"Building the Wall": Zwei Verteidigungssysteme, die interne finanzielle Firewall und die externe finanzielle Floodwall, sollten errichtet werden.

Mit dem bevorstehenden Vorstoß internationaler Bankiers in das chinesische Finanzhinterland ist China aus dem Gröbsten heraus. Wenn man über den Eintritt ausländischer Banken spricht, denken die meisten an den Wettbewerb ausländischer Banken mit den Banken des Festlandes um den Kuchen der inländischen Sparguthaben, aber gefährlicher ist, dass ausländische Banken direkt in die chinesische Währungsemission involviert sein werden, indem sie chinesischen Unternehmen und Privatpersonen Kredite gewähren. Ausländische Banken werden durch das Teilreservesystem die Monetarisierung der Schulden des chinesischen Staates, von Unternehmen und Privatpersonen stark fördern. Diese ausländischen Banken werden zusätzliche "Kredit-Renminbi" ausgeben, die über Bankschecks, Banknoten, Kreditkarten, Immobilien-Hypothekendarlehen, Unternehmensliquiditätskredite, Finanzderivate und andere Wege in die chinesische Wirtschaft gelangen.

Wenn kleine und mittlere Unternehmen (KMU) und Privatpersonen, die unter der jahrzehntelangen Kreditvergabefaulheit der staatlichen Banken gelitten haben, so durstig nach Kapital sind wie trockenes Holz, dann sind die ausländischen Banken, die so eifrig und großzügig ihre Dienste angeboten haben, wie ein loderndes Feuer, und es ist vollkommen vorhersehbar, dass China mit Krediten überschwemmt wird und dass die große Menge an Kapital zu einer noch größeren Verdoppelung der Anstrengungen führen wird, die durch eine Verknappung der Verbraucherpreise und eine Inflation der Vermögenswerte noch verschärft wird, wobei erstere China in bitterkaltes Wasser taucht und letztere es auf den Grill legt. Wenn die Überkapazitäten stark zunehmen und die Vermögensblasen stark ansteigen, werden die internationalen Banker beginnen, das chinesische Volk zu scheren. Der profitabelste Zeitpunkt für die internationalen Banker war noch nie der Tag des wirtschaftlichen Zusammenbruchs.

Thomas Jefferson, der Gründervater der Vereinigten Staaten, hatte eine warnende Geschichte parat:

> *"Wenn das Volk der Vereinigten Staaten schließlich privaten Banken die Kontrolle über die Ausgabe des Geldes der Nation überlässt, werden diese Banken die Menschen enteignen, zuerst durch Inflation und dann durch Deflation, bis sie eines Morgens, wenn ihre Kinder mit einem Schreck aufwachen, ihre Häuser und den Kontinent, den ihre Väter einst erkundeten, verloren haben."*

Mehr als zweihundert Jahre später klingt Jeffersons Warnung noch immer so deutlich und eindringlich.

Der grundlegendste Unterschied zwischen dem vollständigen Eintritt ausländischer Banken in China und dem vorhergehenden besteht darin, dass die früheren staatlichen Banken zwar den Impuls hatten, die Inflation von Vermögenswerten voranzutreiben, um Gewinne zu erzielen, dass sie aber nicht die böswillige Absicht hatten oder in der Lage waren, eine Deflation herbeizuführen, um den Wohlstand des Volkes zu vernichten. Der Grund, warum China seit seiner Gründung nie eine größere Wirtschaftskrise erlebt hat, liegt darin, dass niemand die subjektive Absicht und die objektive Fähigkeit hat, eine solche mit böser Absicht herbeizuführen, und die Situation hat sich mit dem vollständigen Eintritt der internationalen Bankiers in China grundlegend geändert.

Chinas interne finanzielle Firewall soll verhindern, dass ausländische Banken böswillig Inflation erzeugen, um Chinas Vermögensblasen in die Höhe zu treiben, und dann Silber pumpen, um eine Deflation zu erzeugen, die eine große Zahl von Unternehmen zum Scheitern und Menschen zum Bankrott zwingt, und so Chinas Kernvermögen zu Bruchteilen oder sogar Zehntelprozenten der normalen Preise billig aufkaufen. Die Finanzverwaltung muss das Ausmaß und die Richtung der Kreditvergabe durch ausländische Banken streng überwachen, den Mindestreservesatz und die Mindestreservekomponente zur Makrokontrolle der Finanzmärkte einsetzen und ausländische Banken strikt daran hindern, in großem Umfang inländische Schulden zu monetarisieren.

Für ausländische Banken und internationale Hedge-Fonds wie Finanz-Hacker, ihre Kräfte zu bündeln, sondern auch, um mehr Wachsamkeit. Alle finanziellen Derivat-Verträge von Unternehmen in China müssen an die Finanzverwaltung gemeldet werden, vor allem diejenigen mit ausländischen Banken, müssen doppelt vorsichtig sein, um zu verhindern, dass internationale Finanz-Hacker in Übersee, um Remote-Nicht-Kontakt-Angriffe auf das chinesische Finanzsystem durchführen, die 1990 internationale Banker Remote "nuklearen" Angriffe auf den japanischen Aktienmarkt und Finanzmärkte ist nicht weit weg.

Chinas externer finanzieller Schutzwall zielt hauptsächlich auf die Zusammenbruchskrise des Dollarsystems ab. Unter den fast astronomischen Schulden von 44 Billionen Dollar, die Wirtschaft der Vereinigten Staaten ist wie ein "Fluss hängen über dem Boden" Dutzende von Metern über dem Boden, die riesigen Schulden Compounding Ausgaben durch die Liquidität Flut, Tag und Nacht Auswirkungen auf die zunehmend gefährliche Flussufer, nach China und anderen ostasiatischen Ländern und Regionen, die unter dem "Fluss hängen über dem Boden" niedrig gelegenen Gebieten haben große Bedrohungen verursacht.

China muss dringend handeln, um sich auf die finanzielle "Fluthilfe" und den "Schutz der Sicherheit des Eigentums der Menschen" vorzubereiten. Die rasche Abwertung der Dollarwerte ist längst keine Vorhersage mehr, sondern eine Tatsache, die jeden Tag eintritt, und noch immer ist die Situation nur eine Flut, mit unvorstellbaren Folgen im Falle eines "Dammbruchs". Die riesigen Devisenreserven Chinas sind bereits stark gefährdet.

Im nächsten plötzlichen und schweren internationalen Finanzsturm wird das Auge des Windes der bereits stark aufgeblähte Finanzderivatemarkt und das Dollarsystem sein, und Gold und Silber werden die sicherste "Arche Noah" des Weltvermögens sein. Eine beträchtliche Aufstockung der Gold- und Silberreserven Chinas ist dringend notwendig geworden.

Die "breite Anhäufung von Getreide" bedeutet, dass die Regierung und das Volk zusammenarbeiten werden, um die offiziellen und privaten Gold- und Silberreserven Chinas erheblich zu erhöhen. Alle Gold- und Silberressourcen in China müssen als die wichtigsten strategischen Vermögenswerte streng geschützt und schrittweise verstaatlicht werden.

Auf internationaler Ebene sollten Gold und Silber produzierende Unternehmen mit Nachdruck erworben werden, um Chinas zukünftige Gold- und Silberressourcen zu ergänzen. Die endgültige Richtung der chinesischen Währungsreform besteht darin, ein "zweigleisiges Währungssystem" zu schaffen, das durch Gold und Silber gestützt wird und den nationalen Bedingungen Chinas entspricht, um eine stabile Währungsmetrik zu erreichen und die strategische Vorbereitung der wichtigsten Reservewährung der Welt abzuschließen.

Ein "Aufschub der Thronbesteigung" bedeutet, dass Chinas eigene Schwierigkeiten und Grenzen voll berücksichtigt werden müssen. Der Aufstieg der mächtigen Länder der Welt ist unweigerlich das Ergebnis ihrer beispiellosen Innovationsfähigkeit, was bedeutet, dass sie in der Lage sind, in großen Mengen neue Produkte und Dienstleistungen zu produzieren, die nicht durch andere ersetzt werden können, in großen Mengen die weltweit führenden technologischen und wissenschaftlichen Innovationen hervorzubringen und in großen Mengen die großen Ideen und Konzepte zu produzieren, die die Richtung der Weltzivilisation vorgeben. China macht nach wie vor nur große Fortschritte beim Kopieren westlicher Produktionstechnologien in großem Maßstab und ist noch weit davon entfernt, in Bezug auf Ideen, Wissenschaft und Technologie innovativ zu sein. Vor allem auf dem Gebiet der Ideologie und der Kultur besteht ein gravierender Mangel an zivilisatorischem Selbstvertrauen, und ein wichtiger Ausdruck dieses Mangels an Selbstvertrauen ist die Unfähigkeit, die Rationalität und Irrationalität des westlichen Systems zu erkennen, der Mangel an Zivilcourage, seine offensichtlichen Absurditäten zu kritisieren, die Angst, etwas auszuprobieren, was der Westen nicht hat, und der Mangel an Kühnheit, zu versuchen, neue Weltregeln aufzustellen. All dies ist kein Problem, das über Nacht gelöst werden kann. China kann sich also nur langsam vorwärts bewegen.

Der Weg zu einer Weltreservewährung

Eine aufstrebende Weltmacht wird nicht nur über Spitzentechnologie und ein starkes Militär als solides Fundament verfügen. Nur wenn sie ein Währungs- und Finanzsystem mit universeller Glaubwürdigkeit einrichtet, wird sie unter den Völkern der Welt unbesiegbar sein. Das Prestige der Welt ist inmitten des unbeständigen internationalen Klimas unerschütterlich.

Stellen Sie sich vor, das heutige China und die Vereinigten Staaten würden den Dollar als Stützpfeiler der Weltwährung einfach abschaffen, auch wenn der Status der F22 und von Microsoft immer noch unangefochten ist, ihre Position und ihre Stimme in internationalen Angelegenheiten, wie kann sie immer noch so einfach sein, mit einer Stimme zu sprechen? Wird sie immer noch der "Leuchtturm, auf den die Welt schaut" sein?

China, der Star von morgen, wird zweifellos den Prozess der Schaffung eines ausgereiften und glaubwürdigen Währungs- und Finanzsystems vorantreiben.

Geld ist zweifelsohne das Blut des menschlichen sozioökonomischen Organismus. Diejenigen, die in der Lage sind, die Verantwortlichen mit Blut zu versorgen, verfügen natürlich über die erste mobile Kraft. Was für eine "Blutquelle" ist es, die die Menschen suchen? Sie muss aus einem gesunden und vollständigen Körper geboren werden - dem internen Modell der wirtschaftlichen und zivilen Entwicklung und dem Finanzsystem - und wenn sie mit dem unheilbaren "AIDS"-Virus der zyklischen Spaltschulden infiziert und an die "Bluttransfusion" aller gebunden ist, wird sie nur zum gleichen Schicksal führen. Ebenso sollte dieses "Blut" O-förmig sein - d.h. mit einer ausgeprägten Glaubwürdigkeit und unerschütterlichen Akzeptanz.

Was für ein Geld- und Finanzsystem ist Chinas gesunder "Blutkreislauf" für morgen?

Dieses vollständige und solide System sollte durch einen diversifizierten Hintergrund gestützt werden, während die derzeitige einzige Taktik, sich nur auf starke Exporte zu verlassen, um eine große Menge an Devisen auszutauschen, und dabei auf die überkauften US-Staatsanleihen zu starren, immer offensichtlicher wird. Die Nebenwirkungen einer exportabhängigen Wirtschaft sind zu groß, und ihr Wesen besteht darin, sich darauf zu verlassen, dass die Vereinigten Staaten ihre Schulden erhöhen, um ihre eigene wirtschaftliche und soziale Entwicklung anzukurbeln, während die Vereinigten Staaten wollen, dass ihre Bevölkerung mit Schulden überlastet wird. Ein solches Ergebnis ist die ultimative Lose-Lose-Situation.

Die spezifische Dekonstruktion des pluralistischen und tugendhaften Währungs- und Finanzsystems eines Landes ist eine große und schwierige Aufgabe, und in diesem Buch konzentrieren wir uns nur auf ein Szenario - die Einführung von Gold- und Silberelementen in den Kontext des Pluralismus. Das durch Gold und Silber unterstützte Währungssystem ist eine "Abkürzung" zum Status der Weltreservewährung.

Lassen Sie uns Schritt für Schritt die Tiefen des Weges entlang dieser Vision erkunden.

Wenn die chinesische Regierung und das chinesische Volk Gold in einer Größenordnung von 200 Milliarden Dollar pro Jahr essen würden, könnte China bei einem Preis von 650 Dollar pro Unze 9.500 Tonnen Gold kaufen, was dem Kauf der gesamten Goldreserven der USA (8.136 Tonnen) in einem Jahr entspricht. Zu Beginn der Schlacht werden die internationalen Banker verzweifelt versuchen, den Goldpreis durch Finanzderivate zu drücken, die Zentralbanken der westlichen Länder könnten sich zusammentun, um Gold zu verkaufen, und der Goldpreis könnte vorübergehend in den Keller gehen. Wenn die chinesische Seite die Hinterlist ihres Gegners durchschaut, wird der Druck auf den Goldpreis zur großzügigsten Finanzhilfe für China in der westlichen Geschichte.

Um zu wissen, die gesamte Goldförderung der Welt in 6000 Jahren nur 140.000 Tonnen, alle europäischen und amerikanischen Zentralbanken "Buch Goldreserven nur 21.000 Tonnen, wenn man bedenkt, dass in den 1990er Jahren, die Europäische Zentralbank die frenetische Leasing von Gold, seine gesamte Haushaltseinkommen weit unter 20.000 Tonnen sein kann. Beim gegenwärtigen Goldpreis (650 Dollar pro Unze) ist das nur ein kleines Plättchen von 400 Milliarden Dollar, und Chinas Handelsüberschuss ist so riesig, dass die Verdauung von 400 Milliarden Dollar an Goldreserven nur eine Frage von zwei oder drei Jahren ist. Die Kugeln der europäischen und amerikanischen Zentralbanken werden alle in nicht allzu langer Zeit verschossen sein.

Wenn China fünf Jahre hintereinander mit einem solchen Appetit Gold verzehren würde, würde der steigende internationale Goldpreis den Panzer der von den internationalen Bankern festgelegten langfristigen Zinsobergrenze für den Dollar durchbrechen, und die Menschen hätten das Glück, mitzuerleben, wie das scheinbar mächtigste Dollar-Währungssystem der Welt zusammenbricht.

Die Frage ist nicht, ob China das Dollarsystem mit dem Goldpreis schlagen kann, sondern ob es das tun wird. Die Frage des Goldpreises ist eine Frage von Leben und Tod für den Dollar, China nicht wirklich essen in der 200 Milliarden Dollar Gold, nur das Wort, die US-Finanzminister und die Federal Reserve Vorsitzender wird sofort sehr nervös sein.

Die Taiwan-Frage, die China seit Jahrzehnten plagt, wird sich in die Frage verwandeln, ob die Vereinigten Staaten Taiwan oder den Dollar wollen. Natürlich kann China finanziell nicht wirklich "mit den Vereinigten Staaten untergehen", solange die Vereinigten Staaten vernünftige Bedingungen anbieten, und wenn nötig, kann es dem Dollar helfen.

In dem Maße, wie China seine offiziellen und privaten Goldbestände allmählich erhöht, kann es eine Währungsreform einleiten und schrittweise Gold und Silber in sein Währungssystem einführen. Die allmähliche Umwandlung des chinesischen Währungssystems in den "Chinesischen Yuan" nach dem Gold- und Silberstandard wird ein wichtiger Beitrag Chinas zur Weltwirtschaft sein.

Die Einführung des "chinesischen Yuan" kann in mehreren Phasen erfolgen. Als erstes könnten "Goldanleihen" und "Silberanleihen" des Schatzamtes ausgegeben werden, um das Kapital und die Zinsen für die Anleihen in physischem Gold und Silber zu begleichen. Zum Beispiel eine fünfjährige "Gilt-Anleihe" mit einem Zinssatz, der auf 1 bis 2 Prozent festgelegt werden kann, und da das physische Gold selbst das ultimative Mittel zur Begleichung von Kapital und Zinsen ist, werden die Menschen dieses Finanzprodukt, das einen echten "Vermögenserhaltungseffekt" hat, aktiv kaufen.

Die Differenz zwischen den Renditen von "Gilt"- und "Silber"-Anleihen auf dem Anleihemarkt und den Renditen von Staatsanleihen in gleicher Höhe für denselben Zeitraum wird die Marktakzeptanz von Gold- und Silberwährungen widerspiegeln. Dieser wichtige Parameter wird als Referenzsystem für die nächste Phase des Pilotprojekts dienen.

Die zweite Phase der Arbeiten könnte eine Umstrukturierung der Reservestruktur des Bankensystems ermöglichen. Unabhängig davon, ob es sich um ausländische oder staatliche Banken handelt, müssen ihre Reserven einen bestimmten Anteil an Gold oder Silber enthalten, während der Anteil von Schuldtiteln an den Reserven reduziert werden muss. Je höher der Anteil von Gold und Silber an den Reserven ist, desto höher ist der Kreditverstärkungsfaktor, und je höher der Anteil von Schuldtiteln ist, desto geringer ist die Kreditvergabekapazität. Die Zentralbanken sollten die Diskontierung von allem außer Gold und Silber einstellen. Diese Maßnahme wird die Position von Gold und Silber im chinesischen Währungssystem stärken und die Nachfrage der Banken nach Gold- und Silberanlagen erhöhen. Das Fehlen von Gold und Silber als Reserven wird die Fähigkeit der Banken, Kredite zu vergeben, stark einschränken. Gleichzeitig wird das Bankensystem nach und nach Schuldtitel aus dem Geldumlauf verdrängen. Die Banken werden auch daran interessiert sein, der Bevölkerung die Lagerung und den Handel mit physischem Gold und Silber zu ermöglichen. Die Bildung eines landesweiten Marktes für den Umlauf von physischem Gold und Silber.

Alle margenstarken Wirtschaftszweige des Landes wie Immobilien, Banken, Tabak, Telekommunikation, Öl usw. müssen einen bestimmten Prozentsatz an Gold und Silber in ihre Unternehmenssteuern einbeziehen, was die Marktnachfrage nach Gold und Silber weiter ankurbeln wird.

In der dritten Stufe wurden Gold und Silber aus dem Finanzministerium als vollständige Sicherheit für die Ausgabe von "Chinesischen Gold-Yuan"- und "Chinesischen Silber-Yuan"- Banknoten verwendet, wobei ein Yuan "Chinesischer Gold-Yuan" das Standardmaß der chinesischen Währung ist und jeder Yuan "Chinesischer Gold-Yuan" nach den chinesischen Gold- und Silberreserven mehrere Gramm reines Gold enthält. Der "Chinesische Gold-Yuan" wird hauptsächlich für die Abwicklung großer Handelsgeschäfte, für Überweisungen zwischen Banken und für große Barzahlungen verwendet. Chinesische Gold-Yuan", die einen bestimmten Betrag überschreiten, können beim Finanzministerium in physisches Gold umgetauscht werden. Der "Chinesische Silberdollar", der als Münze verwendet werden kann, enthält in jedem Dollar mehrere Gramm reines Silber und wird hauptsächlich für kleinere Zahlungen verwendet. Sie können den Gegenwert von chinesischem Silber beim Finanzministerium auch gegen eine bestimmte Menge "chinesischer

Silberdollar" eintauschen. Das Verhältnis zwischen dem "chinesischen Gold-Yuan" und dem "chinesischen Silber-Yuan" wird von der Zentralbank veröffentlicht und regelmäßig angepasst.

Der Grundsatz "Schlechte Münzen verdrängen zwangsläufig gute Münzen aus dem Umlauf" wird allgemein als wichtige Voraussetzung angesehen, d. h. die Regierung greift ein, um den Wert von schlechten und guten Münzen festzulegen. Auf einem natürlichen Markt ist das Gegenteil der Fall, und gute Münzen verdrängen zwangsläufig schlechte Münzen, weil niemand auf dem Markt bereit ist, schlechte Münzen zu akzeptieren.

Während der chinesische Gold- und Silberchinesische Yuan im Umlauf ist, ist der gewöhnliche Chinesische Yuan mit einer Schuldenkomponente weiterhin auf dem Markt im Umlauf. Die Regierung muss alle Steuern in Gold- und Silberdollar zahlen, und der Markt wird frei zwischen Gold- und Silberdollar oder dem gewöhnlichen Yuan wählen können, und der Finanzmarkt wird das Verhältnis von Gold- und Silberdollar zum gewöhnlichen Yuan auf der Grundlage von Angebot und Nachfrage bestimmen. Zu diesem Zeitpunkt wird man feststellen, dass die Kaufkraft von gewöhnlichen RMB-Krediten mit einer Schuldkomponente, die von Geschäftsbanken ausgegeben werden, im Vergleich zum goldenen und silbernen chinesischen Yuan allmählich an Wert verlieren wird. Das Verhältnis der beiden Währungen auf den Finanzmärkten wird diese Information klar offenbaren.

Es ist das Finanzministerium, nicht das kommerzielle Bankensystem, das letztendlich die Ausgabe von Gold, Silber und dem chinesischen Yuan kontrollieren muss, und zwar aus dem einfachen Grund, dass die Schaffung von Reichtum beim Volk beginnt und endet, und dass keine Privatperson ein Monopol auf die Ausgabe von Währungen und die Kontrolle darüber haben darf.

Chinas Exportboom wird zwar mit der Aufwertung des chinesischen Dollars allmählich zurückgehen, ist aber dennoch ein wesentlicher Bestandteil des BIP-Gewichtsverlustes.

Mit der zunehmenden Emission von gold- und silbergedeckten chinesischen Yuan wird der chinesische Yuan zwangsläufig in den Mittelpunkt des Interesses der Finanzindustrie weltweit rücken. Da der chinesische Yuan frei in Gold oder Silber konvertierbar ist, wird er die stärkste und mächtigste Währung der Welt sein, und er wird zu Recht die bevorzugte Reservewährung der Welt in der "Post-Dollar-Ära" werden.

Der Reichtum ist schon immer automatisch dorthin geflossen, wo er geschützt und geschätzt werden kann, und eine starke Kreativität im Bereich des Reichtums und eine stabile Währung werden China zwangsläufig zum weltweiten Zentrum der Wohlstandskonvergenz machen.

Zusammenfassung

★ Eines der grundlegenden Probleme der heutigen Weltwirtschaft liegt im Fehlen eines stabilen und vernünftigen Geldmaßes. Die Rolle des Geldes gegenüber der Wirtschaft, unter der willkürlichen und launischen Kontrolle der Banker, hat die rationale Verteilung der Marktressourcen ernsthaft verzerrt.

★Gold und Silber als Geld sind das Produkt der natürlichen Evolution, das Produkt einer echten Marktwirtschaft, eine ehrliche Währung, auf die die Menschheit angewiesen ist.

★Das alte Wachstumsmodell des BIP-Wachstums, das auf Schuldgeld und Defizitfinanzierung beruht, sollte in ein neues Modell des akkumulationsbasierten Wachstums umgewandelt werden, in dessen Mittelpunkt eine harmonische soziale Entwicklung steht und in dem ehrliches Geld als Maßstab dient.

★ Im kompromisslosen Währungskrieg wurde China entweder vom "Neuen Römischen Reich" erobert oder es wurde im Zuge des Sieges über seine Rivalen eine vernünftige neue Weltwährungsordnung geschaffen.

China sollte zwei Verteidigungssysteme einrichten, die interne finanzielle Brandmauer und die externe finanzielle Flutmauer, während die Regierung und das Volk gemeinsam die offiziellen und privaten Gold- und Silberreserven Chinas erheblich erhöhen, Xu Tu langsame Fortschritte.

POSTSCRIPT

Einige Gedanken zur finanziellen Offenheit Chinas

Das größte Risiko für Chinas finanzielle Öffnung ist das fehlende "Kriegs"-Bewusstsein.

Bei der Erörterung der Risiken der Finanzmarktliberalisierung in China sind die meisten Wissenschaftler und politischen Entscheidungsträger über die Risiken auf der "taktischen" Ebene besorgt, wie z.B. die Risiken der Beteiligung ausländischer Banken, die Risiken der Überwachung der gemischten Tätigkeit von Finanzinstituten, die Risiken der Marktisierung der Zinssätze, die Risiken der Volatilität des Wertpapiermarktes, die Risiken der Abwertung der Devisenreserven, die Risiken des Marktes für Immobilienkredite, die Risiken der Öffnung des Kapitalkontos, die Risiken der Aufwertung des RMB, die Risiken der unzureichenden internen Kontrolle der staatlichen Banken, die Risiken des Marktes für Finanzderivate, die Risiken des Baseler Schocks usw. Das größte Risiko der finanziellen Öffnung geht von der "strategischen" Ebene aus, d.h. das Wesen der finanziellen Öffnung ist in Wirklichkeit ein "Währungskrieg", und das fehlende Bewusstsein und die mangelnde Vorbereitung auf diesen Krieg sind derzeit das größte Risiko für China!

Es ist äußerst gefährlich, die Öffnung des Finanzsektors als Öffnung der allgemeinen Industrie zu interpretieren. Geld ist eine Ware, und was es von allen anderen Waren unterscheidet, ist, dass es eine Ware ist, die von jedem Menschen in jeder Industrie, jeder Institution, in jeder Gesellschaft benötigt wird, und die Kontrolle über die Ausgabe von Geld ist die höchste Form aller Monopole!

Die Ausgabe der Währung in China wurde ursprünglich vom Staat kontrolliert, und nur die staatliche Kontrolle der Währung kann die grundlegende Gleichheit in der Sozialstruktur garantieren. Wenn ausländische Banken in das Land eindringen, wird Chinas Währungsmacht in Gefahr sein.

Der Durchschnittsbürger mag denken, dass Chinas Währung der Renminbi ist und dass nur der Staat Geld drucken und ausgeben kann, wie können also ausländische Banken den Renminbi selbst drucken? Tatsächlich müssen ausländische Banken gar keine Renminbi ausgeben, um eine Geldmenge zu "schaffen". Sie führen eine schwindelerregende Reihe "innovativer" Finanzprodukte ein und schaffen und monetarisieren Schuldtitel auf verschiedene Weise, was das "Liquiditäts"-Analogon des Geldes ist. Diese Finanzwährungen haben die Kaufkraft von Geld in der Realwirtschaft, und in diesem Sinne werden sich ausländische Banken an der Ausgabe der chinesischen Yuan-Währung beteiligen.

Wenn ausländische Banken mehr RMB-Kredite "schaffen" als staatliche Geschäftsbanken, können sie die chinesische Zentralbank außer Kraft setzen und die Ausgabe der chinesischen Währung kontrollieren! Sie werden die Fähigkeit und die Absicht haben, böswillig Schwankungen in der Geldmenge zu erzeugen und so den Wohlstand des chinesischen Volkes zuerst durch Inflation und dann durch Deflation ausbluten zu lassen, genau wie bei den wiederkehrenden Wirtschaftskrisen in der Geschichte.

Sie werden die Ergebnisse der akademischen Forschung zu ihren Gunsten "ermutigen und unterstützen", indem sie Mittel für akademische Forschungsprojekte bereitstellen, sie werden verschiedene gesellschaftliche Gruppen stark finanzieren, um die öffentliche Agenda zu beeinflussen und so eine mächtige "öffentliche Mainstream-Meinung" von unten nach oben zu formen, sie werden den marktorientierten Betrieb der Nachrichtenmedien als Reaktion auf die "positive Bewertung" der ausländischen Banken durch die Gesellschaft großzügig unterstützen, sie werden hohe Investitionsrenditen nutzen, um die Richtung der Verlagsinstitutionen zu beeinflussen, sie werden massiv in die Pharmaindustrie investieren, einschließlich der systematischen Verteufelung der chinesischen Medizin, und sie werden allmählich den Bildungssektor, das Rechtssystem und sogar das Militärsystem infiltrieren. In einer Warengesellschaft ist niemand "immun" gegen Geld.

Ausländische Banken werden auch Chinas staatliche Monopole in den Bereichen Telekommunikation, Öl, Transport, Luft- und Raumfahrt und Militär durch Investitionen kontrollieren, denn es gibt kein Gesetz, das besagt, dass staatliche Monopole keine Kredite von ausländischen Banken aufnehmen und finanzieren dürfen. Sobald ausländische Banken zu den wichtigsten Geldgebern für Chinas staatliche Monopolindustrien werden, halten sie das Lebenselixier dieser chinesischen "Kernaktiva" in Händen, und ausländische Banken können die Kapitalkette dieser wichtigen Unternehmen jederzeit unterbrechen, was zur Lähmung von Chinas industriellen Kernsektoren führt.

Ausländische Banken sind natürlich nach China gekommen, um Geld zu verdienen, aber nicht unbedingt auf die herkömmliche Art und Weise.

Die strategischen Risiken der Finanzliberalisierung sind bei weitem nicht so einfach wie die Finanzindustrie selbst; sie umfassen das gesamte Spektrum der chinesischen Gesellschaft, und die Folgen eines kleinen Ausrutschers sind unvorstellbar. Es ist bedauerlich, dass auf der Liste der staatlichen Industrien, die von China geschützt werden, der Finanzsektor, der es am meisten verdient, nicht enthalten ist. Gegenwärtig sind die chinesischen Bankiers und die europäischen und amerikanischen Bankenriesen, die seit mehr als 200 Jahren in "Wind und Regen" untergegangen sind, in keiner Weise konkurrenzfähig! Es ist, als würde man einen einhäutigen Junior in einen Kampf mit Champion Tyson schicken, und es braucht nicht viel Fantasie, um das Endergebnis vorherzusagen.

Da die strategischen Risiken der Finanzliberalisierung die Gesamtsituation betreffen, ist es für die bestehende CBRC, SEC und CIRC nicht mehr möglich, eine solch umfassende, branchenübergreifende Überwachung der strategischen Risiken vorzunehmen, und es wird vorgeschlagen, einen "Nationalen Finanzsicherheitsausschuss" einzurichten, um die Funktionen der drei zu vereinen, der direkt der höchsten Entscheidungsebene unterstellt ist. (b) Entschiedene Verstärkung der Nachforschungen im Bereich der finanziellen Sicherheit und Verstärkung der Nachforschungen und Analysen über die Hintergründe des Personals ausländischer Banken, der Kapitalmobilisierung und der Erfassung von Kriegsfällen. Die Einrichtung eines nationalen Systems zur Überprüfung der finanziellen Sicherheit (National Financial Security Clearance, NFSC), durch das wichtige Entscheidungsträger im Finanzbereich überprüft werden müssen. Es ist wichtig, "weiche Beschränkungen" für die Sektoren zu erwägen, in denen ausländische Banken tätig sein können. Es wurden verschiedene Pläne für einen plötzlichen Absturz Chinas in eine Finanzkrise entwickelt und regelmäßig geprobt.

Die finanzielle Sicherheit ist für China ein Bereich, der weitaus genauer geprüft werden muss als strategische Atomwaffen. Eine überstürzte vollständige Liberalisierung, bevor ein starkes Regulierungssystem für die finanzielle Sicherheit vorhanden ist, wäre der falsche Weg.

Währungssouveränität oder Währungsstabilität?

Die Währungssouveränität ist eine der grundlegenden und unveräußerlichen Befugnisse eines jeden souveränen Staates, dem die Verantwortung für die Formulierung der Geldausgabepolitik in Übereinstimmung mit seinen eigenen nationalen Gegebenheiten anvertraut ist. Die geldpolitische Souveränität hat Vorrang vor allen äußeren Faktoren, einschließlich aller internationalen Gepflogenheiten und internationalen Vereinbarungen sowie des äußeren politischen Drucks. Die geldpolitische Souveränität sollte nur den grundlegenden Interessen des Volkes dienen.

Die Wahrung der Währungsstabilität bezieht sich auf die Wahrung der Währungsstabilität der nationalen Währung im internationalen Währungssystem, um ein gesundes und stabiles ökologisches Umfeld für die wirtschaftliche Entwicklung der heimischen Industrie zu schaffen.

Chinas Dilemma besteht derzeit darin, dass Währungssouveränität und Währungsstabilität nur in beide Richtungen gehen können. Die Beibehaltung der Souveränität des Renminbi hätte eine Aufwertung zur Folge, während das Streben nach einer grundlegenden Stabilität des Wechselkurses zwischen Renminbi und Dollar den Verlust der Währungssouveränität zur Folge hätte. Die derzeitige Politik Chinas besteht darin, die Währungssouveränität zugunsten der Währungsstabilität aufzugeben, die das Land für die wirtschaftliche Entwicklung anstreben muss. Der springende Punkt ist, dass die Fed die Geldmenge Chinas tatsächlich in hohem Maße beeinflusst hat. Da China ein obligatorisches Devisensystem einführt, können die Vereinigten Staaten die chinesische Zentralbank dazu zwingen, die Ausgabe von Basiswährung zu erhöhen, indem sie ihr Handelsdefizit mit China vergrößern, was durch die Verstärkung der Geschäftsbanken einen Multiplikatoreffekt auf die Ausgabe von Basiswährung haben wird, was zu einer Liquiditätsflut führt, die den Aktienmarkt und die Immobilienblase in die Höhe treibt und Chinas finanzielles ökologisches Umfeld erheblich verschlechtert. Um sich gegen einen solchen Anstieg der Geldemissionen abzusichern, wären die Regierungen und Zentralbanken gezwungen, zusätzliche Staatsanleihen und Zentralbanknoten zu emittieren, um die überschüssige Liquidität aufzufangen, was jedoch wiederum die Schuldenlast der Regierung erhöhen würde, die früher oder später mit Zinsen zurückgezahlt werden müsste.

Eine solche völlig passive finanzstrategische Haltung ist für China äußerst nachteilig. Solange der Dollar die Weltreservewährung ist, kann sich China nicht aus dieser Situation befreien. Im Grunde können wir nur durch die Förderung der Remonetarisierung von Gold ein freies, faires und harmonisches finanzielles ökologisches Umfeld für alle Länder der Welt schaffen. Im Zusammenhang mit den hochvolatilen internationalen Devisenmärkten sind die wirtschaftlichen Kosten für die Länder der Welt extrem hoch und schmerzhaft, insbesondere für die Länder, die materiellen Reichtum produzieren. Auch wenn es schwierig ist, dies in einem Zug zu erreichen, sollte die Diversifizierung der internationalen Reservewährungen energisch gefördert werden, und zwar mit einem geteilten Ansatz.

Währungsaufwertung und "endokrine Störung" des Finanzsystems

Wenn es jemanden gibt, der als Gegenpol zu der dramatischen Aufwertung der Währung dienen kann, dann ist Japan sicherlich der geeignetste Kandidat. Japans langfristige wirtschaftliche Trägheit hat natürlich ihre eigenen internen objektiven Faktoren, aber der völlige Mangel an mentaler Vorbereitung auf den plötzlichen "Finanzkrieg", der von den Vereinigten Staaten gestartet wurde, sollte einer der wichtigsten Faktoren sein, Japan startete den "heimlichen Angriff auf Pearl Harbor" im Jahr 1941, die Vereinigten Staaten waren unvorbereitet, während die Vereinigten Staaten fast ein halbes Jahrhundert später im Jahr 1990 als Reaktion auf Japans "Finanzblitzkrieg", die beiden Seiten sind auch gleich.

Motobu Yoshikawa, Autor des Buches Japan's Financial Defeat, beklagte, dass die Folgen der finanziellen Niederlage Japans im Jahr 1990 in Bezug auf den Anteil des verlorenen Vermögens fast mit denen der Niederlage im Zweiten Weltkrieg vergleichbar seien.

Japan ist wie China ein typisches Beispiel für ein Land, das mit einer Hand und einem Fuß materiellen Reichtum schaffen will und der

Idee eines illusorischen finanziellen Reichtums stets skeptisch gegenübersteht. Japans Logik ist sehr einfach, seine eigene Produktion von High-End-Produkten von hoher Qualität und niedrigem Preis, in den Markt Wettbewerb ist fast unbesiegbar, während die Bankenindustrie war ein Weltklasse-Riese, mit den weltweit größten Devisenreserven und den Status der größten Gläubigerländer und stolz auf die Welt. 1985 bis 1990, Japans Binnenwirtschaft und Exporthandel beispiellos glühend heiß, die Börse und Immobilien stieg Jahr für Jahr, eine große Zahl von Akquisitionen von ausländischen Vermögenswerten, die japanische Vertrauen erreichte auch ein noch nie da gewesenes Maß, mehr als die Vereinigten Staaten scheint nur ein Jahrzehnt entfernt. Japan, das kein Konzept der finanziellen Kriegsführung hat, ist ähnlich wie der derzeitige Optimismus in China, der noch weit davon entfernt ist, so stark zu sein, wie er damals war.

Das Vergessen des Krieges ist für das Japan von gestern ebenso tiefgreifend wie für das China von heute. Vom Wechselkurs von 250 Yen zum Dollar zum Zeitpunkt des Plaza-Abkommens im Jahr 1985 wertete der Dollar innerhalb von drei Monaten dramatisch auf etwa 200 Yen ab, und der Dollar wertete sogar um 20 Prozent auf 120 Yen im Jahr 1987 ab, wodurch sich der Wert des Yen in nur drei Jahren verdoppelte, was die wichtigste externe ökologische Veränderung in Japans Finanzindustrie darstellt, und die Ergebnisse haben gezeigt, dass eine solche ökologische Veränderung ausreicht, um zum "Aussterben der Dinosaurier" zu führen.

Die amerikanischen Finanzmeister haben seit langem begriffen, dass die Erzwingung einer kurzfristigen starken Aufwertung des Yen einer großen Hormondosis für Japan gleichkommt, deren Folgen zwangsläufig zu schwerwiegenden Störungen im "endokrinen Finanzsystem" der japanischen Wirtschaft führen werden. Die Wirksamkeit wäre noch besser, wenn Japan weiter gezwungen würde, bis zu zwei Jahre lang einen ultraniedrigen Zinssatz von 2,5% beizubehalten. Natürlich wurde die japanische Wirtschaft durch die endokrinen Störungen des Finanzsystems und die hohe Dosis an Hormonen stimuliert, das Fettgewebe, wie z. B. die Immobilien an der Börse, wuchs schnell, das Muskelgewebe in den Sektoren der Materialproduktion und der Exportindustrie verkümmerte stark, dann traten wie erwartet die Symptome der wirtschaftlichen Hyperlipidämie, Hyperglykämie und Hypertonie auf, und schließlich litt das Finanzsystem an Herzkrankheiten und koronaren Herzkrankheiten. Um diese Komplikationen leichter herbeizuführen, entwickelten internationale Banker der Bank für Internationalen Zahlungsausgleich 1987 eine neue Spezialdroge für Japan, die Basler Vereinbarung, die international tätigen Banken eine Eigenkapitalquote von 8% vorschreibt. Die Vereinigten Staaten und Großbritannien übernahmen die Führung bei der Unterzeichnung des Abkommens und zwangen Japan und andere Länder, sich daran zu halten, da sie sonst nicht mit den US-amerikanisch-britischen Banken verhandeln könnten, die im internationalen Finanzwesen die Oberhand haben. Die japanischen Banken haben ein generelles Problem mit ihrer geringen Kapitalausstattung, die nur erreicht werden kann, indem man sich auf außerbörsliche Vermögenswerte stützt, die durch hohe Aktienkurse der Banken generiert werden.

Das japanische Bankensystem, das in hohem Maße von den Aktienkursen und dem Immobilienmarkt abhängig war, sah sich schließlich den Schwertern des Finanzkriegs der Vereinigten Staaten ausgesetzt, und am 12. Januar 1990 starteten die Vereinigten Staaten einen strategischen Angriff auf den Tokioter Aktienmarkt in Japan, bei dem sie eine neue finanzielle "Nuklearwaffe", den Nikkei-Put-Optionsschein, an der New Yorker Börse einsetzten, und zwar "ohne Kontakt".

Die Herzkrankheit und die koronare Herzkrankheit im japanischen Finanzsystem konnten einem so starken Stimulus nicht standhalten und erlitten schließlich einen Schlaganfall, der dann zu einer 17 Jahre andauernden Lähmung der japanischen Wirtschaft führte.

Jetzt wurde fast das gleiche Rezept von "enthusiastischen und eifrigen" amerikanischen Finanzärzten in China eingeführt, aber der Unterschied besteht darin, dass die chinesische Wirtschaft nicht so stark ist wie die japanische in jenen Tagen, und diese Medizin ist nicht so einfach wie Hemiplegie. Die bettlägerigen Japaner sind sogar noch gespannter als die amerikanischen Ärzte, wie China reagiert, wenn sie das Medikament einnehmen.

Die schlechte Nachricht ist, dass die ersten Symptome in China denen in Japan zwischen 1985 und 1990 sehr ähnlich sind.

Kampf unter freiem Himmel

"Internationale Praxis" ist heute ein ziemlich modischer Begriff, als ob die Welt von nun an nach der "internationalen Praxis" skaliert und finanzielle Offenheit so schön und entspannend sein wird wie ein idyllisches Hirtenlied. Eine solch naive und verdorbene Idee kann nur zum falschen Land und den falschen Menschen führen.

Die Bildung von "internationalen Praktiken" steht vollständig unter der Kontrolle internationaler Bankiers, die bereits eine Monopolstellung innehaben, und unter bestimmten Bedingungen ist es sehr wahrscheinlich, dass eine Reihe von "internationalen Praktiken" auf China zugeschnitten wird, um das Überleben und das Wachstum des chinesischen Bankensektors vollständig zu blockieren, was für die US-amerikanischen und britischen Banken, die sich auf dem Höhepunkt ihrer Monopolstellung in der Finanzindustrie befinden, zu einer wirksamen Waffe geworden ist, um ihre Konkurrenten zu blockieren.

Die alte Basler Eigenkapitalvereinbarung, die es geschafft hat, die Dynamik der Expansion des japanischen Finanzsektors zu zerstören, wurde überarbeitet und zur neuen Basler Eigenkapitalvereinbarung von 2004 aufgewertet und könnte durchaus gegen das chinesische Bankensystem eingesetzt werden, was ein großes Hindernis für die Entwicklung des chinesischen Finanzsektors im Ausland darstellen würde.

Einige Industrieländer sind der Ansicht, dass alle Zweigstellen ausländischer Banken in ihren Ländern die neue Basler Eigenkapitalvereinbarung vollständig erfüllen müssen, um weiter tätig sein zu können, ganz zu schweigen von der Tatsache, dass auch die Heimatländer dieser ausländischen Banken die Vereinbarung einhalten müssen, da es sonst "Regulierungslücken" geben könnte. Eine solche Bestimmung würde zweifellos die Betriebskosten dieser ausländischen Bankfilialen erheblich erhöhen. Für die chinesische Finanzindustrie, die sich gerade erst auf dem Weg zur Globalisierung befindet, ist dies so, als würde man einem Kessel den Boden entziehen. Mit anderen Worten: Wenn Chinas inländische Banken die neue Baseler Eigenkapitalvereinbarung noch nicht erreicht haben, was bedeutet, dass ihre Zweigstellen in den USA und Europa umstrukturiert oder sogar geschlossen werden könnten, besteht die Gefahr, dass Chinas mühsam aufgebautes Finanznetzwerk in Übersee auf einen Schlag ausgelöscht wird.

Die Spielmacher im europäischen und amerikanischen Bankensektor, die einen enormen Vorteil haben, werden die externe Entwicklung des chinesischen Finanzsektors leicht abwürgen. Es gibt nichts Unfaireres als die Spielregeln für den chinesischen

Bankensektor, der sich immer noch an diese so genannten "internationalen Praktiken" halten muss, die so pompös sind, dass sie ihn selbst blockieren. Angesichts eines Gegners, der einen enormen Vorteil hat und gefesselt werden muss, ist das Spiel längst überfällig.

Es ist auch unhöflich, zu kommen und nicht zu gehen.

Chinas Antwort darauf war und kann nur "externer Kampf unter gegenseitiger Öffnung" sein. Wenn das Gastland eine wie auch immer geartete "internationale Praxis" anwendet, um Chinas Bankfilialen in Übersee zu blockieren, wird China dem Gesetz folgen und Bankvorschriften "mit chinesischen Merkmalen" erlassen, um die Geschäftätigkeit seiner Banken in China einzuschränken oder sogar zu schließen. Blickt man auf den anglo-amerikanischen Weg zurück, die dominierende Kraft im internationalen Bankwesen zu werden, ist es nicht schwer zu erkennen, dass der Aufbau eines internationalen Bankennetzwerks ein notwendiger Weg war. Anstatt den chinesischen Bankensektor nur mit der internationalen Gemeinschaft in Einklang zu bringen, sollte Chinas Bankensektor einen Krieg nach außen führen, direkt Banken erwerben oder Zweigstellen in Europa und den Vereinigten Staaten ausbauen, sein eigenes Finanznetzwerk in der ganzen Welt aufbauen und aus dem Krieg im Krieg lernen. Wenn der chinesische Bankensektor bei seinen Akquisitionen oder seiner Expansion im Ausland behindert wird, sollte China bei der Behandlung der Aktionen ausländischer Banken in China dem Grundsatz der Gegenseitigkeit folgen.

Es ist besser, Geld vor dem Volk zu verstecken als Gold vor dem Volk

Angesichts der anhaltenden Abwertung des Dollars haben viele Gelehrte angeboten, Devisen zu verstecken, um das Risiko des Verlustes der Devisenreserven des Landes zu teilen. Wenn China das obligatorische Devisenabwicklungssystem aufgibt und die Unternehmen den Devisenverkehr direkt kontrollieren, wird zwar das Risiko einer Abwertung der Devisenreserven des Landes verteilt und der Druck auf die Ausgabe von Devisen und die Aufwertung des Renminbi verringert, doch wird dies unweigerlich die Fähigkeit des Landes zur Überwachung der Devisenströme schwächen und damit das Gesamtrisiko des Finanzsystems erhöhen, was keine vollständige Politik darstellt.

Anstatt Geld vor den Menschen zu verstecken, sollten wir Geld vor den Menschen verstecken. Alle Devisen werden auf lange Sicht gegenüber Gold an Wert verlieren, nur zu einem anderen Kurs. Die einzige Möglichkeit, die Kaufkraft des enormen Reichtums, den China geschaffen hat, zu erhalten, besteht darin, Devisenreserven in Gold- und Silberreserven umzuwandeln. Die internationale Goldpreisfluktuation ist in Wirklichkeit nur eine Illusion, durchschauen Sie diese Schicht, auch wenn sein Devisenmarkt tausend Wellen auslöst, hat China seine eigenen Tonnen Gold als göttliche Nadel im Meer.

Die Sicherheit des Volksvermögens wird grundsätzlich dadurch geschützt, dass die Inflation, sei es in Form von Waren oder Vermögenswerten, die tatsächliche Kaufkraft der Bevölkerung nicht aushöhlen kann, die der Eckpfeiler der wirtschaftlichen Freiheit ist, die für den Aufbau aller Gesellschaften, die sich der Harmonie und Gleichheit verschrieben haben, unerlässlich ist. Schließlich ist es die Arbeit des Volkes, die den Reichtum schafft, und das Volk hat das Recht zu wählen, wie es seinen Reichtum anlegt.

Gold hat von allen Währungen die höchste Liquidität. In der 5.000-jährigen Geschichte der Menschheit wurde Gold nicht nur von verschiedenen Zivilisationen, Rassen, Regionen, Epochen und Staaten als die höchste Form des Reichtums anerkannt, sondern es wird auch in zukünftigen Gesellschaften eine wichtige historische Rolle als grundlegendes Maß für wirtschaftliche Aktivitäten spielen. In der Geschichte der Welt hat es vier Versuche gegeben, Gold als Eckpfeiler des Geldsystems aufzugeben und ein intelligenteres Geldsystem zu "erfinden". Die der Menschheit innewohnende Gier hat die Versuche, objektive wirtschaftliche Aktivitäten mit dem subjektiven Bewusstsein der Menschen zu verbinden, zum Scheitern verurteilt.

Der "Chinesische Yuan", der durch Gold gedeckt ist, wird auf den Trümmern des internationalen Finanzwesens stehen, die durch exzessive Verschuldung und Gier verursacht wurden, und die chinesische Zivilisation wird ihren eigenen Tag haben, um aufzusteigen.

Die Schuldenimplosion der Vereinigten Staaten und die weltweite Liquiditätskrise

Anfang 2007, eine plötzliche Liquiditätskrise Sturm fegte die Welt, die Aktienmärkte der verschiedenen Länder heftig geschüttelt, der Anleihemarkt fast gelähmt, haben die Zentralbanken riesige Mengen an Geld in das Bankensystem injiziert, um das Vertrauen des Marktes am Rande des Zusammenbruchs zu retten, im August 9 und 10 zwei Tage, Europa, den Vereinigten Staaten, Kanada, Australien, Japan und anderen Zentralbanken injiziert insgesamt 32,3 Milliarden Dollar, ist die größte globale Zentralbank gemeinsame Aktion nach dem "11. September" Vorfall. Dennoch kann die Panik auf dem Markt nicht eingedämmt werden. Die Federal Reserve war am 17. August gezwungen, den Diskontsatz plötzlich um 0,5 Prozentpunkte (5,75%) zu senken, und die Finanzmärkte haben sich schließlich gefangen. Dies ist das zweite große Erdbeben auf den Weltfinanzmärkten seit dem ersten im Jahr 2007, das letzte am 27. Februar.

Sowohl in der Wissenschaft als auch in den Medien besteht ein wachsender Konsens darüber, dass das Problem der Subprime-Hypotheken in den Vereinigten Staaten das "Epizentrum" des Erdbebens war, aber die Wahrnehmung der nachfolgenden Entwicklungen ist sehr unterschiedlich.

Die meisten Menschen glauben, dass der Anteil der Subprime-Hypotheken an den US-Finanzmärkten gering und von begrenztem Umfang ist, dass die Finanzmärkte auf die heftigen Schocks überreagieren und dass die Marktpanik mit den entschlossenen und massiven Kapitalspritzen der Zentralbanken bald abklingen wird. Die US-Realwirtschaft befindet sich nicht in einer Rezession als Folge eines massiven Schocks. Allerdings gibt es auch einige Leute, die glauben, dass bisher die Exposition der Subprime-Hypothek Problem ist immer noch nur die Spitze des Eisbergs, das größere Ausmaß der Wahrheit wird allmählich an die Oberfläche, Subprime-Hypothek ist wahrscheinlich der erste Dominostein zu fallen, wird er eine Reihe von anderen Märkten auslösen auftreten intensiver, mehr zerstörerische finanzielle Erdbeben, die ultimative Folge ist die weltweite überschüssige Liquidität plötzlich in eine Liquidität knirschenden wirtschaftlichen Boom-Zyklus des Wandels umgekehrt, mit anderen Worten, die Weltwirtschaft "Eiszeit" kann nicht ankommen, unvorbereitet wirtschaftlichen "Arten" kann aussterben.

Wiederholung der Krise

Wenn wir den Prozess der Erschütterung der internationalen Finanzmärkte seit Anfang August 2007 und die

Kapitalzuführungstaktik der Fed in Zeitlupe wiederholen, können wir vielleicht einige Hinweise auf die Stärke des Erdbebens finden.

- Am 1. August warnte die Credit Suisse, dass die globale Liquidität "wie Wasser in der Wüste verdunstet", und am 1. August meldeten zwei Hedgefonds von Bear Stearns Insolvenzschutz an.
- Am 2. August rief Michael Perry, CEO der bekannten Hypothekenbank Indymac, aus: "(MBS) der Sekundärmarkt ist in Panik und die Liquidität ist völlig verloren."
- Am 3. August stürzten die US-Aktien ab, als bekannt wurde, dass die Rating-Agentur Standard & Poor's vor einer Herabstufung des Ratings von Bear Stearns gewarnt hatte.
- Am 4. August befürchtete Freddie Mac, dass noch mehr Subprime-Kredite auftauchen würden, "Kredite, die gar nicht erst hätten vergeben werden dürfen."
- Am 5. August befürchtete Reuters, dass die Frage des Umfangs von Subprime-Krediten die Wall Street weiterhin beschäftigen würde.
- Am 6. August kündigte der Frankfurter Treuhandfonds in Deutschland, der durch US-amerikanische Subprime-Kredite "verdorben" ist, einen Rücknahmestopp an.
- Am 7. August stufte die Ratingagentur Standard & Poor's die Bonität der Klasse 207 ALT-A MBS herab.
- Am 8. August griff das Problem der Subprime-Darlehen auf den Markt für ALT-A-Darlehen über, und die Ausfallquote der ALT-A-Darlehen stieg drastisch an.
- Am 8. August verlor der 10-Milliarden-Dollar-Hedgefonds von Goldman Sachs & Co. innerhalb einer Woche 8 Prozent.
- 9. August, die Europäische Zentralbank seit "9.11" zum ersten Mal seit der Notfallspritze, die Größe von bis zu 95 Milliarden Euro.
- Am 9. August gewährte die Federal Reserve drei Notspritzen in Höhe von 38 Milliarden Dollar pro Tag.

Die drei Notspritzen der Fed wurden um 8:25 Uhr in Höhe von 19 Mrd. $ in Form von 3-tägigen REPO-Anleihen (besicherte MBS-Anleihen), um 10:55 Uhr in Höhe von 16 Mrd. $ in Form von 3-tägigen REPO-Anleihen (besicherte MBS-Anleihen) und um 13:50 Uhr in Höhe von 3 Mrd. $ in Form von 3-tägigen REPO-Anleihen (besicherte MBS-Anleihen) ausgegeben.

Es ist sehr interessant, dass bei allen drei Notfallspritzen der Fed MBS-Hypothekenanleihen als Repo-Sicherheiten verwendet wurden und nicht die Repo-Vereinbarungen (REPOs), mit denen normalerweise "hybride Sicherheiten" gekauft werden.

Die Fed-Kapitalinjektion Aktion in das Bankensystem, einfach ausgedrückt, Händler in den Anleihemarkt, um ein Darlehen Note für seine drei Tage zu öffnen, und dann an die Fed übergeben, um zu fragen, um Dollar zu leihen, wie die Ausgabe von Dollar die Fed sagte, dass aufgrund der Note allein kann nicht, müssen Sicherheiten, zum Beispiel das Finanzministerium die besten Treasury-Anleihen, weil es staatliche Steuern als Sicherheiten, solange die US-Regierung noch existiert, wird es Steuern, weil diese Institutionen sind oft von der US-Regierung garantiert. Es gibt auch Fannie Mae und Freddie Mac, zwei von der Regierung lizenzierte Unternehmen, die Hypothekendarlehen (MBS) ausgeben, die ebenfalls als Sicherheiten verwendet werden können. am 9. August war der Markt in Panik, Bargeld ist extrem knapp, und die Federal Reserve ist auch besonders hartnäckig, sagen, dass MBS als Sicherheiten verwendet werden müssen, Bond-Händler aus ihren eigenen Tresor, um über MBS an die Federal Reserve, die Federal Reserve in ihren Büchern von Vermögenswerten im Rahmen des Eintrags zu erhalten eine Reihe von Lastschriften von einem Händler, im Wert von insgesamt 38 Milliarden Dollar, die Laufzeit von drei Tagen, Hypothek für das Äquivalent MBS-Anleihen, und dann in den Verbindlichkeiten des Eintrags zu zahlen Bargeld an einen Händler $ 38 Milliarden, die letzte Note, nach drei Tagen, muss der Händler diese MBS-Anleihen zu tilgen, zurück an die Federal Reserve $ 38 Milliarden in bar und drei Tage der Zinsen, wenn diese drei Tage, diese MBS-Anleihen nur erhalten Zinszahlung, das Geld gehört zu den Händler.

Die so genannten Kapitalspritzen der Fed haben in Wirklichkeit nur eine dreitägige Frist (meistens nur einen Tag), und das Geld wird abgeschöpft, wenn die Frist erreicht ist. Solche Ad-hoc-Maßnahmen sind in erster Linie dazu gedacht, "Spitzenmomente" in einer Situation der Marktpanik zu bewältigen, mit anderen Worten, um "eher die Armen als die Bedürftigen zu retten".

An einem normalen Handelstag hält die Fed alle drei Arten von Anleihen und selten nur eine Art von MBS. Warum also war die Fed an diesem Tag, dem 9. August, so sprunghaft? Seine eigene Erklärung ist, dass Treasuries ein sicherer Hafen sind und die Anleger an diesem Tag fliehen, um die Ressourcen nicht zu verdrängen, so dass nur in MBS essen. gute Medien hinzugefügt, dass die Anleger (vor allem ausländische Investoren) nicht falsch interpretieren MBS-Anleihen als niemand kaufte sie.

Dieser letzte Satz ist der springende Punkt, nicht nur, weil er die Ursache für die derzeitige Liquiditätskrise auf den internationalen Finanzmärkten ist, sondern auch, weil er der Schlüssel zum Verständnis der gesamten Subprime-Krise ist. Um zu verstehen, warum MBS so eng mit der Liquidität verbunden sind, müssen wir zunächst die Substanz von forderungsbasierten Wertpapieren verstehen.

Verbriefung von Vermögenswerten und Überschussliquidität

Es ist allgemein bekannt, dass verschiedene Finanzinnovationen in der heutigen Welt nach der Abschaffung des "Quasi-Goldstandards" des bretonischen Systems in den 1970er Jahren entstanden sind. Der Grund dafür ist, dass in diesem System der wichtigste Vermögenswert der Finanzindustrie Gold ist und alles im Umlauf befindliche Geld dem ökonomischen Gesetz "Papiergeld gegen Gold" unterworfen werden muss. Das Bankensystem kann und wagt es nicht, "fremde Schulden" zu produzieren, um eine Schuldwährung zu schaffen und so einen Ansturm auf das Volk zu vermeiden. Unter der strengen Regulierung des Goldes ist die Verschuldung in bescheidenem Umfang geblieben.

Unter den Zwängen des Goldstandards ist die Inflation in den wichtigsten Ländern der Welt fast vernachlässigbar, es gibt kein Versteck für langfristige Haushaltsdefizite und das Wechselkursrisiko geht gegen Null. Und in etwas mehr als 30 Jahren, nachdem der Dollar vom Gold abgekoppelt wurde, ist die Kaufkraft des Dollars um mehr als 90 Prozent gesunken. Was genau ist das beste Interesse der Gesellschaft an einer Abwertung der Kaufkraft der Währung oder an einer Inflation? Und wer ist der größte Verlierer in diesem großen Spiel um den gesellschaftlichen Reichtum?

Oder war es Keynes, der das klargestellt hat?

> *"Durch eine sukzessive Inflation können die Regierungen die Menschen heimlich und unwissentlich ihres Reichtums berauben und im Zuge der Verarmung der Mehrheit die Minderheit bereichern."*

Auch Greenspan sagte 1966,

"Ohne einen Goldstandard gibt es keine Möglichkeit, die Ersparnisse der Menschen davor zu schützen, von der Inflation aufgefressen zu werden. "

Die österreichische Schule hat das fraktionierte Bankreservesystem, das eine der Hauptursachen für die Inflation ist, bildlich mit Kriminellen verglichen, die "Falschgeld stehlen und drucken". Bei einem fraktionierten Reservesystem würde es unweigerlich zu permanenten Inflationsproblemen kommen.

Die Inflation wird vor allem zwei Folgen haben: einen Rückgang der Kaufkraft des Geldes und eine Umverteilung des Reichtums.

Geld, das mehr gedruckt wird, steigt natürlich im Preis, und jeder, der Chiang Kai-sheks Amoklauf mit der Verteilung goldener Gutscheine vor seiner Flucht vom Festland im Jahr 1949 erlebt hat, wird diese einfache Wahrheit verstehen. Die heutigen Wirtschaftswissenschaftler sind sich jedoch darüber im Klaren, dass es keinen zwingenden Zusammenhang zwischen der Ausgabe von Geld und dem Preisanstieg gibt, und sie werden mit einer Fülle von Daten aufwarten, um zu zeigen, dass das Gefühl der einfachen Leute über den Preisanstieg falsch ist.

Die Umverteilung von Reichtum aufgrund von Inflation ist nicht so intuitiv. Um es bildlich auszudrücken, ist die Schaffung von Scheckgeld "aus dem Nichts" durch die Banken im Rahmen der Mindestreserve gleichbedeutend mit dem Drucken von Falschgeld. Die erste Person, die sich die "gefälschten Banknoten" besorgt, geht zuerst in ein gehobenes Restaurant, um eine Mahlzeit einzunehmen. Als erste Person, die "gefälschte Banknoten" verwendet, ist der Marktpreis immer noch derselbe wie vorher, die "gefälschten Banknoten" in seinen Händen haben dieselbe Kaufkraft wie vorher. Wenn ein Restaurantbesitzer eine "gefälschte Banknote" annimmt und damit ein Kleidungsstück kauft, wird er zu einem zweiten Nutznießer, und der Umlauf der "gefälschten Banknoten" hat noch nicht das Niveau der Markterkennung erreicht, so dass die Preise unverändert bleiben. Aber wenn die "gefälschten Scheine" weiter den Besitzer wechseln und immer mehr "gefälschte Scheine" in Umlauf kommen, wird der Markt langsam feststellen, dass die Preise allmählich steigen.

Am schlimmsten trifft es diejenigen, die noch nicht einmal Zeit hatten, das Gesicht der "gefälschten Banknoten" zu sehen, und deren Preise auf breiter Front gestiegen sind, und deren Geld in ihren Händen mit steigenden Preisen weiter an Kaufkraft verliert. Das heißt, je näher man dem "Falschgeld" ist, desto mehr Vorteile hat man, je weiter man davon entfernt ist und je später, desto weniger Glück. Im modernen Bankensystem sind Immobilien näher an den Banken, so dass sie einen gewissen Vorteil haben. Und Menschen, die von ihrer Rente leben und ehrlich sparen, sind die größten Verlierer.

Der Prozess der Inflation ist also der Prozess, durch den der gesellschaftliche Reichtum übertragen wird. Dabei ging das Vermögen jener Familien verloren, die weit vom Bankensystem entfernt waren.

Mit der Abschaffung des Kernkonzepts des Goldes als Vermögenswert wurde das Konzept des Vermögenswerts durch reine Schulden ersetzt, und nach 1971 wurde der Dollar von einer "Goldquittung" zu einem "Schuldschein" umgewandelt. Der heutige Dollar ist nicht mehr der schwere "Dollar", an den sich die Menschen erinnern, sondern der Dollar wertet seit mehr als 30 Jahren ab.

Bereits in den 1970er Jahren kauften und verkauften die US-Banken gegenseitig ihre Immobilienhypothekenschulden, es war nur nicht so einfach, den gesamten Kredit direkt zu kaufen und zu verkaufen. Wie können diese Forderungen, die sich in Größe, Zustand, Zeitrahmen und Kreditwürdigkeit unterscheiden, für den Handel standardisiert werden? Die Banker dachten natürlich an den klassischen Träger, die Anleihe. Dies war die weltweit erste hypothekarisch gesicherte Anleihe, MBS (Mortgage Backed Securities), die 1970 von Fannie Mac eingeführt wurde. Sie nehmen viele Hypothekenschulden mit sehr engen Bedingungen und verpacken sie in Standardzertifikate, die dann als besicherte Zertifikate an Anleger verkauft werden, wobei die Zinserträge aus den Schulden und das Risiko der Schulden gleichzeitig an die Anleger "weitergegeben" werden. Später begann auch die Federal National Home Mortgage Association (Fannie Mac Fannie Mae) mit der Emission standardisierter MBS-Anleihen.

Es sollte gesagt werden, dass MBS ist eine wichtige Erfindung, ebenso wie die Entstehung von Gold und Silber Geld erheblich erleichtert den Austausch von Rohstoffen, MBS auch erheblich erleichtert die Transaktion von Hypothekenanleihen, können die Anleger bequem kaufen und verkaufen standardisierte Anleihen, während die Banken können schnell zu entfernen langfristige, große, schwer zu liquidieren Immobilien-Hypothekenanleihen aus ihren eigenen Aktiva und Passiva, nach dem Verzehr von einem bestimmten Spread, und dann das Risiko und die Rendite zusammen, und dann

Bargeld zu finden, die nächste Person bereit, Geld zu leihen, um ein Haus zu kaufen.

Aus Sicht der Finanzindustrie ist es eine gemischte Sache: Die Banken haben das Liquiditätsproblem bei Hypotheken gelöst, die Investoren haben mehr Anlagemöglichkeiten, die Käufer von Häusern bekommen leichter Kredite und die Verkäufer von Häusern bekommen leichter Immobilien.

Doch die Bequemlichkeit hat ihren Preis. Als das Bankensystem durch die MBS-Bond-Methode schnell von 30 Jahren Hypothekenkrediten befreit wurde (in der Regel nur für ein paar Wochen) und gleichzeitig das gesamte Risiko auf die Gesellschaft abgewälzt wurde, schloss dieses Risiko das wenig bekannte Problem der Inflation ein.

Wenn der Käufer einen Kreditvertrag mit der Bank abschließt, verbucht die Bank dieses "Schuldpfandrecht" als Aktivposten in ihrer Bilanz und schafft damit eine Verbindlichkeit in gleicher Höhe, wobei sie feststellt, dass diese Verbindlichkeit der Bank positiv gleichwertig mit Geld ist. Mit anderen Worten, die Banken schufen Geld zur gleichen Zeit, als sie die Schuldtitel ausgaben, und da das Mindestreservesystem es dem Bankensystem erlaubte, Geld zu schaffen, das nicht existierte, wurden die Hunderttausende von Dollar an neuem Geld, die von den Banken gerade "aus dem Nichts" geschaffen worden waren, sofort an die Immobiliengesellschaften übertragen.

Dabei können die Banken im fraktionalen Reservesystem "legal stehlen und Falschgeld drucken". Immobilienunternehmen sind die ersten, die "Falschgeld" in die Hände bekommen, weshalb Immobilienunternehmen in alarmierendem Tempo Reichtum anhäufen. Wenn die Immobilienunternehmen anfangen, dieses "Falschgeld" auszugeben, wird sich der allgemeine Aufwärtsdruck auf die Preise in der gesamten Gesellschaft in Wellen ausbreiten, wenn das "Falschgeld" den Besitzer wechselt. In Anbetracht der Komplexität dieses Übertragungsmechanismus und der Tatsache, dass Veränderungen bei Angebot und Nachfrage nach sozialen Gütern die multidimensionalen Variablen erhöhen, gibt es auch eine beträchtliche Verzögerung bei der geldpolitischen psychologischen Reaktion der Gesellschaft im Raum. Die eigentliche Quelle der Überschussliquidität ist die Fähigkeit des Bankensystems, die Emission von Schuldgeld um ein Vielfaches zu verstärken, und zwar durch die Verstärkung der fraktionierten

Reserven, die grundsätzlich die Rate des realen Wirtschaftswachstums weit übersteigen muss.

Das Wesen dieser Bankwährung ist die von der Bank ausgestellte "Quittung". Beim Goldstandard entspricht diese "Quittung" dem Goldvermögen einer Bank, während sie in einem reinen Schuldgeldsystem nur den entsprechenden Schulden entspricht, die eine andere Person bei der Bank hat.

MBS hat die Effizienz der Emission von Giralgeld durch das Bankensystem grundlegend erhöht und dabei unweigerlich ein ernsthaftes Überangebot an Geld geschaffen, das die Immobilienpreisblase weiter aufgebläht hätte, wäre es nicht in den überfüllten Aktienmarkt geflossen oder, schlimmer noch, in den Bereich der materiellen Produktion und des Rohstoffverbrauchs "durchgesickert", was zu Beschwerden über Preissteigerungen geführt hätte.

Inspiriert von MBS wurde eine noch kühnere Idee in die Tat umgesetzt, nämlich die Asset Backed Bond (ABS, Assets Backed Securities). Die Banker dachten, dass, da MBS mit zukünftigen festen Kapital- und Zinserträgen als Sicherheiten ein Hit sein könnten, im weiteren Sinne alle Vermögenswerte mit zukünftigen Cashflows als Sicherheiten mit der gleichen Idee verbrieft werden könnten, solche Vermögenswerte könnten sein: Kreditkartenforderungen, Autokredite, Studentenkredite, Geschäftskredite, Mieteinnahmen aus Autofabriken und Geschäften, sogar zukünftige Einnahmen aus Patenten oder Buchrechten usw.

An der Wall Street gibt es ein berühmtes Sprichwort: "Wenn es einen zukünftigen Cashflow gibt, mache ihn zu Wertpapieren. Tatsächlich besteht das Wesen der Finanzinnovation darin, dass alles, was überzogen werden kann, heute liquidiert werden kann.

Der ABS-Markt ist in den letzten Jahren rasant gewachsen und hat sich von 2000 bis heute verdreifacht und beläuft sich auf 19,8 Billionen Dollar.

Diese ABS- und MBS-Anleihen können als Sicherheiten für Kredite an Banken verwendet werden, und die von Fannie Mae und Freddie Mac ausgegebenen MBS können sogar als Reserven für Banken verwendet werden, die dann von der Federal Reserve als Sicherheiten für Pensionsgeschäfte (REPOs) eingesetzt werden können. Eine Währungserhöhung in dieser Größenordnung würde unweigerlich zu einer starken Inflation der Vermögenswerte führen. Wenn Inflation einen stillen Transfer von gesellschaftlichem Reichtum bedeutet, dann nehmen Sie die Banken als einen Kreis. Angesichts der Größe des Kreditradius ist es leicht zu erkennen, wer den "Käse" des Volkes bewegt hat.

Subprime- und ALT-A-Hypotheken: Giftmüll für Vermögenswerte

Wenn die meisten Ressourcen der normalen Menschen für Immobilien-Hypothekendarlehen erschöpft sind, haben die Banker die ursprünglichen "nicht normalen" Menschen ins Visier genommen. Das sind 6 Millionen arme oder diskreditierte Arme und neue Einwanderer in Amerika.

Der US-Hypothekenmarkt lässt sich grob in drei Stufen unterteilen: den Markt für erstklassige Kredite, den ALT-A-Kreditmarkt und den Subprime-Markt. Der Markt für Qualitätskredite ist auf hervorragende Kunden mit hoher Kreditwürdigkeit (660 oder höher), stabilem und zuverlässigem Einkommen und angemessener Schuldenlast ausgerichtet, die sich hauptsächlich für die traditionellsten Hypotheken mit 30- oder 15-jähriger Zinsbindung entscheiden. Der Teilmarkt wird definiert als Personen mit einer Kreditwürdigkeit unter 620, ohne Einkommensnachweis und mit hoher Verschuldung. Der "ALT-A"-Kreditmarkt ist eine große Grauzone dazwischen, die sowohl das Mainstream-Segment mit Kredit-Scores zwischen 320 und 660 als auch einen beträchtlichen Anteil von Kunden mit hoher Kreditwürdigkeit und Scores über 660 umfasst.

Das Gesamtvolumen des Teilmarktes beläuft sich auf etwa 2 Billionen Dollar, wovon fast die Hälfte nicht mit festverzinslichen Wertpapieren unterlegt ist. Es handelt sich eindeutig um einen risikoreichen Markt mit höheren Renditen, und seine Hypothekenzinsen liegen etwa 2 bis 3% über dem Referenzzinssatz.

Die Kreditgeber auf dem Teilmarkt sind "innovativer" geworden und haben mutig eine Vielzahl neuer Kreditprodukte eingeführt. Einige der bekanntesten sind: tilgungsfreies Darlehen (Interest Only Loan), ARM-Hypothek mit 3 Jahren Laufzeit, ARM-Darlehen mit 5 Jahren Laufzeit, ARM-Darlehen mit 7 Jahren Laufzeit, Option ARMs usw. Das gemeinsame Merkmal dieser Darlehen ist, dass die monatlichen Hypothekenzahlungen in den ersten Jahren der Rückzahlung niedrig und fest sind und nach einer bestimmten Zeit der Rückzahlungsdruck stark ansteigt. Die Hauptgründe für die Beliebtheit dieser neuen Produkte sind zweierlei: Erstens gehen die Menschen davon aus, dass Immobilien immer steigen werden, zumindest für einen ihrer Meinung nach "vernünftigen" Zeitraum, und dass das Risiko "überschaubar" ist, solange sie das Haus rechtzeitig verkaufen können, und zweitens gehen die Menschen davon aus, dass Immobilien schneller steigen werden als die Zinslast.

"ALT-A"-Darlehen werden vollständig als "Alternative A"-Darlehen bezeichnet, die sich im Allgemeinen auf Personen mit einer guten oder ausgezeichneten Kreditgeschichte beziehen, die jedoch kein regelmäßiges Einkommen, keine Ersparnisse, kein Vermögen usw. nachweisen können. Solche Darlehen gelten im Allgemeinen als "sicherer" als Subprime-Darlehen, und der Gewinn ist beträchtlich, schließlich hat der Kreditgeber keine schlechte Kredit-"Geschichte", der Zinssatz ist in der Regel 1% bis 2% höher als bei Qualitätskreditprodukten.

Ist ein "ALT-A"-Darlehen wirklich sicherer als ein Subprime-Kredit? Dies ist nicht der Fall. Seit 2003 haben "ALT-A"-Kreditgeber bei der Verfolgung dieses Interesses an der heißen Immobilienblase ein Minimum an Rationalität verloren. Viele Kreditgeber haben einfach keine normalen Einkommensnachweise und geben einfach selbst eine Zahl an, die oft übertrieben ist, so dass "ALT-A"-Kredite von Brancheninsidern als "betrügerische Kredite" bezeichnet werden.

Die Kreditgeber sind auch stark an der Einführung einer Vielzahl von Kreditprodukten mit höherem Risiko beteiligt. Wenn die keine Hauptdarlehen Produkt ist ein 30-Jahres-Amortisation Zeitplan für die monatliche Zahlung zu amortisieren, aber im ersten Jahr kann eine sehr niedrige Zinssatz von 1% bis 3%, und nur Zinsen zahlen, keine Kapitalrückzahlung und dann das zweite Jahr beginnt zu schwanken je nach den Zinssatz Marktbedingungen, in der Regel auch garantiert, dass die jährliche monatliche Zahlung Betrag nicht mehr als 7,5% des Vorjahres zu erhöhen.

Selektiv anpassbare Darlehen hingegen ermöglichen es den Kreditnehmern, monatliche Zahlungen zu leisten, die sogar unter dem normalen Zinssatz liegen, wobei die Differenz nach der Rückzahlung automatisch als mehr Geld an die Bank gezahlt wird. Die Zinssätze für solche Darlehen folgen nach einer bestimmten Zeit ebenfalls dem Markt.

Viele "kreditwürdige" Menschen, die für einen kurzen Zeitraum mit Immobilien spekulieren, glauben, dass die Preise nur kurzfristig steigen werden und sie keine Zeit haben, ihr Geld auszuzahlen, und viele "kreditwürdige" Menschen nutzen diese Kredite, um sich Häuser zu leisten, die sie eigentlich nicht bezahlen können. Jeder hat die Vorstellung, dass man das Haus sofort verkaufen kann, um den Kredit zurückzuzahlen und einen Gewinn zu erzielen, oder man kann den Kredit refinanzieren und das Geld für Notfälle und Konsum herausnehmen, auch wenn die Zinsen schnell steigen, und es gibt eine letzte Verteidigungslinie, um die jährliche Rückzahlung um nicht mehr als 7,5% zu erhöhen, also ist es eine risikoarme Investition mit einem hohen Renditepotenzial, warum nicht?

Statistiken zufolge entfielen 2006 mehr als 40% aller Immobilienhypothekendarlehen in den Vereinigten Staaten auf "ALT-A"- und Subprime-Produkte mit einem Gesamtvolumen von mehr als 400 Mrd. USD, und 2005 war der Anteil noch höher. Der Gesamtbetrag der risikoreichen Hypothekendarlehen, wie "ALT-A"- und Subprime-Kredite, hat in den letzten 200 Jahren 2 Billionen Dollar überschritten. Gegenwärtig liegt die Verzugsquote bei Subprime-Krediten mit einer Laufzeit von mehr als 60 Tagen bei über 15 Prozent und nähert sich rasch einem Allzeithoch von 29 Prozent, wobei 2,2 Millionen "Subprime-Personen" kurz davor stehen, von den Banken weggefegt zu werden. Die "ALT-A"-Säumigkeitsrate liegt bei 3,7 Prozent, hat sich aber in den letzten 14 Monaten verdoppelt.

Die Gefahren von "ALT-A" wurden von den Mainstream-Ökonomen ignoriert, weil die Verzugsraten bisher weniger ausgeprägt waren als auf dem bereits "rauchenden" Subprime-Markt, aber die potenzielle Gefahr ist noch größer als auf dem Subprime-Markt. Der Grund dafür ist, dass der "ALT-A"-Darlehensvertrag im Allgemeinen zwei schwere Zeitbomben "gepflanzt" hat, die automatisch die Implosion dieses Marktes auslösen werden, sobald der Hypothekenzinsmarkt weiter steigt und die Hauspreise weiter fallen.

Die letzte Verteidigungslinie bei den bereits erwähnten prinzipienlosen Darlehen, bei denen der Zinssatz mit dem Markt schwankt und die monatliche Rate um nicht mehr als 7,5% steigt, vermittelt vielen Menschen ein "illusorisches" Gefühl der Sicherheit. Es gibt jedoch zwei Ausnahmen und zwei schwere Brocken, von denen die erste als "Timed Reset" (5year/10year Recast) bezeichnet wird. Alle 5 oder 10 Jahre wird der Rückzahlungsbetrag des ALT-A-Kreditgebers automatisch zurückgesetzt, der Kreditgeber berechnet den monatlichen

Zahlungsbetrag neu, und der Kreditgeber wird feststellen, dass sein monatlicher Zahlungsbetrag erheblich gestiegen ist, was als "Zahlungsschock" bezeichnet wird. Infolge der "negativen Amortisation" steigt bei vielen Menschen die Gesamtkreditschuld, und ihre einzige Hoffnung ist, dass die Immobilienpreise weiter steigen, damit sie ihr Haus verkaufen und entlasten können, andernfalls verlieren sie die Immobilie oder verkaufen sie mit Blut.

Die zweite Bombe ist die "Darlehensobergrenze". Während man eine reguläre Rückzahlung nach ein paar Jahren nicht in Betracht zieht, gibt es bei der "Negativen Amortisation" eine Obergrenze, die besagt, dass die aufgelaufenen Schulden 110-125% des ursprünglichen Darlehensbetrags nicht überschreiten dürfen, und sobald diese Grenze erreicht ist, wird automatisch die Rückzahlung des Darlehens ausgelöst. Das ist eine Zeitbombe, die groß genug ist, um Menschen zu töten. Wegen der Verlockung niedriger Zinssätze und der geringeren Belastung durch die Rückzahlung im ersten Jahr entscheiden sich die meisten Menschen für die niedrigstmögliche monatliche Rate. Wenn man zum Beispiel 1.000 Dollar pro Monat an normalen Zinsen zahlt, kann man sich dafür entscheiden, nur 500 Dollar zu zahlen, und die andere Zinsdifferenz von 500 Dollar wird automatisch zur Kreditsumme addiert, die sich in einem solchen Ausmaß anhäuft, dass der Kreditnehmer "ausgereizt" ist, bevor er die 5-Jahres-Kreditrückstellungsbombe trifft.

Wenn diese Kredite so unheilvoll sind, warum greift die Fed nicht ein und reguliert sie?

Gerrard (Greenspan) ist auf den Plan getreten. Und zwar zweimal. Das erste Mal war 2004, als Gao der Meinung war, dass die Kreditinstitute, die Kredite anbieten, und die Menschen, die Häuser kaufen, zu zaghaft waren, weil sie die hochriskanten Produkte mit anpassbarem Zinssatz (Option ARMs) noch nicht besonders mochten. Die amerikanische Öffentlichkeit würde sehr davon profitieren, wenn die Kreditgeber flexiblere Optionen als traditionelle Festzinsprodukte anbieten könnten", beklagte Gerrard. Traditionelle 30- und 15-jährige Festzinsdarlehen sind möglicherweise zu teuer für Verbraucher, die in der Lage und bereit sind, das Zinsrisiko einzugehen. "

Fannie Mae, New Century Gate und der durchschnittliche Hauskäufer wurden also immer dreister, und die Situation wurde immer unverschämter, und die Preise wurden immer verrückter.

16 Monate später erschien Gergo erneut bei einer Anhörung im Senat, diesmal mit gerunzelter Stirn, und sagte: "Es ist eine schlechte Nachricht, dass die amerikanischen Verbraucher diese neuen Möglichkeiten der Kreditvergabe (unter Bezugnahme auf Option ARMs usw.) nutzen, um sich eine Hypothek zu leisten, die sie sich sonst nicht leisten könnten. "

Man wird nie wirklich verstehen, was Gogol sich dabei gedacht hat. Ja, Gogols Worte triefen, er sagt, dass der Durchschnittsamerikaner, wenn er sich das Zinsrisiko leisten und dieses Risiko beherrschen kann, auch riskante Kredite aufnehmen kann. Die Implikation ist, dass, wenn man es nicht hat, man keine Szene machen sollte. Vielleicht weiß Gertrude wirklich nicht, wie es um das finanzielle Vermögen der Amerikaner bestellt ist.

Subprime CDO: Konzentrierte Vermögenswerte - toxischer Schrott

Subprime-Hypotheken und ALT-A-Darlehen, zwei Kategorien von toxischem Schrott auf der Grundlage von Vermögenswerten, belaufen sich auf insgesamt 2,5 Billionen Dollar. Dieser toxische Schrott muss aus dem Vermögensbuch des Subprime-Hypotheken-Bankensystems entfernt werden, oder die Konsequenzen werden endlos sein.

Wie wird veräußert? Das heißt, durch die Verbriefung von Vermögenswerten, über die wir vorhin gesprochen haben.

MBS-Anleihen, die ursprünglich durch Subprime-Hypotheken besichert waren, sind leicht zu generieren, aber schwer zu veräußern, da die Investitionen großer US-Investmentinstitute wie Pensionsfonds, Versicherungsfonds und Staatsfonds bestimmte Investitionsbedingungen erfüllen müssen, d.h. die Investition muss von Moody's oder S&P mit AAA bewertet sein. Subprime-MBS erfüllen offensichtlich nicht einmal die Mindestanlagebewertung BBB, so dass sie für viele große Anlageinstitute nicht verfügbar sind. Aufgrund des hohen Risikos und der damit verbundenen hohen Rendite haben die Investmentbanken der Wall Street einen Blick auf die potenziell hohen Renditen der toxischen Schrottpapiere geworfen.

Also begannen die Investmentbanken, sich in dieser risikoreichen Asset-Collar-Stadt zu engagieren.

Die Investmentbanker zerlegen die MBS-Anleihen, die als "toxischer Schrott" eingestuft sind, zunächst in Stücke (Tranchen), die sich nach der Ausfallwahrscheinlichkeit richten und als CDO (Collateralized Debt Obligations) bezeichnet werden. Die mit dem geringsten Risiko behafteten Anleihen werden "Senior CDOs" genannt (seoior tranche, die etwa 80% ausmacht), die von den Investmentbanken in Geschenkkartons verpackt und mit goldenen Bändern verschnürt werden. CDOs mit mittlerem Risiko (Equity, etwa 10%) werden ebenfalls in Geschenkkartons verpackt und mit silbernen Bändern verziert. Das höchste Risiko heißt "Common CDO" (Eigenkapital, ca. 10%) und wird in eine Geschenkschachtel mit einem Kupferband verpackt. Nachdem die Investmentbanken der Wall Street so zurechtgestutzt worden waren, glitzerte und glänzte der zuvor hässliche toxische Schrott sofort.

Sogar Moody's und S&P schauten verblüfft, als die Investmentbanker wieder mit schönen Geschenkboxen in der Hand an die Türen der Asset-Rating-Firmen klopften. Die klugscheißenden Investmentbanken reden davon, wie zuverlässig und versicherbar die "Prämien" sind, zeigen Daten aus den letzten Jahren, um zu zeigen, wie niedrig die Ausfallrate der "Prämien" ist, und zeigen dann mathematische Modelle, die von den weltweit führenden Mathematikern entworfen wurden, um zu zeigen, dass die Wahrscheinlichkeit künftiger Ausfälle ebenfalls extrem niedrig ist. Selbst im Falle eines Ausfalls, der erste, der "gewöhnlichen" und "Zwischen" zu verlieren, mit diesen beiden Linien der Verteidigung, die "high grade" ist einfach eine solide Suppe, und dann über die Immobilien-Entwicklung Situation, wie angenehm, Hypothekenbanken können immer tun "Re-Lending" (Rc-Finanzierung) zu kommen mit einer Menge von Bargeld, oder sehr leicht verkaufen die Immobilie und dann vergießen einen großen Gewinn. Lebende Beispiele sind leicht verfügbar.

Moody's und S&P schauen sich die Zahlen der Vergangenheit genauer an, es ist nichts kaputt, und wenn man die mathematischen Modelle, die die Endzeittrends darstellen, immer wieder anwendet, scheint nichts daran falsch zu sein, dass die Immobilienbranche, wie wir alle wissen, glühend heiß ist. Natürlich wissen die Moody's mit ihrem Instinkt aus einem Jahrzehnt in der Branche und der Erfahrung aus vielen Rezessionen, die sie durchlebt haben, um die Fallstricke, die sich hinter diesen effekthascherischen Artikeln verbergen, aber sie wissen auch, was auf dem Spiel steht. Wenn man sich die Geschenkbox "tadelloser Stachel" vom Tisch ansieht, sind Moody's und S&P gerne bereit, das Gleiche zu tun, schließlich sind wir alle im Finanzdschungel, Moody's und S&P müssen auch das Geschäft der Investmentbanken bestellen, um eine Mahlzeit zu haben, und Moody's und S&P haben auch Wettbewerb miteinander, Sie tun nicht andere werden auch tun, beleidigen die Leute, um nicht zu sagen auch verlorenes Geschäft. So machten Moody's und S&P einen großen Sprung und "Premium CDO" erhielt die höchste Bewertung von AAA.

Die Investmentbanker haben sich gefreut.

Dieser Prozess ähnelt dem von skrupellosen Händlern, die das von McDonald's weggeworfene Altöl einsammeln und dann nach einer einfachen Filterung und Trennung "Abfall in einen Schatz" umverpacken und an Gastronomen für Woks oder Pommes frites verkaufen.

Nachdem sie ein CDO-Rating erhalten hatten, wandten sich die Investmentbanker, die den Giftmüll gezeichnet hatten, an Anwaltskanzleien, um ein "Special Purpose Legal Vehicle" (SPV) zu gründen, das auf den Kaimaninseln registriert wurde, um staatliche Vorschriften und Steuern zu umgehen. Das "Unternehmen" kauft dann die Vermögenswerte und emittiert die CDO, so dass die Investmentbank das Risiko des "Unternehmens" rechtlich umgehen kann.

Was sind einige dieser intelligenten Investmentbanken? Sie sind: Lehman Brothers, Bear Stearns, Merrill Lynch, Citi, Wachovia, Deutsche Bank, Bank of America (BOA) und andere große Investmentbanken.

Natürlich würden die Investmentbanken diesen toxischen Schrott niemals langfristig halten wollen, und ihre Art, ihn zu schlagen, besteht darin, schnell Kasse zu machen. Mit dem höchsten Rating von AAA und dem Talent der Investmentbanker ist der Verkauf einer "Premium-CDO" ein Kinderspiel. Bei den Käufern handelt es sich um große Investmentfonds und ausländische Anlageinstitute, darunter viele Pensionsfonds, Versicherungsfonds, Bildungsfonds und verschiedene staatliche Fonds. Die "intermediate CDO" und die "regular CDO" sind jedoch nicht so einfach. Obwohl sich die Investmentbanken große Mühe gegeben haben, sind auch Moody's und S&P nicht bereit, die beiden "konzentrierten toxischen Abfälle" zu billigen, denn schließlich gibt es eine "Berufsethik" des Endergebnisses.

Wie schält man heißen "konzentrierten Giftmüll" ab? Die Investmentbanken haben sich große Mühe gegeben und eine Meisterleistung vollbracht - einen Hedgefonds!

Die Investmentbanken nahmen einen Teil ihres eigenen Geldes und gründeten unabhängige Hedge-Fonds, die dann den "konzentrierten Giftmüll" aus ihren Bilanzen in unabhängige Hedge-Fonds "ausgliederten", die dann die CDO-Vermögenswerte des "konzentrierten Giftmülls" von den Investmentbanken, die "aus der gleichen Wurzel geboren wurden", zu einem "hohen Preis" kauften, der auf den Vermögenswerten des Hedge-Fonds als "Einstiegspreis" verbucht wurde. Die Investmentbanken haben somit den Prozess der Abgrenzung des "konzentrierten Giftmülls" rechtlich abgeschlossen.

Glücklicherweise hat das von der Fed seit 2002 geschaffene Finanzsystem mit extrem niedrigen Zinssätzen eine Welle rascher Kreditexpansion ausgelöst, die dazu geführt hat, dass sich die Immobilienpreise in einem solchen Boom in nur fünf Jahren verdoppelt haben. Subprime-Kreditnehmer können sich problemlos Mittel beschaffen, um ihre monatlichen Zahlungen zu leisten. Infolgedessen ist die Verzugsquote bei Subprime-Krediten viel niedriger als ursprünglich angenommen.

Der CDO-Markt ist viel kühler als andere Wertpapiermärkte, und "toxischer Schrott" wechselt auf dem Markt nur selten den Besitzer, so dass keine Informationen als Referenz verfügbar sind. In diesem Fall erlauben die Aufsichtsbehörden den Hedge-Fonds, die Ergebnisse interner mathematischer Modellberechnungen als Benchmark für die Vermögensbewertung zu verwenden. Für Hedge-Fonds ist dies eine gute Nachricht, denn nach ihren eigenen "Berechnungen" sind 20% der Rendite zu peinlich, um sie auszusprechen, 30% schwierig, um damit gegenüber anderen Fonds zu prahlen, 50% schwierig, um ein Ranking zu erstellen, und 100% sind möglicherweise nicht möglich.

Zu einer Zeit, die Absicherung der mit "konzentrierten Vermögenswerten toxischen Schrott" CDO aus Gold rot durch Wall Street.

Auch die Investmentbanken sind erfreut, denn sie haben nicht erwartet, dass eine große Anzahl von "konzentriertem Giftmüll" von Hedgefonds zur begehrten Ware wird. Aufgrund der aufsehenerregenden Renditen fragen immer mehr Anleger nach Hedge-Fonds, mit dem Zufluss großer Geldbeträge sind Hedge-Fonds zur Geldmaschine der Investmentbanker geworden.

Die grundlegenden Merkmale der Absicherungsgrundlagen sind hohes Risiko und hohe Hebelwirkung. Da die Hände der "konzentrierten toxischen Müll" CDO Vermögenswerte suchen, um aufzublasen, wenn Sie nicht gut nutzen hohe Hebelwirkung auch sorry für den Namen von Hedge-Fonds. Also, Hedge-Fonds-Manager kommen, um Geschäftsbanken für Hypothekendarlehen zu fragen, Sicherheiten ist der Markt rechtschaffenen roten "konzentrierten toxischen Müll" CDO.

Die Banken hörten auch den großen Namen der CDO und nahmen die CDO gerne als Sicherheiten an und vergaben dann Kredite, um weiterhin Bankgeld zu schaffen. Beachten Sie, dass dies das x-te Mal ist, dass das Bankensystem einen Teil derselben Hypothekenschulden verwendet hat, um "Falschgeld zu stehlen und zu drucken".

Hedge-Fonds sind 5 bis 15 Mal höher gehebelt als Bankhypotheken!

Wenn Hedge-Fonds bekommen das Geld der Banken, zurück zu ihren eigenen Investmentbanken, um mehr CDO kaufen, Investmentbanken dann gerne komplette mehr toxische Junk-MBS-Anleihen zu CDO "Raffination", in der Fast-Track-Asset-Verbriefung, die Ausgabe von Subprime-Darlehen an die Banken dann schneller mehr Geld zu hedgen mehr und mehr Subprime-Kreditnehmer.

Banken, die Subprime-Kredite vergeben, sind für die Produktion zuständig, Investmentbanken, Fannie Mae und Freddie Mac für die Weiterverarbeitung und den Verkauf, Ratingagenturen für die Qualität, Hedgefonds für die Lagerung und den Großhandel, Geschäftsbanken für die Kreditvergabe, und Pensionsfonds, staatliche Treuhandfonds, Bildungsfonds, Versicherungsfonds und ausländische institutionelle Anleger sind die Endverbraucher des Giftmülls der Vermögenswerte. Ein Nebenprodukt dieses Prozesses ist der globale Liquiditätsüberschuss und die Polarisierung von Arm und Reich.

So entstand eine perfekte Kette der Produktion von Giftmüll.

Nach Angaben des Finanzministeriums der Vereinigten Staaten von Amerika (United States Department of the Treasury),

> - Im ersten Quartal 2007 wurden CDOs im Wert von 200 Mrd. USD begeben.

> - Im Laufe des Jahres 2006 wurden CDOs im Wert von 31 Milliarden Dollar emittiert.

➢ Im Jahr 2005 wurden CDOs im Wert von 151 Mrd. $ emittiert.

➢ 100 Milliarden CDOs im Jahr 2004 ausgegeben

Synthetisches CDO": hochreiner konzentrierter Giftmüll

In einigen Fällen behalten die Investmentbanken auch einen Teil des "konzentrierten Giftmülls" in ihren eigenen Händen, um "ethisch" zu handeln und das Vertrauen der Anleger zu stärken. Um diese hochgiftigen Vermögenswerte wirtschaftlich rentabel zu machen, haben sich die cleversten Investmentbanker einen weiteren Trick ausgedacht.

Wie wir bereits erwähnt haben, ist die Wall Street stets bestrebt, Wege zu finden, um Wertpapiere zu erwerben, solange es einen zukünftigen Cashflow gibt. Im Moment haben die "konzentrierten Giftmüll"-Vermögenswerte in den Händen der Investmentbanken noch keine ernsthaften Ausfälle erlebt, und die monatlichen Zinserträge sind stabil. Aber die Chancen für eine Phönix-Versicherung in der Zukunft stehen gut. Was ist zu tun? Sie müssen einen Ausweg aus diesen schlechten Aussichten finden und eine Versicherung für einen möglichen künftigen Ausfall abschließen, nämlich den Credit Default Swap (CDS).

Bevor sie ein solches Zwischenprodukt auf den Markt bringen, müssen die Investmentbanken zunächst eine Theorie zur Erklärung seiner Rationalität aufstellen. Sie zerlegen die Zinserträge der CDO in zwei separate Module, eines für die Verwendung der Mittel in Naraki und das andere für die Kosten des Ausfallrisikos. Das Modul des Ausfallrisikos muss nun an jemand anderen weitergegeben werden, wofür Kosten anfallen.

Wenn ein Anleger bereit ist, das Risiko eines CDO-Ausfalls einzugehen, erhält er die Zahlungen der Ausfallversicherung, die von den Investmentbanken in Raten gezahlt werden, und für den Anleger sieht der Cashflow aus diesen Versicherungszahlungen nicht anders aus als der Cashflow aus einer normalen Anleihe. Das ist das Wesentliche an einem CDS-Vertrag. Bei diesem Verfahren muss der Anleger, der das Risiko übernimmt, weder Geld einbringen noch irgendeine Beziehung zu dem versicherten Vermögenswert haben; er übernimmt einfach das Risiko eines möglichen Ausfalls der CDO und erhält eine Rate der Prämie. Aufgrund der Informationsasymmetrie ist das Urteil des durchschnittlichen Anlegers über die Ausfall-Phönix-Versicherung nicht so genau wie das der Investmentbanken, so dass viele Menschen von den oberflächlichen Renditen angezogen werden und die potenzielle Phönix-Versicherung ignorieren.

Zu diesem Zeitpunkt verbleibt der "konzentrierte Giftmüll" zwar theoretisch in den Händen der Investmentbank, aber das Ausfallrisiko wurde auf andere abgewälzt. Die Investmentbank hat sowohl an Gesicht als auch an Geld gewonnen.

Ursprünglich war die Investmentbank bis zu diesem Zeitpunkt "erfolgreich", aber die Gier des Menschen kennt kein Ende, solange nichts passiert ist, wird das Spiel in einer spannenderen Form weitergehen.

Im Mai 2005 hat eine Gruppe von "Finanzgenies" der Wall Street und der Finanzmetropole London schließlich ein neues Produkt auf der Grundlage von Credit Default Swaps (CDS) "entwickelt": die Synthetische CDO - "hochreine konzentrierte toxische Schrottpapiere". Die geniale Idee der Investmentbanker bestand darin, den Cashflow der Ausfallversicherung, der an das CDS-Paar gezahlt wird, wiederum in getrennten Geschenkboxen nach Phönix-Versicherungskoeffizienten zu integrieren und erneut an die Türen von Moody's und S&P zu klopfen. Moody's hat lange darüber nachgedacht, und sie fühlen sich schlecht dabei. Kein Rating zu bekommen ist nur Gerede. Für Investmentbanker ist das eine Menge, worüber sie sich Sorgen machen müssen.

Lehman Brothers, die weltweit führenden Experten auf dem Gebiet der "synthetischen CDOs", und ihre "Finanzwissenschaftler" haben im Juni 2006 die weltweit giftigste "Equity Tranche" mit dem Rating "hochreiner konzentrierter Giftmüll" geknackt. Ihre "Innovation" besteht darin, den von den Vermögenswerten der "gewöhnlichen synthetischen CDO" generierten Cashflow in einem Reserve-"Pool" zu akkumulieren, der im Falle eines Ausfalls die Notfunktion der Versorgung mit "Cashflow" übernimmt; dieser Ansatz für die "gewöhnliche synthetische CDO" hat eine Rolle bei der Bonitätsverbesserung gespielt. Schließlich hat Moody's diesem "hochreinen konzentrierten Giftmüll" ein AAA-Rating gegeben.

Die Attraktivität der "synthetischen CDO"-Investition hat einen Höhepunkt erreicht, sie ist so glamourös, dass jeder Anleger die Illusion hat, ein Engel käme auf die Erde herab. Überlegen Sie einmal, in der Vergangenheit mussten Sie, um in CDO-Anleihen zu investieren, echtes Geld einsetzen und das mögliche Investitionsrisiko tragen, um einen Cashflow zu erhalten. Jetzt, wo Ihr Geld unbeweglich ist und immer noch an der Börse oder anderswo liegt, damit Sie weiterhin Wohlstand schaffen können, erhalten Sie einen stetigen Cashflow, wobei Sie ein gewisses Risiko eingehen. Es ist eine attraktivere Option als CDS, denn dieses Anlageprodukt wird von Moody's und S&P mit AAA bewertet.

Es wird kein Geld benötigt, um einen stetigen Cashflow zu erzielen, und das Risiko ist minimal, da es sich um "synthetische CDO"-Produkte mit AAA-Rating handelt. Das Ergebnis kann man sich leicht vorstellen: Zahlreiche staatliche Treuhandfonds, Pensionsfonds, Bildungsfonds, Versicherungsfondsmanager und eine große Zahl ausländischer Fonds steigen in Scharen ein und erhöhen die Rendite des gesamten Fonds, ohne einen Pfennig ihrer Mittel zu verwenden, und natürlich ihre eigenen hohen Boni.

Neben den großen Fonds, die wichtige Käufer von "synthetischen CDOs" sind, suchen die Investmentbanken auch nach Hedge-Fonds mit einer Vorliebe für hohe Risiken und hohe Renditen und haben ein "synthetisches CDO"-Produkt für Hedge-Fonds mit einem "Nullkupon" (Zero Coupon) geschaffen. Der größte Unterschied zu anderen "synthetischen CDOs" besteht darin, dass bei anderen Produkten kein Kapital erforderlich ist, um einen Cashflow zu generieren, aber der fatale Nachteil ist, dass alle Risiken auf einer Vollzeitbasis eingegangen werden müssen, mit der Möglichkeit, die gesamte Investition zu verlieren. Die "Null-Kupon-Anleihe" Art von Produkt ist in den Nennwert von einem Teil der Mittel, und kein Cash-Flow-Einkommen, sondern warten auf die CDO Frist, wird in der Lage sein, den vollen Betrag des Nennwerts zu erhalten, sondern um die Ausfallverluste und Kosten zu entfernen, diese im Wesentlichen ähnlich wie die Option Produkte wird das größte Risiko für eine "erste sagen, brechen, und dann nicht Chaos", die Hedge-Basis der Massen bis zum Beginn der Teil der Mittel investiert, aber im Falle gibt es keinen Ausfall, dass die Menschen Haare verdienen können, die "im Falle" die gute Hoffnung der Hedge-Fonds ist wirklich unmöglich zu widerstehen. Natürlich kennen die Investmentbanken das Innenleben der Hedge-Fonds-Manager, um solche "durchdachten" Produkte zu entwickeln. Die Rolle einer Investmentbank besteht darin, die Gier der anderen zu stimulieren und auszunutzen, während sie fast immer auf sich allein gestellt ist, und es ist Sache des Hedgefonds, sein Glück zu bestimmen.

Die Phantasie der Finanzinnovation an der Wall Street scheint grenzenlos zu sein. Neben CDO, CDS, synthetischen CDO wurden auch CDO-basierte "CDO-Quadrate" (CDO2), "CDO-Würfel" (CDO3), "CDO des N-Quadrats" (CDON) und andere neue Produkte erfunden. Nach Angaben von Fitch erreichte der Markt für Kreditderivate im Jahr 2006 ein Volumen von 50 Billionen Dollar. Von 2003 bis 2006 ist dieser Markt um das 15-fache gestiegen! Derzeit sind Hedge-Fonds mit einem Anteil von 60 Prozent die Hauptstütze des Marktes für Kreditderivate.

Darüber hinaus zeigen die BIZ-Statistiken, dass im vierten Quartal 2006 neue "synthetische CDOs" im Wert von 92 Mrd. USD emittiert wurden, im Vergleich zu 121 Mrd. USD im ersten Quartal 2007, wobei 33% des Marktes auf Hedgefonds entfielen. Wer ist die Hauptstütze dieses Marktes für hochreinen konzentrierten Giftmüll? Überraschenderweise zeigen die Ergebnisse, dass es "konservative Fonds", einschließlich Pensionsfonds und ausländische Anleger, sind, die sich auf die giftigsten der "synthetischen CDOs", die "generischen synthetischen CDOs", konzentrieren.

Rating-Agentur: Mitschuld am Betrug

Von allen Subprime-MBS-Anleihen wurden etwa 75 Prozent mit AAA bewertet, 10 Prozent mit AA, weitere 8 Prozent mit A und nur 7 Prozent mit BBB oder niedriger. Tatsächlich erreichte die Ausfallquote bei Subprime-Krediten im vierten Quartal 2006 14,44 Prozent und stieg im ersten Quartal 2007 auf 15,75 Prozent. Mit der unvermeidlichen, noch nie dagewesenen "monatlichen Zahlungspanik", die durch die Rücksetzung der Zinssätze um 2 Billionen Dollar in den Jahren 2007 und 2008 verursacht wurde, werden die Märkte für Subprime- und ALT-A-Kredite zwangsläufig höhere Ausfallquoten verzeichnen. Von Ende 2006 bis Mitte 2007 waren mehr als 100 Subprime-Kreditgeber gezwungen, ihren Betrieb einzustellen. Dies ist erst der Anfang. Eine von der Mortgage Bankers Association of America veröffentlichte Studie zeigt, dass 20 Prozent der Subprime-Kredite wahrscheinlich in der Zwangsvollstreckung enden und 2,2 Millionen Menschen ihr Zuhause verlieren werden.

Am 15. Juli 2007 wurde bekannt, dass der Ohio Police & Fire Pension Fund, der drittgrößte Pensionsfonds der Vereinigten Staaten, mit 7% seiner Investitionen in den MBS-Markt schwere Verluste erlitten hatte. Marc Dann, der Generalstaatsanwalt von Ohio, schimpfte: "Diese Rating-Unternehmen verdienen ein Vermögen an jedem Subprime-MBS-Rating. Sie geben diesen (giftigen Schrottpapieren) weiterhin AAA-Bewertungen, so dass sie tatsächlich an diesen Betrügereien mitschuldig sind."

Daraufhin erwiderte Moody, dass Jane Yuk lächerlich sei. "Unsere Meinungen sind objektiv, und es gibt keinen Zwang zum Kauf und Verkauf. Die Logik von Moody ist, dass unser Lob für "Full of Gold Armor", genau wie das der Kritiker, nicht bedeutet, dass wir Sie zwingen, Tickets für den Film zu kaufen, mit anderen Worten, wir sagen nur, dass Sie den Film nicht ernst nehmen sollen.

Die Anleger, die so verärgert sind, dass sie meinen, bei so extrem komplexen Produkten wie CDO und "Joint CDO", bei denen die Preisinformationen ziemlich undurchsichtig sind, vertraue der Markt auf die Bewertung der Ratingagenturen und verlasse sich auf sie, wie können sie da einfach die 6.2.5 drücken und sie überhaupt nicht akzeptieren? Wie könnten außerdem große Pensionsfonds, Versicherungsfonds, Bildungsfonds, staatliche Treuhandfonds und ausländische institutionelle Investmentfonds ohne ein solches Rating wie AAA stark gezeichnet werden?

Alles basiert auf einem AAA-Rating, und wenn dieses Rating falsch ist, sind die Hunderte von Milliarden Dollar an Portfolios, die diese Fonds abdecken, in Gefahr. In der Tat werden alle Aspekte des Spiels von den Bewertungen der Vermögenswerte bestimmt.

Kürzlich verzeichneten zwei Hedgefonds, die unter dem Dach von Bear Stearns, einer der fünf größten Investmentbanken der Wall Street, in Subprime-Hypotheken investiert hatten, hohe Verluste. Schon lange vor Bear Stearns begannen viele Anleger und Aufsichtsbehörden, die Preisgestaltung der von Investmentbanken und Hedgefonds gehaltenen Vermögenswerte zu untersuchen. "Das Financial Accounting Standard Board (FASB) begann zu fordern, dass der Exilpreis eines Vermögenswerts und nicht der Einstiegspreis zum "Marktwert" berechnet werden muss. Der so genannte "Exit Price" ist der Marktpreis, zu dem der Vermögenswert verkauft wird, während der derzeit von Investmentbanken und Hedgefonds verwendete Preis durch eine intern entwickelte mathematische Formel "errechnet" wird. Da CDO nur äußerst selten gehandelt werden, gibt es einen großen Mangel an zuverlässigen Marktpreisinformationen. Ein Anleger, der sich bei fünf Intermediären nach CDO-Kursen erkundigt, wird wahrscheinlich fünf verschiedene Preise erhalten. Die Wall Street ist daran interessiert, diesen Markt undurchsichtig zu halten, um hohe Gebühren zu erzielen.

Wenn die Menschen Geld haben, sind sie glücklich, aber wenn die Dinge schief gehen, versuchen sie, sich aus dem Staub zu machen. An diesem Punkt reißt die übliche Bescheidenheit der westlichen Gesellschaft alle Arten von Verkleidungen ab. Dies ist der Fall bei der Beziehung zwischen Bear Stearns und Merrill.

Die beiden Hedge-Fonds von Bear Stearns sollen "ihre Wetten auf dem MBS-Sekundärmarkt falsch platziert haben, was zu enormen Verlusten führte", und die korrekte Lesart wäre, dass sie bei den hochkonzentrierten toxischen "synthetischen CDO" in dem unglücklichen Ausfallrisiko eine Rolle spielten und "auf der falschen Seite der Geschichte standen", und die Partei, die das Risiko weitergab, waren vielleicht die Investmentbanken, einschließlich ihrer eigenen Familie. Am 31. März 2007 verfügten die beiden Fonds von Bear Stearns noch über ein Vermögen von mehr als 20 Milliarden Dollar, und Anfang Juli war das Vermögen beider Fonds um etwa 20 Prozent geschrumpft. Infolgedessen haben auch die Gläubiger dieser Fonds versucht, sich zu trennen.

Einer der größten Gläubiger, Merrill Lynch, hat es eilig und hat angekündigt, dass er mit der Versteigerung von Hypothekenanleihen des Bear Stearns Fund im Wert von mehr als 800 Millionen Dollar beginnen wird, nachdem er wiederholt erfolglos versucht hat, Geld einzutreiben. Merrill Lynch hatte zuvor erklärt, dass es die Vermögenswerte erst dann verkaufen würde, wenn der Hedge von King Pläne zur Rekapitalisierung von Bear Stearns bekannt gibt. Die kindische Diva Merrill Lynch lehnte das von Bear Stearns vorgeschlagene Sanierungspaket ab. Der Notfallplan von Bear Stearns für eine weitere Kapitalerhöhung in Höhe von 1,5 Mrd. $ wurde von den Gläubigern nicht gebilligt. Sekirin ist bereit, zunächst konventionelle Wertpapiere zu verkaufen und plant dann auch den Verkauf damit verbundener Derivate. Unterdessen haben Berichten zufolge unter anderem Goldman Sachs, JPMorgan Chase und die Bank of America ihre jeweiligen Fondsanteile zurückgekauft.

Zum Entsetzen aller wurden bei der öffentlichen Auktion nur 1/4 der Anleihen notiert, verglichen mit 85% bis 90% des Wertes des Tickets. Dies ist der beste Teil des AAA-Ratings von Bear Stearns Fund. Wenn selbst diese hochwertigen Vermögenswerte mehr als 15% verlieren, ist der Gedanke an andere toxische CDOs unterhalb von

BRB, nach denen niemand auch nur fragt, einfach unvorstellbar, und das Ausmaß des Verlusts wird unvorstellbar sein.

Die harte Realität weckte Bear Stearns auf und erschütterte die gesamte Wall Street. Beachten Sie, dass CDOs im Wert von 750 Mrd. USD als Sicherheiten in den Bilanzen der Geschäftsbanken liegen. Ihr derzeitiger Trick besteht darin, diese CDO-Vermögenswerte in ein Off-Balance-Sheet zu verschieben, wo sie die Preise anhand interner mathematischer Modelle berechnen können, ohne auf Marktpreise zurückgreifen zu müssen.

Die Banker an der Wall Street haben derzeit nur eine Überzeugung: Niemals eine öffentliche Auktion auf dem Markt durchführen! Da dies den wahren Preis der CDOs ans Tageslicht bringen würde, würde man sehen, dass der tatsächliche Preis dieser Blasenwerte nicht 120% oder 150% dessen beträgt, was in den Finanzberichten veröffentlicht wird, sondern höchstwahrscheinlich 50% oder sogar 30%. Sobald der Marktpreis ans Licht kommt, werden alle Fonds, ob groß oder klein, die in den CDO-Markt investiert haben, ihre Vermögenskonten überprüfen müssen, und die riesigen Verluste werden sich nicht länger verbergen lassen, und der beispiellose Sturm, der über die weltweiten Finanzmärkte fegen wird, wird mit Sicherheit kommen.

Am 19. Juli hatten die beiden Hedge-Fonds von Bear Stearns "nichts mehr von Wert", die riesigen Vermögenswerte von 20 Milliarden Dollar lösten sich innerhalb weniger Wochen in Rauch auf. Am 1. August meldeten die beiden Hedge-Fonds von Bear Stearns Insolvenzschutz an.

Wer genau hält die Vermögenswerte der toxischen Schrottpapiere? Dies ist ein sehr heikles Thema an der Wall Street. Schätzungen zufolge werden bis Ende 2006 10% von Hedge-Fonds, 18% von Pensionsfonds, 19% von Versicherungsgesellschaften und 22% von Vermögensverwaltungsgesellschaften gehalten werden. Und natürlich gibt es auch ausländische Investoren. Seit 2003 haben ausländische Finanzinstitute in China im großen Stil verschiedene "strukturierte Anlageprodukte" auf den Markt gebracht, und ich fürchte, nur Gott weiß, wie viel von diesem "Vermögensgiftmüll" verschmutzt worden ist.

Die Bank für Internationalen Zahlungsausgleich hat gewarnt, dass "der US-Subprime-Hypothekenmarkt zunehmend problematisch wird, aber es ist nicht klar, wie sich diese Überschneidungen auf den gesamten Kreditmarkt auswirken werden. "Deutet dieses "unklar" auf einen möglichen Zusammenbruch des CDO-Marktes hin? Subprime- und ALT-A-Kredite und darauf aufbauende CDOs mit CDS und synthetischen CDOs im Gesamtwert von mindestens 3 Billionen Dollar oder mehr. Kein Wunder, dass die Bank für Internationalen Zahlungsausgleich kürzlich eindringlich davor gewarnt hat, dass die Welt auf eine große Depression wie in den 1930er Jahren zusteuern könnte. Die Bank sieht auch eine Trendwende im Boomzyklus des globalen Kreditsektors in den kommenden Monaten.

Nach den Äußerungen der Fed-Beamten zu urteilen, teilen die politischen Entscheidungsträger die Sorgen der Finanzmärkte über den Subprime-Kreditmarkt nicht und erwarten nicht, dass sich die Auswirkungen auf die Wirtschaft ausbreiten. Bernanke hatte Ende Februar 2007 erklärt, dass die Subprime-Kreditvergabe ein kritisches Problem sei, aber es gab keine Anzeichen dafür, dass es sich auf die großen Kreditmärkte ausbreitete, und der Gesamtmarkt schien noch gesund zu sein. In der Folge scheuten sowohl Anleger als auch Beamte das potenzielle Risiko einer sich ausbreitenden Subprime-Kreditkrise. Das Problem zu vermeiden, bedeutet nicht, es zu beseitigen, und die Menschen sind ständig mit der drohenden Krise im wirklichen Leben in Berührung.

Wenn die staatlich verwalteten Fonds aller Art auf dem durch Vermögenswerte gesicherten Markt stark verlieren. Die Folge ist, dass normale Menschen jeden Tag mit Strafzetteln in Höhe von 3.000 Dollar konfrontiert werden könnten. Wenn der Rentenfonds verliert, wird das Rentenalter für alle verlängert. Und wenn die Versicherungsgesellschaft zahlt, werden die Kosten für alle Arten von Versicherungen steigen.

Kurz gesagt, das Gesetz der Finanzinnovation an der Wall Street ist, dass die gewinnenden Banker astronomische Boni erhalten und die Verlierer von den Steuerzahlern und Ausländern bezahlt werden. Und ob Gewinner oder Verlierer, die unvermeidliche Folge der riesigen Schuldenwährung und der Inflation, die durch die wiederholten, zyklischen und vervielfachten Schulden des Bankensystems im "Prozess der Finanzinnovation" geschaffen werden, ist die leise Aufteilung des von den Menschen auf der Welt geschaffenen Reichtums. Kein Wunder, dass die Welt immer mehr in Arm und Reich gespalten wird, kein Wunder, dass die Welt immer uneiniger wird.

Schuldenimplosion und Liquiditätsengpass

Die US-Subprime-Hypothekenkrise ist im Wesentlichen eine klassische Krise vom Typ der Schuldenimplosion. Die Banken schaffen Geld "aus dem Nichts", indem sie Hypotheken generieren, nicht gerade das, was sich der Normalbürger vorstellt, indem er die Ersparnisse anderer Leute auf andere überträgt, was in Wirklichkeit bedeutet, dass zukünftige, nicht geschaffene Arbeit im Voraus zu Geld gedruckt und in Umlauf gebracht wird. Auf der anderen Seite, die Zentralbank, um mit der Inflation umzugehen, musste es durch die Anhebung der Zinssätze zu bewältigen, die kombinierte Kraft dieser beiden Rollen führte zu einer schrittweisen Erhöhung der Kreditgeber Rückzahlung Druck, bis die riesigen Schulden zerkleinert und die Ausfallquote stieg stark an, gefolgt von einem Rückgang der Immobilienpreise, begannen die Anleger aus dem Immobilienmarkt zurückzuziehen, MBS und CDO niemand um Hilfe gebeten, die Anleihemarkt und der Notenmarkt plötzlich erschienen Liquiditätsverknappung. Diese Verschärfung und schockiert die Finanzderivate der Credit Default Swap-Markt, eine große Zahl von Fondsmanagern, die die Credit Default Swap-Verträge gekauft plötzlich festgestellt, dass das Risiko für die Heimat des Geldes Kette brach, zu diesem Zeitpunkt, Banken und Investoren, um die Schulden, Panik und Hilflosigkeit nur auf Vermögenswerte zu verkaufen, um den Trick Bargeld. Leider war die Richtung und das Muster der meisten Anleger sehr ähnlich und der Ausverkauf entwickelte sich schließlich zur Panik.

Das ist das Gesetz der schuldengeldgetriebenen Wirtschaftsentwicklung: Schulden schaffen Geld, Geld stimuliert die Gier, Gier verschlimmert die Schulden, Schulden implodieren, Implosion löst Austerität aus, und Austerität ist Rezession!

Die Ansicht vieler Analysten, dass es sich bei Subprime-Hypotheken um ein "isoliertes Problem" handelt und dass die Regulierung im Vergleich zum gesamten Finanzmarkt in den Vereinigten Staaten bescheiden ist, lässt die "Form und Struktur" des Finanzmarktes außer Acht, d. h. dass der Resthypothekenmarkt nicht horizontal entwickelt und unabhängig ist.

Aus einer vertikalen Perspektive, Subprime-Hypotheken zeigen eine große umgekehrte Pyramide Form. Der Boden der Pyramide ist die Menschen über 4000 ~ 5OOO Millionen US-Dollar wird schließlich zu einem schlechten Schulden Subprime-Hypothekendarlehen, und es ist die Unterstützung der CDO über 750 Milliarden US-Dollar, und dann gibt es eine größere 50 Billionen US-Dollar von CDS Credit Default Swap-Markt, CDS über und "synthetische CDO", und MBS, CDO, synthetische CDO, etc. zusammen mit der Hypothek an die Geschäftsbanken, um 5 ~ 15 mal die neue "fake money" unterstützen die Liquidität der hohen Hebelwirkung Vergrößerung. Wenn diese gefährliche umgekehrte Pyramide kippt und wackelt, wird auch der 100 Billionen Dollar schwere Markt für Zinsswaps, der größte Markt für Finanzderivate, davon betroffen sein. Da die Umkehrung der Liquiditätsschwemme in eine Liquiditätskrise so plötzlich erfolgt, wird es Probleme mit MBS und der langfristigen Finanzierung durch US-Staatsanleihen geben, aber sobald die langfristigen Zinssätze weiter steigen, wird der 10 Billionen Dollar schwere Zinsswap-Markt in einem engeren Markt implodieren.

Was die Korrelation der Schuldenstruktur anbelangt, so stellt sich die Frage, ob die 2,2 Millionen hoch verschuldeten Subprime-Kreditnehmer, die sich in einer umfassenden Krise befinden, ihre Autokredite, Studienkredite, Kreditkartenschulden und andere Schulden pünktlich zurückzahlen können. Und wie können ABS-Anleihen und andere Derivate, die auf diesen Schulden basieren, unangetastet bleiben? Diese Anleihen und ihre Derivate sind im gesamten Bankensystem gestaffelt, mit einem hohen Anteil an Kreditgebern und wiederholten Ableitungen, und wenn ein Schuldner zusammenbricht, zieht dies sofort eine große Zahl von Schuldtiteln nach sich. Wenn Millionen von Menschen gleichzeitig fallen, wer kann sie dann noch retten? Anstatt die Risiken zu "diversifizieren", schafft die "Finanzinnovation" in Wirklichkeit noch nie dagewesene systemische Risiken in einem noch nie dagewesenen Ausmaß. Wenn es heißt, dass im Jahr 1998, als die Vereinigten Staaten langfristige Kapitalgesellschaften schief ging, die Federal Reserve auch wusste, dass mehrere der größten Gläubiger zu informieren, um zu treffen, um die Gegenmaßnahmen zu studieren, Xing und warum der heutige Markt einmal gibt es eine massive und astronomische Schulden Implosion, durch trockene Kreditausfallverträge werden von Dutzenden von Millionen von Anlegern gehalten einander, und mehrere Over-the-Counter-Transaktionen, mangelnde Überwachung, mehrere der Knotenpunkte zur gleichen Zeit nicht, wird es eine schreckliche "Kettenreaktion" sofort, wird das gesamte System gelähmt werden. Bild, in der Phönix-Risiko-Konzentration der "traditionellen Finanzmarkt", das Risiko Knoten ist riesig und klare Ziele, sobald die "Blutung" Problem, die Zentralbank Ärzte können schnell wirksame

Maßnahmen ergreifen und entschlossen "stoppen die Blutung". Und wenn die Risiken der modernen Finanzmärkte sind sehr auf Tausende von institutionellen Anlegern verstreut, sobald es "schweren Blutverlust", ist fast unmöglich, die "diffuse Blutung" zu heilen, haben die Ärzte keine Ahnung, wo zu beginnen.

In diesem Sinne haben die beispiellosen Kapitalspritzen der Federal Reserve und der Europäischen Zentralbank seit Anfang August 2007, die das Ausmaß des Problems durchbrochen haben, nicht überreagiert, und es ist keine Übertreibung zu sagen, dass die heutigen Weltfinanzmärkte ohne die volle Kraft der Rettung durch die Zentralbanken in Trümmern liegen würden.

Nachfolgend finden Sie den von der Credit Suisse veröffentlichten Zeitplan für die Rücksetzung von Hypothekenkrediten. Die horizontalen Koordinaten beziehen sich auf den Monat und der Ausgangspunkt ist 2007 L. Die vertikalen Koordinaten sind die Skala für die Rücksetzung von Hypothekenschulden. Aus diesem Diagramm geht klar hervor, warum das erste große Erdbeben auf dem Weltmarkt für Unternehmensfinanzierung Ende Februar 2007 stattfand und warum das zweite große Erdbeben im August stattfand, während der Höhepunkt des dritten großen Erdbebens höchstwahrscheinlich Ende 2007 erreicht wurde und die nachfolgenden Nachbeben noch viele Jahre andauern werden.

Die Zukunft der weltweiten Finanzmärkte wird so aussehen

Die Zentralbanker haben die Krise zwar vorübergehend eingedämmt, aber die zugrunde liegende Schuldenimplosion hat sich nicht im Geringsten abgeschwächt. Das Problem der Bewertung von CDO-Vermögenswerten in Höhe von 750 Milliarden Dollar im US-Bankensystem ist noch nicht ans Licht gekommen, ebenso wenig wie die massive Neufestsetzung der Hypothekenzinsen, die Ende 2007 und 2008 erfolgen wird. Zu diesem Zeitpunkt war die Bestätigung ein großes Erdbeben. Es ist unwahrscheinlich, dass ausländische Verbraucher nach aufeinanderfolgenden katastrophalen Erdbeben fröhlich verschuldet bleiben werden.

Der Kern des Problems besteht darin, dass in einer Zeit, in der Schuldgeld die Weltwirtschaft antreibt, die Tilgung oder Vernichtung von Schulden eine Verringerung der Liquidität bedeutet. Da die Nachfrage nach hohen Renditen auf den Finanzmärkten für das Wachstum der Realwirtschaft nur schwer zu befriedigen ist, können die Finanzmärkte nicht einmal eine Verlangsamung des Liquiditätswachstums tolerieren, geschweige denn einen Stopp und Rückgang. Aber die Implosion der Subprime-Hypothekenschulden hat bereits gezeigt, dass die Überziehungskapazität der Amerikaner für die Zukunft erschöpft ist, und das Ausmaß der darauf basierenden Schuldderivate ist sogar noch größer, als die US-Eigenheimkredite im Jahr 2006 um 1,9 Billionen Dollar zunahmen. Wenn die Leistung dieses massiven Systems von Schuldtiteln abnimmt, wo bleibt dann mein größeres Schuldensystem?

Als neuen Schuldenersatz treiben die Genies der Wall Street die Entwicklung eines neuen Produkts namens "Todesanleihe" voran. Das Herzstück der "Todesanleihe" ist die Umkehrung der Auszahlung von Lebensversicherungen nach dem Tod einer Person. Die Investmentbanken finden Menschen, die eine Lebensversicherung haben, und schlagen ihnen vor, dass die Lebensversicherung nach ihrem Tod von jemand anderem ausgegeben werden muss. Warum sollte man sie also nicht jetzt abschließen und zu Lebzeiten nutzen? Der Vorschlag war für alle verlockend, und die Investmentbanken verpackten etwa 200 Lebensversicherungspolicen in Asset-Backed-Bonds (ABS), um sie an Investoren an der Wall Street zu verkaufen. Eine Person, die eine Lebensversicherung verkauft, erhält in der Regel 20 bis 40 Prozent ihrer gesamten Leistung in bar, während ein Anleger, der eine Todesfallanleihe kauft, diesen Betrag einzahlt und die Versicherung monatlich weiter bezahlt, bis der Versicherer stirbt, wonach die gesamte Leistung an den Anleger geht. Je früher der Versicherer stirbt, desto höher ist der Eintritt des Anlegers. Der Anleger tippt also auf die Stoppuhr und wartet auf den Tod des Versicherers. Die Investmentbank kassiert in der Zwischenzeit eine Gebühr von 5 bis 6%. Abgesehen davon ist auch dieser Markt weit davon entfernt, ein Ersatz für Hypothekendarlehen zu sein, und selbst in seiner höchsten Ausprägung generiert er nur etwa 19 Milliarden Dollar pro Jahr an Schuldtiteln, also nur 1/10 des Umfangs von Hypothekenschulden.

Eine andere Idee ist, die Laufzeit von Hypothekenkrediten für alle zu verlängern, und zwar von den üblichen 30 Jahren auf 40 bis 50 Jahre, was auch den Umfang der Schulden stark erhöhen kann, um dem Finanzmarkt ausreichend Liquidität zu verschaffen.

Ohne ein Verschuldungssystem, das groß genug ist, schnell genug ansteigt und mit vernünftigen Mechanismen arbeitet, um vorübergehend verkrüppelte Hypothekenschulden zu ersetzen, wird es kaum möglich sein, den Ausbruch einer schweren Rezession zu verhindern.

CHRONIK DER WICHTIGSTEN EREIGNISSE

Die erste moderne Bank wurde 1694 gegründet, als König Wilhelm I. der Bank of England eine königliche Charta erteilte.

1789 wurde Hamilton von Präsident Washington zum ersten US-Finanzminister ernannt, und er war ein wichtiger Förderer des US-Zentralbankensystems.

Am 25. Februar 1791 unterzeichnete Washington ein Mandat für die erste Zentralbank der Vereinigten Staaten mit einer Laufzeit von 20 Jahren, die ausländisches Geld zum Ankauf erhalten sollte. Das war der erste große Sieg für die internationalen Bankiers.

Im Jahr 1800 wurden die Rothschilds zu einer der reichsten jüdischen Familien in Frankfurt. Meyer erhielt vom Kaiser des Heiligen Römischen Reiches den Titel eines "kaiserlichen Agenten".

Im Jahr 1803 gewährte Meyer dem dänischen König im Namen der Rothschilds einen Kredit und erlangte dadurch große Berühmtheit, was dem Ansehen der Rothschilds sehr zugute kam.

Im Jahr 1811 wurden die Bank of England und Nathan Rothschild Hauptaktionäre der First Bank of the United States, der Zentralbank der Vereinigten Staaten.

Am 3. März 1811 wurde Nathan durch die Schließung der First Bank of the United States wütend, um den Amerikanern eine Lektion zu erteilen, und einige Monate später brach der Krieg von 1812 zwischen Großbritannien und den Vereinigten Staaten aus, der die Regierung der Vereinigten Staaten in Schulden stürzte.

In der Schlacht von Waterloo am 18. Juni 1815 besiegte Großbritannien Napoleons Armee. Nathan Rothschild war im Voraus über den Krieg informiert und nutzte die britische Staatsverschuldung, um das 20-fache seines Vermögens zu verdienen. Er wurde zum größten Gläubiger der britischen Regierung und dominierte die künftige britische Staatsverschuldung.

Im Jahr 1816 wurde die Second Bank of the United States gegründet.

Im November 1818 verkauften die Rothschilds gleichzeitig französische Anleihen in ganz Europa, was eine große Panik auf den Märkten auslöste und Ludwig XVIII. dazu zwang, sie um Hilfe zu bitten und schließlich die volle Kontrolle über die französischen Finanzen zu übernehmen.

1818 nahmen sowohl Salomon als auch sein Bruder Carl an der Aachener Konferenz teil, auf der die Zukunft Europas nach der Niederlage Napoleons erörtert wurde und auf der sie sich mit Metternich anfreundeten.

Im Jahr 1822 verlieh das habsburgische Königshaus den Titel eines Baron Rothschild an 4 Brüder.

Im Jahr 1822 nahmen die drei Brüder Solomon, James und Carl an der wichtigen Konferenz von Verona teil, nach der die Rothschild-Bank Mittel für das erste mitteleuropäische Eisenbahnprojekt erhielt.

Am 8. Januar 1835 tilgte Präsident Jackson den letzten Teil der Staatsschulden. Dies war das einzige Mal in der Geschichte, dass die US-Regierung die Staatsschulden auf Null senkte und gleichzeitig einen Überschuss von 35 Millionen Dollar erwirtschaftete.

Am 30. Januar 1835 wurde auf Präsident Jackson ein Attentat verübt, dem er zum Glück entkam.

Im Jahr 1837, die zweite Bank der Vereinigten Staaten von Amerika Antrag auf Verlängerung wurde von Präsident Jackson abgelehnt, die Rothschild-Familie kontrolliert die wichtigsten europäischen Bankensektor zur gleichen Zeit verschärft die US-Banking, fiel die Vereinigten Staaten in eine ernste "künstliche" Geld im Umlauf drastisch reduziert die Situation, schließlich löste die Panik von 1837, stürzte die Wirtschaft in die Rezession für so lange wie fünf Jahre, ist seine zerstörerische Kraft so groß wie die Große Depression im Jahr 1929.

Am 4. März 1841 wurde Präsident Harrison von einer Erkältung heimgesucht, die während seiner Antrittsrede immer schlimmer wurde und schließlich zum Tode führte, wobei einige Historiker davon ausgehen, dass der Präsident mit Arsen vergiftet wurde.

1843 erwarb Solomon die Vitkovice Consolidated Mining Company und die Austro-Hungarian Smelting Company, die damals zu den zehn größten Schwerindustrieunternehmen der Welt gehörten.

Am 9. Juli 1850 starb Präsidentin Taylor an einem mysteriösen Magenanfall.

Um 1850 hatten die Rothschilds ein Gesamtvermögen von 6 Milliarden Dollar angehäuft.

Im Jahr 1853 besaß ausländisches, insbesondere britisches Kapital bereits 46 Prozent der US-Staatsschulden, 58 Prozent der Staatsanleihen und 26 Prozent der US-Eisenbahnanleihen und fesselte damit die US-Wirtschaft ein weiteres Mal.

Im Jahr 1863 musste sich Lincoln den Kräften der Bankiers im Kongress beugen und den National Bank Act of 1863 unterzeichnen, um die Genehmigung für die dritte Greenback-Emission zu erhalten, die den Krieg gewinnen sollte.

Am 14. April 1865 wurde auf Abraham Lincoln ein Attentat verübt. Es wird allgemein angenommen, dass es sich bei dem Attentat um eine massive Verschwörung handelte, an der möglicherweise Mitglieder der Regierung und Finanzkräfte beteiligt waren.

1869 traf sich J. P. Morgan mit den Rothschilds in London, und die Zusammenarbeit der Familie Morgan mit den Rothschilds erreichte ein neues Niveau.

Im Jahr 1872 wurde Ernest Sade von internationalen Bankiers beauftragt, durch Bestechung das Münzgesetz von 1873, auch bekannt als "Draconian Act of 1873", zu erwirken, das Goldmünzen zur alleinigen Leitwährung machte.

Im Jahr 1879 wurden die Rothschilds zu den größten Gläubigern der amerikanischen Eisenbahnen.

Am 1. März 1881 starb Lincolns Verbündeter, Zar Alexander II, durch ein Attentat.

Am 2. Juli 1881 wurde James Garfield, der 20 Präsident der Vereinigten Staaten, einem Attentat zum Opfer gefallen und starb später.

Am 5. Februar 1891 gründeten die Rothschilds und eine Reihe anderer britischer Bankiers die Geheimorganisation "Round Table Group", und in den Vereinigten Staaten wurde eine entsprechende Organisation unter der Führung der Familie Morgan gegründet.

Im Jahr 1912 veröffentlichte Edward House den Roman *Philip Dru: The Administrator*, dessen Vorhersagen über die Zukunft der Vereinigten Staaten den hohen Erwartungen der internationalen Bankiers entsprachen und bei seiner Veröffentlichung die Aufmerksamkeit der amerikanischen High Society auf sich zogen.

Im Jahr 1913 wurde die Federal Reserve Bank of the United States gegründet, was letztlich einen entscheidenden Sieg für die internationalen Bankiers bedeutete.

Am 23. Dezember 1913 wurde der Federal Reserve Act verabschiedet, und internationale Bankiers übernahmen die vollständige Kontrolle über die nationale Währungsausgabe in den Vereinigten Staaten.

Am 16. November 1914 nahm die Federal Reserve offiziell ihre Tätigkeit auf.

Im September 1915 wurde die anglo-französische Darlehensoperation in Höhe von 500 Millionen Dollar offiziell eingeleitet.

Am 17. Juni 1917 berief House die Society for International Affairs in New York ein, die 1921 in die Diplomatic Association umgewandelt wurde, eine Organisation, die sich der Kontrolle der amerikanischen Gesellschaft und der Weltpolitik widmete.

Am 8. Mai 1920 hielt der Gouverneursrat der US-Notenbank eine geheime Sitzung ab, die unmittelbar zu einer Kreditklemme und einer erfolgreichen "Schur"-Aktion gegen die Landwirtschaft führte.

Im Jahr 1929 verursachte der plötzliche und starke Rückgang des Angebots an Krediten für Aktieninvestitionen auf dem New Yorker Geldmarkt die Krise von 1929, die in Wirklichkeit eine kalkulierte "Scherung" der Öffentlichkeit durch die internationalen Geldmogule war.

Im Jahr 1930 wurde die Bank für Internationalen Zahlungsausgleich gegründet. Sie ist eine Zentralbank, die völlig unabhängig von den Regierungen arbeitet, in Kriegs- und Friedenszeiten von der Besteuerung befreit ist und nur Einlagen von deren Zentralbanken annimmt.

1931 trafen sich die Banker der Wall Street und beschlossen, Hitler weiter zu unterstützen.

Im Januar 1934 verabschiedete Roosevelt den Gold Reserve Act, der den Goldpreis auf 35 Dollar pro Unze festlegte, aber das amerikanische Volk hatte kein Recht, es umzutauschen.

Im Jahr 1935 veröffentlichte ein Sonderausschuss unter der Leitung von Senator Nye einen 1 400 Seiten umfassenden Bericht, in dem die Geheimnisse der amerikanischen Beteiligung am Ersten Weltkrieg sowie die Verschwörungen und Missetaten von Bankern und Rüstungsunternehmen im Zusammenhang mit den Kriegsanstrengungen detailliert beschrieben wurden.

Im Jahr 1954 wurde der Bilderberg Club gegründet, die "internationale Version" der American Foreign Service Association, mit dem Ziel, eine Weltregierung zu errichten.

Im November 1961 gründeten die Vereinigten Staaten und sieben große europäische Länder den "Gold Mutual Fund", dessen Hauptziel es war, den Goldpreis auf dem Londoner Markt zu drücken.

Am 4. Juni 1963 unterzeichnete Kennedy die wenig bekannte Präsidialverfügung 1110, mit der er dem US-Finanzministerium die Ausgabe von Silberscheinen anordnete und der Federal Reserve das Recht zur Geldausgabe entriss.

Am 22. November 1963 wurde auf Kennedy ein Attentat verübt und er wurde getötet.

1967 stellte ein 15-köpfiges US-Expertenteam einen streng geheimen Bericht fertig, in dem es die Herausforderungen, denen sich die Vereinigten Staaten stellen würden, wenn die Welt in eine Phase des "permanenten Friedens" eintreten würde, und die Strategien, mit denen sie darauf reagieren könnten, untersuchte. Im selben Jahr wurde der Iron Mountain Report veröffentlicht, der alle Teile der amerikanischen Gesellschaft schockierte.

Am 17. März 1968 lief das Golden Mutual Fund Scheme aus.

Am 18. März 1969 hob der US-Kongress die zwingende Vorschrift auf, dass die von der Fed ausgegebenen Dollars zu 25 Prozent mit Gold unterlegt sein mussten. Damit wurde die letzte rechtlich verbindliche Beziehung zwischen Gold und der Ausgabe von Dollars aufgehoben.

Am 15. August 1971 schloss Nixon das Goldumtauschfenster, was das zweite Mal war, dass sich die Vereinigten Staaten gegenüber der internationalen Gemeinschaft schlecht verhielten, nach Roosevelts schlechter Verschuldung gegenüber den Menschen im eigenen Land im Jahr 1933.

Am 16. Oktober 1973 setzten der Iran, die Saudis und vier arabische Länder des Nahen Ostens ihre "Ölwaffen" ein und kündigten eine 70-prozentige Erhöhung des Ölpreises an - ein Schritt, der das Weltgeschehen nach den 1970er Jahren tiefgreifend veränderte.

Im Januar 1975 begann das US-Finanzministerium zum ersten Mal mit der Versteigerung von Gold, aber es war schwierig, dem Kauf von Gold zu widerstehen.

1978 schlug David Rockefeller Jimmy Carter vor, dass einer seiner Männer, Paul Volcker, Vorsitzender der Federal Reserve werden sollte.

Im Januar 1981 begann Reagan seine Amtszeit damit, dass er den Kongress aufforderte, eine "Goldkommission" einzurichten, die die Möglichkeit der Wiedereinführung des Goldstandards untersuchen sollte - ein direkter Verstoß gegen die No Go Zone für die internationalen Bankier - und am 30. März 1981 wurde Reagan ermordet.

Im September 1985 unterzeichneten die Finanzminister der Vereinigten Staaten, Großbritanniens, Frankreichs, Japans und Deutschlands auf dem New Yorker Platz das "Plaza Agreement", das auf eine "kontrollierte Abwertung" des Dollars gegenüber anderen wichtigen Währungen abzielte, und die Bank of Japan wurde gezwungen, einer Aufwertung des Yen zuzustimmen.

Im September 1987 fand in den Vereinigten Staaten die vierte Generalversammlung der Weltkommission für die Erhaltung der wildlebenden Tier- und Pflanzenarten statt, auf der der Vorschlag für eine "Weltumweltbank" unterbreitet wurde, die faktisch von internationalen Bankiers kontrolliert wird.

Am 29. Dezember 1989 erreichte der japanische Aktienmarkt ein Allzeithoch, als der Nikkei auf 38915 stieg, und der Nikkei stürzte ab, als eine große Anzahl von Leerverkaufsoptionen auf den Aktienindex zu greifen begann.

Im September 1999 einigten sich die europäischen Zentralbanker auf ein "Washingtoner Abkommen", um die Gesamtmenge des von den Ländern verkauften oder geleasten Goldes in den nächsten fünf Jahren zu begrenzen, und es kam die Nachricht, dass die Gold-"Leasing"-Rate innerhalb weniger Stunden von 1% auf 9% angestiegen war und dass Leerverkäufer von Gold und Spekulanten bei ihren Finanzderivaten schwere Verluste erlitten hatten.

Am 14. April 2004 kündigten die Rothschilds abrupt ihren Rückzug aus dem Londoner Goldpreis-System an.

FINANZIELLE EROBERUNG

FINANZIELLE EROBERUNG

Andere Titel

Andere Titel

FINANZIELLE EROBERUNG

OMNIA VERITAS Omnia Veritas Ltd präsentiert:

KEVIN MACDONALD
DIE KULTUR DER KRITIK
DIE JUDEN UND DIE RADIKALE KRITIK AN DER KULTUR DER NICHTJUDEN

Ihre Analysen zeigen den vorherrschenden kulturellen Einfluss der Juden und ihr Bestreben, die Nationen, in denen sie leben, zu unterminieren, um die vielfältige Gesellschaft, für die sie eintreten, besser beherrschen zu können, während sie selbst eine ethnozentrische und homogene Gruppe bleiben, die den Interessen der weißen Völker feindlich gegenübersteht.

Eine evolutionäre Analyse der jüdischen Beteiligung an politischen und intellektuellen Bewegungen im 20.

www.ingramcontent.com/pod-product-compliance
Lightning Source LLC
Chambersburg PA
CBHW071311150426
43191CB00007B/580